U0941182

国铁集团副总经理王同军调研赣深铁路

时任广州局集团公司党委书记、董事长武勇到赣深铁路检查指导工作

时任广东省发改委主任葛长伟到赣深铁路广东段调研

时任河源市委书记丁红都调研赣深铁路广东段

时任国铁集团工管中心副主任魏强到赣深铁路广东段检查工作

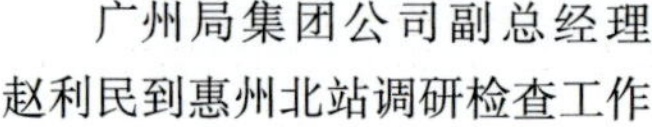

广州局集团公司副总经理赵利民到惠州北站调研检查工作

和平林寨段路基

雷公山进口段路基

惠州北站路基

柳城东江特大桥

郭屋村特大桥

柏埔河特大桥

梧峰山隧道

松岗山隧道

赣深铁路广东段轨道首铺

赣深铁路全线铺轨贯通

“黄医生”上线

河源东站

仲恺站

惠州北站内景

和平北站内景

深圳北动车所

河源北牵引变电所

牵引变电所无人值守设备

赣州至深圳铁路广东段工程总结

（上　册）

中国铁路广州局集团有限公司深圳工程建设指挥部　编著

中国铁道出版社有限公司

2024年·北　京

图书在版编目(CIP)数据

赣州至深圳铁路广东段工程总结 / 中国铁路广州局集团有限公司深圳工程建设指挥部编著. —北京：中国铁道出版社有限公司，2024.4
ISBN 978-7-113-30491-1

Ⅰ.①赣…　Ⅱ.①中…　Ⅲ.①铁路工程-总结-广东　Ⅳ.①U21

中国国家版本馆 CIP 数据核字(2023)第 155792 号

书　　名：赣州至深圳铁路广东段工程总结
作　　者：中国铁路广州局集团有限公司深圳工程建设指挥部

策　　划：时　博
责任编辑：时　博　　**编辑部电话：**(010)51873065　　**电子邮箱：**crph@163.com
编辑助理：王颖锐
封面设计：尚明龙
责任校对：安海燕
责任印制：赵星辰

出版发行：中国铁道出版社有限公司(100054，北京市西城区右安门西街 8 号)
网　　址：http://www.tdpress.com
印　　刷：北京盛通印刷股份有限公司
版　　次：2024 年 4 月第 1 版　2024 年 4 月第 1 次印刷
开　　本：880 mm×1 230 mm　1/16　**印张：**56　**插页：**5　**字数：**1 703 千
书　　号：ISBN 978-7-113-30491-1
定　　价：500.00 元(上、下册)

编辑委员会

主编单位及编辑人员

供稿单位及人员

1. 中铁第四勘察设计院集团有限公司

尚永太　曹言坤　吴　伟　娄会彬　王建矿　赵德文　陈海桦　包德勇
许　勇　李　飞　达兴亮　胡　蝶　张　曙　倪雪松　耿　肖　黄　骁
王纯青　翟晓军　闫　利　符　珍　蔡　涛　韩鹏辉

2. 中铁三局集团有限公司

王小军(2 标)　温楷和(2 标)　岳松康(2 标)　王成功(2 标)　陶沈圣(2 标)

3. 中铁四局集团有限公司

彭雪龙(17 标)　刘沛锋(5 标)　阚剑锋(9 标、11 标)

4. 中铁六局集团有限公司

张全伟(3 标)　李卫东(3 标)

5. 中铁十局集团有限公司

刘　伟(10 标)　晏才学(10 标)　李广达(10 标)

6. 中铁十六局集团有限公司

丁建方(1 标)　王锬镔(1 标)　唐　伟(1 标)　邬　勇(6 标)　徐　威(6 标)
王喜来(6 标)

7. 中铁十九局集团有限公司

孟繁亮　邹良才　董恩浩　李　诚　李国冬　白晓路　齐　芃(8 标)

8. 中铁二十五局集团有限公司

阳克文(4 标)　孙跃德(4 标)

9. 中铁电气化局集团有限公司

刘　波(13 标)

10. 中交第三航务工程局有限公司

袁伟明(7 标)　曹海松(7 标)　吴赵丰(7 标)　马　斌(7 标)
丁佐鑫(7 标)

11. 中铁建设集团有限公司

唐　伟(15 标)　成　航(18 标)

12. 中国铁路通信信号股份有限公司

胡桂新　王平宽　卢书锋　赵银航　邹学军　刘　扬　桂延军

刘江鹏(14 标)

13. 广东广铁华南建设监理有限公司

龙玉石(1 标)

14. 广州菲达建筑咨询有限公司

谢文娟　林佳亮

15. 青矩工程顾问有限公司

王　梅　侯佳邑

前言

新建赣州至深圳铁路北起江西省赣州市，向南途经广东省河源、惠州、东莞三市，终至深圳市，实现了广东“市市通高铁”目标。线路全长约436.37 km，其中广东段正线长度301.8 km，设计速度350 km/h。线路北起赣州西，经过信丰西、龙南东、定南南、和平北、龙川西、河源北、河源东、博罗北、惠州北、仲恺、东莞南、光明城，接入深圳北站。赣深铁路于2016年12月22日开工，2021年12月10日正式开通运营。

赣深铁路是京港通道的重要组成部分，其南端衔接沿海铁路、广深港高铁，中部与广梅汕铁路、广汕铁路相衔接，北端沟通昌赣高铁、赣龙铁路、渝长厦铁路、赣韶铁路等，是国家《中长期铁路网规划》的重要组成部分。赣深铁路有利于促进区域协调发展，落实国家发展战略，增强城市群，对由点到轴带动沿线经济发展发挥重大作用。

攻坚克难打造精品工程，赣深铁路囊括“两路七桥八隧”重难点工程和控制工程，沿线雨季时间长，路基有效施工时间短，桥隧占比大，三跨东江，五跨广深港、京九、广深等既有线。惠州东江铁路大桥桥宽31.2 m，为目前国内外已建成的最大跨度、最大宽度的四线高速铁路预应力混凝土矮塔斜拉桥；羊台山隧道是国内罕见大跨度、小间距燕尾式出岔高铁隧道，技术复杂；深圳北站改造是国内首次成功实现对正在运营的高铁枢纽站进行改造升级；建成广州局集团公司首个、全路最完整的智能牵引供电系统。为总结建设经验，参建人员不辞辛苦，反复研究，编纂完成了《赣州至深圳铁路广东段工程总结》，全面总结了建设管理、勘察设计、工程施工、科技创新等全方位的丰硕成果和宝贵经验，这为后续国内铁路建设积累了丰富的资料，是一部很有价值的工程技术文献。

风雨兼程砥砺先行，同舟共济铸就精品。赣深铁路全体参建人员坚定不移贯彻新发展理念和高质量发展要求，勇当服务和支撑中国式现代化建设的“火车头”，以新的姿态、新的步伐不断谱写中国铁路建设高质量发展的新篇章，为铁路现代化建设做出卓越贡献！

编　者

2023年8月

目录

（上　册）

第一篇　综　　述

第二篇　建设管理

第三篇　勘察设计

第一篇

综　　述

第一章 概 述

第一节 建设目的和意义

一、线路概况

新建赣州至深圳铁路(简称"赣深铁路")为京港通道的最南端,纵贯江西、广东两省,途经江西省赣州市,广东省河源、惠州、东莞、深圳等市,其南端衔接沿海铁路、广深港高铁,中部与广梅汕铁路、广汕铁路相衔接,北端沟通昌赣高铁、赣龙铁路、渝长厦铁路、赣韶铁路等,并向北可延伸至北京,形成继京广深(港)、京沪、沿海等纵向客专后又一条跨越我国南北众多省市,横亘华北、华中、华南地区的南北向大能力快速客运通道。赣深铁路沿线依次分布赣州西、信丰西、龙南东、定南南、和平北、龙川西、河源北、河源东、博罗北、惠州北、仲恺、东莞南、光明城、深圳北等14座车站。

赣深铁路正线线路全长约436.37 km,设计速度为350 km/h,其中广东段正线长度301.8 km。正线共设桥梁222座,总长135.816 km,桥线比达45.73%;新建隧道98座,总长122.634 km,均为单洞双线隧道,隧线比达41.29%;正线路基长度38.896 km,其中路堤长16.198 km,占41.64%,路堑长22.698 km,占58.36%。重难点工程和控制工程包括:"两路",即DK370+411.47~+921.67顺层深路堑及DK398+588.15~+660.37深路堑开挖;"七桥",即潼湖特大桥、惠州东江铁路大桥、柳城东江铁路大桥、汕湛高速特大桥、小金口特大桥、凤凰互通特大桥、水田特大桥;"八隧",即石门岗隧道、松岗山隧道、林寨隧道、东源隧道、义合隧道、横岭隧道、博罗隧道、银瓶山隧道。

通过对线路各示范段关键技术精雕细刻,以及精品样板工程建设推进,赣深铁路广东段形成了多项精品工程。和平北站建成了路基段精品绿色长廊;惠州东江铁路大桥桥宽31.2 m,是目前国内无砟轨道塔梁墩固结体系矮塔斜拉桥之最;羊台山隧道是国内罕见大跨度、小间距燕尾式出岔高铁隧道;BMR-3轨道承轨台检测机器人实现了我国无砟轨道向智能化建造发展;深圳北站改造是国内首次成功实现对正在运营的高铁枢纽站进行改造升级;信号CTCS-3级列控系统大型高铁枢纽站改造属于国内首例。

二、项目建设的必要性

1. 国家《中长期铁路网规划》的重要组成部分

赣深铁路作为"八纵八横"高速铁路主通道之一"京港(台)通道"的最南端线路,北接已通车运营的昌赣高铁(京港高铁昌赣段),南连既有的广深港高铁和杭深铁路,形成华中地区连通粤港澳大湾区的快速客运通道,是国家《中长期铁路网规划》的重要组成部分,也是拉近赣南原中央苏区与粤港澳大湾区时空距离的高铁大动脉。

2. 促进区域协调发展,落实国家发展战略

建设赣深铁路是深入贯彻落实"赣南等原中央苏区振兴发展"等国家战略的重要举措,对于加快打造全国构建新发展格局的重要战略支点,有力推动新时代革命老区振兴发展,改善沿线地区交通条件,带动沿线地区经济发展,促进沿线旅游等资源开发,完善区域铁路网络布局,增加路网机动灵活性等方面将发挥积极支撑作用。该线建成后将积极推动区域协调发展,深化泛珠合作;拓展长三角与珠三角间以及赣粤两省间快速客运通道,扩大区际交流径路;提高通道运输能力和服务质量,发挥珠三角地区辐射带动作用;可优化区域综合交通结构,发挥高铁骨干优势。

3. 增强城市群内、城市群与外界的联系

赣深铁路拉近了江西革命老区与深圳特区的时空距离。赣深铁路建成通车后，赣州至深圳的列车旅行时间将由近 7 h 缩短为 2 h 左右，南昌经赣州到深圳的铁路最快旅行时间由约 9.5 h 缩短至 3.5 h 左右，东莞到深圳最短时间约 30 min，有助于大湾区“半小时生活圈”和粤赣两地“两小时经济圈”形成。这为江西深度融入粤港澳大湾区的产业链分工和产业间协作配套，引导更多优秀湾区企业参与江西革命老区发展提供了更大的便利。同时，还将加快推动打造粤港澳大湾区休闲、度假、康养基地，拓展江西文化旅游产业发展新空间。赣南革命老区将进一步融入全国高铁网络，在长三角、珠三角的强力辐射带动下，沿线经济社会将迎来新的发展机遇。

4. 完善高铁网络布局，由点到轴带动沿线经济发展

赣深铁路结束了江西省信丰县、龙南市、定南县和广东省河源市不通高铁的历史，赣南地区首次有了直达广东的高铁列车，让江西全面打通南北高铁大通道，“连南接北、承东启西、通江达海”的区位优势更加凸显。赣深铁路的开通运营，进一步加快江西省承接粤港澳大湾区产业转移的步伐，带动沿线城镇化发展进程，加速沿线矿产品、农产品、旅游等资源开发利用，有利于增加就业机会、促进两地产业融合、进一步优化大湾区产业结构。同时，粤赣两省也将从“同饮一江水”到“发展一线牵”，两地产业交融互惠，省际合作不断迈出新步伐。赣深铁路对于完善区域路网布局，加速赣闽原中央苏区融入粤港澳大湾区，发挥“生活后花园”“菜园子”作用，促进“苏区＋湾区”的双区联动，带动沿线经济社会发展具有重要意义。

第二节　建设项目总体目标

牢固树立“创新、协调、绿色、开放、共享”的新发展理念，矢志不渝推行“以建设项目为依托，以建设单位为龙头，以质量安全为核心，以三大标准和流程为依据，以四化手段为支撑”的铁路建设项目标准化管理。以均衡有序建设为主线，以质量安全为核心，以标准化管理为抓手，以队伍建设为保障，强化施工组织管理，着力解决征地拆迁、资金保障、技术方案等项目建设难题，提高铁路建设管理水平，全面落实质量、安全、工期、投资控制和依法建设五位一体总目标。

一、质量目标

根据《深圳工程建设指挥部关于做好 2017 质量管理工作的通知》(深建指安发〔2017〕2 号)，质量目标如下：

(1)按照铁路工程施工验收标准，各检验批、分项、分部工程施工质量检验合格率达到 100%，单位工程一次性验收合格率达到 100%。

(2)试验速度达到设计速度的 110%，开通速度满足设计速度目标值。

(3)在合理使用和正常维护条件下，隧道、桥涵、路基、轨道、房屋建筑、四电等工程结构的施工质量满足设计使用寿命期的运营要求。

(4)杜绝建设工程质量一般及以上事故，工程质量缺陷整改到位并达到设计要求及验收标准。

二、安全生产目标

根据《关于印发〈深圳工程建设指挥部 2018 年建设安全生产工作要点〉的通知》(深建指安发〔2018〕15 号)，安全目标如下：

(1)杜绝责任生产安全较大及以上事故，遏制一般责任事故；

(2)杜绝责任铁路交通一般 B 类及以上事故，遏制一般责任 C、D 类交通事故；

(3)杜绝责任因公死亡和重大伤亡事故；

(4)杜绝机械设备大事故；

(5)杜绝责任施工火灾、风灾、水灾事故；

(6)杜绝责任火工品、重要器材、设备被盗和爆炸事故；

(7)杜绝隧道涌水、突泥、坍塌重大事故。

三、工期目标

(1)先期开工段 2016 年 12 月 30 日开工，2021 年 1 月 31 日达到铺轨条件，2021 年 11 月 30 日完工，达到开通运营条件。

(2)赣粤省界至东莞南站(含)(不含先期开工段)2017 年 10 月 30 日开工，2021 年 11 月 30 日完工，达到开通运营条件。

(3)东莞南站(不含)至深圳北段计划工期 36 个月，2018 年 9 月 30 日开工，2021 年 11 月 30 日完工，达到开通运营条件。其中深圳北站改造工程计划工期 29.5 个月，2018 年 6 月 30 日开工，2020 年 12 月 19 日完工；笋岗动走线计划工期 29 个月，2019 年 4 月 30 日开工，2021 年 9 月 30 日完工。

四、投资控制目标

在保证工程质量、满足工期要求的前提下，将总投资控制在国家和中国铁路总公司批准的范围之内。

五、依法建设目标

根据《中国铁路总公司关于铁路建设实施阶段维护稳定工作的指导意见》(铁总建设〔2015〕287 号)、《深圳工程建设指挥部关于调整维稳反恐工作领导小组的通知》(深建指综函〔2017〕43 号)要求，做好铁路建设实施阶段维护稳定工作，创造良好的建设环境，保证铁路建设顺利推进和铁路的安全稳定。施工过程应及时协调解决出现的问题，有效化解与工程建设有关的各类矛盾纠纷，防止群体性、突发性事件发生，坚持把依法合规摆在首位，注重依法施工、文明施工，有序推进变更设计、地方资金、建设用地、外环整治、环水保、消防验收等工作，同时在党风廉政建设等方面下功夫，真正实现依法建成精品示范线。

第三节 建设程序与决策

一、可研批复

按照节点目标相继完成了地质灾害、压覆矿、文物、防洪、地震、通航论证的审批及土地预审、环评、水保批复工作。2016 年 8 月 16 日，国家发展改革委以《国家发展改革委办公厅关于新建铁路赣州至深圳客运专线节能评估报告的审查意见》(发改办环资〔2016〕1854 号)批复了项目节能评估报告。2016 年 10 月 9 日，国家发展改革委以《国家发展改革委关于新建赣州至深圳铁路可行性研究报告的批复》(发改基础〔2016〕2128 号)批复了项目可行性研究报告。2016 年 11 月 15 日，环境保护部以《关于新建铁路赣州至深圳客运专线环境影响报告书的批复》(环审〔2016〕152 号)批复了项目环境影响评价报告。2016 年 11 月 21 日，水利部以《水利部关于新建赣州至深圳客运专线水土保持方案的批复》(水保函〔2016〕424 号)批复了项目水土保持方案。

二、初步设计

2016 年 10 月 18 日，中国铁路总公司、江西省人民政府、广东省人民政府以《中国铁路总公司 江西省人民政府 广东省人民政府关于新建赣州至深圳铁路客运专线 DK74＋551.500～DK101＋855.655、DK265＋000～DK280＋750 段站前工程初步设计的批复》(铁总鉴函〔2016〕796 号)批复了 DK74＋551.500～DK101＋855.655、DK265＋000～DK280＋750 段站前工程初步设计。

2017 年 6 月 29 日，中国铁路总公司、江西省人民政府、广东省人民政府以《中国铁路总公司 江西省人民政府 广东省人民政府关于新建赣州至深圳铁路赣州至塘厦段初步设计的批复》(铁总鉴函〔2017〕

528号)批复了赣粤省界至塘厦段初步设计。

2018年4月24日,中国铁路总公司、广东省人民政府以《中国铁路总公司　广东省人民政府关于新建赣州至深圳铁路塘厦至深圳北段初步设计的批复》(铁总鉴函〔2018〕248号)批复了塘厦至深圳北段初步设计。

2019年5月14日,中国铁路总公司以《中国铁路总公司关于新建赣州至深圳铁路广东段惠州北站等8站站房及相关工程修改初步设计的批复》(铁总鉴函〔2019〕264号)批复了赣州至深圳铁路广东段惠州北站等8站站房及相关工程修改初步设计。

2020年5月15日,中国国家铁路集团有限公司(简称"国铁集团")、广东省人民政府以《国铁集团　广东省人民政府关于新建赣州至深圳铁路塘厦至深圳北段光明城站站房及相关工程修改初步设计的批复》(铁鉴函〔2020〕184号)批复了光明城站站房及相关工程修改初步设计。

三、项目开工

2016年9月28日,国土资源部批复了《关于新建铁路赣州至深圳客运专线项目建设用地预审意见的复函》(国土资预审字〔2016〕149号)。

2016年12月13日,广东省国土资源厅以《国土资源部办公厅关于新建铁路赣州至深圳客运专线(河源段)控制性工程先行用地复函的通知》(粤国土资利用函〔2016〕2883号)批复了控制性工程先行用地。

2016年12月28日,《广州铁路(集团)公司关于新建铁路赣州至深圳客运专线(广东段)先期开工段站前工程开工建设的报告》(广铁计〔2016〕207号)中指出,按照《关于取消铁路建设项目开工报告审批的通知》(铁总计统〔2015〕252号)要求,新建铁路赣州至深圳客运专线(广东段)先期开工段站前工程已完成开工前各项准备工作,具备开工条件。

第二章 工程概况

第一节 主要自然特征和地质概况

一、地形地貌

线路总体走向为由北向南行进。沿线地形起伏大，山势陡倾，可划分为粤东北中低山区（赣粤省界—河源）、粤东南冲积平原区（河源—惠州）、粤东南丘陵区（惠州—塘厦）等三个地貌单元。

1. 粤东北中低山区（赣粤省界—河源，DK133～DK298）

中低山区地面高程 200～700 m，相对高差 200～500 m，地势陡倾，植被发育。其中，龙川—河源（DK209～DK244）线路位于河源断裂盆地（龙川地堑）内，断裂盆地宽 5～7 km，地面高程 50～90 m，相对高差 20～30 m。

2. 粤东南冲积平原区（河源—惠州，DK298～DK358）

该段大部为东江、西江的冲积平原及河流二级阶地，高程 20～40 m，相对高差 10～20 m。区域内局部残留剥蚀残丘，高程 50～200 m。

3. 粤东南丘陵区（惠州—塘厦，DK358～线路终点）

丘陵区地面高程 20～200 m，局部为中低山区（DK386～DK396），相对高差一般 50～100 m，沿线植被发育，线路局部地段穿越生态严控区。

二、工程地质

1. 地层岩性

(1)DK133～DK298 粤东北中低山区（赣粤省界—河源）

DK132～DK192 地层主要为下元古界（Pt_1）变质砂岩、石英砂岩夹粉砂岩、页岩，以及加里东期（γ_3）、燕山期（γ_5）侵入的花岗岩；DK192～DK298 谷地主要为下第三系（Edn）泥质粉砂岩、页岩等极软岩，中低山区主要为燕山期（γ_5）侵入的花岗岩。

(2)DK298～DK358 粤东南冲积平原区（河源—惠州）

地层主要为下第三系（Edn）、侏罗系（J_1ln）砂岩、泥质粉砂岩、页岩等极软岩、软岩，局部为石炭系（C_1d）粉砂岩、页岩，底部为灰岩。以及第四系（Q_4）黏土层、砂土层，少量的低山区地层主要为寒武系（ϵ_2）及泥盆系桂头群组（$D_{1\text{-}2}gt$）砂岩、板岩等，局部为石炭系大塘阶（C_1d）粉砂岩、页岩，底部为灰岩。

(3)DK358～DK404 线路终点粤东南丘陵区（惠州—东莞）

地层主要为侏罗系（J_1ln）、白垩系（K_1gn）的砂岩、泥质粉砂岩、页岩等极软岩、软岩，以及侏罗系（$J_{2\text{-}3}gj$）凝灰质砂岩、凝灰熔岩等硬质岩。

2. 地质构造

本区处于我国大地构造单元九连山隆起区（位于赣粤边界，山脉呈东北～西南走向，北部包括龙南、定南，东连和平）及粤北—粤东北—粤中坳陷带（龙川—河源、博罗—中山）。区域先后经历了加里东、海西、印支、燕山期等多次强烈的构造运动，地壳变形剧烈而复杂，形成多种形态的褶皱与不同组合的断裂。三大构造体系控制着沿线地域的构造及地层分布。

3. 工程地质条件

本线地势起伏变化大。中低山区、丘陵区工程地质条件较为复杂，局部崩塌、落石、岩体顺层等不良地质现象时有发生;赣粤省界—和平段花岗岩全风化层深厚,细颗粒含量 5.32%~12.53%,平均值 7.29%,局部地段为残积土,富水,结构松散;河源—惠州段东江、西江冲积平原区软土、松软土广泛分布;沿线矿产资源丰富,线路多处压矿产资源普查区、规划区、预查区等,局部地段从开采矿区边缘通过。总体分析,本项目工程地质条件复杂,施工建设难度较大,在设计及施工中须加强防护措施。

4. 不良地质及特殊岩土

(1)不良地质

本线主要不良地质为采空区、稀土矿开采区、顺层、危岩落石及地面采石场、软质岩风化剥落、人工弃填土等。

(2)特殊岩土

主要为软土、松软土,以及垄岗阶地的 Q_{2-3} 可能存在膨胀土。软土、松软土主要分布于河源—惠州段东江、西江的冲积平原,软土埋深基本在 5 m 以内,最大厚度约 7.5 m,由第四系全新统冲积相淤泥、淤泥质黏性土、流塑及软塑粉质黏土或黏土组成,局部夹薄层粉土、粉砂。本线膨胀土稀少,根据化验资料,本线第四系全新统(Q_4)、更新统(Q_{2-3})以及下第三系(E)、白垩系(K)等软岩、极软岩全风化层无膨胀性。沿线基本不存在膨胀土,局部垄岗地区可能零星存在少量弱膨胀土。

三、水文地质

沿线地下水类型主要为第四系松散土层孔隙水、基岩裂隙水和岩溶水,不同地貌单元具有不同水文地质特征。

1. 第四系孔隙水

主要分布在河源—惠州间东江、西江冲积平原及赣州盆地。浅层为孔隙潜水,埋深多在 2 m 以内,主要赋存于场区浅部人工填土及其下部粉土、砂性地层中,含水层底板大致以黏性土、淤泥质黏土层为界,其富水性和透水性具有各向异性,分布广泛,但不连续。下部 Q_{2-3} 冲积的细砂、圆砾土为主要的含水层,厚度 5~20 m,水量丰富,透水性良好,受到相对隔水层的覆盖,略微具备承压性。

河流及其阶地段,地下水埋深一般 1~2 m,少数略具承压性,砂卵石层为主要含水层,水量丰富,透水性好,受大气降水和地表径流补给。

2. 基岩裂隙水

分布于各地层全、强风化层的风化裂隙中,呈层状分布,局部全风化层中存在上层滞水,受季节性影响明显。主要由大气降水补给,通过风化裂隙或构造裂隙网络径流,在低洼处以下降泉的形式出露,水量一般较少。局部地段受构造活动影响,断层、节理等构造裂隙发育,在断层破碎带、侵入岩接触带、褶皱核部裂隙密集带及揉皱强烈发育带等储水构造中,广泛分布构造裂隙水。水质大多较优良,一般具承压性。构造裂隙水分布不均,水量丰富。

3. 岩溶水

地下水赋存于溶洞或溶蚀裂隙中,地下水发育,透水性好,水量大,主要接受上部孔隙水的垂直补给及侧向含水体的径流补给,向低洼处径流排泄。

4. 沿线水质对混凝土侵蚀性评价

根据本线地表水、地下水的取样分析成果,广东省境内,沿线大部分地段地表水、地下水对混凝土无侵蚀性,或具有酸性、二氧化碳侵蚀性,环境作用等级为无~H1 型;在比较方案线路终点深圳西站附近,受海水入侵影响,地表水、地下水一般具有硫酸盐侵蚀、盐类结晶破坏、氯盐等侵蚀性,环境作用等级为 H1、Y2、L2 型。

四、气象特征

1. 和平—河源段

广东省东北部山区属于中亚热带季风气候,气候温和,雨水充沛,阳光充足,4~6 月为前汛期,天气多受锋面低槽影响,前汛期内主要有暴雨、雷雨大风等灾害,由强降水引发的次生灾害也较严重;7~9 月为后汛期，天气多受台风外围系统影响，后汛期内主要有台风、暴雨、雷雨大风、高温、干旱等灾害；10～11月主要出现干旱、森林火险、寒露风等灾害；12月～次年1月，主要有寒潮、低温、霜冻(冰冻)、森林火灾、大雾等灾害；2～3月主要有低温阴雨、干旱、大雾等灾害。

极端最高气温39.6℃；极端最低气温－3.6℃；年平均气温20.7℃。

年最大降水量：2 606 mm；年最小降水量：1 065 mm；年平均降水量：1 739.5 mm；一日最大降水量：345.6 mm；雨量集中，4～8月占年降雨量比例为65.8%。主要灾难性天气：台风、暴雨、雷雨大风等。

2. 惠州—深圳段

地处亚热带，高温多雨，具有雨量充沛、湿度大、夏季长、热量丰富的特点。降雨以南北冷暖气团交汇的锋面雨为主，多发生在4～6月。其次是台风雨，多发生在7～9月。降水年内分配不均，冬春干旱，夏秋洪涝，4～9月降水量占全年总降水量80%以上，降水面上分布一般是西南多，东北少。多年平均气温21.8℃，极端最高气温38.2℃，极端最低气温－2.4℃。多年平均相对湿度80%。多年平均降水量1 816 mm，最大年降水量2 680 mm，最小年降水量1 026 mm。主要灾难性天气：强台风和暴雨，沿线各地极大风速可达12级以下，同时出现洪涝灾害。一次最大降雨量可高达580～800 mm，其中，24小时最大降雨量达200～400 mm以上。

五、水 文

赣深铁路在广东省境内主要跨越东江及其支流浰江、黄村河、杨村河、石马河等。

1. 浰江干流(李田村—九龙口)

浰江干流由西向东流，出李田村与黄田水汇合后，流经浰源、热水、合水、阳明、彭寨、林寨、东水等镇，至东水街口汇入东江，是和平县的重点能源建设和主要防洪河流之一。该流域总面积713 km^2，河道长度93.229 km，总落差401.747 m，整个河段除浰源镇的龙新、山下、洪浰，热水镇的北联、田心、中兴、南湖，合水镇的政和、合水，阳明镇的聚兴，公白镇的新聚，彭寨镇的水口，林寨镇的楼正、下正、明兴、新兴及九龙口以下至东水镇的东江河口的小块盘地和小平原外，其余部分河段都是悬崖峭壁，河床两岸山石裸露，植被覆盖良好，河道弯多陡急，河床落差较大，大部分河道分别呈“Z”“S”走势，河谷分别呈“V”“U”“Y”分布。

2. 东江

东江为珠江东部支流，发源于江西省寻乌县那坑山，流域总面积33.913万km^2。由龙川县入境，流经县属柳城、蓝口、黄田、义合、仙塘等镇，流至仙塘镇进入源城区。东江在东源县境内集雨面积4 023 km^2，河长81 km，河床属沙质、石底，平均坡降率0.38‰，多年平均径流量144.24×10^{8}m^3，平均径流深915.8 mm。历年最高水位为41.43 m，相应流量为9 560 m^3/s；最低枯水位为30.41 m，相应流量为35.3 m^3/s；平均水位为31.85 m，平均流量267 m^3/s，流速0.6 m/s。年平均含沙量0.219 kg/m^3。

3. 黄村河

黄村河又名蓝溪水，为东江一级支流，位于东源县东北部，发源于龙川县的白雪嶂，自西南流经东源县黄村镇，折向西北经叶潭镇、蓝口镇流入东江。流域面积409 km^2，多处平均降水量1 650 mm，河长54 km。河床狭窄且弯曲，大部分是砂卵石，平均宽度11.4 m，平均坡降率4.89‰，自然落差1 198 m，可利用落差297 m，多年平均流量14.84 m^3/s，平均径流深850 mm。

4. 杨村河

杨村河为东江一级支流，发源于龙门县桂山掌牛岭，经博罗县的黄陂与水东陂水汇合后称公庄河，经獭子、红花截到杨村，有柏塘河汇入，到耀潭有麻陂水汇入，最后流经泰美出东江。流域面积1 291 km^2，河长79.2 km，平均坡降率0.945‰。

5. 石马河

石马河为东江支流，位于东莞、深圳市境内。主流观澜水发源于宝安县大脑壳山，经游松、马沥、观澜圩，由南向北入境。过企石陂经沙湖村、车头村、溪头村，折向东北经诸佛岭、营盆村、长湖唇，折向东穿过广深铁路至塘厦圩，转向北经石潭埔、莲湖、隔水，折向东经长山头，折向西北经罗马、马滩、天山湖至樟洋，折向北经石马圩过烈士桥，经柏地、旗岭、九江水、陈屋贝、司马至涖湖，折向西经山边，从桥头新开河注入东江。主流全长 88 km,在东莞境内 76 km。流域面积 1 249 km^2,在东莞境内 673 km^2。较大的支流有五条,自上而下依次为雁田水、契爷石水、清溪水、官仓水和潼湖水。

六、地震动参数区划

根据《中国地震动参数区划图》(GB 18306—2015)附录 A 和附录 B 确定本线地震动峰值加速度及地震动反应谱特征周期,见表 1-2-1。

表 1-2-1 赣深铁路(赣粤省界至塘厦)沿线地震动参数划分

区　段	里程区段	地震动峰值加速度	地震动反应谱特征周期	地震基本烈度
赣粤省界至东源	DK0+000~DK259+700	0.05g	0.35 s	Ⅵ
东源至博罗	DK259+700~DK302+100	0.1g	0.35 s	Ⅶ
博罗至深圳	DK302+100~DK437+790.9	0.05g	0.35 s	Ⅵ

第二节　主要技术标准

一、正线主要技术标准

(1)铁路等级:高速铁路;
(2)设计行车速度:350 km/h;
(3)正线数目:双线;
(4)正线线间距:5.0 m;
(5)最小平面曲线半径:一般地段 7 000 m,困难地段 5 500 m;
(6)最大坡度:一般地段 20‰,困难地段 30‰;
(7)到发线有效长度:650 m;
(8)列车运行控制方式:自动控制;
(9)调度指挥方式:综合调度集中;
(10)最小行车间隔:3 min。

二、其他线路主要技术标准

(1)龙川西线路所:160 km/h;
(2)预留广梅汕及广河客专正线:200 km/h,局部限速 160 km/h;
(3)惠州北联络线:200 km/h,局部限速 160 km/h;
(4)塘厦联络线:80 km/h;
(5)笋岗动车组走行线:80 km/h;
(6)深圳北线路所至深圳北联络线:160 km/h;
(7)深圳北新建第二动车所动走线:80 km/h;
(8)深茂联络线:250 km/h。

第三节　主要工程特点和工程数量

一、工程特点

赣深铁路与既有铁路交叉 11 处,在河源市和平县境内以隧道形式下穿京九铁路一次、龙川县境内跨越京九铁路一次,在惠州市博罗县境内跨越京九铁路一次,在惠州市仲恺高新区跨越京九铁路、莞惠城际各一次，在东莞市塘厦镇跨越广深Ⅰ、Ⅱ、Ⅲ、Ⅳ线，在深圳市龙华区境内以隧道形式上跨广深港高铁；笋岗动走线在深圳市境内跨越广深Ⅲ、Ⅳ线，见表1-2-2。

表1-2-2 与赣深铁路交叉的既有铁路一览表

序号	工点名称	里程	既有铁路名称	等级	备注
1	松岗山隧道	DK155+360～+400	京九铁路	Ⅰ级	隧道下穿
2	柳城东江铁路大桥	DK222+167～+405	京九铁路	Ⅰ级	上跨
3	跨京九铁路特大桥	DK345+431～+434	京九铁路	Ⅰ级	上跨
4	潼湖特大桥	DK378+033～+066	莞惠城际	Ⅰ级	上跨
5	潼湖特大桥	DK378+247～+523	京九铁路	Ⅰ级	上跨
6	塘厦西南联络线特大桥	TXXNDK000+626.53～+659.26	广深Ⅰ、Ⅱ线	Ⅰ级	上跨
7	塘厦东北联络线特大桥	TXDBDK000+843.2～+876.13	广深Ⅰ、Ⅱ线	Ⅰ级	上跨
8	塘厦站特大桥	DK401+312.5～+345.2	广深Ⅰ、Ⅱ线	Ⅰ级	上跨
9	塘厦站特大桥	DK401+419.3～+452	广深Ⅲ、Ⅳ线	Ⅰ级	上跨
10	伯公坳1号隧道	DK428+830	广深港高铁	高铁	隧道上跨
11	笋岗动走线特大桥	SGDZDK1+124.095～+289.615	广深Ⅲ、Ⅳ线	Ⅰ级	上跨

本线路具有以下工程特点：

(1)路基高堤深堑多，地基处理复杂，有顺层(深)路堑、松软土路堤、陡坡路堤、水塘路堤等特殊工点。沿线雨季时间长，有效施工时间短，路基施工质量必须引起高度重视。

(2)桥梁占比大，特殊结构梁多。本线跨越东江及其支流浰江、黄村河、杨村河、石马河、多处国省道和高速公路，以及京九铁路、广深铁路等，不同跨度的特殊结构桥梁较多，技术复杂，工期和安全压力大。

(3)隧道占比大，长度大，施工难度大，地质条件差，控制工期。地质条件复杂，穿越多条断层，地下水较丰富，隧道埋藏浅，洞口段及浅埋段易发生溜坍、垮塌，隧道内易发生突泥涌水。其中松岗山隧道(9 881 m)、银屏山隧道(9 613 m)等长隧道为重点控制工程，工期压力巨大，并可能存在高应力、高地温和花岗岩放射性的影响，施工中要加强监测。隧道弃渣量大，防护不到位可能引起滑坡、泥石流等灾害。

(4)铺架组织难度大，工期压力大。全线设12处制架梁场，1处铺轨基地，运输距离远，任务重，需要精心组织。

(5)拆迁工作任务重、难度大。惠州、东莞地区人多地少，沿线村民反对房屋拆迁严重，多次提出过改线要求，是本线拆迁的难点。

(6)本线涉及广深港高铁、莞惠城际铁路、广深铁路、京九铁路的既有线施工，需要精心组织，与产权单位签订相关协议，要点施工，对安全及工期提出极高的要求。

(7)环保、水保、文物保护要求高。沿线涉及11处森林公园、7处饮用水源保护区及4处生态严控区，给施工在环保、水保、文物保护等方面提出了极高的要求。

二、主要工程内容和数量

(一)主要工程数量

主要工程数量见表1-2-3。

表1-2-3 主要工程数量汇总

工程名称	单位	先期开工段	省界至东莞南站(不含先期开工段)	东莞南站(不含)至深圳北
正线公里	km	15.773	253.365	27.888
铺轨公里	km	31.546	500.175	51.478
改移道路	km	0.632	13.71	2.227
征用土地	亩	101	12 147.9	2 841.3
拆迁房屋	m²	1 069.35	871 075	216 800

续上表

工程名称			单位	先期开工段	省界至东莞南站(不含先期开工段)	东莞南站(不含)至深圳北
路基	区间土石方		万 m^3	20.36	945.15	90.65
	其中	土方	万 m^3	17.06	667.73	61.42
		石方	万 m^3	0.49	1 883.19	20.62
		级配碎石	万 m^3	2.13	46.63	2.62
		A、B组填料	万 m^3	1.12	55.01	5.99
	站场土石方		万 m^3		907.54	547.46
	其中	土方	万 m^3		403.25	502.84
		石方	万 m^3		161.73	37.38
		级配碎石	万 m^3		29.46	3.22
		A、B组填料	万 m^3		194.59	6.72
	路基附属工程		路基公里	0.43	49.22	4.60
	附属土石方及加固防护	钻孔灌注桩	m		3 710	891.13
		预应力管桩	m		345 278	4 685
		螺杆桩	m		107 546	14 259
		素混凝土桩	m		76 042	630
		旋喷桩	m		7 191	9 351
		CFG桩	m		405 452	33 218
		振动冲击碾压	m^2		97 506	3 398
		路基地段电缆槽	单侧公里		73.681	2.01
	支挡结构	挡土墙混凝土	圬工方	1 923	155 758.11	32 494
		抗滑桩	圬工方		93 718.56	
		预应力锚索	m	4 425	35 896.6	4 370
		锚杆加固	m	254	195 310.6	12 901
		框架锚梁	圬工方	1 063	44 928.41	3 085
桥梁	特大桥	双线	延米/座		93 407.81/56	13 879.64/7
		单线	延米/座		11 502.39/8	3 729/1
	大桥	双线	延米/座	166.69/1	26 839.05/102	462/1
		单线	延米/座		629.65/3	
	中桥	双线	延米/座	60.52/1	4 357.04/55	36.06/1
		单线	延米/座		62.51/1	
	框架中、小桥		顶平米/座		175/1	1 657/1
	公跨铁		顶平米/座			4 400/1
	涵洞		横延米/座	14.6/1	46/2	914/12
隧道	$L\leqslant1$ km的双线隧道		延米/座	1 195.5/2	23 084.985/67	1 728.66/5
	1 km$<L\leqslant$2 km的双线隧道		延米/座		11 382.725/8	6 759.11/4
	2 km$<L\leqslant$3 km的双线隧道		延米/座		6 986/3	4 991.495/2
	3 km$<L\leqslant$4 km的双线隧道		延米/座		7 318.8/2	7 480.597/2
	4 km$<L\leqslant$5 km的双线隧道		延米/座		4 439.37/1	
	5 km$<L\leqslant$10 km的双线隧道		延米/座	13 917.81/2	42 539/6	
	$L>10$ km的双线隧道		延米/座			

续上表

工程名称		单 位	先期开工段	省界至东莞南站（不含先期开工段）	东莞南站（不含）至深圳北
轨道	正 线	铺轨公里	31.546	500.175	51.478
	无砟道床	铺轨公里	31.546	500.175	51.478
	站 线	铺轨公里		48.79	1.481
	新建 CRTS Ⅲ型板式无砟轨道，60 kg/m U71Mn(G)100 m 长钢轨	km	3.71	386.707	48.439
	双块式无砟轨道，60 kg/m U71Mn(G)、100 m 长钢轨（长度大于等于 6 km 隧道、站线）	km	27.836	85.094	1.258
	道岔区双块式无砟轨道，60 kg/m U71Mn(G)、100 m 长钢轨	km		27.166	
	剑谭东江特大桥特殊减振双块式无砟轨道，60 kg/m U71Mn(G)100 m 长钢轨	km		1.208	
	Ⅲ型轨道板数量	km	3.71	386.707	48.439
	铺新岔	组		176	6
	有砟道床	m^3		114 099	
通信	光、电缆敷设	条公里	86.49	1 470.295	190.18
	漏泄同轴电缆敷设	条公里	7.18	122.08	18.88
	铁塔组立	座	2	120	15
	车站通信设备安装	站	0	8	2
	中继站、线路所设备安装	站	1	17	2
	基站设备安装	站	1	44	4
	直放站设备安装	站	1	155	24
	电气化所亭设备安装	站	1	29	6
信号	电缆敷设	hm	844.71	19 917.24	7 395.13
	箱盒安装、配线	个	209	5 093	1 697
	信号机安装	架	0	252	188
	转辙设备安装	组	0	208	116
	轨道设备安装	区段	62	952	257
	应答器安装	个	38	1 513	532
	中继站室内设备安装调试	站	1	14	1
	车站、线路所室内设备安装调试	站	0	11	3
	既有站修改	站	0	0	3
信息	缆线敷设	条公里		1 327.48	85.39
	钢槽安装	hm		408.2	14
	管路敷设	hm		4 229.7	337.8
	售票机安装	台		111	
	检票机安装	台		225	
	综合显示终端大屏安装	台		354	
	时钟子钟安装	台		84	

续上表

工程名称		单　位	先期开工段	省界至东莞南站(不含先期开工段)	东莞南站(不含)至深圳北
信息	广播扬声器安装	台		2 122	
	视频摄像机安装	台		1 723	67
	安检仪安装	台		24	
	车站室内设备安装调试	站		8	
防灾	电缆敷设	条公里	0.767	69.703	20.97
	监控单元	套	3	43	4
	现场控制箱安装	个	2	53	5
	风速风向仪安装	台	2	76	6
	雨量计安装	台	0	14	2
	雪深计安装	台	0	1	0
	公跨铁桥异物监测网安装	处	0	1	0
	地震仪安装	台	0	4	2
电力	敷设高压干线电缆线路	km		651.52	88.74
	敷设高压站场电缆线路	km		24.18	9
	敷设低压电缆线路(站场)	km		93.85	29.93
	敷设低压电缆线路(区间)	km		140.48	8.3
	架设 10 kV 外电源架空线路	km		14.68	0
	敷设 10 kV 外电源电缆	km		60.23	7.37
	10/0.4 kV 室内变电所	座		31	8
	10 kV 配电所	座		7	2
	10/0.4 kV 箱式变电站	座		99	23
变电	新建 AT 牵引变电所	处		6	0
	新建 AT 分区所	处		5	1
	新建 AT 所	处		11	1
	新建开闭所	处		1	1
	新建 SCADA 系统	套		1	0
接触网	支柱安装	根		7 683	1 426
	硬横跨组立	组		270	36
	软横跨安装	组		116	116
	吊柱安装	根		6 055	750
	承导线架设	条公里		776.775	148.025
	正馈线架设	条公里		557.750 2	59.907
	保护线架设	条公里		555.534 7	59.907
	回流线架设	条公里		14.525	20.103
	架空地线架设	条公里		47	14.4
	供电线架设	条公里		51.51	1.24
	供电电缆敷设	条公里		70.484	13.28
	避雷线架设	条公里		258.125	33.085
	单极电动隔离开关安装	台		165	55

续上表

工程名称		单 位	先期开工段	省界至东莞南站(不含先期开工段)	东莞南站(不含)至深圳北
接触网	双极电动隔离开关安装	台		126	14
	氧化锌避雷器安装	台		620	105
房屋	站 房	m^2		154 400	18 606
	生产及办公房屋	m^2		92 477	7 893
	居住及公共福利房屋	m^2		21 015	702
环保	桥梁声屏障(2.31 m高)	m^2		43 349.46	
	路基声屏障(2.95 m高)	m^2		1 849.56	
	隔声窗	m^2		81 630	
主要大型临时及辅助工程	铁路岔线	km			
	汽车运输便道	km		349.25	41.08
	Ⅰ型双块式板预制场	处		1	
	Ⅲ型板预制场	处		2	
	小型Ⅲ型板存放场	处		25	3
	材料厂	处	1	8	1
	制(存)梁场	处		11	1
	钢梁拼装场	处		6	2
	混凝土集中拌和站	处	6	30	4
	填料集中拌和站	处	1	8	1
	小型道砟存放场	处		1	
	长钢轨铺轨基地	处		1	
	电力线路	km		633.24	85.034

(二)路基工程

正线路基 38.896 km,路堤长 16.198 km,占 41.64%,路堑长 22.698 km,占 58.36%。塘厦疏解线,广深Ⅰ、Ⅱ线改线,笋岗动走线等联络线工程,以及工区走行线、高架站场坪等路基长 5.409 km,其中,路堤长 3.207 km,路堑长 2.202 km。深圳北站联络线、动车走行线、动车所等联络线工程路基长 5.642 km,其中,路堤长 1.567 km,路堑长 4.075 km。

路基工程统计情况见表 1-2-4。

表 1-2-4 路基工程统计(m)

工程名称	先期开工段	省界至东莞南站(不含先期开工段)	东莞南站(不含)至深圳北	合 计
路 堤	183	18 677	2 112	20 972
路 堑	238	23 027	5 710	28 975
合 计	421	41 704	7 822	49 947

沿线路基工点类型主要有:一般路基、深路堑、松软土路基、陡坡路堤、顺层路堑、高路堤、填土场地路基、岩溶路基等类型。

工点类型分布情况见表 1-2-5。

表 1-2-5 路基工点类型分布

序号	工点类型	工点数/长度(m)	主要分布范围	主要加固措施
1	深路堑(边坡高>20 m)	98/ 7783	低山丘陵区	挡土墙、锚固桩、边坡框架锚杆等

续上表

序号	工点类型	工点数/长度(m)	主要分布范围	主要加固措施
2	深路堑(边坡高＞30 m)	26/1 732	低山丘陵区	挡土墙、锚固桩、边坡框架锚杆等
3	松软土路基	16/7 377	平原区车站及河源—惠州冲积平原区	换填、CFG 桩、预应力管桩、素混凝土桩等
4	陡坡路堤	69/2 999	沿线低山丘陵区	路(肩)堤挡土墙、桩基挡墙、地基桩板结构等
5	顺层路堑	29/3 868	沿线低山丘陵区	挡土墙、抗滑桩、边坡框架锚索等
6	高路堤	7/325	车站场坪地段、动车所高填方	边坡放缓坡率、铺设加长格栅、边坡骨架、路堤挡墙等
7	填土场地路基	14/5 238	采石场弃渣	地基 CFG 桩、素混凝土桩、钻孔灌注桩等加固
8	岩溶路基	1/0.057	岭背大桥之前	地基灌注桩桩板加固

(三)桥涵工程

1. 正线部分

(1)特大、大、中桥

正线特大、大、中桥共 222 座,总长 135.816 km,桥梁占新建线路长度 45.73%。双线特大桥 60 座,共计 103 717.27 延米,双线大桥 106 座共计 27 757.82 延米,双线中桥 56 座共计 4 342.89 延米。其中:

赣粤省界至塘厦段(含东莞南站,不含先期开工段)(DK133＋893～DK264＋984.91,DK280＋758.27～DK404＋867.27),新建正线全长 253.365 km,共有特大、大、中桥共 207 座,总桥长 121.882 km,桥梁占新建线路长度 48.1%。其中,双线特大桥 54 座 91 593.63 延米,双线大桥 99 座 26 042.04 延米,双线中桥 54 座 4 246.31 延米。

先期开工段(DK264＋984.91～DK280＋758.27)新建正线长度 15.773 km,共有大、中桥 2 座 0.227 km,其中,双线大桥 1 座 166.69 延米,双线中桥 1 座 60.52 延米。

东莞南站(不含)至深圳北站(DK404＋867.27～DK432＋903)新建正线长度 27.888 km,共有特大、大、中桥 13 座,总桥长 13.707 km,桥梁占新建线路长度 49.15%。其中,双线特大桥 6 座 12 123.64 延米,双线大桥 6 座 1 548.09 延米,双线中桥 1 座 36.06 延米。

(2)小桥涵、框架、公跨铁

赣粤省界至塘厦段(含东莞南站,不含先期开工段):设置框架小桥 4 座 1 805 顶平米,框架中桥 3 座 7 514 顶平米;涵洞 78 座 2 556 横延米。

先期开工段:正线设置框架小桥 1 座 175 顶平米(14.58 横延米),设置涵洞 2 座,共计 46 横延米。

东莞南站(不含)至西丽方向羊台山隧道出口:设置涵洞 3 座 72.16 横延米。

公跨铁:和平县境内 DK160＋397 处 1 处公跨铁,原设计为 4×25 m 先简支后桥面连续小箱梁,由于原地貌发生变化,后变更为 1-18×10.5 m 钢筋混凝土框架中桥。

2. 联络线、动走线部分

(1)特大、大、中桥

①深圳枢纽工程

塘厦南西、西南联络线设置 2 座单线特大桥,3 113.16 延米;塘厦北东、东北联络线设置 2 座单线特大桥,3 193.92 延米;

笋岗动车走行线设置 1 座单线特大桥,2 226.36 延米;单线中桥 1 座,62.51 延米;

深圳北联络线及深圳北站动车走行线设置双线特大桥 1 座 1 756.06 延米,双线大桥 1 座 461.74 延米;单线特大桥 3 座 2 789.64 延米,单线大桥 3 座 939.81 延米。

②惠州北至广汕客专的联络线

惠州北第三联络线:特大桥 1 座,桥长 1 557 延米。

惠州北上行联络线(即广汕联络线,双线有砟,线间距 4.6 m):特大桥 2 座,总桥长计 1 854.08 延米;大桥 3 座,总桥长计 834.21 延米;中桥 1 座,桥长 110.75 延米。

③其他联络线

龙川西预留广梅汕联络线:大桥 2 座,桥长合计 469.68 延米。

④其他工区走行线

龙川西站工区走行线:大桥 1 座,桥长 159.97 延米;

河源东站工区走行线:特大桥 1 座,桥长 749.39 延米;

东莞南站工区走行线:特大桥 1 座,桥长 663.28 延米。

(2)小桥涵、框架

①深圳枢纽工程

塘厦疏解区及笋岗动走线设置涵洞 9 座计 230.41 横延米,框架中桥 1 座计 213.8 顶平米。

深圳北动车运用所新建涵洞 5 座计 768 横延米。深圳北站改接长涵洞 4 座计 74 横延米,新建(接长)框架中桥 1 座计 1 657 顶平米。

②惠州北至广汕客专的联络线

涵洞 2 座,计 63.57 横延米。

③其他联络线、工区走行线

河源东工区走行线涵洞 2 座,计 45.91 横延米;

广河联络线框架中桥 2 座,计 1 404 顶平米;

笋岗动走线框架中桥 1 座,计 228.58 顶平米;

笋岗动走线涵洞 1 座,计 11.26 横延米。

3. 桥涵分布汇总情况

桥涵分布情况见表 1-2-6。

表 1-2-6 桥涵分布情况汇总

区　段	项　目		数　量		
			先期开工段	省界至东莞南站(不含先期开工段)	东莞南站(不含)至深圳北站
正　线	双线特大、大、中桥(座/延米)		2/227.21	207/121 882	13/13 707
	其中	特大桥		54/91 593.63	6/12 123.64
		大　桥	1/166.69	99/26 042.04	6/1 548.09
		中　桥	1/60.52	54/4 246.31	1/36.06
	框架小桥(座/顶平米)		1/175	4/1 805	
	框架中桥(座/顶平米)			3/7 514	
	涵洞(座/横延米)		2/46	78/2 556	3/72
	公跨铁(座/横延米)			1/64	
惠州北上行联络线(含第三联络线)	双线特大、大、中桥(座/延米)			6/2 723	
	单线特大桥(座/延米)			1/1 556	
	涵洞(座/横延米)			2/49	
深圳枢纽塘厦联络线、笋岗动走线	单线特大、大、中桥(座/延米)			6/8 596	
	框架中桥(座/顶平米)			1/214	
	涵洞(座/横延米)			9/230	

续上表

区　段	项　目	数　量		
		先期开工段	省界至东莞南站 (不含先期开工段)	东莞南站(不含) 至深圳北站
深圳北联络线、 疏解线 (含联络线套线)	双线特大、大桥(座/延米)			1/1 756
	单线特大、大桥(座/延米)			6/3 729
	框架中桥(座/顶平米)			1/1 657
深圳北动车所 及动走线 (含深圳北站改)	双线大桥(座/延米)			1/462
	新建涵洞(座/横延米)			5/768
	接长涵洞(座/横延米)			4/74
龙川、河源东、东莞 南站工区走行线	单线特大、大、中桥(座/延米)		3/1 573	
	涵洞(座/横延米)		3/85	
龙川西预留广梅汕 联络线、河源 预留广河联络线	单线特大、大、中桥(座/延米)		2/470	
	框架中桥(座/顶平米)		2/1 404	

(四)隧道工程

正线新建隧道98座,总长122.634 km,均为单洞双线隧道,隧线比41.29%。其中,先期开工段4座,总长15.113 km;赣粤省界至塘厦段(不含先开段)85座,总长95.504 km;塘厦至羊台山出口段9座,总长12.017 km。

惠州北联络线新建隧道2座,总长0.636 km;深圳北联络线新建隧道2座,总长4.472 km。

全线最长隧道为松岗山隧道,全长9 881 m,采用单洞双线方案,位于广东省和平县境内。

正线新建隧道分布见表1-2-7。

表1-2-7　正线隧道分布汇总

序号	按长度 L 划分 (m)	广东段正线		先期开工段	
		座数	长度(m)	座数	长度(m)
1	$L \leqslant 1\,000$	72	25 723.52	2	1 195.5
2	$1\,000 < L \leqslant 2\,000$	10	14 189.965		
3	$2\,000 < L \leqslant 3\,000$	3	6 986		
4	$3\,000 < L \leqslant 4\,000$	4	14 812.37		
5	$4\,000 < L \leqslant 5\,000$	1	4 439.37		
6	$5\,000 < L \leqslant 10\,000$	8	56 482.66	2	13 917.81
合　计		98	122 633.89	4	15 113.31

(五)轨道工程

赣粤省界至塘厦段(含)正线铺轨长度535.857 km。其中铺设CRTS Ⅲ型板式无砟轨道418.668 km,长度大于5 km隧道铺设双块式无砟轨道84.61 km,对铁总鉴函〔2016〕796号文批复中长度大于5 km隧道内CRTS Ⅲ型板式无砟轨道相应调整为双块式无砟轨道,道岔区铺设双块式无砟轨道27.371 km,剑谭东特大桥铺设减振双块式无砟轨道1.208 km。联络线及站线铺轨长度63.75 km,2台4线车站紧邻正线到发线采用无砟轨道,其余车站到发线均为有砟轨道,联络线采用有砟轨道。

塘厦至羊台山隧道出口段正线铺轨长度51.478 km,正线采用CRTS Ⅲ型板式无砟轨道,道岔区采用轨枕埋入式无砟轨道。联络线及站线铺轨长度6.61 km,联络线引入深圳北站采用有砟轨道,联络线上长度大于1 km的隧道采用CRTS Ⅰ型双块式无砟轨道，光明城站紧邻正线的到发线采用CRTS Ⅰ型双块式无砟轨道。

设计范围内的轨道均按一次铺设跨区间无缝线路设计。

赣深铁路广东段正线轨道主要工程数量见表1-2-8。

表1-2-8 赣深铁路广东段正线轨道主要工程数量

工程项目				单位	省界至塘厦（不含先开工段）	先开工段	塘厦至深圳北	合计
正线长度				正线公里	253.365	15.773	27.888	297.026
铺轨长度				铺轨公里	500.175	31.546	51.478	583.199
新建CRTSⅢ型板式无砟轨道，60 kg/m U71Mn(G)100 m长钢轨	路基	坡度＜12‰地段		km	49.228	0.866	2.512	52.606
		坡度≥12‰地段		km			1.845	1.845
	隧道	长度＜1 km隧道	坡度＜12‰地段	km	45.099	2.391	1.028	48.518
			坡度≥12‰地段	km	5.255		2.394	7.649
		长度≥1 km隧道	坡度＜12‰地段	km	36.940		12.779	49.719
			坡度≥12‰地段	km	17.820		3.779	21.599
	桥梁	坡度＜12‰地段		km	183.027	0.454	20.734	204.215
		坡度≥12‰地段		km	49.338		6.408	55.746
双块式无砟轨道，60 kg/m U71Mn(G)100 m长钢轨	长度大于等于5 km隧道	坡度＜12‰地段		km	85.094	27.836		112.93
道岔区双块式无砟轨道，60 kg/m U71Mn(G)100 m长钢轨	路基	坡度＜12‰地段		km	14.550			14.550
	桥梁	坡度＜12‰地段		km	12.616			12.616
剑谭东特大桥特殊减振双块式无砟轨道，60 kg/m U71Mn(G)100 m长钢轨				km	1.208			1.208
Ⅲ型轨道板数量	直线地段			km	304.627	27.306	18.808	350.741
	缓和曲线地段			km	82.080	4.240	32.67	118.99
岔区轨枕埋入式无砟轨道	18号道岔	路基上		组	55			55
		桥上		组	38			38
	42号道岔	路基上		组	0			0
		桥上		组	2			2
		隧道		组	2			2

（六）站场工程

1. 车站概况

赣粤省界至深圳北段有站场10个，其中新建和平东、龙川西、东源、河源东、博罗北、惠州北、仲恺、东莞南、光明城9个车站，引入既有站深圳北站。龙川西、仲恺、东莞南、光明城站为高架车站。和平东、龙川西、河源东、惠州北、东莞南站设综合维修工区。龙川西站、惠州北站设综合维修车间。惠州北设存车线10条，其中新建4条，预留6条，存车线外侧预留高铁物流用地。

2. 全线车站的性质及股道数量

车站性质及股道数量见表1-2-9。

表 1-2-9　车站性质及股道数量

顺序	车站名称	车站中心里程	车站性质	站间距(km)	车站规模(含正线)	附注
1	和平东	DK161+420	中间站	32.71	2台4线	新建
2	龙川西	DK216+381	中间站	55.75	4台12线	新建
3	东　源	DK246+275	中间站	29.08	2台4线	新建
4	河源东	DK282+110	中间站	35.835	2台6线	新建
5	博罗北	DK311+520	中间站	29.43	2台4线	新建
6	惠州北	DK351+760	中间站	38.84	5台12线	新建
7	仲　恺	DK373+305	中间站	21.11	2台4线	新建
8	东莞南	DK403+167.65	中间站	29.78	4台8线	新建
9	光明城	DK422+265	中间站	18.97	2台4线	新建
10	深圳北	DK438+540	始发站	16.29	既有11台20线	既有站

3. 设计范围联络线、动车组走行线概况

(1)联络线

联络线按有砟轨道设计。

本段在赣深正线龙川西站前DK209+005处设线路所,预留广梅汕客专至赣州方向联络线,预留联络线近远期分界里程为GMSSDK0+430(GMSXDK0+430),设计速度160 km/h。龙川西站小里程端预留广梅汕客专正线工程,预留广梅汕正线设计速度200 km/h,广梅汕正线近远期工程分界里程为GMSD1K0+730(GMSD2K0+510);大里程端预留广河客专引入工程,预留广梅汕正线设计速度200 km/h,引入车站前按160 km/h设计,广河客专正线近远期工程分界里程为GHD1K0+650(GHD2K0+400)。

考虑到广州～龙川方向跨线车流较多,在惠州北站深圳端设京九客专与广汕客专联络线及广州方向立折线,预留联络线设计速度200 km/h。赣深铁路与广汕客专上行联络线贯号及里程范围为HBSDK0+000～HBSDK13+442.07,下行联络线贯号及里程范围为HBXDK0+000～HBXDK13+599.06,新建立折线贯号及里程范围为HB3DK0+000～HB3DK2+249.35。赣深铁路与广汕客专联络线设计分界里程为HBSDK8+287.82,赣深铁路联络线设计范围DK352+685～HBSDK8+287.82内新建线路(含赣深正线)投资单列,联络线部分赣深只考虑实施线下工程,线下工程投资均分。

在仲恺站小里程端预留赣深铁路与广汕客专汕尾方向联络线,联络线设计时速160 km,近远期工程分界里程为GSLD1K0+154及GSLD2K0+154。

在塘厦疏解区设赣深铁路与既有广深Ⅰ、Ⅱ线的北东、东北联络线及西南、南西联络线,北东、东北联络线贯号及里程范围为XNDK0+000～TXXNDK2+116.14、XNXDK0+000～TXNXDK2+060.96,塘厦西南、南西联络线贯号及里程范围为TXBDDK0+000～TXBDDK2+011.18、TXDBDK0+000～TXDBDK2+254.76。

在赣深正线DK430+208.61、DK430+850.00处设置线路所,分别设置深圳北上下行联络线接入既有深圳北站,深圳北下行联络线D′K434+029.27区间出岔设置下行疏解线接入既有深圳北站,设计时速为160 km,引入车站前按80 km/h设计。深圳北下行联络线D′K433+589.91与深圳北下行疏解线ZD′K0+388.07之间套线连接设计贯号及里程范围为TDK0+000.00～+778.14。深圳北上下行联络线D′K433+847.12和YD′K433+838.57区间预留深江铁路联络线出岔条件,深江铁路联络线设计速度

200 km/h，本工程不计列预留工程投资。本段设计深圳北下行联络线贯号及里程范围为 D′K430＋809.41～D′K436＋339.29，深圳北上行联络线贯号及里程范围为 YD′K430＋022.20～YD′K436＋334.86，深圳北下行疏解线贯号及里程范围为 ZD′K0＋049.80～ZD′K2＋389.81，深圳北下行联络线套线贯号及里程范围为 TDK0＋000.00～＋778.14。

(2)动车组走行线

深圳东至笋岗新设动车走行线，以解决普速始发客车横切广深Ⅰ、Ⅱ线，提高到发线利用率。动车组走行线设计速度 80 km/h，最小曲线半径 400 m，设计最大纵坡 18‰。深圳东至笋岗动车走行线贯号及里程范围为 SGDZDK0＋000～SGDZDK2＋977.96。

新建深圳北第二动车所动车走行线双线，设计速度 80 km/h，最小曲线半径 400 m，设计最大纵坡 34.76‰，大坡度段采用无砟轨道设计，其余有砟轨道设计，设计贯号及里程范围为 GSDZDK0＋000～＋761.88。

第三章　建设概况

一、建设组织机构和任务划分

1. 建设管理组织机构

建设单位由中国铁路广州局集团有限公司(简称“广州局集团公司”)深圳工程建设指挥部(简称“深圳指挥部”)及广东省出资方相关人员组成。指挥部设指挥长、党工委书记、纪工委书记、副指挥长、总工程师等领导层,设工程管理部、四电工程部、安全质量部、计划财务部、物资设备部和综合部等六个业务部门。为便于现场管理,在河源设办事处,负责河源市境内建设协调及现场组织管理。

组织机构如图 1-3-1 所示。

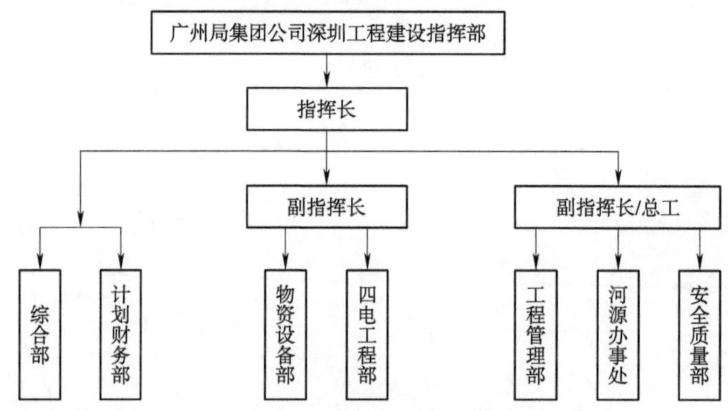

图 1-3-1　建设单位组织机构

各分管领导、主要责任部门和相关责任部门见表 1-3-1。

表 1-3-1　建设管理机构职责分工

建设管理工作		分管领导	综合部	工程部	四电工程部	安质部	物资部	计财部
勘察设计管理	勘察设计管理	总　工		●	○	○	○	○
	科研和技术引进	总　工		○		●	○	○
	施工图审核	总　工		●	○	○	○	○
	变更设计	总　工		●	○	○	○	○
工程管理	工程技术管理	副指挥长		●	○	○		
	工程质量及安全	副指挥长		○		●		
	施工组织管理	副指挥长	○	●	○	○	○	○
	材料设备管理	副指挥长		○		○	●	○
	工程调度	副指挥长	●	○				
工程投资管理	合同管理	总　工	○	○	○	○	○	●
	投资控制	总　工		○	○	○	○	●
	计量计价	总　工		○	○	○	○	●
建设管理	征地拆迁	副指挥长	○	○	●			○
	环保水保	副指挥长		○	○	●		

注:“●”表示主要责任部门,“○”表示相关责任部门。

2. 设计、监理、咨询及施工单位现场组织机构

(1)设计区段划分及现场机构

中铁第四勘察设计院集团有限公司承担全线勘察设计任务,按照配合现场施工的需求,成立驻现场机构,派出相关设计人员配合施工。

(2)咨询区段划分及现场机构

中铁第二勘察设计院集团有限公司承担全线设计咨询任务,按照配合现场施工的需求,成立驻现场机构,进行日常咨询工作。

(3)监理标段划分及现场机构

广东段站前工程拟设 6 个监理标段(含先期开工段)。每标段现场设置监理项目部,下设一个中心实验室,在监理项目部内,根据管理长度及有关规定设置监理站,进行日常监理工作。

(4)施工单位区段划分及现场机构

广东段站前工程拟设 11 个施工标段(含先期开工段)。施工单位按项目法管理,设置现场项目管理机构,工地按照施工组织及单元划分要求配属一定数量的专业作业队、预制厂、拌和站等。施工单位必须按照架子队管理模式组建专业作业队。

二、总体施工安排和主要阶段工期

1. 开竣工日期及总工期

赣粤省界至东莞南站(含)段开工日期:2017 年 10 月 30 日,竣工日期:2021 年 11 月 30 日(达到开通运营条件),总工期 49 个月。

东莞南站(不含)至深圳北段开工日期:2018 年 9 月 30 日,竣工日期:2021 年 11 月 30 日(达到开通运营条件),总工期 38 个月。

深圳北站改造工程开工日期:2018 年 6 月 30 日,竣工日期:2020 年 12 月 19 日,总工期 29.5 个月。

笋岗动走线计划开工日期:2019 年 4 月 30 日开工,竣工日期:2021 年 9 月 30 日,总工期 29 个月。

2. 总体施工顺序

以“征地拆迁、隧道贯通、制运架梁、铺轨整道、四电作业、联合调试”为关键线路,按照“路基→桥梁下部及现浇梁→隧道→架梁→轨道→站后工程”的总顺序,以突破长大隧道、特殊结构桥梁为重点组织施工,系统策划,突出重点、兼顾一般、标段间平行、标段内流水、均衡生产,在合理调整功效指标的基础上,保证施组总工期。

综合考虑站前、站后工程间及各专业间的关联,综合接地预埋件和路基上接触网立柱基础、电缆槽、声屏障基础、预埋管线等工程与线下主体工程同时施工。

另考虑下列因素:路基、桥涵、隧道等结构的沉降变形稳定时间,有自然沉降要求的路基优先安排施工,在运梁车通过前确保沉降稳定,且预测能满足工后沉降要求;征地拆迁实施的难易程度及推进计划。

施工组织设计考虑的主要因素:

(1)路基填筑前进行承载力检验,优先对软弱基底进行加固处理,路基填筑应尽量避开冬雨季,路基沉降应满足无砟轨道铺设要求。

(2)桥梁施工优先考虑桥台及主跨的施工,地势较低处的桥墩不宜安排在雨季施工。

(3)隧道工程的洞口段和浅埋段应尽量避开雨季、寒冷季节。在冬雨季到来前完成衬砌结构。

3. 主要阶段工期安排

(1)施工准备:赣粤省界至东莞南站(含)段自 2017 年 10 月 30 日至 2017 年 12 月 31 日,工期 2 个月,其中部分长大隧道、特殊结构桥梁等重点控制工程施工准备期 1 个月。东莞南站(不含)至深圳北段自 2018 年 9 月 30 日至 2018 年 10 月 31 日,工期 1 个月。

(2)站前土建工程:赣粤省界至东莞南站(含)段自 2017 年 12 月 1 日至 2021 年 6 月 2 日,工期 42 个月;东莞南站(不含)至深圳北段自 2018 年 11 月 1 日至 2021 年 6 月 2 日,工期 31 个月;新建深圳北第二

动车所及动走线工程自 2018 年 11 月 1 日至 2021 年 4 月 30 日,工期 30 个月。在满足铺架工期要求的前提下分段流水施工。

(3)深圳北站改造工程:自 2018 年 6 月 30 日至 2020 年 12 月 19 日,工期 29.5 个月。

(4)架梁:最早开始时间 2019 年 4 月 15 日(河源东梁场),最晚结束时间 2021 年 1 月 10 日(博罗梁场),总工期约 21 个月。

(5)轨道工程(含整道及精调):自 2021 年 2 月 1 日至 2021 年 6 月 2 日,工期 4 个月。

(6)站后工程:自 2020 年 3 月 31 日至 2021 年 7 月 31 日,工期 16 个月。

(7)静态验收:2021 年 8 月 15 日前完成各专业静态验收。

(8)全线联合调试及验收:自 2021 年 6 月 1 日至 2021 年 9 月 30 日,工期 4 个月。

①联调联试:2021 年 6 月 1 日至 2021 年 8 月 11 日。

②初步验收:2021 年 8 月 12 日至 2021 年 8 月 21 日。

③安全评估:2021 年 8 月 22 日至 2021 年 8 月 31 日。

④试运行:2021 年 8 月 15 日至 2021 年 9 月 29 日。

⑤达标评定:2021 年 8 月 22 日至 2021 年 9 月 29 日。

⑥达到开通运营条件:2021 年 9 月 30 日。

第四章 综合评价

赣深铁路开工建设以来，在面临营业线施工安全风险大、生态环境保护要求高、地材价格高涨等一系列困难的形势下，深圳指挥部强化党建引领，坚决贯彻国铁集团领导"坚持质量、安全、工期、投资和依法建设，全面推进，见成效"的批示，认真落实"对标昌赣，打造精品示范线"的要求，致力打造广州局集团公司迈进建设强局新征程的先行项目，唱响"先行之路，精品赣深"主旋律，践行"精品、智能、绿色、人文"高铁建设理念，向着高铁示范线奋进。

一、校准示范线建设罗盘，聚焦"示范赣深"

1. 坚持党建引领，凝聚示范建设合力

深圳指挥部党委以贯彻国铁集团领导批示精神为动力，以深化党组织联创共建活动为抓手，结合工作实际，扎实开展了党史学习教育，陆续举办了任务攻坚、技术创新、技能比武、劳动竞赛等丰富多彩的党内主题活动，凝聚共识、保持先进、激发活力、提高战斗力。为巩固深化赣深精品线建设精神成果，充分发挥先锋模范作用，坚持每年选树表彰一批勇于担当、积极作为的党内先进典型，以激发广大党员干部当先锋、唱主角、站关键岗位、完成急难险重任务的积极性。创新形成了独特的铁路建设党建文化品牌"六个一"，即树一项建设理念、编一曲项目之歌、拍一部宣传片、组织一系列主题党建活动，举办一些文化活动、表彰一批先进典型，充分发挥建设单位党组织统筹各方资源的优势，对高铁新线项目党建工作具有很强的借鉴意义和推广价值。

2. 坚持五位一体，全面深化建设内涵

深圳指挥部围绕质量、安全、工期、投资控制、依法建设五位一体，全面深化精品赣深建设内涵。一是安全方面，重点是结合赣深铁路建设实际，全面抓好建设安全生产"三查""五防"专项整治、防洪防汛、工程线施工、疫情防控等工作，开发建立了"互联网＋安全教育培训"云平台、智能门禁系统＋GPS 人员定位、互联网萤石云平台，实现了对人、机、料、法、环的全方位实时监控，避免了等级以上安全生产事故的发生。二是质量方面，进一步梳理、细化了各专业精品工程打造方案，充分运用精品示范段的把关与推广，及时总结示范段经验，优化设计方案，推广工艺工法，固化施工设备配备，严格控制工程质量，提升精品建设水平，全力实现了制定的精品工程创建目标，杜绝了运营后限速等质量问题。三是工期方面，结合路基、桥梁、隧道、轨道、站房、四电等工程的特点，充分考虑了相关专业的交叉干扰和工程接口问题，合理安排关键工点的施工顺序，满足了铺架工程总体要求。同时完善了重大技术方案，通过动态调整施组，确保了赣深铁路总体工期实现。四是投资控制方面，严格按照国铁集团下达计划总额进行分劈。每月统计、核实各单位完成情况并动态调整月度计划，督促未完成任务单位制订整改措施。通过落实季度验工激励约束考核、专项考核等手段加强管理，确保了投资计划完成。同时，严格执行合同管理办法和相关规定，加强合同审查，履行决策程序，定期检查履行情况，重点关注地方代建、出资协议，避免了合同执行风险。五是依法建设方面，坚持把依法合规摆在首位，注重依法施工、文明施工，有序推进变更设计、地方资金、建设用地、外环整治、环水保、消防验收等工作，同时在党风廉政建设等方面下功夫，真正实现了依法建成精品示范线。

3. 坚持问题导向，抓好重点工作攻坚

一是狠抓红线管理。在巩固全员红线管理意识的基础上，坚持"遏增量、去存量、抓深入"的总体目标，从原材料管控、过程管控、工序验收等各个管理环节上狠抓各专业施工质量，按照"一问题一档案"要求落实问题整改闭环。二是加速推进克缺销号。组织各参建单位积极配合设备管理单位介入工作，成立克缺整治专项工作小组，跟踪指导现场问题整改，根据节点工期倒排整治计划，确保了影响行车安全的质量缺陷在联调联试前按方案整治到位,其他一般问题在开通前整治完成。三是深化隧道安全隐患排查整治。严格落实国铁集团、国家铁路局及广州局集团公司相关要求,联合各参建单位成立专项工作小组,倒查赣深铁路隧道安全隐患排查发现问题整治销号情况,并联合工务段动态开展在建隧道安全隐患深入排查工作,将排查问题纳入验收问题库管理,实现了隧道"不掉块、不漏水、不落石"的目标。四是严抓"六不"问题整治。国铁集团提出了以质量为核心,"不安全不开通,不达标不开通,不依法不开通",确保高铁和旅客列车安全做到万无一失的开通理念。

二、夯实示范线建设基础,打造"精品赣深"

1. 坚持高标准建设,强化精品赣深优质工程

深圳指挥部坚持动态跟进项目建设进展及现场反馈情况,分专业、分程度优化精品工程建设标准。一是优化生态绿化线建设方案。巩固站前工程质量创优工作成果,学习借鉴杭黄、昌赣铁路生态高速铁路建设经验,优化补强了赣深铁路广东段绿化设计。二是提升精品站房建设标准。紧扣国铁集团站房建设"畅通融合、绿色温馨、经济艺术、智能便捷"要求和建全国一流车站目标,与地方文化部门加强沟通对接、深化论证,用心做好各站深化设计、精细施工,从车站的总体布局、内外装修等方面全方位融入沿线各市的人文、艺术、环境等元素,彰显沿线地方建筑风格和人文色彩,打造高铁城市闪亮名片。三是树好四电工程创优目标。学习京张高铁、沪昆高铁四电精品工程建设经验,突出"智能化、信息化、数字化"在工程建设和系统应用上的创新,结合"分层、分类、分槽"三分技术施工工艺,创新"平顺分明、直齐圆柔"工艺八字法,抓好BIM技术应用,配合研发运用了异物侵限信息预警系统,建成了智能牵引变电所,高质量推进赣深四电精品工程建设。

2. 坚持高标准推进,强化精品赣深组织管理

一是严格按照《赣深铁路广东段开通工作实施方案》中6个工作组、18个专业小组的责任和分工,依据依法开通十项条件抓好开通前各相关工作。督促各参建单位进一步加强组织力量和领导力量,成立主管副局长带队的保开通工作组常驻现场,从各个层面上调动一切资源,在人力、设备、技术、资金等方面确保资源配置到位。二是坚持动态跟踪谋划。自2020年7月王同军副总经理调研赣深铁路并作出建设精品示范线的指示以来,深圳指挥部组织各参建单位认真总结前期经验,进一步精心谋划、合理布置,明确提出了38个局优工程、22个省部优工程、8个国优工程及15个精品绿化示范段的精品工程创建目标,并不断优化了精品工程建设方案及各专业建设标准,带领参建单位开展了外部交流学习、内部观摩竞赛,科学有序推进赣深铁路精品工程建设。

3. 坚持高标准考核,强化精品赣深考核验收

一是坚持首件验收制度。在轨道工程方面,积极推进各标段CRTS Ⅲ型板式无砟轨道工艺性试验。2020年8月,赣深铁路CRTS Ⅲ型板式无砟轨道首件工程通过了国铁集团工管中心验收,得到了国铁集团充分肯定,为全线推广、建设"赣深精品无砟轨道"打牢了基础。二是严格激励考核保障。每季度平推检查,按照"抓两头、带中间"原则,通过领导包保跟踪指导、建设过程动态评比、合理奖优罚劣等手段,将赣深铁路精品工程和质量创优工作情况纳入施工、监理企业信用评价考核及标准化管理绩效考核,打造共同提升的良好氛围,全力保障精品赣深推进工作。

三、提升示范线建设引擎,创建"智能赣深"

1. 坚持智能管控,智能工装提质增效

在建设过程中,大力推行建设项目管理智能化,探索建造组织模式变革。一是依托博罗隧道工程建设,运用"二八"原理,成功研发了铁路建设工程安全事故预警与卡控督办系统,从安全关键环节卡控、安全质量问题和日常安全教育三个模块,对隧道和站房工程关键高风险工序进行强制规范管理,做到监管到人、实地签认、智能提醒、强制执行,实现了真正信息化的现场安全防控,为现场施工安全提供保障。二是基于"BIM+"智能网络协同平台实现系统集成,实现了项目流程再造、组织优化、智能管控目标。以铁路

工程管理平台为依托，在已经使用平台内33个功能模块的基础上，自主创新应用了连续梁张拉压浆监控、物资管理2个信息化系统；研发了电子沙盘系统、隧道仰拱开挖安全预警系统；推广应用了桩基施工、基桩检测、梁体静载试验、路基连续压实、隧道三维激光扫描等5项信息化技术。三是大胆推行实施机器人与智能工装，实现了机械化与智能化有机结合。依托传感器、网络通信系统、工业软件、新型人机交互方式，在隧道、桥梁、四电专业等试点运用，率先实施站房定测机器人等智能建造，推行接触网腕臂和吊弦自动化生产线等42项智能工装，极大地提高了施工效率和工艺质量。

2. 坚持智能运维，强化管理协同高效

牢固树立建设为运营服务的建设理念，以设计、施工、运营单位为着力点，研究设施设备全生命周期性数据整合、融合，尝试运用大数据技术，为具有线性、连续、长大特点的铁路设备养护维修提供决策基础。一是建成广州局集团公司首个、全路最完整的智能牵引供电系统，将智能牵引变电所、智能供电调度系统、智能运维系统等多个子系统集成于一体，实现了正常自动巡检、故障自愈重构、健康诊断预测等功能，提升了系统管控能力，促进设备检修模式由定期修、状态修向健康管理的转变，为赣深铁路的安全运行提供了有力保障。二是建成电务RBC智能监测系统，将北斗定位安全防护系统、电务全生命周期管理系统、电务检修作业管理监控系统等5项智慧系统于一体，实现了对CTCS-3级列控安全稳定运行问诊把脉，全面提升了电务设备保安全能力。三是在动车所列装动车组库检机器人智能综合探测系统，在牵引变电所、信息机械室配置智能巡检机器人，提高了巡检效率和质量，实现减员增效。在探索高铁供电、电务、动车等专业建设运营一体化管理方面进行了大胆尝试，并取得了阶段性成果和经验。

3. 坚持智慧产品，共享智能发展成果

一是积极采用VR、AR等手段取得可视化体验效果，在客服信息专业方面，实现电子客票一证通行“刷脸上车”，智能车厢定位系统秒速进站验票乘车，站内智能导航和自助服务，通信网络车站车厢全覆盖，为旅客出行提供了智能便捷服务。二是率先在河源东站建设客站设备智能化管理平台和智慧消防系统，对站房照明、空调、监控、消防等系统进行整合，实现了智能管控，打造智慧车站，使车站管理走向智能化、精细化，为旅客提供了安全、高品质服务，共享高铁智能应用发展成果。

四、疏浚示范线建设源泉，彰显“绿色赣深”

1. 坚持绿色理念，做好做足绿色文章

一是落实党中央工作要求，将“绿色赣深”摆在坚决做到“两个维护”的高度来认识。党的十八大以来，习近平总书记将生态文明建设纳入中国特色社会主义总体布局，提出“绿水青山就是金山银山”，要求“呵护好我们赖以生存和发展的生态环境，为子孙后代计，为长远发展谋”。建设过程中，深圳指挥部始终把绿色作为高质量开通的鲜明底色，确保“火车经过的地方满眼都是绿”。二是结合实际明确工作标准。在工作步骤上坚持“样板先行”，确定了和平北站路基、雷公山进口路基等15个绿色长廊样板工程，以典型引路带动全线绿化提升。在工作标准上，坚持乔灌结合，穿插种植勒杜鹃、长春花等，打造“四季常绿，三季有花”高铁绿色长廊，用实际行动践行“来时青山绿水，走时绿水青山”的庄严承诺。

2. 坚持绿色建设，从严从实抓好绿色施工

将绿色要求贯穿建设全过程。为了保证沿线森林公园、河流水库、旅游景点、城市道路小区不受影响，建设过程中全方位全周期严格落实水保措施。一是不断创新施工技术，引进先进工艺。在穿越水库的桩基施工过程中，配备泥浆箱，集中沉淀，净化处理后排出，最大限度降低对库区水体污染。拌和站、储料库采用钢结构全封闭形式，库内增设全自动检测喷淋除尘设备，有效降低了粉尘和噪声污染，库外引进先进的全自动砂石分离设备，经分离后的砂石、水可以重复循环利用，真正做到了智能、环保。东江水是保障香港市民生产生活用水的重要来源，为了保障水体不受施工影响，在三跨东江施工过程中，通过创新引领，科技攻关，成功应用全封闭双壁钢围堰、钢护筒沉降池、气举反循环系统，保证了东江水体水质稳定。二是聚焦施工现场水环境保护，因地制宜、综合施策。赣深铁路多次穿越国家级森林公园和生态保护区，建设过程中环保要求极高，通过优化方案，大幅减少山体开挖及林地占用面积，采用机械配合人工开挖进洞，对施

工排水进行严格沉降和净化处理确保零污染,全力保护保护区的生态环境。

3. 坚持绿色发展,助力打造绿色生态

一是坚持全生命周期守住生态环境红线。从设计选线、工程招标、施工管控、日常监督、定期评价、竣工移交等方面全周期保护了沿线生态环境;二是坚持全方位守住绿色赣深底线。组织设计、施工、监理、检测等单位对可能存在环境影响的地点进行踏勘、论证,集众力、聚众智将沿线环境影响降到最低。在穿越城区、居民区和生态保护区位置,加设隔声窗、声屏障。全线累计加设隔声窗 76 987 m²,声屏障 3.421 3 km。在途经深圳光明、宝安和龙华区地段还设有累计 0.193 0 km 的半封闭声屏障,形成了让高铁在城区无声经过的靓丽风景线,实现了建设与环保并重,铁路与环境融合,成为赣深沿线水秀山青天更蓝持续发力的生动写照。

五、筑牢示范线建设堤坝,铸就"人文赣深"

1. 坚持一站一景,站房主题融合地方特色

一是河源东站候车大厅设计理念核心源自河源河流和客家民居,在客家民居"十厅九井"造型中提取元素,以"客家古邑,三河之源"为核心设计语言,最终形成了一幅独具客家特色的画里岭南。二是龙川西站站房设计从秦汉风格出发,汲取佗城历史建筑特点,以"秦汉之韵,厚德龙川"为设计语言,采用四坡屋顶与稳重基座相组合,并汲取龙川学宫的建筑形式,将其柱廊转化为简洁有力的竖向立柱支撑,巧妙地将龙川学宫文化元素融入站房外立面设计中。三是东莞南站将东莞草席历史、工艺技术通过建筑手法以图案的形式在吊顶和柱芯位置处体现。仲恺站则以"电子芯片"的设计理念营造出科技之意境。四是惠州北站采用罗浮山恢宏、奇俊之气势,提取惠州岭南名郡之文化特质,以舒展流畅的线条勾勒出新时代铁路客站速度高效的建筑形象,体现惠民之州的城市形象。

2. 坚持以人为本,建维一体彰显人文关怀

一是抓站房和站区、工区的一体化推进,打造优美、舒适、清新的环境,满足运维人员办公、生活需求,实现了建维一体。二是抓站区与地方市政配套一体推进,站区与地方市政配套统一规划、统一设计标准、统一风格,实现了站场和市政配套和谐、自然连接。三是抓路地共建一体推进。赣深铁路广东段共经过 4 个城市,设有车站 9 座,各地文化不一、经济社会发展水平不一,通过加强路地协同、求同存异,有效解决了站区涉及单位多、专业接口复杂等问题。四是抓建设与运营一体推进,坚持"建设为运营服务"原则,把旅客对美好出行体验需求作为出发点和落脚点,优化交通接驳线路,使各大站区接驳更为顺畅,旅客体验更加美好。

3. 坚持多方协作,和谐共建实现路地双赢

赣深铁路按期高质量开通,离不开沿线各级地方政府、相关企业以及人民群众的大力支持。一是征地拆迁工作大力推进。全线 16.8 万亩土地征收、104.2 万 m² 房屋拆除,是沿线地方政府夜以继日工作、路地共同发力的结果,在最短时间内完成征地拆迁工作。二是路外环境整治工作稳步推进。全线 3 417 个外部环境安全隐患整治问题,上下联动、齐心协力,在 6 个月内全部完成,为赣深铁路高质量开通提供了坚强保证,用实实在在的业绩书写了"人民铁路人民建,建好铁路为人民"的精彩篇章。

第二篇

建设管理

第一章 建设管理模式

1. 采用合资铁路公司管理模式。公司由中国铁路广州局集团有限公司(甲方)、广东省铁路建设投资集团有限公司(乙方)分别作为原中国铁路总公司、广东省人民政府的出资者代表与中国铁路通信信号股份有限公司(丙方)、中铁电气化局集团有限公司(丁方)共同出资设立,依法登记注册,具有企业法人资格。

2. 公司自主经营,独立核算,自负盈亏,享有法人财产权,依法享有民事权利,承担民事责任。

3. 公司作为赣深铁路项目的法人对项目的资金筹措、建设实施、生产经营、债务偿还和资产保值增值实行全过程负责。

4. 赣深铁路项目资本金为其总投资额的 50.65%,其中,甲方认缴 50.36%,乙方认缴 48.36%,丙方认缴 0.43%,丁方认缴 0.85%。待项目工程竣工决算后按照各方实际出资额确定四方最终股比。

根据公司章程,乙方承担部分工程投资和广东省境内段征地拆迁费用及工作,征地拆迁费用以实际发生并经中介机构审计和各方股东确认后,计入地方出资及股份。

征地拆迁工作进度应满足工程建设进展的需要,并协助公司及时办理土地使用权证。

在赣深铁路建设期内,股东应根据赣深项目的建设进度,按约定的出资比例和时限按时缴纳出资。

公司项目资本金以外所需的项目建设资金,由公司通过贷款等方式进行融资,必要时由各方股东提供融资支持。

第二章　建设管理机构

第一节　建设管理机构的设置

广州局集团公司深圳指挥部根据《集团公司党委关于优化建设项目管理机构设置的通知》(广铁劳卫发〔2014〕219 号)设立,根据《中国铁路广州局集团有限公司关于调整集团公司站房建设管理体制的通知》(广铁劳卫发〔2020〕9 号)进行定员调整。

指挥部设指挥长 1 名、党工委书记 1 名、党工委副书记兼纪工委书记 1 名、副指挥长 5 名(其中 1 名兼工会主席)、总工程师 1 名。

指挥部内设综合部、工程管理一部、工程管理二部、工程管理三部、工程管理四部、工程管理五部、站房建设工程部、四电工程部、安全质量部、计划财务部、物资设备部 11 个职能部门。

依据《中国铁路广州局集团有限公司关于调整集团公司站房建设管理体制的通知》(广铁劳卫发〔2020〕9 号)规定,指挥部岗位定员按 119 人设置。具体为:指挥部领导职数 9 人、综合管理部 7 人、计划财务部 12 人、工程管理一部 10 人、工程管理二部 8 人、工程管理三部 13 人、工程管理四部 9 人、工程管理五部 9 人、站房建设工程部 7 人、四电工程部 9 人、安全质量部 21 人、物资设备部 5 人。

根据项目建设任务的变化,机构和定员依据广州局集团公司文件进行相应调整。

第二节　部门职能

一、指挥部工作职责

(1)按照铁路建设程序编制工程项目建设实施计划并组织实施,对安全、质量、工期、投资控制及环保水保等承担相应责任。

(2)组织勘察工作,审查勘察大纲,验收勘察资料,参与初步设计文件初审,组织施工图设计、审核施工图。

(3)组织优化施工组织方案,编制施工组织设计,制订营业线施工实施方案和安全措施,组织设计交底,负责开工准备,办理批准单项工程开工手续。

(4)落实国铁集团、广州局集团公司与有关方面签订的协议,及时办理环保水保、用地预审和审批的报批手续,及时完成征地拆迁工作,组织落实好环保、水保、地质灾害评估、压矿评估、防洪影响评估、职业卫生管理等相关工作。

(5)组织建设项目的勘察设计、咨询、施工、监理和甲供物资设备等招标工作。

(6)强化合同管理,完善验工计价审核程序,健全会签责任制和定额、计量、核算管理制度,提出拨款建议。

(7)按规定编报工程项目年度投资计划,并严格按批准的投资计划组织实施。

(8)严格执行财务管理规定,按时上报资金预算建议,规范使用和管理建设资金,严格控制投资。

(9)健全施工现场质量、安全管理体系,建立事故处置机制,监督参建单位严格执行国家、国铁集团有关质量法律法规、标准规章,及时报告质量、安全事故,组织或参与质量、安全事故的调查和处理,组织营业线施工安全培训。

(10)负责办理质量安全监督手续,自觉接受质量安全监督机构的监督。

(11)及时协调解决工程建设中出现的问题,按规定审查Ⅱ类变更设计,提出Ⅰ类变更设计处理意见。

(12)按时上报工作计划、工作信息和统计报表,负责竣工验收的前期工作,编制竣工文件、竣工决算和工作总结。

(13)及时、规范办理资产移交文件归档和档案移交。

(14)负责质量信誉评价的日常检查。

二、指挥部内设机构职责

1. 综合部工作职责

(1)负责日常行政管理、党群工作,做好信息的上传下达,统筹协调各部门工作,催办和督查重要事项的执行情况,组织党群活动。

(2)做好信息调研,及时掌握职工思想动态及项目管理机构各类工作动态,畅通信息渠道,负责指挥部建设项目信息管理系统建设和日常管理维护工作,做好日常思想工作。

(3)组织或参与有关文电的起草工作,负责公文、文档的收发、登记、呈批、传阅、催办、缮印和发文的审核工作,负责文件的分类、立卷、归档工作。

(4)负责机要、保密和印鉴管理工作。

(5)负责会务组织工作,组织或指导其他部门做好会议筹备、会议记录以及相关文件整理等工作。

(6)负责宣传报道工作,收集整理工程建设的有关影像资料和相关信息,负责编写大事记,做好项目管理机构史志管理工作。

(7)负责外事接待工作。

(8)负责组织人事管理工作,加强人才的教育培养,做好人员的考察、调配和日常考核、奖惩、培训以及专业技术职务评聘等工作。

(9)负责劳动卫生及工资管理、乘车证管理等工作,切实做好职工工资、福利分配,受企业法人委托负责劳动合同的日常管理工作,负责劳资报表的统计与报送工作。

(10)负责社会保险、企业年金、补充保险的参保、归集和待遇办理等以及社保报表工作。

(11)负责办公用品、设备的购置、发放、日常维护工作。

(12)负责职工生活后勤保障和车辆管理工作。

(13)负责信访、综合治理和人武工作,做好办公区域消防和治安保卫工作。

(14)负责纪检监察日常管理,做好信访举报、案件检查、审理、执法监察、路风监察、效能监察等工作。

(15)负责工会工作。

(16)负责指挥部重要事项日报管理。

(17)负责临聘人员遴选和管理工作。

(18)完成上级交办的其他工作。

2. 工程管理部工作组织职责

各工程管理部根据各自负责的项目履行下列职责。

(1)负责勘察设计及施工图审核管理工作。

①组织施工图设计审核和施工图投资检算工作,参与初步设计初审。

②负责监督检查勘察设计进度和设计单位执行鉴定意见情况,督促设计单位做好优化设计工作。

③对勘察设计和施工图审核进行日常管理和考核,组织施工图设计考核及施工图审核考核工作。

(2)负责建设项目前期工作。

①负责组织建设项目环保、水保、职业健康、地质灾害评估、压矿评估、防洪影响评估、社会风险评估、文物调查评估、占用林地评估、用地预审等资料的汇总、报批工作。

②负责组织工作量核实及有关协议签订,包括立交、征地拆迁、改路、改沟、用地勘界、取弃土场用地、通航等协议。

(3)负责对外协调工作。

①负责组织实施所管项目全线红线内征地拆迁具体实施、开展建设协调工作。

②负责项目沿线土地综合开发框架协议签订工作。

③办理建设项目用地预审、报批相关手续。

④负责征地拆迁台账的建立和竣工资料的组卷交验工作。

⑤负责征地拆迁验工计价的审核工作。

⑥负责铁路安全保护区范围的划分、公示确认及保护区标志的埋设组织工作。

(4)参与合同管理工作。

①参与施工图审核、施工监理和施工总承包招标工作。

②参与勘察设计合同、施工图审核合同、施工合同的签订工作。

③监督勘察设计合同、施工图审核合同和施工总承包合同的执行情况,对勘察设计、施工图审核、施工合同的验工计价及费用支付进行签认。

④负责与前期工作、技术、科研相关的专项合同拟定、签订、验工计价、费用支付签认等工作。

(5)负责技术管理工作。

①负责制定有关项目技术管理办法、技术管理程序和相关考核制度。

②负责组织编制报批项目指导性施工组织设计,审批施工单位申报的实施性施工组织设计。

③组织施工方案审查和科研项目审查。

④根据技术标准和规范,组织制定或审查施工作业指导书、施工细则、相关施工的工艺工法、专项施工方案。

⑤负责办理建设项目开工审批手续。

⑥组织施工前的技术交底工作。

⑦负责专业技术方案、技术问题、主要设备及系统选型的研究审查工作。

⑧负责技术文件、技术资料管理,做好设计文件、图纸和技术资料的分发登记、保管和移交归档工作。

⑨组织编制工程竣工文件和工程总结。

(6)负责现场管理工作。

①负责建设项目的组织实施和现场管理工作,落实施工计划,按照抓生产必须抓安全质量的原则,落实好安全措施,抓好工程质量和进度控制,及时协调处理工程建设中的有关问题。负责组织研究质量安全问题整治方案,组织督促参建单位及时完成问题整治,并对整治情况进行现场确认,配合安全质量部做好问题整改销号回复工作。

②负责项目建设计划制定和组织实施;牵头组织项目验工计价工作。

③负责变更设计管理。负责提报Ⅰ类变更设计建议,并参与和配合Ⅰ类变更设计初审、报批工作;负责办理Ⅱ类变更设计。

④负责建设期间的环境保护、水土保持和职业病防治措施的落实工作。

⑤负责本部门管理的工程项目调度协调工作,负责收集工程信息,编制工程快报,定期对建设情况分析总结。

⑥参与编制动态检测、联合调试计划,参与项目动态检测及联调联试工作。

⑦参与组织建设项目静态验收、动态验收、初步验收、试运行的具体工作。

(7)负责组织本部门管理工程项目的设计单位进行信用评价工作,参与施工、监理单位信用评价工作。

(8)根据指挥部建设任务的担负情况及工作需要,工程管理部工作职能可适时调整。

(9)完成本单位领导交办的其他工作。

3. 站房建设工作部工作职责

(1)配合站前勘察设计及施工图审核管理工作。

①项目可研批复后,征集站房设计方案参与初步设计审查,组织跟踪站房方案设计,组织施工图设计

审核和配合计财部进行施工图投资检算工作。

②配合对站前勘察设计和施工图审核进行管理和考核,组织对站房日常施工图设计考核及施工图审核考核工作。

(2)配合建设项目前期工作。

配合完成站房规划选址工作。

(3)负责对外协调工作。

负责项目沿线土地综合开发组织实施工作。

(4)参与合同管理工作。

①参与站房施工图审核、施工监理和施工总承包招标工作。

②参与站房勘察设计合同、施工图审核合同、施工合同的签订工作。

③监督站房勘察设计合同、施工图审核合同和施工总承包合同的执行情况,对勘察设计、施工图审核、施工合同的验工计价及费用支付进行签认。

(5)负责站房及生产生活配套房屋技术管理工作。

①负责制定有关项目站房及生产生活配套房屋技术管理办法、技术管理程序和相关考核制度。

②负责组织编制报批站房及生产生活配套房屋指导性施工组织设计,审批施工单位申报的实施性施工组织设计。

③组织站房及生产生活配套房屋施工方案审查和科研项目审查。

④根据技术标准和规范,组织制定或审查施工作业指导书、施工细则、相关施工的工艺工法、专项施工方案。

⑤负责办理站房及生产生活配套房屋建设许可审批手续。

⑥组织施工前的技术交底工作。

⑦负责专业技术方案、技术问题、主要设备及系统选型的研究审查工作。

⑧负责技术文件、技术资料管理,做好设计文件、图纸和技术资料的分发登记、保管和移交归档工作。

⑨组织编制站房及生产生活配套房屋竣工文件和工程总结分册。

(6)负责现场管理工作。

①负责站房及生产生活配套房屋的组织实施和现场管理工作,落实施工计划,按照抓生产必须抓安全质量的原则,落实好安全措施,抓好工程质量和进度控制,及时协调处理工程建设中的有关问题。负责组织研究质量安全问题整治方案,组织督促参建单位及时完成问题整治,并对整治情况进行现场确认,配合安全质量部做好问题整改销号回复工作。

②负责站房及生产生活配套房屋建设计划制定和组织实施;牵头组织项目验工计价工作。

③负责站房及生产生活配套房屋变更设计管理;负责提报Ⅰ类变更设计建议,并参与和配合Ⅰ类变更设计初审、报批工作;负责办理Ⅱ类变更设计。

④负责站房及生产生活配套房屋建设期间的环境保护、水土保持和职业病管理措施的落实工作。

⑤负责本部门管理的工程项目调度协调工作,负责收集工程信息,编制工程快报,定期对建设情况分析总结。

⑥参与编制动态检测、联合调试计划,参与项目动态检测及联调联试工作。

⑦参与组织建设项目静态验收、动态验收、初步验收、试运行的具体工作。

(7)负责组织本部门管理工程项目的设计单位进行信用评价工作,参与施工、监理单位信用评价工作。

(8)根据指挥部建设任务的担负情况及工作需要,站房建设工程部的工作职能将适时调整,可承担站前工程管理等工作。

(9)完成本单位领导交办的其他工作。

4. 四电工程部工作职责

(1)负责总工程师分管的综合技术管理工作的归口管理。

(2)负责指挥部管内所有项目四电及信息客服工程(含四电独立用房)、机车车辆工程、三电及管线迁改的建设管理工作。

(3)负责征地拆迁归口管理工作。

(4)配合勘察设计及施工图审核管理工作。

①组织四电及信息客服工程、机车车辆工程、三电及管线迁改工程的施工图设计审核和施工图投资检算工作,参与项目可研及初步设计审查。

②负责监督检查四电及信息客服工程、机车车辆工程、三电及管线迁改工程勘察设计进度和设计单位执行鉴定意见情况,督促设计单位做好专业方案设计、初步设计、施工图设计等工作。

③配合对勘察设计和施工图审核进行管理和考核,组织四电及信息客服工程、机车车辆工程、三电及管线迁改工程日常施工图设计考核及施工图审核考核工作。

(5)参与合同管理工作。

①参与四电及信息客服工程、机车车辆工程、三电及管线迁改工程施工图审核、施工监理和施工总承包单位的招标工作。

②参与四电及信息客服工程、机车车辆工程、三电及管线迁改工程勘察设计合同、施工图审核合同、施工合同的签订工作。

③监督四电及信息客服工程、机车车辆工程、三电及管线迁改工程勘察设计合同、施工图审核合同和施工总承包合同的执行情况,对勘察设计、施工图审核、施工合同的验工计价及费用支付进行签认。

(6)负责技术管理工作。

①负责制定项目四电及信息客服工程、机车车辆工程、三电及管线迁改工程技术管理办法、技术管理程序和相关考核制度。

②负责组织编制四电及信息客服工程、机车车辆工程、三电及管线迁改工程指导性施工组织设计,审批施工单位申报的实施性施工组织设计。

③组织四电及信息客服工程、机车车辆工程、三电及管线迁改工程的技术规格书审核。

④组织四电及信息客服工程、机车车辆工程、三电及管线迁改工程施工方案、重大技术问题、主要设备及系统选型及科研项目审查。

⑤根据技术标准和规范,组织制定或审查施工作业指导书、施工细则、相关施工的工艺工法、专项施工方案。

⑥牵头组织四电及信息客服工程、机车车辆工程、三电及管线迁改工程设计联络、技术交底及相关设备安装、调试的接口协调。

⑦负责技术文件、技术资料管理,做好设计文件、图纸和技术资料的分发登记、保管和移交归档工作。

⑧组织编制四电及信息客服工程、机车车辆工程、三电及管线迁改工程竣工文件和工程总结分册。

(7)负责现场管理工作。

①负责四电及信息客服工程、机车车辆工程、三电及管线迁改工程的组织实施和现场管理工作,落实施工计划,按照抓生产必须抓安全质量的原则,落实好安全措施,抓好工程质量和进度控制,及时协调处理工程建设中的有关问题。

②负责组织研究质量安全问题整治方案,组织督促参建单位及时完成问题整治,并对整治情况进行现场确认,配合安全质量部做好问题整改销号回复工作。

③负责四电及信息客服工程、机车车辆工程、三电及管线迁改工程建设计划制定和组织实施;牵头组织项目验工计价工作。

④负责四电及信息客服工程、机车车辆工程、三电及管线迁改工程变更设计管理。负责提报Ⅰ类变更设计建议,并参与和配合Ⅰ类变更设计初审、报批工作;负责办理Ⅱ类变更设计。

⑤负责四电及信息客服工程、机车车辆工程、三电及管线迁改工程建设期间的环境保护、水土保持和职业病防治措施的落实工作。

⑥负责本部门管理的工程项目调度协调工作，负责收集工程信息，编制工程快报，定期对建设情况分析总结。

⑦参与编制动态检测、联合调试计划，参与项目建设的静态验收、动态验收、初步验收、安全评估和试运行工作。

(8)负责组织本部门管理工程项目的设计单位进行信用评价工作，参与施工、监理单位信用评价工作。

(9)负责征地拆迁归口管理工作。

①指导贯彻执行国家相关的政策、法规及上级部门颁布的规章、制度，并对相关规章、制度的执行情况进行督查。

②参与项目前期工作，参与建设项目用地预审、报批相关工作。

③指导、参与地方政府的征地拆迁(包括三电、管线拆迁)协议的签订。

④参与项目征地拆迁验工计价和项目建设的竣工验收工作。

(10)负责各项目信息化管理工作。

①受指挥部信息化工作领导小组的领导，制定指挥部信息化工作总体建设方案，负责归口管理指挥部各项目信息化建设工作，落实国铁集团、广州局集团公司以及指挥部信息化领导小组关于信息化工作的指示。

②负责制定指挥部信息化管理制度和现场管理模块管理实施细则，盯控制度的落实，规范信息化工作流程，编制项目信息化建设总体方案。

③负责指挥部信息化工作的对外协调、组织与推进，包括与外部单位沟通、组织系统培训与实施、发布启用通知、组织现场专项检查与月度考核、推进项目信息化进展等。

④收集各部门、各参建单位的应用需求和优化建议，并及时向国铁集团反馈，积极组织软件升级等工作。

(11)根据指挥部建设任务的担负情况及工作需要，四电部的工作职能将适时调整，可承担站前工程管理等工作。

(12)完成本单位领导交办的其他工作。

5. 安全质量部工作职责

(1)负责落实国家、国铁集团、广州局集团公司安全生产及质量管理的有关规定，制定有关管理制度，建立健全质量和安全管理体系，并按管理职能确保体系有效运行，监督、检查各参建单位抓好落实。

(2)负责办理工程质量安全监督手续，配合质量安全监督机构的质量安全监督检查。

(3)参与项目安全质量问题整治方案研究及问题整治督促，对上级检查出来的问题，牵头做好问题整改确认及销号回复工作。定期组织工程安全质量检查，及时通报和处理工程质量和安全工作中存在的问题，形成闭环管理。

(4)制定工程质量创优规划并监督实施，负责样板示范工程管理工作。

(5)参与监理单位、第三方检测单位招标工作。

(6)负责工程监理的管理工作，检查落实质量、安全和文明施工的各项措施，负责办理监理单位验工计价和工程审核工作。

(7)负责工程建设第三方检测管理工作，对第三方检测单位进行工作指导和监督检查，负责办理验工计价工程量审核工作。

(8)负责组织对试验室、拌和站的验收和管理工作。

(9)参与工程项目验工计价工作。

(10)负责组织对施工、监理单位的信用评价工作，负责组织监理单位的标准化工作。

(11)负责组织或参与工程质量和安全事故的调查和处理工作。

(12)牵头组织配合项目安全预评估、安全评估工作。

(13)建立突发事件应急处理机制，组织突发事件处理工作。

(14)组织召开安全生产例会，定期对质量安全情况进行分析总结，建立台账，参与质量安全问题整改方案的研究,督促整改销号并及时做好回复工作。

(15)完成上级交办的其他工作。

6. 计划财务部工作职责

(1)制定完善概预算(基建)、招标投标、合同管理、计划统计、验工计价、法律事务、财务管理、税务管理等有关管理办法,检查相关办法的执行情况。

(2)负责概预算(基建)、招标投标、合同管理、计划统计、验工计价、法律事务、财务管理、税务管理等相关工作。

(3)归口合同管理(不含劳动合同),组织对参建单位投标承诺、合同履行情况进行检查评议(不含甲供物资合同)。

(4)组织基建项目概预算审核工作,协调设计单位按时完成概预算编制及修编工作,组织初审汇总后按规定上报。组织基建项目概算调整与清理工作,归口掌握基建项目投资控制情况。

(5)组织编制、修改、下达基建投资计划、资金预算、管理费用预算、财务收支利预算,组织考核相关单位执行情况。

(6)归口管理基建项目统计工作,督促相关部门、参建单位建立健全统计台账、编制统计分析、报送统计报表。

(7)归口验工计价管理,组织建设过程中验工计价、清算工作。建立完善各项报表、台账资料,确保正确、真实、完整、及时。

(8)按规定开展招标投标(不含甲供物资)工作,配合甲供物资(设备)招标采购和商务合同的谈判工作,配合其他部门做好小额谈判招标工作。

(9)负责财务管理工作,建立健全财务管理制度,规范财务核算,牵头编制财务会计报告。

(10)负责筹资管理工作,控制资金存款余额,降低资金成本,确保资金安全。

(11)负责税务管理,建立健全税务台账,依法纳税,争取税收优惠。

(12)负责财务监督,审核费用报销、工资发放、工资附加费计缴、资金拨付、合同执行等经济业务。监督检查参建单位建设资金、农民工工资专户使用情况。牵头组织有关审计、财务检查、合同检查、招投标检查的配合工作。

(13)负责组织工程竣工决算、固定资产组固及移交工作,配合资产管理部门做好资产清查。

(14)负责组织处理指挥部法律事务。

(15)完成上级交办的其他工作。

7. 物资设备部工作职责

(1)认真贯彻执行上级法律法规规章,负责本指挥部管辖项目建设物资管理工作,保证施工物资供应需求。

(2)负责编制、上报并依法组织实施甲供物资采购招标计划,负责采购或在国铁集团物资管理部组织下采购甲供物资。

(3)负责归口管理甲供物资合同,负责依法签订甲供物资采购合同,督促供应商全面履行采购合同,及时办理货款结算。

(4)负责组织、督促工程承包、监理单位对甲供物资进行进场验收,检查建设物资质量。

(5)负责监督、指导、检查参建单位自购物资采购和供应工作。

(6)负责签订甲供物资代理服务合同,办理代理服务费用结算。

(7)负责组织处理甲供物资进场质量、数量异议,办理违约索赔事宜。

(8)协助并配合物资设备使用质量问题的处理,建立健全物资质量跟踪追溯制度,落实质量责任。按规定对物资供应商进行信用评价。

(9)审核和办理甲供物资设备验工计价及调差工作。

(10)加强物资基础管理工作,协助概算清理。

(11)完成上级领导交办的临时工作。

第三章　标准化管理体系

第一节　管理制度

一、管理制度依据

深圳工程建设指挥部管理制度根据《铁路建设管理办法》等有关建设管理的规章、规范性文件及广州局集团公司相关规定，结合建设项目实际而制定，明确管理目标，提出工作要求，是建设管理的依据。为了规范指挥部的管理工作，提高指挥部的管理水平，构建结构清晰、职责分明、内容稳定、体现“五位一体”管理要求，工作有目标、实施有规范、操作有程序、过程有控制、结果有考核的指挥部管理制度，特对指挥部的管理制度进行了梳理，根据指挥部的部门设置要求，从内部管理、工程管理、招投标与合同管理、勘察设计管理、安全与质量管理、建设资金管理等六个方面，对指挥部制度建设进行规范。

指挥部管理制度实行动态管理，遇下列情况应及时修订：与国家新的法律法规发生冲突时，国铁集团、集团和指挥部颁布新的管理规定时，面临新情况新问题时，经实践检验需要修订时以及其他情况需要修订时。

管理制度应以指挥部正式文件的形式下发，责任部门拟定后，相关部门应进行会签，由单位负责人或分管领导签发，必要时应组织召开专题会议进行审定。

二、管理制度架构

项目管理制度架构如图 2-3-1 所示。

第二节　人员配备

一、建设单位人员配备情况

为深入贯彻铁路建设新理念，全面落实“五位一体”管理要求，推进广州局集团公司深圳工程建设指挥部标准化管理工作，指挥部编制设置和人员配备标准化，根据“规范统一、精干高效、素质良好”的原则，按照国铁集团机构定编设置规范规定和人员配备具有相应技能与知识的要求，实现指挥部管理安全高效的目的。

二、参建单位人员配备情况

参建单位人员配备情况直接决定了赣深铁路建设水平，因此深圳指挥部严格要求各参建单位按照投标承诺和工程建设需要组建项目管理机构，配齐管理、技术人员。

(1)勘察设计单位按规定及时组建建设项目勘察设计团队，组建现场设计配合机构，选派主持或参与该项目施工图设计的主要技术人员常驻现场配合施工。

(2)施工单位根据工程类型、规模、特点和施工难易程度等，按照精干高效原则和扁平化管理要求设置项目部，配备管理人员，按照架子队模式组建作业队，加强对技术人员、作业人员的岗前培训，并按照考核办法对员工进行考核。

(3)监理单位按照监理管理标准化实施方案和监理合同约定设置现场监理机构，配备具有良好的职业道德和专业技术水平、具备一定的组织协调能力、能独立解决现场问题的专业监理工程师及其他监理人员，并根据监理规划和工程进展情况适时调整。

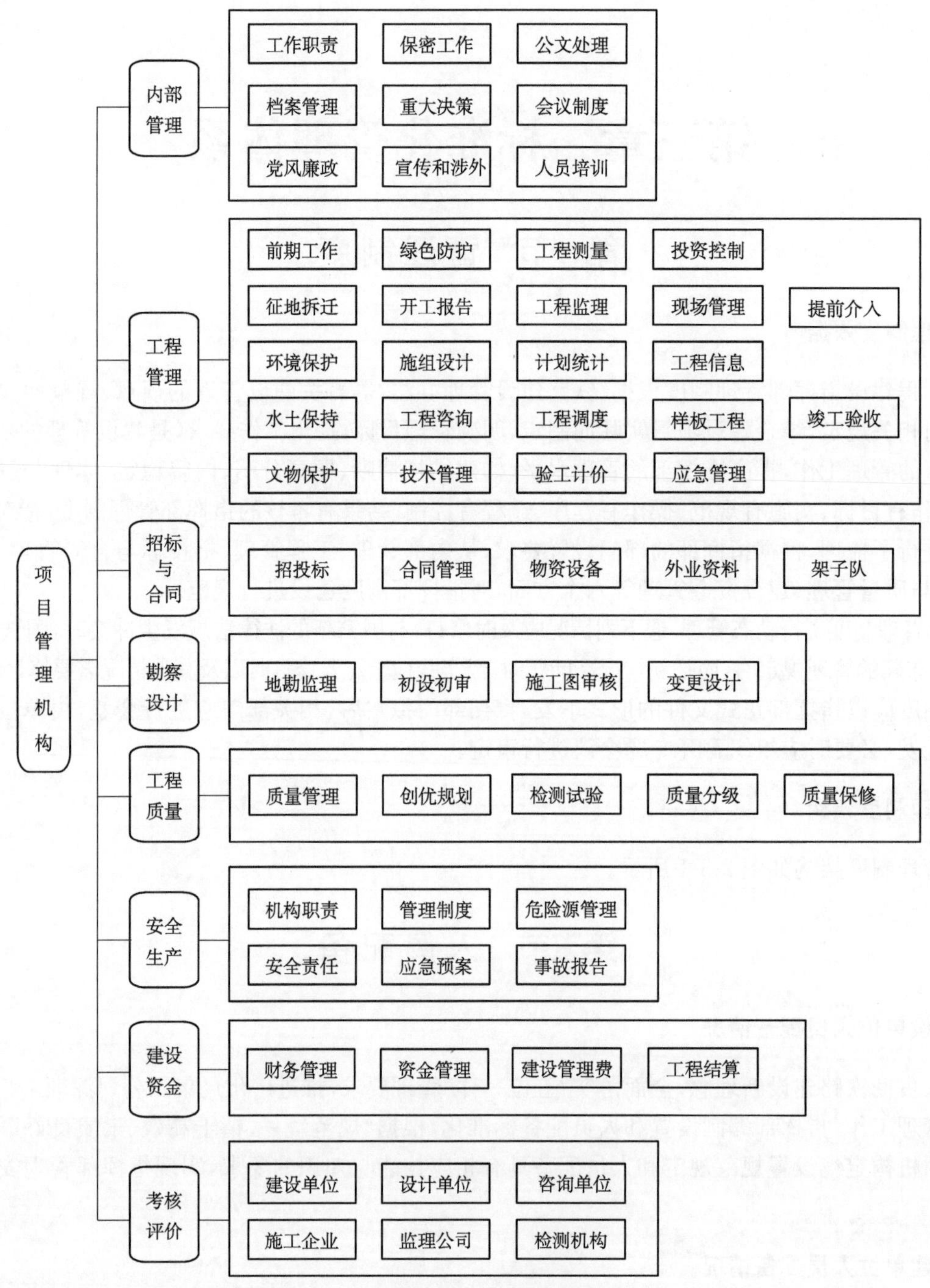

图 2-3-1 项目管理制度架构

第三节 现场管理

一、施工现场文明施工

1. 抓好地方协调,为开工创造良好环境

深圳指挥部与地方建立良好协调机制,落实地方建设资金到位,督促征地拆迁、三电和管线迁改等工作,积极收集重要地材信息,做好用电、用水、道路使用和大临设施、临时用地等施工准备工作,为迅速打开施工局面创造良好环境。

2. 抓好合同履约，各项资源及时配备到位

按照投标承诺，深圳指挥部首先检查施工单位进场各项准备工作，从人、机、料、方法、环境等方面着手，狠抓现场一线作业及控制层的工程管理。要求施工单位兑现投标承诺，配足技术力量、机械设备及物资，并进行自查自纠，同时对架子队组建情况进行检查，对架子队的管理人员工作经历和资质进行审查，对不符合要求的架子队，要求施工单位进行整改，规范，对无法满足要求的施工单位进行通报批评、停工整顿等。同时深圳指挥部也对参建监理、设计、第三方检测单位的人员、设备履约情况进行对标检查，对于达不到要求的，责令相关单位进行调整或及时办理变更手续，确保人员资质、数量满足合同及工程需要。

3. 抓好交接桩和复测，从源头确保工序受控

施工队伍一进场，深圳指挥部就组织设计、监理、施工单位进行设计交桩和复测工作，要求做到逐点认真核对，对于丢失损坏的坐标点、水准点，要求施工单位配合设计补齐，从而保证了测设精度。

4. 抓好施组审查，强化施工总体布局

根据赣深铁路的实际特征和设计文件，深圳指挥部组织编制了指导性施组，对梁场、拌和站、渣场、取弃土场等大临设施布局做了总体安排，明确了重点控制工程施工组织。在此基础上，各施工单位编制了实施性施组，由监理进行审查把关，落实技术措施、组织措施、安全措施、经济措施等，确保施组符合规范并便于操作。在施工前，对重大施工方案，如软土路基、重点桥梁、重点隧道、既有线(邻近既有线)、无砟轨道等施工方案，深圳指挥部都组织了专家评审，结合专家提出的意见，督促施工单位对施工方案做进一步优化，将各项因素考虑周全，保证工程顺利开展。

二、抓好设计现场配合管理，为施工做好服务

1. 及时做好地质情况核对确认，确保施工工艺准确性

随工程进展需要派驻设计专册人员，配合做好隧道、桩基等施工现场地质情况核对确认，确保及时采取合理的施工工艺和技术措施，同时加强现场设计问题解答工作，及时收集问题反馈设计院，取得设计院技术支持。

2. 抓图纸管理，满足工程进度需要

根据工程进展需要，深圳指挥部建立缺图问题库，每周交班会加强与设计院等联络并督促供图，并采取定期召开设计座谈会、书面联系函、约谈设计院领导、主动到设计院交换意见等方式，按照轻重缓急督促设计院供应施工图纸。

3. 抓好设计交底，理清设计意图

项目开工前，深圳指挥部组织设计单位向参建施工、监理单位进行首次交底，随着工程进展，针对重点工程、特殊工程、高风险工程及四电等进行详细的专项交底，工程变更批准后进行变更设计交底，讲解设计说明和主要采取的施工方案、施工注意事项等内容。在交底前，深圳指挥部提前挂网通知施工、监理单位针对施工图纸进行学习，并整理出需设计单位解答的问题。在交底时，设计单位必须提供书面交底材料，并针对各方提出的问题进行答疑，帮助施工、监理单位理解设计意图。交底完毕后，深圳指挥部及时形成设计交底会议纪要并予以下发。涉及既有线改造或施工时，深圳指挥部邀请广州局集团公司工务、电务、机务、公安等相关专业运营站段参与，加强既有线施工安全管理。

三、抓好施工现场管理，实现工序标准化

1. 开展样板段活动，推动工地建设标准化

深圳指挥部积极总结其他建设项目的先进经验，结合本工程进展特点，制定了《文明工地建设标准》《内业资料管理标准》《工地实验室建设标准》等，并细化为现场管理、施工场地、设备材料堆放、现场住宿、防火防爆、治安综合治理、施工标牌、环境保护等方面的考核指标，通过检查评比，适时推出一批样板工点，组织全线参建单位召开现场观摩会，促进了标准化工地的建设。

2. 加强作业指导书管理，推动施工工艺标准化

深圳指挥部吸收先进的现场管理经验和施工工艺，组织编发了软土路基处理及 CFG 桩施工指导意

见、桥梁桩基钻孔灌注桩作业指导书、无砟轨道工程各工序作业指导书、隧道工程作业指导书检查手册、隧道工程防排水作业及质量控制、施工安全用电技术要求,对规范工程管理、开展标准化作业发挥了指导作用。各施工单位也根据有关规范、验标等认真编制施工作业指导书,并严格按指导书规范施工,促进了施工工艺的标准化。

3. 坚持"定人定点定岗"做法,推动施工现场管理标准化

深圳指挥部建立了现场管理定人、定点、定岗的检查制度,对公司各职能部门的检查内容进行分工,明确专人落实。

加强施工现场检查,重点检查四个方面:一查体系建设,促进施工单位安全质量自控体系的不断完善和有效运转;二查劳务分包,理顺管理关系,杜绝以包代管,做到政令畅通;三查标准施工,督促施工人员按作业指导书、设计图纸和施工规范要求作业,确保每一道工序质量受控;四查监理工作,检查监理人员业务水平,实行监理考核制度,确保监理队伍的整体素质。

检查工作时做到"三个到位":一是责任到位。推行深圳指挥部负责人、部门负责人及总监理工程师徒步检查制度,结合工程进展和检查中出现的问题,在每周交班会上有目的、有针对性地提出整改、预防措施和管理对策,安排好下一阶段的检查工作,实现超前预控。二是管理到位。通过开展突击夜查、徒步检查、专项检查等活动,对发现的问题发出白色、绿色、黄色、红色整改通知书并形成文件通报,要求严查彻整,限期反馈。针对出现安全质量问题较多的工点,组织召开现场分析,整治措施,有效防止类似问题在其他工点再次发生。三是落实到位。对发出的整改指令,盯住现场监理抓落实,对不放心的工点多次复查,确保整改措施得到真正落实,形成管理闭环。

四、抓好监理现场把控,延伸建设单位的管理力度

1. 抓好现场监理人员配备

深圳指挥部认真审核总监理工程师、副总监理工程师和专业监理工程师的执业资格。随着工点的全面铺开和工程进展,督促监理单位进一步调整、优化人员配备,科学合理配备现场专业监理人员,确保满足工程施工需要。一是配强重点、难点工程监理人员,做到专业与工程类别对口,能力与工作岗位相称,从素质上配强,从数量上配足。二是配强施工单位内控管理较弱工点的监理人员,并根据其内控强弱的变化及时做相应的调配。三是配强旁站监理人员,确保工程的关键部位和关键工序的质量安全可控。

2. 加强监理考核

深圳指挥部安全质量部对照《监理规划》和《监理实施细则》及指挥部规定的有关监理工作内容进行每季度考核,结合平时检查、抽查、徒步检查等情况得出考核结果,对违纪、违规、失职的监理人员按规定给予警告直至清退出场。此外,季度考核结果也是每季度支付监理费用的依据,从而有效激励监理人员、充分发挥监理的优势为工程建设提供优质服务。

第四节 过程控制

一、在安全过程控制上坚持高标准

按照铁路建设标准化管理要求,深圳指挥部应根据所辖建设项目要求制定总体安全目标,作为铁路项目建设各阶段安全工作的依据。各参建单位根据指挥部制定的安全目标,对本单位各项目的安全工作进行细化,制定具体的安全目标,在日常管理中细化落实,保证总体安全目标的实现。

二、在质量过程控制上坚持高标准

1. 质量保证体系,把好质量控制措施关

把目标和责任分解落实到设计、施工、监理单位,构建质量安全管理实施有规范、操作有程序、过程有

控制、结果有考核的管理制度。按照目标管理、分级管理、持续改进和闭环管理的方式，落实施工单位自控、监理单位监控、建设单位抽查督促、质量安全监督站监督的质量安全控制体系，落实每个参建单位、部门、人员在整个质保体系中的地位和作用，形成相互监督、相互制约、相互促进的质保机制。

2. 过程控制，把好质量检查检验关

坚持采用工程监理，并实行工程质量第三方检测。认真开展信用评价、“三项治理”“大检查、大整治、大反思”活动，加大对质量通病问题和安全隐患的整治力度，保证重要的施组方案、结构部位、工序及质量通病有人抓、有人盯、有人管，强化对路基及桥涵过渡段、隧道光爆及防排水等重点工序质量的过程控制，对检查发现的质量问题责令有关单位限期整改并上网公示，实施动态管理和闭环管理，促进参建单位提高企业自控体系的运作水平。

3. 人员管理，把好质量责任关

深圳指挥部要求各参建单位严格按照投标承诺配备人员，并进行备案管理。对其中有人员变更的，需报深圳指挥部审核同意。深圳指挥部建立了所有参建单位质量安全责任人档案，在办公网络上公布，严格实行问责制度，强化参建人员质量安全岗位责任意识。

4. 物资管理，把好原材料质量关

深圳指挥部完善物资采购供应、招投标等管理办法，选择合格供应商，坚持“统一部署、统一招标、统一管理；突出协调，规模采购；突出指导，规范运作；突出监督，严把关口”的管理模式，形成了“以指导、协调、监督为主线，以引导规范操作为重点，以确保工程材料质量为关键，以进场把关为主要环节”的物资管理工作思路，并通过加强对物资供应体系核查、增加对薄弱环节和关键材料的抽检频率等措施，严把进场物资材料质量关。施工、监理单位根据深圳指挥部要求加强了原材料管理，完善了原材料管理制度，配足、配全检测、试验人员，并按照《工地试验室建设标准》建立了工地试验室，规范试验程序，实现专业化管理，保证抽样的规范性和试验结果的准确性。加强所有原材料及设备（含甲供）的进场检查验收工作，内容包括规格、型号、数量、品种、检测报告、合格证书、外观质量、质量保证承诺等质保证明，杜绝未经检验或检验不合格的原材料使用到工程建设中。

三、在工期控制上坚持高标准

1. 制定节点工期目标

深圳指挥部根据总体建设工期安排，按照站前土建工程、轨道工程、站后房建和四电工程等制定了大节点工期目标，并按年度细化分解建设任务。在深圳指挥部本部和监理、施工单位项目部均设置了专职工程调度人员，建立工程调度制度，并结合工程进展不断完善进度计划管理体系，推行高效的管理制度，抓好工程建设各环节的紧密衔接。

2. 快速推进征迁工作

深圳指挥部及时制定征迁工作制度、标准和流程，与沿线地方政府建立工作沟通协调机制，明确路地双方责任，依法开展征迁工作，积极推进建设项目用地预审、先行控制性工程用地、建设项目用地报批等工作。

3. 加强对重难点工程的监控

对全线重难点的单位工程，进行重点监控和动态分析，对可能影响总体工期的工点及时发出警示，实行每日上网发布、每周汇总分析、每月全线通报制度，督促参建各方不断优化施工组织和强化现场管理，保持快速推进的良好势头。

4. 加大设计管理力度

定期召开设计工作协调会，及时解决出现的具体设计问题，建立设计问题库，及时进行督办落实，对久拖不决的重大设计问题直接向设计单位反馈并跟踪落实，从而提高设计单位配合效率，促进现场设计问题的协调处理和及时供图，从源头上为加快工程推进提供了设计保证。

四、在投资效益管理上坚持高标准

(1)以预算控制为重点,强化概算的约束力,实施降低项目投资成本策略,在筹资成本、概算控制等方面努力降低建设成本。

(2)严格验工计价,通过硬化合同、固化程序、强化审核来规范验工计价工作,做到验工根据现场,计价根据合同和验工,实现技术与经济相渗透,管理控制与财务内控相结合,工作量审查与价格审核相衔接。

(3)完善合同管理,做到分工履责到位、管理制度健全、控制程序完善、履约结果考核,保证合同文件的合法性和规范性。

(4)优化施工组织,努力减少不必要的工程量,坚决避免废弃工程,严格控制建设用地,合理控制征迁造价,严把特殊用地确认关,优化施工组织。

五、在环水保控制上坚持高标准

树立可持续发展观,在环境问题、水土保持上坚持最大限度保护、最低程度地影响,确保赣深铁路绿色环保。深圳指挥部注意处理好施工建设与资源、环境的关系,把环保、水保纳入监督控制范围,从制度体系建设、施工方案审批、环保措施落实、内业资料整理、环境清理恢复等环节进行监督把关。认真落实工程措施和环保投资,要求设计单位做工程设计变更时要及时做好环水保专项补充设计,要求各施工单位不断创新施工工艺、工法,做好弃(土)渣场的防护工作,加强植被保护,及早启动排水、绿化工程,减少对环境的污染,减少噪声影响。深圳指挥部委托专业咨询公司开展水土保持动态监测,积极配合有关职能部门开展环保、水保专项检查,及时下达检查情况通报和整改要求。

六、在技术创新上坚持高标准

本着严谨求实的科学精神,认真贯彻落实铁路工程技术的新规范、新标准,扎实做好各项技术评审工作,确保相关技术标准得到有效执行。同时,注重抓好对先进技术的引进和消化吸收、难点问题的科研攻关。例如,在长大隧道、桥梁及大跨径隧道、高宽支模等复杂工程中积极推广应用新技术成果;组织专家对长大隧道、特殊结构桥梁施工等进行技术攻关;进一步优化各专业施工组织设计。

第五节 “四化”支撑

工厂化、机械化、专业化和信息化等现代管理制度是推行铁路建设标准化管理的重要基础和手段,把“四化”支撑的基础打好,使之与标准化管理的要求相结合,将铁路建设管理的整体水平迈上一个新台阶。

一、工 厂 化

认真贯彻“施工生产能工厂化的则工厂化,工厂能大则大,社会工厂能利用则利用”的原则,针对赣深铁路项目的特点对各专业工程规划工厂化实施内容。

对 CRTS Ⅲ型轨道板、双块式轨道板、混凝土、桥梁、钢构件、沟槽盖板、钢筋混凝土构件全部实行工厂化集中生产制作;对路基填料的级配碎石、改良土实行工厂化生产;设置钢筋加工厂,统一下料,统一制作,减少各种人为因素的影响,实现效率与效益的有机统一;制(存)梁场、混凝土拌和站、钢构件加工厂等现有设计基础更加优化;合理布置路基填料拌和站、桥梁附属结构加工厂等工厂化生产临时设施。

二、机 械 化

机械设备按照“先进性和适用性相结合,安全环保和实用新技术相结合,单项施工和整体配套施工相结合”的原则,分专业按工作面配备成套机械设备。施工单位严格按投标承诺配置机械和设备。

路基工程配备长螺旋钻机灌注 CFG 桩、智能连续压实设备、边坡排水沟成槽专用机械;桥梁工程配备旋挖钻机、箱梁自动养护系统、900 t 箱梁运架一体机、特殊复杂桥梁采用路内先进设备；隧道工程配备《中国铁路总公司工程管理中心关于推广铁路隧道衬砌施工成套技术的通知》(工管质安函〔2016〕233 号)要求的隧道衬砌施工成套技术装备、三臂凿岩台车、湿喷机械手、自行式仰拱栈桥、钢拱架拼装机及以数控机床为主的钢构件加工成套设备等；轨道工程配备 CRTSⅢ型 WZ500 型无砟轨道铺轨机组。

三、专 业 化

积极推进专业化架子队建设，对路基、桥涵、隧道等工程，按专业化组织施工，分专业划分施工单元，按《中国铁路总公司关于规范铁路建设项目施工企业架子队管理的指导意见》(铁总建设〔2017〕24 号)要求按工作面管理组建专业化架子队；实行超前地质预报、特殊地质超前加固、轨道几何状态测量等有专业手段和工具。

四、信 息 化

各参建单位严格按照《关于印发〈赣深铁路项目信息化建设指导性标准〉的通知》(深建指工发〔2017〕56 号)要求全面推进建设管理信息系统建设，充分借鉴全路建设项目管理信息系统建设与应用的经验，建立一个以网络技术、计算机技术与现代信息技术为支撑的信息平台，覆盖项目管理参建各方的信息系统，实现工程管理的信息化。积极运用信息化的管理手段，实现信息的及时传递和对作业现场的实时监控。建设和使用视频会议系统；建设先进的视频监控系统，在关键工序作业点布置视频点，建设现场监控智能管理系统；建设应用项目综合管理系统，将进度、质量、安全、成本、科研等工作内容集成到统一的工作平台。建设管理信息系统包括协同办公、项目管理、视频会议、施工安全监测、建设运营一体化平台等。全面推广应用工地试验室、拌和站、隧道围岩量测信息化管理，实现工地试验室压力机、万能材料试验机检测数据在线实时监控，混凝土拌和站计量偏差、拌和时间等数据在线实时监控，隧道围岩量测断面数据采集和围岩收敛情况实时报告、分析，提升现场管控能力。

(一)信息系统设置要求

(1)按照《关于印发〈拌和站及试验室信息化管理实施细则〉的通知》(深建指安发〔2017〕44 号)的要求设置试验室、拌和站管理信息系统。

(2)隧道监控量测系统。

(3)电子工程日志、监理日记管理系统。

(4)连续梁线形监控信息系统。

(5)路基连续压实信息系统。

(6)沉降变形观测信息系统。

(7)预制箱梁自动张拉、智能压浆系统。

(8)桥梁静载试验自动监控系统。

(9)推行二维码技术，对预制梁、混凝土试件等实行二维码管理，对施工现场公布各项管理制度、技术交底等二维码信息。

(10)BIM 技术应用试点(惠州东江铁路大桥试点)。

(11)根据《铁路隧道工程施工信息化技术规程(试行)》(Q/CR 9215—2017)，本项目隧道工程建设在安全、质量等管理中采用信息化技术。

(12)全面推广现场检查、分部分项单位工程验收及隐蔽工程留存影像资料信息化系统。

(13)工程实施过程中要求的其他信息系统。

(二)BIM 技术应用总体方案

1. 总体目标

(1)以施工应用需求为主体，将 BIM 技术与施工应用密切结合，实现“BIM 工程化实施”的要求。

(2)依托赣深铁路，建设基于 BIM 技术的设计、施工、运维全寿命周期的铁路工程建设项目管理体系。

(3)应用基于 BIM 技术的铁路工程管理平台开展建设管理,通过平台各模块数据采集功能,解决参建各方工作交流中存在的问题,实现铁路 BIM 技术应用全过程的项目管理。

(4)培养铁路工程 BIM 技术结合的技术管理团队。

2. 实施总体思路

(1)总体工作安排

结合铁路工程特点,根据中国铁路总公司有关信息化工作相关要求,赣深铁路建设信息化工作分六个阶段进行。

第一阶段:应用铁路工程管理平台,实现进度、质量、安全的数据的采集,同步在三维电子沙盘模型中进行展示。

第二阶段:完成铁路沿线(中线两侧各 500 m 左右)地理信息数据采购和数据处理,开展全线站前专业结构物实体快速建模(LOD2.0);结合地理信息数据和结构物实体模型,建立基于 GIS 的三维地理信息电子沙盘,完成设计结构物模型和地形的叠加,实现铁路全线结构物的三维可视化展示。

第三阶段:根据各施工标段控制工程、重难点工程开工情况,分批迭代开展 BIM 施工应用。通过施工深化建模,优化设计、施工方案。针对复杂工艺,基于 BIM 模型开展三维可视化技术交底。结合平台模块的数据采集功能,挂接设计、施工过程数据,在模型中展示。

第四阶段:全线站后专业 BIM 建模,开展站房、四电专业的施工 BIM 应用。

第五阶段:在竣工验收阶段,将铁路建设过程中形成的设计资料、过程资料、竣工验收资料等数据统一集成,形成铁路建设全过程的数字化产品,为运维阶段铁路基础设施管理提供基础数据。

第六阶段:通过建设阶段的数字化移交和体系转换,将 BIM 模型承载的建设管理过程信息无缝转移到基于 BIM 的运维管理平台,完成"建设模型"向"运维模型"的转化。

(2)总体实施步骤

赣深铁路信息化总体实施步骤如图 2-3-2 所示。

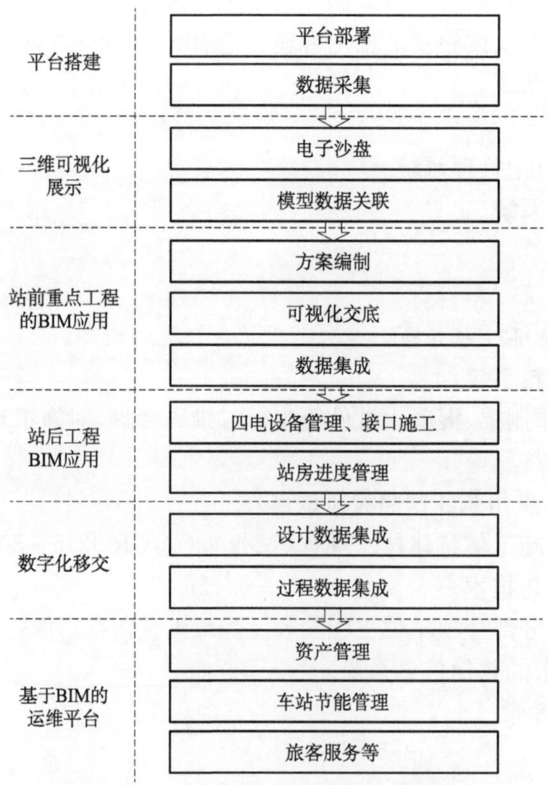

图 2-3-2 赣深铁路信息化总体实施步骤

第四章　设计管理

第一节　预可研与可研阶段

一、组织实施

可行性研究有关工作由深圳指挥部分管领导负责组织，指挥部各部门按照分工负责。可行性研究工作包括可研设计文件预审、前置条件批复（包括压覆矿评估、地质灾害评估、环境影响评价、水土保持评估、社会稳定风险评估、节能评估、规划选址、用地预审）和有关调研工作。

二、有关要求

勘察设计单位做好地质调绘、可研文件编制以及落实国铁集团审查意见等；根据铁路项目所处路网地位、功能和作用，深入分析运输组织、运量和运营效益，提出主要技术标准建议和枢纽接轨条件，枢纽改造、站位设置方案；探明采空区、岩溶强发育区等不良地质情况，查明地质灾害分布，勘查国家级环境影响、文物保护、水土保持核心区边界；组织现场调查，初步掌握枢纽改造条件，合理选线，规避地质风险；着重重点工程方案比选，采取必要工程措施，规避施工安全风险和运营安全风险；发挥政策优势，深入研究综合开发方案和经营成本分析，落实综合开发具体项目；合理分析重难点工程、工期敏感点施工组织、工程措施及以往工程建设经验，确定项目合理工期和工程投资。

第二节　初步设计阶段

一、组织实施

地勘管理工作由深圳指挥部分管领导负责。工程部负责组织地质勘查大纲审查、地勘成果资料应用，指挥部（筹备组）参与；指挥部（筹备组）负责地勘监理、地勘质量进度管理工作。勘察设计单位落实可研批复意见，组织实施定测地勘工作，查清建设项目所在地地质情况，为工程设计提供可靠的地质参数。

二、职责分工

初步设计初审工作由深圳指挥部项目分管领导负责组织，指挥部各部门按各自职责范围内的相关专业进行业务督导。指挥部组织初步设计方案论证，负责初步设计文件预审、督促落实国铁集团批复意见；组织指导性施组研究、前置条件评审、落实相关协议；组织现场调查、定测地勘等工作。勘察设计单位编制初步设计文件，保证初步设计质量和深度满足工程实际。

三、初审管理

（一）初审依据

（1）国家有关法律、法规；

（2）国铁集团有关规章、规范性文件；

（3）国家和国铁集团有关规程规范、铁路主要技术政策；

（4）工程建设强制性标准；

（5）可行性研究报告及其批复意见；

(6)工程咨询报告；

(7)批准的建设用地预审、环境保护、水土保持、文物保护等方面的审查意见及相关标准和规范。

(二)初审内容

(1)可行性研究报告及其批复意见的执行情况；

(2)各专业设计原则；

(3)局部设计方案比选；

(4)运营设备的配备、生产力布局情况；

(5)执行工程建设强制性标准和有关规程、规范情况；

(6)主要工程数量；

(7)施工组织设计和施工过渡措施；

(8)环保、水保、防火、节能、消防、建筑抗震措施；

(9)地质灾害防治措施；

(10)总概算及建设投资与运用成本统筹考虑情况；

(11)初步设计的范围、深度和质量情况；

(12)初步设计文件的组成内容；

(13)执行有关安全规定的情况。

(三)初审程序

深圳指挥部在验收设计单位完成的初步设计文件后，10个工作日内组织对初步设计文件初审并形成初审意见(包括修改意见和建议)，连同初步设计文件一起上报广州局集团公司总工室，由其按程序报初步设计文件审批单位。

(四)质量负责

勘察设计单位对初步设计的设计质量负责。深圳指挥部对初步设计的初审，不免除勘察设计单位对初步设计的质量责任。

第三节　施工图设计阶段

一、组织实施

施工图设计由深圳指挥部分管领导负责。设计单位按照初步设计批复意见进行编制，为工程建设提供施工图、表、设计说明和施工图预算。施工图设计文件由指挥部组织施工图审核单位进行审核，重大桥梁、Ⅰ级风险隧道、主要枢纽报国铁集团组织审核。施工图设计中，对初步设计批准的建设方案、建设规模、技术标准、建设工期需做修改的，比照Ⅰ类变更设计程序报初步设计审查部门批准。

二、审核管理

(一)施工图审核依据

(1)国家有关法律、法规；

(2)国铁集团有关规章和规范性文件；

(3)国家和行业有关规程规范、国铁集团有关标准；

(4)工程建设强制性标准；

(5)初步设计(含变更设计)批复意见。

(二)施工图审核内容

(1)现场核对；

(2)审核施工图设计原则；

(3)审核施工图文件;

(4)审核施工图预算;

(5)审核变更设计施工图文件。

(三)现场核对主要内容

(1)迁改:核对电力线路、通信、信号、信息设施及油管、气管、给排水管等拆迁工程的位置和数量是否与设计一致。

(2)工程设计方案、工程措施:核对设计图纸内容与周边建设条件是否一致,核对工程设计方案、工程措施的合理性、可实施性。

(3)大型临时工程:核对大型临时工程位置、规模等是否合理,数量是否与设计一致。

(四)施工图文件审核的主要内容

(1)工程建设强制性标准和初步设计批复意见执行情况,施工图文件编制内容、深度是否达到规范、规程的要求,是否执行了环评、水保、通航论证、防洪评价等批复意见。

(2)是否按验收后的工程地质勘察资料进行设计。

(3)标准图、通用图、参考图选用是否正确,内部通用图设计及采用是否合理。

(4)路基形式是否合理,断面面积是否准确,填料是否符合要求,填料土石比例是否符合规范,调配、运距和基底处理方法是否合理,路基挡护工程、防排水设计和站场综合管线布置是否合理,绿化方案是否符合国家和国铁集团有关要求。无砟轨道结构设计是否合理,无缝线路和道岔设计是否合理。

(5)桥梁墩台形式设置是否合理,是否与上部结构协调,技术条件相同的工点或标段墩台类型是否一致,基坑开挖(围堰)防护是否安全合理,工程数量是否准确,桥渡方案是否满足防洪、通航、净空等要求。

(6)隧道工程措施,特别是不良地质地段的工程措施是否与地质条件和风险评估等级对应,施工组织措施是否合理,防排水设施是否与水文情况对应,防灾救援系统是否完善,弃渣场设置是否合理,环保措施是否符合要求。

(7)牵引供电电源是否与实际需要匹配,变压器接线方式是否合理,电杆和接触网立柱、各类线材规格及型号的选择是否合理,接触网构件是否匹配、合理,车站接触网支柱布置是否符合安全和景观要求。电力系统外部电源、变配电、防雷接地、自动控制等设计方案是否合理。

(8)通信信号系统是否与相邻线互联互通,设计方案是否合理,设备配置是否满足运营需求,地面设备与车载设备是否配套、兼容等。

(9)信息系统设计方案是否合理,是否满足互联互通、信息安全需要,信息机房、配线间等基础设施是否达到标准,设备配置和软件配置是否符合国家和行业标准、规范要求。

(10)客运车站站房重点审核总图及功能流线、广场及交通疏解、站房及客运建筑、消防及建筑设备,建筑平、立、剖面图,建筑详图、结构布置图、构件详图、节点构造详图、基础详图、管线及装修和建筑电气设计图;相关专业的兼容性、衔接性。

(11)设计文件站前站后专业之间、子系统之间的衔接是否合理,如接触网基础预留、沟槽管线预留、综合接地、电缆过轨预埋等;设计采用的新技术、新材料、新工艺、新设备是否通过正式技术鉴定。

(12)防火、节能、环保、水保、建筑抗震、地质灾害防治等方案及措施是否与相关主管部门批复意见一致;重点审核景观保护与恢复,植被保护与恢复,环境敏感区的保护,特殊保护项目,水、大气、噪声、振动等污染防治等。

(13)主要工程的施工方案、施工过渡措施是否合理;铺轨基地、制梁场、客运专线轨枕板(块)预制场等大临工程设置方案是否合理,设计是否达到规定深度。

(14)技术复杂结构工程的计算原则、模型、程序以及参数选用是否合适,是否符合规范要求,输入数据是否准确;对结构设计的合理性、安全性进行审核,形成结论性意见,对于重点的特殊结构、新结构应进行复核验算。

(15)施工安全措施是否完善,既有线施工过渡及安全措施是否可行并达到规定深度。

(16)工程数量计算是否准确,工程量计算规则是否符合规定。

(17)对施工图与初步设计主要工程数量对照表进行对比审核,并分析工程量变化原因。特别是施工图拆迁工程数量(含三电迁改、管线迁移,路内既通信、信号、信息、电力、电力牵引供电、房建、其他运营生产设备及建筑物等)与初步设计数量应进行详细对比,分析增减原因。

(五)施工图预算审核主要内容

(1)施工图预算的编制原则、采用的定额和人工、材料价格是否与初步设计批复原则一致,施工图预算文件编制内容、深度是否达到规定要求。

(2)施工图预算的工程数量是否与施工图纸工程量和工程量计算规则相符合,是否满足工艺、工法要求,是否存在差错漏碰或重复计列;各类工程技术指标是否合理;铺轨基地、制梁场、高速铁路(含客运专线)轨枕板(块)预制场等重点大临工程概算是否单独编制并准确无误;施工过渡工程预算是否按照过渡方案进行编制;施工安全措施费计列是否符合规定;并与初步设计工程数量进行详细比较。

(3)重点审核三电迁改、油气管、水管、道路等的数量、协议和投资,临时工程的方案、数量和投资,并与初步设计概算进行对比。

(4)在与初步设计预备费相同的情况下,比较施工图预算和初步设计批准概算,特别是对比具体各章节费用,分析投资增减原因和其他费用计列的合理性,以及控制工程、重点工程、主要工程的数量和指标,做到工程投资与设计内容、工程数量匹配。

第四节　项目实施阶段(含现场配合、变更设计等)

一、投资控制及变更设计

(1)勘察设计单位在保证设计质量的前提下,以初步设计批复的投资额为前提,确保工程概算、预算不突破限额目标。

(2)勘察设计单位应根据相关科研成果,积极开展施工图优化设计工作,在满足功能要求的前提下,降低工程投资。

(3)施工图完成后,及时开展分标段工程量清理及投资估算工作,对存在的问题提出设计意见和建议,并将结果报深圳指挥部。

(4)及时开展变更设计工作,必须坚持“先批准、后实施,先设计、后施工”的原则,严格依法按程序进行变更设计。

(5)提供的变更设计文件必须准确、可靠、及时,严格遵守国铁集团及深圳指挥部有关变更设计管理办法的各项规定。

二、现场施工配合工作

施工现场设计配合是指勘察设计单位在项目开工后至正式验收期间,按照深圳指挥部的合同约定,处理涉及勘察设计的有关事宜,说明施工图设计意图并指导实施,解答和解决实施过程中的问题,实施地质补勘、Ⅰ级风险隧道超前地质预报,参加指挥部组织的现场核对、研究设计变更方案并提供设计变更图纸,参与重大施工方案、指导性施工组织设计和“四新技术”应用等研究,参加质量安全问题调查处理、工程验收等工作。

1. 总体要求

(1)勘察设计单位应加强勘察设计过程质量控制,提高工程勘察资料准确性和施工图文件质量,减少差漏错碰,对实施中存在的问题进行研究并及时处理。

(2)勘察设计单位应建立及时研究解决现场重大勘察设计问题和现场快速研究解决一般勘察设计问题的工作机制,全过程履行勘察设计责任和义务,提高勘察设计及服务质量。

(3)深圳指挥部将实施过程中发现的问题及时反馈勘察设计单位,并督促勘察设计单位及时解决。

2. 施工现场设计配合组织工作

(1)初步设计批复后,勘察设计单位应成立由主管领导负责、相关处室及专业负责人参加的项目现场设计配合领导小组,建立项目定期巡查制度,深入现场了解情况,及时解决设计图纸供应、设计配合中存在的问题。

(2)勘察设计单位应在本项目初步设计审批后,及时成立现场工地组。

3. 机构配置要求

(1)设置施工现场设计配合组,由各专业负责人或专册组成。

(2)现场设计配合人员数量、专业配置应根据项目进展情况和设计配合工作量考虑。站前工程施工阶段,线路、地质、路基、站场、桥梁、隧道、轨道等专业人员应常驻现场,实行单价承包的项目现场还应派驻概预算人员,及时编制、审核现场变更设计的工程概预算文件。站后工程施工阶段,站场、房建及四电等站后相关专业人员应常驻现场,其他专业人员应根据现场需要及时到达现场。现场设计配合人员应由参与本项目施工图设计的主要人员及具有现场配合经验的勘察设计人员组成。

(3)现场设计配合人员应具有良好的职业道德和专业技术水平,具有一定的组织协调能力,能独立解决现场出现的一般性专业技术问题。

(4)现场设计配合人员应在开工前报深圳指挥部核备,现场设计配合负责人应在项目开工前到达并常驻现场,专职负责现场设计配合工作。现场设计配合负责人临时离开现场应事先征得深圳指挥部同意。

(5)现场配合设计负责人一般不允许调换,确因工作需要或其他特殊原因更换的,应提前征得深圳指挥部同意,并按照先派后撤原则进行更换,确保设计配合工作的连续性;其他人员更换也应征得深圳指挥部同意,且更换后人员工作能力及水平不得低于更换前人员。深圳指挥部认为必要时,可要求勘察设计单位增派或调换设计配合人员。

(6)勘察设计单位应为现场设计配合人员安排生活、办公场所,配置办公设备、交通、通信工具等。

4. 施工现场设计配合主要任务

(1)勘察设计单位应按照建设项目标准化管理要求,建立和完善施工现场设计配合管理制度,明确施工现场设计配合工作内容、工作要求和工作流程,落实现场设计配合人员工作职责。

(2)勘察设计单位应按照设计图供应协议约定的时间和批次交付施工图,按照施工图审核意见修改完善并及时提供设计文件,满足施工现场需要。

(3)工程开工前,勘察设计单位应按指挥部要求做好施工图技术交底工作,说明设计意图,提出建设、监理和施工注意事项,解答建设、施工、监理等单位提出的相关问题。对重难点、高风险和采用新技术的工程项目应专门组织技术交底。

(4)勘察设计单位应参加深圳指挥部指导性施工组织设计的编制和调整,参与重大施工技术方案研究,协助解决有关问题,提出优化建议,并根据确定的施工组织方案优化施工图,测算投资变化。

(5)勘察设计单位应积极协助深圳指挥部落实外部协议签订,做好征地拆迁、管线迁改、防洪评估、交叉跨越等外部协调工作,根据现场变化及时完善勘察设计工作。

(6)施工图阶段经评估为高风险和极高风险的软弱围岩及不良地质隧道,超前地质预报的责任主体单位为设计单位,其超前地质预报工作由设计单位负责组织实施。

(7)涉及营业线施工的项目,勘察设计单位应对设计文件涉及的运输设备组织现场核对,并确认设计满足运输安全要求;参与深圳指挥部组织的营业线重大施工方案审查、营业线施工现场监控把关和验收等工作。营业线Ⅱ级以上封锁施工,现场设计配合人员必须到现场参与解决相关问题。

(8)建设项目实施中需进行变更设计时,勘察设计单位应在深圳指挥部组织下提供设计方案,按照变更设计规定程序及时限完成变更设计文件(含工程量清单数量增减及对应的概预算文件),同时应完善变更设计登记制度,对变更设计进行分类登记。

(9)勘察设计单位应做好工程测量控制网CP0、CPⅠ、CPⅡ及相应高程控制网建设期间的维护管理工作,并根据情况进行必要的复测,同时为测设CPⅢ及变形观测网建立提供基础资料,受深圳指挥部委托做好技术指导。

(10)勘察设计单位应按规定参与建设项目竣工验收工作,确认项目达到设计要求和条件,满足使用功能要求。

(11)勘察设计单位应建立突发事件应急机制,出现质量安全事故或其他突发事件时,应及时到达现场并全力参与抢险,提出工程处理意见,完成相关勘察和变更设计工作,按规定参与事故调查分析。

(12)勘察设计单位应及时完成施工现场设计配合工作,满足现场施工的需要。

5. 施工现场设计配合工作要求

(1)勘察设计单位要组织现场设计配合人员根据建设项目特点,制订设计配合工作细则,明确现场设计配合人员的工作内容、岗位职责和工作权限(含变更设计方案、概预算复核权限),使其符合指挥部变更设计分类管理的要求。

(2)现场设计配合人员作为勘察设计单位的现场代表,要配合做好施工图交付和现场重大事项处理工作,将指挥部对勘察设计工作的要求、现场对设计文件的需求等,于 24 小时内反馈到勘察设计单位,收到勘察设计单位的设计安排、供图计划后,在 24 小时内报指挥部确认。

(3)现场设计配合人员应做好重要工点现场技术交底工作,对重大、复杂或采用新技术、新标准、新结构、新工艺的工程,应联系有关专业设计负责人在开工前到施工现场进行专题技术交底,解释设计意图,说明工程实施的具体方案、方法以及技术措施。

(4)现场设计配合人员应对施工图使用中出现的问题进行解释,对勘察设计过程中不能准确确定的工程地质特征及其他需要现场确定事宜,应通过现场核对确定,需变更设计的应及时向深圳指挥部提出变更设计建议。

(5)现场设计配合人员应及时参与配合征地拆迁和外部协调工作,对特殊拆迁项目提出具体拆迁方案并参加商谈。

(6)现场设计配合人员应建立与建设、施工、监理单位定期沟通机制,定期深入施工现场,主动了解施工、试验、检测及科研情况,检查施工工艺是否满足设计要求,及时发现、解决施工过程中存在的设计问题,指导施工单位完善施工方案和安全、环境、水土保持措施,每季度向深圳指挥部提交现场设计配合工作报告,确保设计配合工作有序推进。

(7)涉及营业线施工的项目,现场设计配合人员应参与涉及运输设备的现场核对,参与建设单位组织的营业线重大施工方案审查、营业线施工现场监控把关和验收等工作。

(8)地质、隧道等专业现场设计配合人员应对隧道超前地质预报工作进行指导,参与 TSP 等物探预报,定期收集包括 TSP、超前钻孔、红外探水、地质素描等超前预报资料,并根据各种预报成果对前方围岩变化趋势做出综合性分析预报。

(9)变更设计施工图提交应严格执行深圳指挥部关于变更设计管理方面的规定。因突发事件、危及工程安全需要立即处理的变更设计,现场设计配合人员应立即赶赴现场,参与制定应急措施,按照会审纪要及时完成变更设计。

(10)现场设计配合人员应完善设计配合过程管理,对设计文件的执行情况进行跟踪,按验收标准规定参与验收工作,按规定参加工程检查;落实突发事件应急机制,配合做好突发事件应急处理工作。

6. 施工现场设计配合管理

(1)勘察设计单位须严格履行勘察设计合同,深圳指挥部对施工现场设计配合工作进行考核。

(2)深圳指挥部负责对现场设计配合的管理工作,并对设计人员组成方案和专业结构能否适应本项目建设,对勘察设计单位现场设计配合工作细则、人员组成等进行审查,对不能满足建设需要的,勘察设计单位须及时做出调整。

(3)深圳指挥部负责施工现场设计配合工作的监督、检查,对施工现场设计配合中存在的问题责成勘察设计单位整改,并将配合工作纳入设计单位施工图考核范围。

(4)深圳指挥部负责组织施工、监理单位协助做好施工现场设计配合工作,及时组织设计文件现场核对,将现场核对和实施过程中发现的问题及时通知勘察设计单位。

(5)对施工现场设计配合人员不到位、处理问题不及时、影响工程建设的,深圳指挥部依据勘察设计合同进行处理。

第五章　质量与安全

第一节　质量体系的建立与运行

为规范参建各方质量管理行为，明确质量管理职责，提高质量管理水平，实现工程质量目标，根据《建设工程质量管理条例》(国务院令第279号)和《铁路建设工程质量管理规定》(铁道部令第25号)，深圳指挥部制定质量管理办法。

一、科学制定质量方针、质量目标

根据《深圳工程建设指挥部关于做好2017质量管理工作的通知》(深建指安发〔2017〕2号)，质量目标如下：

(1)按照铁路工程施工验收标准，各检验批、分项、分部工程施工质量检验合格率达到100%，单位工程一次性验收合格率达到100%。

(2)在合理使用和正常维护条件下，隧道、桥涵、路基、轨道、房屋建筑、四电等工程结构的施工质量满足设计使用寿命期的运营要求。

(3)杜绝建设工程质量一般及以上事故，工程质量缺陷整改到位并达到设计要求及验收标准。

二、设立质量管理机构，加强组织领导

深圳指挥部成立以指挥长为组长的质量管理领导小组，副组长由副指挥长、项目总工程师担任，全面负责本项目质量管理工作。其主要职责是：确保国家、行业、建设、监理等关于工程质量方针、条例、规定和要求的落实，确保质量保证体系的有效运行，定期对工程质量和创优规划进行检查评比和指导。

深圳指挥部及工区设质量管理部负责质量管理工作，配备专职质检工程师，各架子队设专职质量检验员，工班设兼职质量检验员，组建精干高效的质量检测、试验和测量队伍，配备必要的检测、试验仪器设备，在原材料控制、施工过程控制、竣工工程质量检验评定等各个环节实施施工全过程测量和试验控制，对施工全过程进行质量检查，在施工过程中自下而上按照“跟踪检测”“复检”“抽检”实施检测工作。

三、健全质量管理制度、建设质量保证体系

深圳指挥部以ISO9001质量管理体系标准为主线，以保证和提高工程质量为目标，以强化责任和管理、施工过程控制为手段，建立一个从设计源头开始到工程计划、质量、安全、环保、综合协调、物资设备采购，再到工程试验、项目施工保证的质量保证系统，把质量管理各阶段、各环节的质量职能严密组织起来，形成一个既有明确任务、职责、权限，又能互相协调、促进的质量保证体系。建立健全以指挥长为第一责任人的工程质量管理领导小组，建立指挥部、分部、架子队质量管理体系，从组织保证、思想保证、制度保证、施工质量保证、质量检查保证、经济保证、质量信息诸方面建立完善的质量保证体系。

为确保施工质量，自上而下逐级建立工程质量责任制，签订质量责任书，明确工作岗位的质量职责和义务，建立完善的质量责任制度，以确保施工质量得到有效控制。

四、以过程控制为主，把好质量检查检验关

建设项目严格实施质量过程控制。设计、施工单位健全质量管理体系，强化质量自控；监理单位按照监理规范，严格过程监控；指挥部组织检查，实施重点控制；依法接受政府监督。

勘察设计单位编制系统完整的《项目质量管理计划》,制订项目质量方针和质量目标,明确质量管理职责、管理程序和设计程序,强化外业勘察资料验收制度、设计文件复核、逐级审查制度、设计交底制度、现场配合制度、变更设计制度、设计回访等制度。对设计工作各个阶段进行质量控制,确保勘察设计质量。

施工单位编制系统完整的《项目质量管理计划》,制订项目质量方针和质量目标,明确质量职责、管理程序和作业程序,强化图纸审查制度、地质核实制度,严格执行技术交底制度、测量复核制度、施工组织设计审查制度、试验检验制度、工程质量检查验收签认制度、成品保护制度、质量事故报告和追究制度、技术资料收集保管归档等规章制度。严格执行三检制,把好工序质量关。对质量形成的各个环节进行控制,确保质量管理体系有效运行。

监理单位根据审批的监理规划和监理实施细则,落实质量责任制,严格旁站、巡检、见证、平行检验,按照质量验收标准及时组织检验批、分项、分部工程质量验收,并参与单位工程质量验收。

第二节 质量事故的处理与闭合

一、质量事故的处理

(1)工程质量事故分为特别重大事故、重大事故、大事故、一般事故,事故的报告、处理等根据《铁路建设工程质量事故调查处理规定》(铁建设〔2009〕171 号)执行。

(2)发生工程质量事故,施工单位应立即停止施工并采取有效的安全措施,并且必须在 12 小时内向深圳指挥部报告,并及时通知有关单位。深圳指挥部应在 24 小时内向广州局集团公司建设部和工程质量安全监督站提出书面报告。

(3)深圳指挥部组织设计、施工、监理等单位在进行调查分析、诊断、测试或验算的基础上,对处理方案予以审查、修正,按规定报批同意后,方可下达指令恢复该项工程施工。

(4)凡对质量事故隐瞒不报、拖延处理或处理不当及未经监理工程师同意擅自处理的,对事故部分及受影响部分视为不合格,不予验工计价。若发生工程质量特别重大事故,其事故的调查处理应按照国务院《特别重大事故调查程序暂行规定》办理。工程质量重大及以下事故由深圳指挥部负责组织调查处理,根据最终的调查结果,将依法追究有关单位和个人的质量事故责任。

二、质量事故的闭合

按照深圳指挥部的要求,质量事故的发现、追踪、整改、闭合的过程,监理要全方位跟踪、旁站,整改完成后由监理单位验收,验收合格后监理签字、盖章,再报深圳指挥部验收,验收合格后将相关资料报送深圳指挥部存档。

第三节 安全体系的建立与运行(含安全风险管理)

为加强建设工程安全生产管理,明确安全生产责任,有效预防安全事故,保障人民群众生命和财产安全,依据《中华人民共和国安全生产法》《中华人民共和国建筑法》《建设工程安全生产管理条例》《铁路安全管理条例》等有关法律、条例,以及《铁路建设项目安全生产管理办法》(铁总建设〔2014〕168 号)和广州局集团公司有关规定,进行建设工程安全管理体系建设。

一、科学制定安全管理目标

赣深铁路的安全管理目标如下:

(1)杜绝安全生产一般责任事故;

(2)杜绝机械设备一般责任事故;

(3)杜绝责任施工火灾、风灾、水灾事故;

(4)杜绝责任火工品、重要器材、设备被盗和爆炸事故;

(5)杜绝隧道涌水、突泥、坍塌一般事故。

二、设立安全生产管理机构,强化组织领导

实行指挥长安全责任制,建立以岗位责任制为中心的安全逐级负责制,各级成立安全领导小组,制定切实可行的安全管理办法和奖惩制度,明确各职能部门和有关人员的安全工作职责,明确分工,责任到人。

深圳指挥部设安全质量管理部,配备 2 名安全工程师,1 人兼任安全质量管理部部长;各工区设安全管理部,配备安全工程师 1 名,兼任安全质量管理部部长;各架子队配安全副队长及专职安全员 1 名、兼职安全员 1 名,共同负责安全工作。

三、健全安全生产管理制度,落实安全责任制

1. 设置安全体验区和班前讲评台

在一工区设置安全体验区,开工前针对施工人员和不同工种在现场可能产生的不同风险进行模拟体验,让受训人员通过视觉、听觉、触觉来亲身体验施工现场危险发生的过程和后果,感受事故发生瞬间的惊险,从而提高参建人员的安全防范意识,增强自我保护意识。在进入隧道施工现场的醒目位置,设置班前讲评台,通过实施班前“喊话”制度,提醒施工人员注意事项,牢记施工安全,营造良好的安全文化氛围。

2. 每月进行安全质量考核

在每月组织的平推检查及日常检查中,对现场发现的安全质量问题,拍照记录形成《安全质量奖罚通报》,并当场明确整改责任人,制订整改措施,限期整改到位,并在每月固定时间召开月度安全生产大会,宣读《安全质量奖罚通报》。施工过程中,实施“风险工点责任包保,关键作业干部带班,风险隐患挂牌销号”制度。

3. 组织专业培训严管理

(1)深圳指挥部经常开展安全生产宣传教育活动,使广大员工真正认识到安全生产的重要性、必要性,牢固树立“安全第一,预防为主”的思想,自觉遵守各项安全生产法令和规章制度。

(2)项目开工前,由安全质量管理部对所有参建员工进行上岗前的安全教育,并做好记录。教育内容包括:安全技术知识、各工种操作规程、安全制度、工程特点及该工程的危险源等。经考核合格后,方可上岗作业。

(3)新工人上岗须进行指挥部、架子队和班组的三级教育,工人变换工种须进行新工种的安全技术教育,使每个工人都掌握本工种操作技能,熟悉安全技术操作规程。

①进入施工现场安全教育。施工现场制作安全宣传栏和警示标志,配齐安全防护用品。对全体职工进行安全知识和基本技能培训,熟悉和遵守有关安全技术操作规程,并进行安全考试。对进入施工现场人员要交代安全注意事项,穿戴安全防护用品。

②特种作业人员安全教育。对从事焊接、电气、高空、起重、张拉等作业的人员、各种机械的操作人员和机动车辆驾驶员经过专业培训,获得《安全操作合格证》后,方准持证上岗。

③安全生产的经常性教育。现场安全领导小组坚持开展安全活动,认真贯彻以岗位责任制为中心的各项安全制度,充分发挥各级组织的作用,进行岗前培训,加强工前、工间和工后安全教育。对各类人员的安全教育每年不少于 50 学时。

四、规范安全风险管理,降低规避工程风险

深圳指挥部成立工程风险管理领导小组,由指挥长、党工委书记任组长,安全质量副指挥长任常务副组长,建设生产、总工程师等其他班子成员任副组长,各部门负责人、各标段设计总体负责人、施工项目经理、监理总监为成员。领导小组办公室设在安全质量管理部,负责隧道风险源管理措施的督促、检查、落实

等日常工作。

各参建单位均成立由管段项目机构负责人任组长、各职能部门负责人为成员的工程风险管理小组,负责本管段工程的风险管理工作。

1. 深圳指挥部管理职责

(1)参照铁路隧道风险管理要求,制订高风险工点的风险管理实施办法,建立风险管理体系,完善风险管理机制,落实参建单位和人员责任,认真做好风险管理工作。

(2)负责组织初步设计、施工图设计阶段隧道工程风险评估工作,组织专家对勘察设计单位提出的高风险工点及风险等级建议进行论证,确定高风险工点及风险等级,对设计阶段工程安全风险评估及风险处理措施的审查,组织其他高风险隧道施工条件安全评估工作。

(3)审定施工单位编制并经监理单位审查的风险管理实施细则,按规定将确定的高风险工点及风险控制情况上报广州局集团公司建设部和工程质量安全监督站。

(4)审核参建单位施工阶段隧道风险评估报告,督促、检查施工图阶段隧道工程风险评估工作,负责管段内风险隧道、桥梁、路基等工程建设日常管理工作。

(5)负责工程风险措施实施的监督、检查并督促参建单位落实工程风险管理工作。

(6)监督、检查风险工程设计方案执行和相关施工预防措施落实情况,根据项目工程特点,编制高风险工点包保管理办法。

(7)对风险工点技术方案、超前地质预报、量测、注浆等提出技术管理要求并实施日常管理工作,督促各单位及时收集、分析风险工程技术信息。

(8)检查施工单位风险工点现场设施布置,作业指导书编制,监控、量测及预警,应急预案编制及演练情况。

(9)检查施工单位在施工过程中对已揭示重大潜在风险辨识,实行动态管理。

2. 勘察设计单位主要职责

(1)勘察设计单位是风险防范的主要单位,应制订设计阶段风险评估工作实施细则,在可行性研究阶段进行风险识别,按照规避风险原则合理选择方案,依据勘察资料、参照隧道风险管理的评估标准及评估程序,对无法规避的风险工点进行分析评估,提出风险等级建议。

(2)在初步设计阶段,对高风险工点风险因数做进一步识别,须调整风险等级的应及时向深圳指挥部提出建议;应按照确定的风险等级,系统制订与之匹配的风险控制措施,因此产生的工程费用纳入初步设计概算;施工图设计要进一步完善风险控制措施,提出风险防范注意事项。

(3)负责勘察设计阶段隧道风险评估工作,提供风险评估资料,报深圳指挥部审查,依据风险评估意见修改设计。

(4)及时提交包括风险控制措施和风险防范注意事项的勘察设计文件,在设计技术交底的基础上,做好风险控制措施和风险防范注意事项的交底工作。

(5)建立风险工程跟踪机制,组织风险工程设计交底,收集施工阶段超前地质预报、水文地质、围岩量测等风险监测信息,参与施工期间隧道风险评估,动态优化风险管理技术。

(6)根据风险源监测结果,提出风险处理设计意见,进一步完善施工阶段风险技术方案和技术措施。

3. 施工单位主要职责

(1)施工单位是风险控制的实施主体,根据风险评估结果、地质条件、施工条件等,对承担任务范围内的高风险工点逐一进行分析,逐条细化风险控制措施,并编制风险管理实施细则。风险管理细则经监理单位审核、深圳指挥部审批后,纳入实施性施工组织设计。

(2)开展工程施工风险评估工作,根据评估结果提出相应的处理措施。

(3)按照风险管理实施细则,明确项目部风险管理责任部门,配置专职安全风险管理人员,配置专用风险监测设备,对工程风险实施有效监测和管理。

(4)按照风险管理实施细则编制高风险工点专项施工方案,专项方案经施工单位负责人审定后报总监理工程师审核，高风险工点的专项施工方案报深圳指挥部工程管理部批准。施工单位按批准的专项施工方案组织实施，并派专职安全风险管理人员现场监督。

(5)按照批准的专项方案编制施工作业指导书和作业标准，组建专业作业班组，配置相应机械设备，严格按专项施工方案组织实施。

(6)将有关风险控制措施、工作要求、工作标准向作业队进行技术交底，并全程监督作业人员严格按作业指导书、作业标准施工。

(7)对参与高风险工点施工的施工人员进行针对性的岗位安全生产教育和风险防范培训，未经培训或培训不合格的人员，不得上岗作业。

(8)根据国铁集团、广州局集团公司、深圳指挥部的要求，落实包保责任人和包保带班制度。

(9)制订本单位突发安全事故应急预案，并做好应急演练工作。

4. 监理单位主要职责

(1)监理单位是风险防范及控制的检查单位，应参加建设单位组织的风险识别和评价，对风险监测方案、专项施工方案、施工作业指导书、作业标准和专业架子队伍组成及培训教育的实施情况进行检查，实施全过程监理。

(2)参加施工阶段的风险识别和评价，审查施工阶段施工单位的风险管理实施细则。

(3)检查风险监测方案、专项施工方案、施工作业指导书、作业标准和专业架子队组成及培训教育的实施情况，检查工程风险技术方案和措施落实情况。

(4)按深圳指挥部风险工点包保管理文件要求，落实包保责任人，督促现场监理严格落实 24 小时旁站要求，并做好相关记录。

(5)按动态管理原则检查施工单位风险工点施工生产，对已揭示的重大风险源纳入风险工点管理，并将检查落实情况及时反馈。

第四节　安全事故的调查与处理

(1)深圳指挥部组织制订安全事故综合应急救援预案，综合应急救援应包括应急组织机构及其职责、预案体系及响应程序、事故预防及应急保障、应急培训及预案演练等主要内容。同时针对重大危险源和可能生产的事故类型制定相应的专项应急预案。

(2)深圳指挥部督促施工单位根据所承担铁路建设项目工程的危险源状况、风险类型和等级、可能发生的事故等，有针对性地制订综合应急预案和专项应急预案，以及危险性较大的重点工作岗位的现场处置方案。现场处置方案应包括危险性分析、可能发生的事故特征、应急处理程序、应急处置要点和注意事项等内容。

(3)深圳指挥部督促勘察设计、施工、监理等单位采取多种形式对从业人员进行救援预案的教育培训，并组织检查施工现场救援预案落实情况，重点检查现场应急物品配置、逃生应急措施落实、应急设备物资储备以及应急培训演练情况等。

(4)发生生产安全事故或人员被困涉险事故后，深圳指挥部立即启动应急预案，按程序实施抢险救援。指挥部组织施工单位做好先期处置，在确保安全的前提下采取有效措施抢救人员和财产，控制危险源，封锁危险场所，防止事故扩大；需要移动现场物件时，应做出标志并做好书面记录，现场重要痕迹应拍照或录像，妥善保管有关物证。

(5)发生生产安全事故后，施工、监理单位应按规定及时报告，任何单位和个人不得迟报、漏报、谎报或者瞒报事故。

事故发生单位按照规定及时向深圳指挥部、事故发生地县级以上人民政府安全生产监督管理部门和铁路监管部门报告，深圳指挥部向广州局集团公司建设部和工程质量安全监督站报告。

发生铁路交通事故的，同时执行铁路交通事故应急救援和调理处理有关规定。

(6)发生生产安全事故后，深圳指挥部和各参建单位要服从当地政府事故应急处置现场指挥部的指挥，参与事故抢险救援，按规定参与事故调查分析。

(7)对生产安全事故和铁路交通事故的调查，对事故责任单位和责任人的处罚与处理，严格按照国家有关法律、法规规定执行，同时按照国铁集团、广州局集团公司有关规定、合同约定进行责任追究。深圳指挥部组织有关单位落实事故整改措施。

(8)发生生产安全事故和铁路交通事故的，深圳指挥部报广州局集团公司和国铁集团，根据事故性质和责任以及上级批复，在一定时间内不向责任单位发售招标文件，并限制安全事故主要责任人进入铁路建设项目从事建设活动。

(9)对深圳指挥部人员在安全管理中存在违法违规行为、滥用职权和失职渎职行为，以及由此引起不良后果的，由国铁集团、广州局集团公司根据有关规定追究责任。

(10)对勘察、设计、施工、监理等单位违反本项目质量管理办法需要实施行政处罚的，深圳指挥部严格执行国家铁路局、国铁集团等有关部门做出的规定，并做好相应整改协调工作。

第六章 施工组织

第一节 施工组织设计管理

一、指导性施工组织设计概况

(一)编制依据

(1)现行国家有关法律、法规,以及中国铁路总公司有关规范、验收标准及施工指南等规章制度。

(2)《国家发展和改革委《关于新建赣州至深圳铁路可行性研究报告的批复》(发改基础〔2016〕2128 号)。

(3)《中国铁路总公司 江西省人民政府 广东省人民政府关于新建赣州至深圳铁路赣州至塘厦段初步设计的批复》(铁总鉴函〔2017〕528 号)。

(4)《中国铁路总公司 广东省人民政府关于新建赣州至深圳铁路塘厦至深圳北段初步设计的批复》(铁总鉴函〔2018〕248 号)。

(5)《铁路工程施工组织设计规范》(Q/CR 9004—2018)。

(6)《铁路大型临时工程和过渡工程设计暂行规定》(铁建设〔2008〕189 号)。

(7)中铁第四勘察设计院集团有限公司新建赣州至深圳铁路施工图。

(8)初步设计阶段与地方签订的有关协议及纪要。

(9)勘察设计合同以及合同的有效组成文件。

(10)当前铁路建设的技术水平、管理水平和施工装备水平。

(11)当前科学研究及试验成果、深圳指挥部赣深铁路科研计划。

(12)施工组织调查资料。

(二)编制范围

赣粤省界至深圳北站段新建正线长度 297.026 km。其中:赣粤省界至东莞南站(含东莞南站,不含先期开工段)(DK133+893~DK264+984.91,DK280+758.27~DK404+867.27),新建正线长度 253.365 km;先期开工段(DK264+984.91~DK280+758.27),新建正线长度 15.773 km;东莞南站(不含)至西丽方向羊台山隧道出口(DK404+867.27~DK432+903),新建正线长度 27.888 km。

1. 龙川地区

预留龙川至龙岩铁路接轨条件。

2. 惠州地区

(1)惠州北至广汕客专联络线(线下工程)。

上行联络线:HBSDK13+442.07(DK352+769.58)~HBSDK8+170,长 5.272 km。

下行联络线:HBXDK13+320.78(DK352+769.58)~HBXDK8+045.91,长 5.275 km。

第三联络线:HB3DK0+000(HBSDK11+289.24)~HB3DK2+249.35(DK352.685.12),长 2.249 km。

(2)惠州北站增加动车存车线,预留高铁物流基地条件。

(3)仲恺站预留广汕客专汕尾至深圳方向的接轨条件。

3. 深圳枢纽

(1)塘厦疏解区:在东莞南站附近赣州端,在既有广深Ⅰ、Ⅱ线上设广州与深圳北方向联络线,并在东莞南站咽喉区衔接,以满足广深Ⅰ、Ⅱ线动车进深圳北条件;在既有广深Ⅰ、Ⅱ线上,设深圳站与赣州方向联络线,满足赣深动车进深圳站条件。联络线共长 8.012 km。

广深Ⅰ线改线:K105+498.43~K107+337.38,长度为 1.839 km。

广深Ⅱ线改线:K105+518.15~K107+328.26,长度为 1.81 km。

(2)深圳东至笋岗动车走行线,线路长 2.974 km。

(3)新建深圳北第二动车所及动走线工程:深圳北新建第二动车所按与既有广深港第一动车所等高方案设计,配套至深圳北站动走线 GSDZDK0+000~GSDZDK1+000,总计 1.0 km,按双线线间距 5.0 m 设计。

(4)西丽方向羊台山隧道工程。

(5)深圳北线路所至深圳北联络线。

上行联络线:自羊台山至深圳北站(DK430+022~DK436+900),总计 6.878 km。

下行联络线:自羊台山至深圳北站(DK430+809~DK437+000),总计 6.191 km。

套线:自深圳北下行联络线引出,从 TDK0+000~+778.14,总计 0.78 km。

新建深圳北下行疏解线 ZD′K0+000~ZD′K3+343.843,单线长度 3.44 km。

(6)深圳北站改造工程:改造范围为 D′K436+340(=YD′K346+340=ZD′K2+380)~深圳北站南咽喉、动走左线 GSDZDK0+559.86~深圳北站、动走右线 GSDZYDK0+157.04~深圳北站、深圳北动车所既有 A、B 线。

(三)质量目标

根据《深圳工程建设指挥部关于做好 2017 质量管理工作的通知》(深建指安发〔2017〕2 号),质量目标如下:

(1)按照铁路工程施工验收标准,各检验批、分项、分部工程施工质量检验合格率达到 100%,单位工程一次性验收合格率达到 100%。

(2)试验速度达到设计速度的 110%,开通速度满足设计速度目标值。

(3)在合理使用和正常维护条件下,隧道、桥涵、路基、轨道、房屋建筑、四电等工程结构的施工质量满足设计使用寿命期的运营要求。

(4)杜绝建设工程质量一般及以上事故,工程质量缺陷整改到位并达到设计要求及验收标准。

(四)安全目标

根据《关于印发〈深圳工程建设指挥部 2018 年建设安全生产工作要点〉的通知》(深建指安发〔2018〕15 号),安全目标如下:

(1)杜绝责任生产安全较大及以上事故,遏制一般责任事故;

(2)杜绝责任铁路交通一般 B 类及以上事故,遏制一般责任 C、D 类交通事故;

(3)杜绝责任因公死亡和重大伤亡事故;

(4)杜绝机械设备大事故;

(5)杜绝责任施工火灾、风灾、水灾事故;

(6)杜绝责任火工品、重要器材、设备被盗和爆炸事故;

(7)杜绝隧道涌水、突泥、坍塌重大事故。

二、总体施工安排和主要阶段工期

1. 开竣工日期及总工期

(1)赣粤省界至东莞南站(含)段开工日期:2017 年 10 月 30 日,竣工日期:2021 年 11 月 30 日(达到开通运营条件),总工期 49 个月。

(2)东莞南站(不含)至深圳北段开工日期:2018 年 9 月 30 日,竣工日期:2021 年 11 月 30 日(达到开通运营条件),总工期 38 个月。

(3)深圳北站改造工程开工日期:2018 年 6 月 30 日,竣工日期:2020 年 12 月 19 日,总工期 29.5 个月。

(4)笋岗动走线计划开工日期:2019 年 4 月 30 日开工,竣工日期:2021 年 9 月 30 日,总工期 29 个月。

2. 主要阶段工期安排

(1)施工准备:赣粤省界至东莞南站(含)段自 2017 年 10 月 30 日至 2017 年 12 月 31 日,工期 2 个月,其中部分长大隧道、特殊结构桥梁等重点控制工程施工准备期 1 个月。东莞南站(不含)至深圳北段自 2018 年 9 月 30 日至 2018 年 10 月 31 日,工期 1 个月。

(2)站前土建工程:赣粤省界至东莞南站(含)段自 2017 年 12 月 1 日至 2021 年 6 月 2 日,工期 42 个月;东莞南站(不含)至深圳北段自 2018 年 11 月 1 日至 2021 年 6 月 2 日,工期 31 个月;新建深圳北第二动车所及动走线工程自 2018 年 11 月 1 日至 2021 年 4 月 30 日,工期 30 个月。在满足铺架工期要求的前提下分段流水施工。

(3)深圳北站改造工程:自 2018 年 6 月 30 日至 2020 年 12 月 19 日,工期 29.5 个月。

(4)架梁:最早开始时间 2019 年 4 月 15 日(河源东梁场),最晚结束时间 2021 年 1 月 10 日(博罗梁场),总工期约 21 个月。

(5)轨道工程(含整道及精调):自 2021 年 2 月 1 日至 2021 年 6 月 2 日,工期 4 个月。

(6)站后工程:自 2020 年 3 月 31 日至 2021 年 7 月 31 日,工期 16 个月。

(7)静态验收:2021 年 8 月 15 日前完成各专业静态验收。

(8)全线联合调试及验收:自 2021 年 8 月 16 日至 2021 年 10 月 30 日,工期 4 个月。

①联调联试:2021 年 6 月 1 日至 2021 年 8 月 11 日。

②初步验收:2021 年 8 月 12 日至 2021 年 8 月 21 日

③安全评估:2021 年 8 月 22 日至 2021 年 8 月 31 日。

④试运行:2021 年 8 月 15 日至 2021 年 9 月 29 日。

⑤达标评定:2021 年 8 月 22 日至 2021 年 9 月 29 日。

⑥达到开通运营条件:2021 年 9 月 30 日。

三、主要施工方法

(一)路基工程

路基要求具有高稳定性和平顺性,必须严格控制工后沉降,施工方法、顺序及采取的措施按照《高速铁路路基工程施工技术规程》(Q/CR 9602—2015)进行。采用大吨位土石方挖、装、运、推、平、压(过渡段选用小型振动压实机械配合)一条龙机械化作业线,为保证路堤边坡的密实,配置边坡压实机进行碾压。

1. 地基处理

软基加固或处理施工按照《建筑地基处理技术规范》(JGJ 79—2002)、《高速铁路路基工程施工技术规程》(Q/CR 9602—2015)、《高速铁路路基工程施工质量验收标准》(TB 10751—2018)等进行。

2. 路堤填筑

严格按照《铁路路基填筑工程连续压实控制技术规程》(Q/CR 9210—2015)组织施工。路堤各部分及护道应分层填筑,并碾压至规定的压实标准。填筑前应通过工艺性试验确定不同填料的压实工艺参数。路堤填筑应按设计要求进行沉降变形观测,沉降量和沉降速率应符合设计要求。

3. 路堑挖方

采用挖掘机、装载机挖装,自卸汽车运输,推土机辅助作业。较平缓地段上的短浅路堑采用不分层的全断面开挖方式。当路堑中心高度大于 5 m 时,采用分层逐层顺坡开挖或纵向台阶法开挖方式。

4. 过渡段路基施工

路基过渡段的形式主要有桥路过渡段、路堤与横向结构物(涵洞)过渡段、路堤路堑过渡段等。各种过渡段分别存在地基的沉降过渡、路基本体及基床的过渡问题。过渡段范围内的基床表层及以下的级配碎石填料压实标准及级配应满足《高速铁路设计规范》(TB 10621—2014)的相应要求。

5. 路基边坡加固及防护

防护砌体施工应符合《铁路混凝土工程施工技术规程》(Q/CR 9207—2017)的规定。各种防护设施应在稳定的地基和坡体上施工,在设置防护工程、排水设施地段,应先做好排水设施和支挡工程,有地下水露头时应做引排处理,再施工防护工程。防护的坡体表面应先整平,防护层应与土石坡面密贴结合,背后不留空隙。

施工中应加强现场监控,按设计要求布设观测网,以观测边坡位移状况,指导设计和施工。

6. 支挡工程

(1)砌体所用片石必须为坚硬、不易风化的片石,采用挤浆法砌筑,严禁使用灌浆法施工。挡土墙施工应随开挖随下基随砌筑墙身,保证排水设施的施工质量,及时回填基坑和墙背。路肩挡墙或路肩式桩板墙顶面高程至基床底层顶面,以利于电缆槽的设置。

(2)软岩或土质挖方设挡墙地段,当墙高大于 4 m 时,施工临时边坡采用临时锚喷措施。支挡结构施工前,应在上方做好截、排水及防渗设施,雨季施工宜搭设雨棚。地下水发育路堑地段,墙背反滤层应适当加厚。

(3)混凝土支挡工程所采用的水泥、骨料、外加剂、掺合料及搅拌用水均应符合规范要求。特别是对于含盐地层,当设置混凝土挡墙、抗滑桩、桩板墙等加固措施时应注意地下水对水泥混凝土的腐蚀性问题,严格采用设计选用不同的耐腐蚀混凝土及相应工程措施,施工中可根据具体情况采用防水层、降低环境水侵蚀性、排水、换填土、降低地下水位及设防渗层等措施。

(4)支挡工程基坑或基础开挖中,若发现实际地质条件与设计不符,地基条件已发生变化,应及时通报指挥部、监理工程师和设计单位三方,以便对设计进行调整。

7. 路基排水工程

(1)所有排水沟渠应从下游出口向上游开挖。路堑施工应先做好堑顶截、排水,并经常检查防止渗漏。堑顶为土质或含有软弱夹层的岩层时,天沟应及时铺砌或采取其他防渗措施。

(2)天沟、吊沟应挖在原地面以下,不应在地面坑凹处通过,当需要通过时,应按照路堤填筑压实的要求将坑凹填平,然后挖沟,并应防止填土沉降变形。

8. 电缆槽、综合接地、声屏障等附属结构物

(1)路基内及路肩上各附属构筑物(包括电缆槽、接触网、声屏障、综合接地线、信号电缆过轨钢管、防灾安全监控等设备)多,附属结构物的形状、施工方法、施工时期等应事先与有关单位商定,必须十分注意不致损坏和危及路基土工结构物的安全。对较大规模的土工作业,应与土工结构物同时施工;对较小规模的土工作业,则宜在土工结构物竣工或者接近竣工时,再开挖、设置和埋设。

(2)附属结构物中综合接地线、信号电缆过轨钢管与路基填筑同步施工,应预埋各种过轨通信、信号及电力管线;电缆槽、接触网、声屏障、线间集水井待路基成型后整体切割或采用钻孔桩等方法施工,但必须做好防渗漏封闭措施,其中线间集水井横向排水管在路基填筑施工中预埋。路基刚性过渡地段应在施工过程中预留电缆槽、接触网立柱基础、声屏障基础、集水井的位置。

9. 填料及土石方调配原则

本段弃方量远大于填方量,无需借土场,填方全部利用路堑挖方或隧道弃渣。

土石方调配按照就近调配,尽可能移挖作填,减少远距离倒运。挖方地段弃土堆设置不影响山体和边坡稳定,尽量填沟造田,可选在挖方附近的冲沟顶部,将冲沟填平,弃土高度根据冲沟深确定,弃土场坡脚必要时设置挡渣墙,防止水土流失。

路基土石方调配原则上依施工方法、土石类别和路基填料设计方案进行,总体上应遵循以下原则:

(1)土质达到路基填料要求并有条件的地段,尽量移挖作填,利用挖方作填方,减少施工方,节约用地,少占良田,保护环境。

(2)路基填方地段,填料尽量利用路堑挖方,挖填地点根据资料设置,尽量避免跨线、跨河运输。

(3)基床表层填料的选用必须严格按规定的质量要求进行，基床表层填方均暂不参与土石方调配。

(4)桥路、路涵设置过渡段，过渡段范围内基床底层及其以下均采用与表层一致的填料填筑。级配碎石中掺入3%的普通硅酸盐水泥，充分振动碾压压实，过渡段桥台基坑以C15混凝土回填。过渡段填料不参与调配。

(5)基床底层的调配与路基下部的调配分开计列数量。

(二)桥涵工程

本工程桥梁数量多、规模大、工期紧、结构复杂，应考虑全段统一配置资源，墩台平行流水施工。上部结构全部采用支架现浇顺序施工，优先安排可能影响隧道洞口施工的桥台施工。

根据现场地质、设计桩径、桩长，钻孔桩基础采用冲击钻、回旋钻、旋挖钻成孔，钢筋笼尽量减少分节，长钢筋笼的接头采用机械连接方式。

实心低墩采用整体钢模板一次立模、整体浇筑，高墩分段施工、严格控制线型。桩基、承台、墩台身施工合理组织，形成流水作业。

所有桥梁混凝土采用集中生产，输送泵灌注。大体积混凝土要采取控制水化热和灌注时间、温度，加强养护等措施，防止混凝土开裂。

1. 桥梁下部结构施工

(1)钻孔桩施工

一般要求水中墩在枯水期施工，施工时根据施工水位分别采用草袋围堰、钢板桩围堰或钢围堰。钻孔灌注桩采用钻机成孔，泥浆护壁，导管法灌注水下混凝土。

桩基检测执行《铁路工程基桩检测技术规程》(TB 10218—2008)，采用声波透射法。每根桩均埋设声测管，ϕ1.0 m桩埋设双管。声测管埋设到桩底。声测管高出检测工作面300 mm以上。

(2)承台施工

桩基础施工完毕、待桩身混凝土达到一定强度后，即可施工承台。施工顺序为：开挖桩顶承台基坑→处理桩头(凿除桩头松散混凝土，开挖并截除桩头)→桩基检测→承台施工，绑扎承台钢筋，立模分层灌注承台混凝土。

施工时按设计要求埋设承台与墩台身联结钢筋。

(3)墩身施工

采用整体式钢模分次浇筑完成，混凝土浇筑后按规范要求进行养护，防止出现失水收缩裂纹。采用汽车吊作为起重设备，泵送或吊灌混凝土。

桥墩施工顺序为：桥墩模板安装(立模)→桥墩钢筋加工成型，现场人工绑扎→桥墩混凝土采用拌和站集中拌和，混凝土输送车运送到现场，分层、连续浇筑完毕→桥墩脱模→混凝土养护。

2. 桥梁上部结构施工

(1)梁部

预制简支箱梁：制梁场预制，采用900 t级架桥机架设，架梁需通过隧道的标段采用运架一体化架梁设备进行架梁施工，以满足工期和施工需要。

现浇简支箱梁：基坑开挖以挖掘机为主，人工配合进行清底。基础模板采用组合钢模板拼装；现浇梁采用大块钢模板拼装、满堂支架施工。混凝土采用运输车运输，泵送入模，分层浇筑成型。

连续梁：采用挂篮悬臂浇筑或满堂支架施工。

系杆拱梁：采用钢管支承＋贝雷梁(或钢纵梁)现浇法施工。

小跨度连续梁(主跨小于48 m)：采用膺架法施工。

框架桥、涵洞：采用支架施工。

(2)桥面系施工

桥面系工程主要包括：桥面防水层、保护层铺设，遮板的预制安装，防撞墙、电缆槽施工，栏杆(声屏障)、电缆槽盖板的预制和安装,伸缩缝安装,桥面排水和泄水孔安装、电化立柱基础施工、综合接地施工等。

桥面系按架梁区段分单元施工。遮板、栏杆(声屏障)、电缆槽盖板采取在制梁场统一预制、运输和现场统一安装;防撞墙、电缆槽、接触网支柱基础等在梁体架设完成后在现场采用现浇混凝土进行浇筑。

(3)框架桥涵

基坑开挖以挖掘机为主,人工配合进行清底。基础模板采用组合钢模板拼装;框架主体及边、翼墙采用大块钢模板拼装;框架顶板采用满堂支架现浇施工,施工时在满堂支架预压后立模浇筑混凝土。混凝土采用运输车运输,泵送入模,分层浇筑成型。

(三)隧道工程

隧道施工应与隧道洞口的桥涵密切配合,洞口严格执行"早进晚出"原则,避免大量刷坡,洞口段超前支护完成后,方可开始正洞的施工。

1. 隧道洞口施工

(1)洞口段开挖及防护

洞口段施工宜避开雨季及早完成。洞口的边、仰坡须采取支护锚喷等措施加固,同时采取挖沟的方法截水、排水。

(2)明洞

明洞采用明挖法施工,整体式模板台车浇筑拱墙。

(3)洞门施工

倒斜切式洞门采用非爆破方法开挖,洞门混凝土的模板及支架应根据洞门结构形式、荷载大小、地基土类别、施工设备和材料供应等条件设计并进行检算,确保足够的强度、刚度和稳定性。

2. 正洞开挖方法

(1)工法选择

本线暗挖隧道均按喷锚构筑法原理组织施工,隧道施工方法应根据工程地质和水文地质条件、开挖断面大小、衬砌类型、隧道埋深、隧道长度、工法转换的难易、机械设备的配置、工期要求及环境制约等因素综合研究确定。对地质条件变化较大的隧道,选用的施工方法应有较大的适应性,当需要变更施工方法时,以工序转换简单和较少影响施工进度为原则,一般不宜选用多种施工方法。根据本线实际情况,主要针对超大断面软弱围岩地段进行工法设计,设计工法主要有双侧壁导坑法、六步CD法、三台阶临时仰拱法、三台阶法、台阶法及全断面法等。不同围岩条件推荐采用的施工方法和可选用的工法见表2-6-1。

表2-6-1 双线隧道各级围岩施工方法

围岩级别	地形、地层条件	施工方法						
		双侧壁导坑法	六步CD法	三台阶临时仰拱法(设临时钢架)	三台阶临时仰拱法	三台阶法	台阶法	全断面法
V级	偏压,全风化岩层及土层	○	●					
	偏压,强风化及弱风化岩层		○	●				
	浅埋,全风化岩层及土层	○	●					
	浅埋,强风化岩层		○	●				
	深埋土层,断层破碎带或岩溶发育区		●	○				
	深埋,全、强风化岩层		○	●				
	弱风化岩层		○	●				

续上表

围岩级别	地形、地层条件	施工方法						
		双侧壁导坑法	六步 CD 法	三台阶临时仰拱法(设临时钢架)	三台阶临时仰拱法	三台阶法	台阶法	全断面法
Ⅳ级	偏压,强风化地层			○	●			
	偏压,弱风化岩层				○	●		
	浅埋,强风化地层				○	●		
	深埋软质岩层,断层破碎带				○	●		
	弱风化岩层,硬质岩层				○	●		
Ⅲ级	浅埋、偏压,水平岩层、掉块					○	●	
	深埋,岩层						●	○
Ⅱ级							○	●

注:①"●"表示推荐采用,"○"表示可使用,施工中可根据实际情况作相应调整。

②施工方法的选择应考虑顺层等影响,并在本表的基础上适当进行加强。

(2)爆破施工

隧道开挖采用光面爆破,严格按钻爆设计进行布眼、装药,并在施工中不断优化调整,控制超欠挖。

(3)装渣运输

装渣与运输机械选型应遵循挖、装、运机械能力协调配套的原则。采用无轨运输,上台阶利用挖掘机翻渣,出渣采用挖掘机配合装载机装渣,重载自卸车运渣至弃渣地点。

3. 初期支护

(1)喷射混凝土

喷射混凝土采用湿喷工艺,洞外集中拌和、混凝土运输车运输进洞、湿喷机喷射。隧道开挖后立即喷射混凝土,以防岩体发生松弛。

(2)砂浆锚杆或中空锚杆施工

采用台车或手持式风钻造孔,成孔后插入锚杆及定位环,确保杆体居于孔中,用注浆泵往孔内注入早强水泥砂浆(或砂浆),水泥砂浆终凝后安设孔口垫板。

(3)钢筋网铺设

钢筋网按设计规格制作。网片在钢筋加工场地加工成型,现场人工安装,用电焊点焊或绑扎固定在锚杆或钢架上。钢筋网在初喷混凝土后安装。

(4)钢架施工

钢材质量和接头位置符合规范和设计要求。型钢钢架采用冷弯成型技术,格栅钢架采用胎膜焊接,并以 1∶1 大样控制尺寸。钢架应在开挖或初喷混凝土后立即安设。

(5)超前小导管施工

采用钻孔台车或手持式风钻造孔,小导管布设范围、长度及间距按设计布置。

(6)超前锚杆施工

砂浆锚杆用螺纹钢加工,采用锚杆钻机或凿岩机引孔,钻孔时应保证设计的位置和杆体外插角,并控制水量以防塌孔。

(7)超前管棚施工

管棚采用热轧无缝钢管制作,规格、型号符合设计要求,长度按照设计要求制作。管棚钻机应具备可钻深孔的大扭矩,又要有能破碎地层中坚硬孤石的高冲击力特性。当钻进地层易于成孔时,一般采用先钻孔、后插管的方法;当地质情况复杂,可采用跟管钻进工艺,即将套管及钻杆同时钻入,成孔后取出钻杆,顶进管棚,拔出外套管。

洞口管棚一般采用套拱定位,要做到套拱底脚坚实、空口位置准确。管棚注浆前,应向开挖面、拱圈及空口管周围岩面喷射厚 10 cm 的 C25 混凝土,以防跑浆。注浆后及时扫除管内胶凝浆液,用水泥砂浆充填密实,对于非压浆孔,直接充填即可。

4. 结构防排水

严格执行《铁路隧道防排水补充规定》(铁总建设〔2016〕274 号)。

(1)初期支护前的引排水措施

沿岩壁环形设置软式透水管,间距 10～20 m,当围岩有较大集中的出水点时,增设二道或多道软式透水管。两侧壁底部设纵向透水管,用三通管把纵向排水系统与横向泄水管相连,最终用泄水管将水排到隧道两侧水沟。

在围岩较好地段,首先施作引水管槽,视水量大小设置透水单管或多管,然后再喷混凝土。对于断层破碎带有较大水量时,先采取压浆止水措施,再按上述施工方法引排。

(2)二次衬砌前的防排水措施

防水板采用无钉铺设,板缝间连接利用材料本身热合,确保严密可靠。先按设计要求铺设土工布,然后铺设防水板。

铺设前先进行基面处理,基面处理通常超前于防水层作业两个循环。

先铺设土工布基层,将土工布垫衬铺设在初期支护混凝土表面上,再用电锤凿孔,下塑料胀管,同时设置与防水板同材质的塑料垫片,将两者用平头木螺钉一并紧固,使土工布和垫片牢靠固定在喷射混凝土上。

用专用的压焊器将防水板热合固定于塑料垫片上。防水板固定点间距:拱部为 0.5～0.7 m,侧墙为 1.0～1.2 m,在凹凸处适当增加固定点,点间防水层不得绷紧。防水板连接用双缝爬焊机焊接,形成双焊缝。

在隧道二次衬砌混凝土施工缝、沉降缝、伸缩缝处设止水带,施工时用 ϕ8 mm 钢筋夹固防止其在混凝土浇筑过程中移位,施工缝凿毛符合规范要求。

排水管用 ϕ8 mm 钢筋夹固并用麻筋堵塞两端,防止在浇筑混凝土时移位及堵塞排水管。

5. 仰拱、隧底填充、底板施工

隧道仰拱、隧底填充、底板全幅一次施工,施工过程中采用过轨梁通过保证隧道运输畅通。模板采用钢木组合模板,混凝土运输车运混凝土,混凝土输送泵泵送,插入式捣固棒捣固。

测量放线时采用仰拱大样模板,加密测点,保证仰拱的设计拱度;基底清理要干净,无虚渣无积水,模板安装要稳固不能跑模,钢筋安装符合设计要求,搭接要符合规范。当铺底混凝土达到强度后才能允许车辆在其上行走。

6. 二次衬砌

采用模板台车衬砌,台车长度 9～12 m,厂制后运至现场拼装,模板台车应进行刚度、稳定度检算。混凝土由洞外自动计量混凝土拌和站生产,混凝土运输车运输混凝土,输送泵灌注混凝土入模。同条件养护试件数量根据混凝土数量和重要性在混凝土工程施工前确定。

严格自动计量拌和站质量控制,确保混凝土的生产质量符合设计要求,在生产前和生产中必须检查调试计量部分和自动控制部分,使其处于正常范围。自动计量拌和站的料仓上加罩格筛,控制倒入仓内碎石的最大粒径,防止混凝土输送管堵塞和损坏输送泵,造成质量和机械事故。

模板就位前做好地下水的引排工作,基础部位的虚渣及积水清理干净,检查防水板是否有损坏。衬砌模板定位要准确,锁定牢固,接头密贴初期支护面,保证每环之间的搭接错台控制在 3 mm 内。堵头模安装时要将与防水板接触的端头用胶皮包住,保护防水板不被弄破。模筑衬砌要注意预埋件和相关洞室的里程和高度准确无误,洞室立模要稳固,在混凝土灌注过程中不能出现跑模现象。

混凝土自由倾落高度控制在 2 m 内。混凝土要分层灌注分层捣固,捣固时要掌握好时间,捣固后将混凝土层表面浮浆去掉,保证混凝土无麻面。封顶时混凝土一定要从内向端模方向灌注,排除空气,保证拱顶灌注密实，实施带模注浆技术，脱模之后要及时洒水养护。

7. 超前地质预测、预报

将超前地质预测、预报纳入工序管理，按照《铁路隧道超前地质预报技术规程》(Q/CR 9217—2015)要求，结合隧道具体情况开展超前地质预测、预报工作。发现地质不符时，按程序及时变更设计。施工单位在开工前编制预报实施大纲并纳入施工组织设计，待批准后负责组织实施，及时将超前地质预报成果报监理、设计、指挥部，并对预报成果及数据真实性负责。监理单位对预报实施过程进行监理，负责检查施工单位现场专业技术人员数量及能力、设备类型及数量、超前预报的实施和数据采集以及相关协调工作等。

8. 监控量测

监控量测纳入工序，结合地质预报作出评价，优化设计参数，实施动态管理。按照《铁路隧道监控量测技术规程》(Q/CR 9218—2015)的有关规定，结合隧道特点开展监控量测工作。施工单位应针对隧道情况编制监控量测方案报监理单位批准后组织实施。

隧道拱顶下沉和净空变化的量测间距：Ⅳ、Ⅴ级围岩段分别不得大于 10 m、5 m；隧道浅埋、下穿建筑物地段，地表必须设置监测网点并实施监测，对周边建筑物可能产生严重影响的城市铁路隧道应实施第三方检测；当拱顶下沉、水平收敛率达到 5 mm/d 或位移累计达到 100 mm 时，应暂停掘进，及时分析原因，采取处理措施。

9. 供风、供水、供电、通风、排水

(1)供风：在洞口和洞内设空压站共同为工作面供风。

(2)供水：在隧道洞口高处设高位蓄水池，通过钢管引入洞内。

(3)供电：供电采用网电，并备用发电设备。

(4)通风：采用压入式和混合式通风方案。

(5)排水：上坡地段采用边沟顺坡排水；反坡地段设置集水池集水，多级泵抽排。

10. 不良地质应对措施

(1)危岩落石：根据隧址区地质调查，隧道进口局部发育危岩落石，建议施工时加强支护措施。

(2)高地应力：高应力区隧道在开挖过程中可能发生岩爆，洞壁岩体有剥离和掉块现象，新生裂缝较多，成洞性差，施工中要适当考虑地应力引起的软岩变形等工程地质问题，做好地质超前预测、预报工作。

(3)岩体放射性：根据勘测阶段放射性测试成果显示，本线花岗岩放射性均不超标，沿线一年有效照射剂量为 0.52～17.5 mSv，符合《铁路工程物理勘探规范》(TB 10013—2003)F.0.6 条的规定。因此，基本可以排除本线花岗岩放射性对人体的影响，但根据隧道埋深加大、放射性增强这一特征，隧道深孔勘探中应进一步完善沿线的侵入岩放射性测试，并根据测试成果采取相应防护措施。

(四)轨道工程

1. 无缝线路施工

无缝线路锁定前应掌握当地轨温变化规律，根据作业区段的时间间隔选定锁定线路的最佳施工时间。无缝线路锁定施工轨温应在设计锁定范围以内或以下时施工。无缝线路实际锁定轨温应控制在设计锁定轨温允许范围内。无缝线路应力放散和调整后，应按实际锁定轨温及时修改相关技术资料和位移观测标记。

对无缝线路长轨条位移情况每月观测一次，并填写记录。位移观测桩处相对位移换算轨温加上原锁定轨温超出设计锁定轨温范围时，应及时查明原因并进行处理。

2. 正线 CRTS Ⅲ型板式无砟轨道施工

路基地段 CRTS Ⅲ型板式无砟轨道不跨越无覆土的线下结构以及道岔区，桥梁地段 CRTS Ⅲ型板式无砟轨道不跨越梁缝。

布板设计的长度按设计里程计算，与现场实际长度可能存在一定偏差，施工时应核实准确长度，并根据长度差值适当调整各板缝宽度，板缝调整原则：轨道板板缝控制在 60～140 mm 之间，相邻扣件节点间距≤687 mm。

底座施工前要严格控制底座表面高程施工误差，确保自密实混凝土厚度。

轨道板铺设前应严格检查底座的施工偏差，不符合要求时不得进行轨道板铺设。

应注意对到场轨道板进行合格验收，确保各项性能符合指标，严禁不满足要求轨道板上道。

自密实混凝土灌注施工过程中，均应满足环境保护有关规定。

目前 CRTS Ⅲ型板式无砟轨道相关规范调整更新较快，施工监理单位应密切关注相关规范的调整和变更，发现问题及时反映。

3. CRTS Ⅰ型双块式无砟轨道施工

应注意对到场轨枕进行合格验收，确保各项性能符合指标。

混凝土施工前应进行原材料及配合比试验，合格后方可施工。

施工时应控制混凝土入模温度，冬季施工入模温度不应低于 5 ℃，夏季施工入模温度不应高于 30 ℃，且不宜高于当地 60 年内统计的最低平均气温加 40 ℃。

道床板混凝土连续浇筑，浇筑中断时间超过 12 h，应在最后两根轨枕中间设施工缝。

浇筑道床板混凝土时应采取措施防止污染钢轨、扣件和轨枕。

支承层与道床板施工间隔时间不宜过长，应形成流水作业，施工环境温差不宜过大。

(五)枢纽和站场工程

站场站前土建工程施工方案同路基、桥涵工程。

站内正线轨道按一次铺设跨区间无缝线路设计，采用 CRTS Ⅲ型板式无砟轨道。

2 台 4 线车站紧邻正线到发线采用无砟轨道，其余车站到发线均为有砟轨道，施工方案同轨道工程。

施工装备同路基、桥涵、轨道工程。

(六)房建工程

1. 基坑支护

根据现场实际情况，采用钢板桩、挖孔桩、地下连续墙、SMW 工法等方法进行基坑支护。

2. 基础工程

以钢筋混凝土基础和桩基础为主，对地质不良地段，根据实际情况及有关规范规定采用其他类型基础或进行地基处理。

3. 模板工程

梁、板采用 18 mm 厚优质木胶合板。支撑加固体系主要有：80 mm×100 mm 木方、ϕ14 mm 螺栓、ϕ48 mm×3.5 mm 钢管(配套顶托、扣件等)、门子架、Ⅰ18 工字钢。本工程的模板主要包括：侧墙模板、柱模板、梁模板、板模板。

4. 钢筋工程

主筋采用单面搭接焊或绑扎连接，受拉及受压钢筋直径 25 mm 以上采用直螺纹套筒连接或闪光对焊。焊工必须持证上岗，所使用的焊机、焊条必须符合相应的质量要求。每批钢筋正式焊接前，必须按实际操作条件进行试焊接，经监理检查、试验合格后，方可正式成批焊接。

5. 混凝土工程

混凝土进场前要求所用的水泥、骨料、外加剂等必须具有出厂合格证或试验报告，否则不得使用。必须按配合比施工，经常检查坍落度，严格控制搅拌时间和运输时间，杜绝现场加水稀释，每班设专业人值班，项目部技术质量管理人员对混凝土的工程质量负责，确保混凝土工程施工质量。

6. 砌体工程

采用“三一”砌砖法(一块砖、一铲灰、一柔压)和挤浆法。

7. 装饰装修工程

按不同专业、不同分部分项形成立体交叉、相互配合组织流水施工，原则上各段内装饰流向从上至下、先基层后饰面、先湿作业后干作业，同步考虑设备管线的安装作业，须进行细致的工序作业安排，精确到天。

8. 钢结构及屋面工程

钢结构安装可采用高空拼装法(适用于高强螺栓连接、螺栓球解点连接、异型钢结构)、整体安装法(适用于拼接质量不大或能较方便布置千斤顶的结构)、高空滑移法(适用于具备安装滑动轨道的网架结构)。屋面采用复合铝镁锰金属屋面,混凝土结构屋面采用高聚物改性沥青或高分子防水卷材屋面,防水等级均为Ⅰ级。

9. 给排水工程

接既有城市自来水给水管道或大口井给水,给水管采用 PE 管。站房排水采用专业钢制雨水斗,雨水流经屋面天沟,雨水悬吊管及立管多采用 HDPE 管,雨水管穿入立柱隐蔽安装。基本站台直接排入站场排水系统,中间站台雨水管在站台下部从雨棚立柱底端穿出,将雨水排入站场排水系统。

10. 站台墙基底及基础

必须符合设计要求,站台墙的圬工规格及强度必须符合规范要求,站台墙靠轨道一侧边缘至轨道中心线的距离必须符合设计要求,不得侵入建筑限界。

11. 围墙基础

采用片石基础,片石基础应双面拉线。第一皮按所放的基础边线砌筑,以上各皮按准线砌筑。筑第一皮时,应选用有较大平面的石块,先在基底铺设砂浆,再砌片石,片石必须大面朝下。

(七)通信工程

通信工程施工包括通信线路建筑、通信设备安装、设备单体调试和通信系统调试。常规部分的施工方法按已有成熟的施工工法、施工工艺进行组织施工,采用新技术、新工艺、新设备部分的施工,按相关安装规范再定相应的施工方法和施工工艺,满足工程的施工需要。

本线通信光、电缆采取直埋方式,不可避免地与站前线路施工有交叉作业,因此在制订施工计划时,可以根据站前线路施工进度适当延后,尽量减少交叉作业。在需要交叉作业的地段,积极与站前单位配合,了解现场情况,将光、电缆径路远离站前作业面。情况不明地段加强防护措施,避免交叉作业损伤光、电缆所带来的质量问题。此外还需要注意站前施工和房建专业是否按照设计要求对接口部位进行了预留。

本线 GSM-R 业务、调度业务、数据网业务等重要业务电路利用广深港高铁传输系统和广州局集团公司粤东环 OTN 采用不同径路传输通道引入广州调度所调度系统、CTC 系统、SCADA 系统、信息系统及广州 GSM-R 核心网机房等,调度、CTC、GSM-R、数据网、防灾等各类通道须采用不同迂回路由。由于调试工作时间受设备和系统引进、软件开发和系统间衔接等诸多因素影响较大,须尽早确定方案和设备厂家。

(八)信号工程

常规部分的施工方法按已有成熟的施工工法、施工工艺进行组织施工,采用新技术、新工艺、新设备部分的施工,按照相关安装规范再定相应的施工方法和施工工艺,满足工程的施工需要。

结合设计文件,考虑工程难易程度、地理与外部环境,以往高铁、客专的施工经验等诸多因素,经过认真分析,调度集中系统接入为本工程难点。赣深铁路按维护管界划分分别纳入南昌局集团公司客专调度中心万定调度台(昌吉赣工程在建)、广州局集团公司客专调度中心新设赣深调度台管辖。深圳北站、深圳北动车所属广州局集团公司客专调度中心深圳北枢纽台管辖;深圳东、笋岗属广州局集团公司 TDCS/CTC 调度中心广深二台管辖。深圳北枢纽台设有相对应的临时限速服务器;广深二台在广深Ⅰ、Ⅱ线列控系统设备更新改造工程中设置临时限速服务器。赣州西(不含)至定南西上行进站信号机(含)段纳入南昌局集团公司客专调度中心万定调度台管辖;定南西上行进站信号机(不含)至深圳北站下行进站信号机(不含)段及赣深与广深Ⅰ、Ⅱ线联络线纳入广州局集团公司客专调度中心新增赣深调度台管辖。

(九)信息工程

信息工程各系统自成体系,但信息专业各系统施工内容均包括管线预埋、设备安装、线缆布放、系统调试。施工方法及施工装备见信号工程。

(十)电力工程

针对电力工程的各主要工序,要有配套的工艺、工法,施工组织上,要采取与工艺、工法相配套的标准化、程序化的施工方法。

(十一)电力牵引供电工程

1. 牵引变电工程

施工单位应考虑设备采购周期,按要求程序尽早进行采购,结合站房施工进度储备,并提前开展设备安装与调试的技术培训。为保证工期,变电工程各工序应采取平行与流水相结合的办法进行施工。为保证施工质量和施工进度的顺利进行,应选择成熟的施工工艺组织施工;新技术、新工艺、新设备部分的施工应参照供应商提供的安装规范,制订相应的施工方法和施工工艺,满足工程的施工需要。

2. 接触网工程

施工单位应考虑设备采购周期,按要求程序尽早进行采购备料,并提前开展技术培训和安装示范。为保证工期,接触网工程各工序应采取平行与流水作业相结合的办法进行施工。支柱应尽可能在无砟轨道施工前利用汽车吊进行安装,因本线隧道采用预埋槽道方式,槽道采购及施工必须符合设计及产品要求,并进行试验。承力索宜采用恒张力架线车组进行架设,接触线应采用恒张力架线车组进行架设,保证接触悬挂调整一次到位。接触悬挂安装调整应采用计算微机化、预配工厂化、安装专业化、程序化的一次到位技术和工艺,确保安装质量,重点控制定位装置、整体吊弦、线岔、分段分相关节和电连接等部位。施工完成后应按要求进行相关的检测并及时修复缺陷。

(十二)防灾工程

防灾工程各系统自成体系,但防灾专业各系统施工内容均包括管线预埋、设备安装、线缆布放、系统调试。施工方法及施工装备见信号工程。

(十三)其他站后工程

1. 地道工程

地道施工前先做好既有地道路基边坡防护。地道采用放坡明挖现浇施工,基坑挖土采用人工配合机械开挖。地道主体施工根据站场总体方案安排,分段浇筑,地道混凝土采取在现场设置搅拌站拌制、输送泵泵送入模,插入式振捣器振捣。每段地道分两次灌注混凝土,第一次灌注底板及墙身底部混凝土,第二次灌注墙身顶部及顶板混凝土。

每段地道按如下顺序施工:基坑开挖→基坑支护→垫层混凝土→地道底板→地道墙身→搭设内排架→地道顶板→地道防水层→拔支护桩→地道两侧及顶部回填。

2. 站台面硬化

站台硬化面下基层采用符合规定的材料,摊铺均匀,用振动压路机碾压整平。确保下承层坚实、稳定,压实度和平整度符合设计要求。

站台面混凝土采用机械搅拌施工,人工摊铺,平板振捣器振捣,振捣辅以人工找平。混凝土浇筑完毕后及时养护。根据施工工地情况及条件,用覆盖洒水养护和塑料薄膜养护等方法。

3. 雨棚工程

车站雨棚可采用轻型钢结构和网架结构,对加工安装有非常严格的技术标准和工艺要求,必须重点掌握施工支撑体系、模板定位、加工运输、现场节点拼装、整体控制、安装精度、成品保护等的施工。

4. 排水沟工程

排水沟施工工艺程序:测量放线→挖土方→地基检验、验收→基底片石砌筑→墙体砌片石→沟缝找平。

片石沟施工前,根据设计资料进行现场核对,对排水沟排水方向、位置、出入口高程及排水连接等系统进行认真复查及测量校对。

沟槽开挖后，基底承载力必须达到设计要求。水沟所用石料抗压强度不得少于 30 MPa。砌缝要均匀，砂浆饱满密实，砌体尺寸严格按图纸要求施工。水沟砌筑按规范设置伸缩缝，缝内待水沟完工后，填设沥青麻筋。沟体砌筑完工后，勾凹缝，沟体砌筑沟缝完工后及时清扫墙面，洒水养护。水沟完工后，两边堆土及时运走并平整夯实，使现场干净美观。

（十四）移改道路工程

施工单位在施工中根据设计和实际情况在不满足立交的情况下进行公（道）路改移，实现道路上跨或下穿铁路正线，改移道路不低于原有道路标准。

改移道路工程应在路基开工前组织施工，确保改移道路工程不影响主体工程施工。改移道路施工确保工程质量和设计标准，工程完工后及时组织接管部门验交。

（十五）营业线施工

各单位施工严格按照《广铁集团铁路营业线施工安全管理细则》（广铁运发〔2018〕105 号）文件等相关营业线文件执行。营业线施工前做好施工调查，根据设备管理单位建议编制专项施工方案以及安全控制方案，施工过程中加强沉降观测。

营业线及邻近营业线施工坚持“先防护后施工”的原则进行安全生产管理。无人身事故，无行车事故，实现安全生产，遵循广州局集团公司有关营业线施工安全生产规定，重视施工现场作业安全，制订安全措施，避免事故的发生。

施工前，按要求与广州局集团公司各站段签订施工安全协议及办理营业线施工审批等相关施工手续，并按要求填报施工计划。营业线（邻近）既有线施工过程中设置专职驻站员和现场防护员。

对地下既有光缆、电缆、管道等地下管线进行调查，调查清楚管线产权单位后及时与产权单位沟通协调，然后施工人员挖探沟，探明地下管线位置，对其采取改移或实施防护措施。在邻近地下管线施工时，在地下管线位置做明显标识并做好保护措施，严禁施工人员、机械、设备在地下管线上踩踏。

第二节　指导性施工组织设计的特点与重大调整

一、指导性施工组织设计的特点

（1）为应对总工期紧张的问题，加强组织，科学制订进度控制的关键路线，加快施工准备工作，早进场、早交地、早开工，及早形成规模和大干场面。在具体安排上，先行组织独立管线迁改和永临电力工程标段，为线下工程提供开工条件。

（2）根据建设标准高的特点立足技术创新，组织优良资源投入，择优选择队伍，明确提出参建单位应配置的技术力量和设备类型数量，为高标准建设奠定可靠的基础保证。根据桥隧比例大、新结构和新技术多的特点，针对性提出了施工方案和技术措施，既有利于进度控制，也保证了安全质量的根本。

（3）本线工程艰巨，结构复杂、技术标准高、系统集成化，体现在：桥梁占比大、特殊结构梁多、新技术含量多、施工难度高；长大隧道众多，风险大、工期紧；轨道工程标准高、控制难度大；房建工程过程繁杂、关联点多、影响面大，四电系统集成化，技术复杂、标准新、接口多。施工组织设计明确指出了这些关键点并提出解决措施和注意事项，对工程顺利施工起到有力的指导作用。

（4）施工组织设计详细提出了建设绿色铁路、严格环境保护的措施和方案，结合标准化管理和文明工地建设，使这项重点工作在赣深铁路整个建设过程取得了理想的效果。

二、指导性施工组织设计的重大调整

（1）先期开工段正线全长 15.773 km，初步设计批复概算总额 123 200 万元，全部为静态投资。先期开工段计划工期 37 个月，2016 年 12 月 30 日开工，计划 2021 年 1 月 31 日完工（达到铺轨条件），2021 年 11

月30达到开通运营条件。

(2)赣粤省界至东莞南站(含)正线全长269.138 km(含先期开工段),初步设计批复概算总额3 602 900万元,静态投资为3 172 000万元。本段计划工期49个月,2017年10月30日开工,2021年11月30日完工,达到开通运营条件。

(3)东莞南站(不含)至西丽方向羊台山隧道出口正线全长27.888 km,初步设计批复概算总额846 000万元,全部为静态投资。本段计划工期37个月,2018年9月30日开工,2021年11月30日完工,达到开通运营条件。其中,深圳北站改造工程计划工期29.5个月,2018年6月30日开工,2020年12月19日完工。

第三节 工期控制与节点工期

一、工期控制措施

(1)建立健全工期保证组织机构,明确职责划分。

(2)对项目重难点工程细化施工进度控制目标。

根据初步设计、初步设计批复和经上级主管单位批准的指导性施工组织,会同设计单位定出本项目重点难点工程,施工单位根据所提供的重点难点工程工点,结合本标段的实际情况,补充增加并列出本标段的重点难点工程,每个重点难点工程都要编制实施性施工组织设计。

(3)定期进行施工进度检查,参照进度控制目标考核施工单位工程进展情况。

凡纳入工期分级管理范围的所有管理人员,必须以科学的管理标准和完善的岗位工作要求,认真按照规定的分级管理范围实施控制、重点工程的工期管理,确保工程建设各项任务整体推进。

各单位分别建立健全各级工程管理小组,明确各小组所负责主要的工程项目。

编制施工进度计划。施工进度计划应根据工艺关系、组织关系、搭接关系、起止时间、劳动力计划、材料计划、机械计划及其他保证性计划等因素综合确定。

实施施工进度计划。当出现进度偏差(不必要的提前或延误)时,应及时进行调整,并应不断预测未来进度状况。

全部任务完成后应进行进度控制总结并编写进度控制报告。

各级工程管理小组要组织小组成员对所管工程形象进度、实物进度及投资完成进度进行定期检查核实。

(4)对上一期工程进展情况进行总结,加强施工组织动态管理,按照广州局集团公司建设部的要求,做好月度和季度动态施组分析,及时解决存在问题,组织安排好下一期施工进度计划。

深圳指挥部总工程师根据建设项目的实际进展情况及时组织研究本项目的安全、质量、工期关键控制工程,编制控制、重点工程的相关保证措施。对上一期工程进展情况没有按规定要求完成的,要组织监理、施工单位进行分析,找出原因。对施工方法不当的工点要责成施工单位改变施工方法,对工点机械设备、人员配置不够的,要责成施工单位抓紧配足机械设备和人员,同时要求监理单位督促、检查施工单位是否按要求组织施工。

二、各专业施工工期

(一)路基工程

赣粤省界至东莞南站(含)段自2017年12月31日至2020年9月30日,总工期33个月;东莞南站(不含)至深圳北段自2018年11月1日至2020年11月30日,总工期25个月。

路基工程进度指标见表2-6-2。

表 2-6-2　路基工程进度指标

分项工程			单　位	进度指标
路堤填方	基床表层		万 m^3/月	2.5～3.0
	基床地层		万 m^3/月	2.7～3.2
	基床以下路基		万 m^3/月	3.0～3.6
路堑挖方	土石比	10∶0	万 m^3/月	5.3～7.4
		8∶2	万 m^3/月	3.5～5.4
		5∶5	万 m^3/月	4.1～4.2
		2∶8	万 m^3/月	3.0～3.6
		0∶10	万 m^3/月	2.4～2.9
过渡段	路　桥		万 m^3/月	0.28～0.35
	路堤与横向构造物		万 m^3/月	0.35～0.42
	路堤与路堑		万 m^3/月	0.27～0.33
	路基与隧道		万 m^3/月	0.32～0.40
地基处理	CFG 桩		万 m/月	1.5～1.8
	水泥搅拌桩		万 m/月	0.6～0.7
	旋喷桩		万 m/月	0.4～0.5
	粉喷桩		万 m/月	0.4～0.5

(二)隧道工程(主体)

赣粤省界至东莞南站(含)段自 2017 年 12 月 31 日至 2021 年 2 月 23 日,总工期 38 个月(先期开工段工期另计);东莞南站(不含)至深圳北段自 2018 年 11 月 1 日至 2021 年 1 月 30 日,总工期 27 个月。

隧道工程进度指标见表 2-6-3。

表 2-6-3　隧道工程进度指标(m/月)

分项工程		工效指标
正洞进出口	Ⅱ级围岩	双线隧道 180
	Ⅲ级围岩	双线隧道 130
	Ⅳ级围岩	双线隧道 72
	Ⅴ级围岩	双线隧道 45
斜井进正洞	Ⅱ级围岩	双线隧道 170
	Ⅲ级围岩	双线隧道 120
	Ⅳ级围岩	双线隧道 65
	Ⅴ级围岩	双线隧道 40
斜井井身	Ⅱ级围岩	双线隧道 280
	Ⅲ级围岩	双线隧道 210
	Ⅳ级围岩	双线隧道 145
	Ⅴ级围岩	双线隧道 75

重点隧道工程(主体)工期安排见表 2-6-4。

表 2-6-4　重点隧道计划工期

序号	隧道名称	全长(m)	开工日期	竣工日期	总工期	备　注
1	石门岗隧道	5 759	2017 年 12 月 31 日	2020 年 10 月 31 日	34 个月	

续上表

序号	隧道名称	全长(m)	开工日期	竣工日期	总工期	备　注
2	松岗山隧道	9 881	2017年12月31日	2020年10月20日	33.5个月	
3	林寨隧道	6 236	2017年12月31日	2021年2月23日	38个月	
4	东源隧道	5 066.5	2017年12月31日	2020年8月15日	31.5个月	
5	义合隧道	6 043	2017年3月31日	2020年6月30日	39个月	先期开工段
6	横岭隧道	7 874.81	2016年12月31日	2020年6月30日	42个月	
7	博罗隧道	5 791	2017年12月31日	2020年12月30日	36个月	
8	银瓶山隧道	9 813.37	2018年3月31日	2020年10月30日	31个月	

(三)桥梁工程(主体)

赣粤省界至东莞南站(含)段自2017年12月1日至2021年2月5日,总工期38个月;东莞南站(不含)至深圳北段自2018年11月1日至2018年11月1日至2020年11月30日,总工期25个月。

桥梁工程进度指标见表2-6-5。

表2-6-5　桥梁工程进度指标

分项工程			进度指标
基　础	钻孔桩	土	12.5~21.0 m/d
		砂砾石	6.5~11.0 m/d
		软　石	3.5~6.0 m/d
		坚　石	1.0~2.0 m/d
	承　台	有防护	10~20 d/个
		无防护	7~10 d/个
墩　台	双　线	实体墩墩高≤30 m	0.5~0.6月/墩
梁	支架现浇箱梁		25~35 d/孔

重点桥梁工程(主体)工期安排见表2-6-6。

表2-6-6　重点桥梁工程(主体)计划工期

序号	桥梁名称	全长(m)	开工日期	竣工日期	总工期
1	柳城东江特大桥	2 600.76	2017年12月31日	2020年9月30日	33个月
2	汕湛高速特大桥	8 181.12	2017年12月31日	2019年11月1日	22个月
3	小金口特大桥	1 778.05	2017年12月31日	2020年6月30日	30个月
4	惠州东江铁路大桥	921.77	2017年12月1日	2021年2月5日	38个月
5	潼湖特大桥	15 301.27	2017年12月31日	2020年10月30日	34个月
6	凤凰互通特大桥	1 621.260	2018年11月1日	2020年9月18日	22.5个月
7	水田特大桥	1 757.100	2018年11月1日	2020年11月30日	23.5个月
8	笋岗动走线特大桥	2 226.340	2019年8月1日	2021年9月30日	29个月

(四)无砟道床工程

无砟道床工程进度指标见表2-6-7。

表2-6-7　无砟道床进度指标

工程名称	工效指标
无砟道床	综合指标:130单线米/d

无砟道床工程工期安排见表 2-6-8。

表 2-6-8 无砟道床工程工期安排

项 目	开始时间	结束时间
无砟道床	2020 年 5 月 1 日	2021 年 4 月 31 日

(五)铺架工程工期

制架梁场根据架梁计划须至少提前 2 个月完成梁场建设开始制梁,架梁工期最早开始时间 2019 年 4 月 15 日(河源东梁场),最晚结束时间 2021 年 1 月 10 日(博罗梁场),总工期约 21 个月。

2020 年 5 月底前完成铺轨基地的建设;无砟道床 2021 年 4 月 30 日前完成;正线铺轨工期 2021 年 2 月 1 日至 2021 年 6 月 2 日,总工期约 4 个月,站线铺轨 2021 年 6 月 10 日前完成。

整道、无缝线路锁定及精调:2021 年 2 月 13 日至 2021 年 8 月 10 日。

(六)站后工程

自 2020 年 3 月 31 日至 2021 年 7 月 31 日,总工期 16 个月。其中,房建工程 2020 年 3 月 31 日至 2021 年 7 月 31 日,工期 16 个月;四电工程 2020 年 4 月 20 日至 2021 年 7 月 31 日,总工期 15 个月。

(七)全线联合调试及验收

自 2021 年 8 月 16 日至 2021 年 11 月 30 日,工期 3.5 个月。环水保、消防、用地等专项验收同步完成。

(1)静态验收:2021 年 8 月 15 日前完成。

(2)联调联试:2021 年 8 月 16 日至 2021 年 10 月 11 日。

(3)初步验收:2021 年 10 月 12 日至 2021 年 10 月 18 日。

(4)安全评估:2021 年 10 月 22 日至 2021 年 10 月 31 日。

(5)试运行:2021 年 10 月 15 日至 2021 年 11 月 29 日。

(6)达标评定:2021 年 10 月 22 日至 2021 年 11 月 29 日。

(7)达到开通运营条件:2021 年 11 月 30 日。

第四节 重点控制工程工期控制

一、重点控制工程概况

赣粤省界至深圳北站段控制及重难点工程见表 2-6-9。

表 2-6-9 赣粤省界至深圳北站段控制及重难点工程

序号	专业	工点名称	长度(m)	工程量及施工难点描述
1	路基工程	DK370+411.47～+921.67 顺层深路堑	510.2	剥蚀丘陵地貌,地势起伏较大,丘坡自然坡度 10°～45°,相对高差约为 35 m,丘坡植被发育,有多条土路,交通较不便
2		DK398+588.15～+660.37 深路堑	72.22	丘陵陡坡,地势起伏较大,丘坡自然坡度 20°～25°,相对高差 60～80 m,植被发育,交通不便
3	桥梁工程	柳城东江铁路大桥	2 600.76	(64+108+64)m 连续梁上跨京九铁路与 G205 国道,其中主跨 108 m 跨京九铁路的梁部转体施工难度大、安全风险高,边跨跨越 G205 国道;采用 2-(48+48) m T 构+(88+160+88)m 连续刚构+3-(48+48) m T 构跨越东江,连续刚构、T 构悬浇及水中基础施工难度大、风险高
4		汕湛高速特大桥	8 181.12	采用(64+108+64)m 连续梁跨越汕湛高速公路,梁部挂篮施工风险高
5		小金口特大桥	1 778.05	采用 1-96 m 系杆拱跨越广惠高速公路,采用跨高速公路的钢支架现浇施工难度大、安全风险高;采用(75+125+75)m 连续梁一孔跨越拟扩建金罗路和(40+56+40)m 连续梁跨越惠州大道,悬臂浇筑时须确保市政道路正常运营,施工风险大

续上表

序号	专业	工点名称	长度(m)	工程量及施工难点描述
6	桥梁工程	惠州东江铁路大桥	921.77	本桥为四线桥，主桥桥式布置为(136+260+136)m中穿矮塔混合梁斜拉桥，其中主跨260 m上跨东江，边跨136 m分别跨越左右两岸的惠博大道及正在扩建南堤大道，桥面宽31.3 m，主桥采用塔梁墩固结体系，水中基础、主墩、主梁及塔柱施工难度大、风险高
7	桥梁工程	潼湖特大桥	15 276.70	采用(48+80+48)m连续梁跨越既有京九线，梁部转体施工，施工难度大、风险高，须确保既有铁路的正常运营；采用(40+72+40)m连续梁跨越仲恺八路，施工风险大，须确保市政道路的安全运营；采用(88+160+88)m的连续刚构拱主孔跨越S20潮莞高速、采用(60+100+60)m连续梁主孔跨越G4E武深高速，悬臂浇筑施工难度大、风险高
8	桥梁工程	凤凰互通特大桥	1 612.690	采用128 m系杆拱跨越在建深圳外环高速主线及匝道，(48+80+80+48)m连续梁跨越龙大高速及凤凰互通匝道，施工干扰大、组织协调困难、安全风险高
9	桥梁工程	水田特大桥	3 029.95	1-72 m系杆拱跨越石岩外环路、(60+100+60)m连续梁跨越石观路、(43+68+41)m连续梁跨越沈海高速公路、(40+56+40)m连续梁跨越在建石清大道及机荷高速，施工难度大、风险高
10	桥梁工程	笋岗动走线特大桥	2 226.340	本桥为单线桥，连接深圳东站与笋岗货场，中间跨广深四线和草埔轻轨站人行天桥，于SGDZDK1+240.9～+194.8处跨越广深铁路(四线)，两者夹角为13.5°，采用门式墩跨越，施工难度大、风险高
11	隧道工程	石门岗隧道	5 759	单洞双线形式，位于和平县下车镇及上陵镇境内，以剥蚀低山区为主，地势起伏较大，隧道地质构造及水文地质条件较复杂，最大埋深约为340 m
12	隧道工程	松岗山隧道	9 881	单洞双线形式，位于和平县上陵镇及大坝镇境内，以剥蚀低山区为主，地势起伏较大，隧道地质构造及水文地质条件较复杂，最大埋深约为353 m
13	隧道工程	林寨隧道	6 236	单洞双线形式，位于和平县林寨镇和东水镇境内，地处丘陵区，地势起伏较大，隧道设人字形坡，隧道一般埋深60～85 m，最大埋深269 m
14	隧道工程	东源隧道	5 066.5	起于广东省河源市东源县黄田镇，止于广东省河源市东源县义合镇，隧址区属丘陵地貌，地形起伏较大，隧道进出口没有道路通达，交通极为不便，采用单洞双线形式，隧道最大埋深约130 m
15	隧道工程	义合隧道	6 043	起于广东省河源市东源县义合镇奖坑尾，止于广东省河源市东源县义合镇古屋厂，线路近西南走向(约223°)，隧道采用单洞双线形式，起讫里程DK265+098～DK271+141，全长6 043 m
16	隧道工程	横岭隧道	7 874.81	起于广东省河源市东源县义合镇高楼村，止于广东省河源市源城区，隧道采用单洞双线形式，进出口里程分别为DK272+521.19、DK280+396，全长7 874.81 m，隧道穿越低山区，沿线地形高程65.535～340.8 m，测区内高高程340.8 m，最大相对高差约275.26 m，隧道埋深12.65～201.9 m，最大埋深201.9 m，进口无道路通达，交通不便，出口段有小路通过，交通较为便利，隧道设斜井两座：1号斜井全长519 m，综合坡度5.96%，采用无轨运输双车道断面，2号斜井全长337 m
17	隧道工程	博罗隧道	5 791	位于河源市博罗临江镇境内，隧址区属丘陵区～剥蚀低山区，地形起伏大，沿线地形高程60～357.5 m，测区内最高高程357.5 m，最大相对高差约297.5 m，区内交通不便
18	隧道工程	银瓶山隧道	9 813.37	单洞双线形式，位于东莞市境内，隧址区属剥蚀低山，地形起伏较大，山体自然坡度20°～45°，植被发育，相对高差为30～260 m，隧道进出口均位于山区，交通条件较差，隧道最大埋深约为590 m

1. 路基工程

DK370+411.47～+921.67顺层深路堑、DK398+588.15～+660.37深路堑是本段工程的难点工程。

2. 桥梁工程

惠州东江铁路大桥、潼湖特大桥等跨东江、高速公路、铁路的8座特大桥结构复杂，涉及溶洞等地质条件较复杂，是本项目控制工程，也是重点工程。

3. 隧道工程

横岭隧道、松岗山隧道、银屏山隧道等8座长隧道地质条件复杂，软弱围岩比重大，涉及浅埋地段，施工风险大，是本项目控制工程，也是重难点工程。

二、重难点工程(含高风险工程)工期控制施工方案

(一)DK370＋411.47～＋921.67 顺层深路堑

1. 工程概况

(1)地形地貌

剥蚀丘陵地貌，地势起伏较大，丘坡自然坡度10°～45°，相对高差约为35 m。丘坡植被发育，有多条土路，交通较不便。

(2)主要措施

左侧顺层深路堑采用桩板墙加固，桩加固区两侧设路堑挡墙顺接。路堑边坡采用框架预应力锚索加固，框架内客土撒草籽、种灌木防护。路堑顺层侧一、二级边坡坡率1∶1.75，三级1∶2.0。开工前，核实路基地质情况与地形条件，优化设计方案、制订安全可行的施工方案，施工过程中加强边坡变形监测，根据监测结果安排施工进度，防止边坡滑坡。

2. 施工方法

(1)路堑挖方

①土石方施工前，应先实施地面排水设施，防止地表水冲刷开挖面或避免局部积水，恶化边坡的地质条件，影响边坡的稳定。所采用的施工方法及施工顺序应避免扰动山体，引发工程滑坡。

②路堑开挖前必须先将堑顶排水沟修好，对地表水可能对边坡土体产生冲刷或浸泡地段，应修建临时排水沟，避免地表水对开挖边坡产生冲刷或浸泡，引起边坡溜坍、失稳。堑顶为斜坡时，应加强施工核查，如堑顶斜坡存在松散易坍滑的土体或其他不良地质体，应清除干净。对堑顶易松动的落石、块石或危岩必须全部清除干净，对难以清除者应采取加固措施，确保运营安全。

③路堑边坡开挖必须自上而下分级开挖和分级加固防护，上一级边坡开挖和支护完成施工达到设计要求后，才能进行下一级边坡的开挖和支护。深路堑施工要做好土石方开挖与支挡加固工程的有机结合和进度协调，自上而下，开挖一级，加固防护一级，严禁一挖到底再进行支挡防护，同时每级边坡坡率务必满足设计要求，不得改陡。土石开挖禁止大爆破施工，靠近路堑设计边坡时，如需爆破，应采用小药量爆破方法，确保堑坡平顺。在岩体破碎、土质松软或有水地段修建支挡结构，宜在旱季施工，并应集中力量，分段施工，不应长段拉开挖基。与桩板墙相连地段，其相连边坡先不开挖，先施工桩，待桩施工完成并达到龄期要求和设计要求后再开挖桩前土石方及其相连边坡，严禁先开挖桩前土石方后施工桩。

④边坡超挖部分和岩层开挖面的低凹不平部分应采用混凝土回填。

⑤软质岩、地下水发育路堑、高边坡、顺层路堑等特殊地段与岩层走向、倾向不利于边坡稳定及施工安全的地段，路堑开挖易引起边坡失稳、坍滑，施工中应采取预加固措施或临时支护措施，尽量避免雨季施工，同时加强边坡变形监测，根据监测结果安排施工进度，如在一个旱季不能完成的工程，应在雨天来临前对已开挖的堑坡做好边坡加固与防护工程，以免岩土体边坡遇水软化，引发坍滑。

⑥岩质高边坡如采用大孔径、深孔、大剂量爆破将形成数十米的表层松动带和卸荷变形带，极易造成边坡岩体开裂和失稳，施工中应采用小孔径、密眼、小剂量爆破，并在距边坡开挖面2.0 m左右范围采用预裂爆破。

⑦与既有路堑并行增建挡墙地段，先进行安全评估，做好安全防护隔离。施工顺序为应先施工至挡墙平台，下部既有堑坡(挡墙)分段开挖(拆除)，每开挖(拆除)一段应立即施工好新建支挡工程，新建支挡工程施工好后，方可拆除下一段既有边坡及支挡工程。严禁一次将既有挡墙全部拆除，严禁将既有路堑坡脚一次全部挖开。既有路堑岩质边坡开挖与挡墙拆除等爆破施工严格按设计和规范要求进行控制爆破和防

护，确保施工人员、机具、设备与铁路运营等安全。

(2)桩板墙施工

①施工前应整平孔口地面，设置地表截、排水及防渗设施；雨季施工时，孔口应搭雨棚。

②抗滑桩、桩板墙等锚固桩桩身所用水泥为不低于 P·O 42.5 级普通硅酸盐水泥，采用不低于 C35 以上钢筋混凝土现浇桩，桩孔采用人工挖孔。桩板墙桩间可采用挡土板或桩间挡墙，挡土板一般采用不低于 C35 钢筋混凝土预制板，高 0.5 m。桩板墙挡板下部设 C25 混凝土找平层，宽 1.2 m，厚 0.3 m，设桩间挡墙地段采用不低于 C30 混凝土挡墙。

③基坑护壁一般采用 C15 钢筋混凝土或素混凝土现浇，在岩性较好的硬质岩弱风化地段，地层 $\varphi>55°$ 时，护壁采用厚 0.20 m C15 素混凝土；当地层 $\varphi\leqslant55°$ 时，采用厚 0.3 mC15 钢筋混凝土。护壁节长 1.0 m。桩孔开挖前应做好施工场地平整及地面截排水和通风设施。桩孔第一节护壁应高出地面 20 cm，加强孔口护壁，做好井口锁口，防止地面坍塌，锁口高 1.2 m，并高出地面 0.2 m，厚 0.3～0.5 m。桩孔开挖和支护不得在土石层变化处和滑床面处分节。护壁厚度不得小于 15 cm，护壁混凝土应紧跟围岩注浆；注浆前应清除岩壁上的松动石块、浮土。滑动面处的护壁应加强，在承受推力较大的护壁和孔口加强衬砌的混凝土中应加钢筋。在围岩松软破碎和有滑动面的节段，应在护壁内顺滑坡方向用临时横撑加强支护，并注意观察其受力情况，当发现横撑受力变形、破损而失效时，孔下施工人员必须立即撤离。

④当抗滑桩位于滑坡地段，有滑动迹象或需加快施工进度时，宜采用速凝、早强混凝土。滑坡地段桩前土体应间隔开挖，并宜从上至下逐层开挖，随挖随安装挡土板。

⑤桩体开挖时应及时护壁，开挖过程中应加强通风和人身安全防护，并随时查探及检测井内有无有害气体及其含量，如有，应按相关规范要求排除隐患后方可进行井下作业。开挖桩孔如遇地下水中、强水流时，不能持续强抽水，应加强监测和防护，及时会同设计等有关各方研究处理措施，以免造成严重坍孔。

⑥开挖群桩须跳桩开挖施工。施工前应先开挖纵向两侧各一根桩及中间一根桩，以验证地质，与设计不符时及时上报，滑坡地段开挖桩群应从两端向滑坡主轴间隔开挖。从两端向中间间隔开挖，桩身混凝土浇筑应连续进行，灌注完成 24 h 后才可开挖邻桩。桩身钢筋笼的搭接接头不得设在土石分界或滑面处。混凝土捣固及脱模应符合现行规范的有关规定。

⑦桩体开挖成型后，经过尺寸复核后可进行混凝土的浇筑，桩体混凝土必须连续灌注，不得断桩。

⑧与路堑锚固桩相连地段，其相连边坡先不开挖，先开挖基坑，灌注桩身，待桩施工完成并达到设计强度的 70%，再开挖桩前土石方及相连边坡、安放桩间挡土板，严禁先开挖桩前土石方后施工桩。顺层、滑坡地段桩前土体应间隔开挖，并应从上至下逐层开挖，随挖随安装挡土板。

⑨桩基承台采用不小于 C35 钢筋混凝土现浇，节长一般为 8～10 m，采用基桩桩顶预留钢筋与承台连接，桩体埋入承台内长度不少于 10 cm，相邻承台间留 2 cm 的伸缩缝。承台钢筋应一次绑扎、安装，承台分节混凝土应一次性浇筑完成，混凝土入槽宜用平铺法。

⑩路堤(肩)式锚固桩待桩施工完成并达到设计强度的 70%后，方可安放桩间挡土板及进行填料填筑。

⑪需拆除护壁的桩身部分，桩身与护壁间须采取隔离措施，以利拆除及使桩身平整美观。

⑫锚固桩桩体质量检验应在成桩 28 d 后进行，采用钻孔抽芯检测桩身强度；桩截面尺寸≥2 m×2 m 时，桩四角预埋检测用声测管(内径 50 mm、壁厚 3 mm 无缝钢管)，进行桩身完整性检测，详见《高速铁路路基工程施工质量验收标准》和相关规程、规范要求。

(3)预应力锚索框架梁施工

①预应力锚索施工

a. 锚索孔径 110 mm(或 130 mm)，锚索采用 n=3～5 根高强度低松弛的预应力钢绞线，ϕ_S=15.2 mm，钢绞线强度为 1 860 MPa，并用 OVM15-X(X=n)型锚具锁定。锚索制作时，钢绞线的截取长度为锚固段+自由段+1.5 m 外露张拉段，钢绞线剪断时应留出锚头 10 cm，防止滑曳。

b. 为验证预应力锚索设计，检验其施工工艺，指导安全施工。锚索施工前应先进行破坏性拉拔试验，取得岩层与砂浆锚固体间的极限抗剪强度，以确定设计参数是否满足锚固工程稳定、安全的需求，进而确定是否需进行锚固段长度修正。拉拔试验按具体工点设计要求进行，试验方法参照《建筑边坡工程技术规范》(GB 50330)中有关规定。

c. 锚索施工工序：钻孔→清孔→锚索制作→锚索自由段防锈处理及安装→注浆→养护→施工锚梁→锚索张拉→补张拉及锁定→锚头封闭。锚孔孔位应按设计要求准确测放在坡面上，实际钻孔深度应比设计孔深大 0.2 m。

d. 锚索钻孔必须采用风动钻进，如遇地层松散破碎易坍孔时，应采用跟管钻进技术。如遇坍孔，应立即停钻，灌浆固壁(灌浆压力 0.1～0.2 MPa)，初凝后重新扫孔钻进。钻孔完成后必须使用高压风清除孔内岩粉和积水。

e. 制作锚索的钢绞线必须符合《预应力混凝土用钢绞线》(GB 5224)的规定。钢绞线从盘丝上按设计长度截取，不得焊接。编束时确保每根钢绞线始终均匀排列，平直、不扭不叉，有死弯、机械损伤、严重锈蚀及电烧伤的严禁使用。截断时应使用机械切割，严禁电弧切割。编束前要清污除锈、刷强力防腐涂料。预应力锚索所用锚具应符合《预应力筋专用锚具、夹具和连接器应用技术规程》(JGJ 85)的规定。

f. 锚索安装时应先将注浆管出口用胶布封住，以免阻塞。注浆结束前稳定 5～10 min，必要时可适当加入添加剂。锚孔注浆和锚梁混凝土达到设计强度的 70%时才能进行张拉，张拉前必须对张拉机具进行标定，避免出现应力误差。

g. 锚索张拉应符合设计要求，一般分两次逐级张拉，第一次张拉值为总张拉力的 70%，两次张拉间隔时间不宜少于 3～5 d。为减少预应力损失，总张拉力应包括超张拉值，自由段为土层时超张拉值宜为 15%～25%，自由段为岩层时宜为 10%～15%。张拉中应对锚索伸长及受力做好记录，核实伸长与受力值是否相符。各级张拉力分别为设计张力以 25%倍数递增，每级间隔 2～5 min，最后一级间隔 30 min。为克服地层徐变等因素造成的预应力损失，进行一次补偿张拉，然后锁定，切除多余的钢绞线，用混凝土封锚。

h. 当预应力锚索位于锚固桩上时，锚索与桩按变形协调设计，设计施加预应力为理论计算值，施工中应根据不同阶段桩的变形观测结果进行预应力调整，以确保桩与拉索变形协调受力达到最佳状态。

i. 锚索在张拉作业完成后，应及时对锚具和承压板进行防腐保护。路堑边坡施工锚索必须自上而下采用分级开挖和分级加固，即开挖一级，防护一级，不得一次开挖到底，上一级边坡开挖并完成锚索施工达到设计要求后，才能进行下一级边坡的开挖和施工，避免下级边坡施工时发生上级边坡失稳现象。

j. 锚索高空作业时搭设的工作平台须牢固可靠，并设置栏杆、挂安全防护网，在醒目处设立安全警示标志。上、下平台必须有稳固的通道。施工现场平台上各种工具要摆放整齐，防止工具等物件从平台上坠落砸伤人员。加强对路堑边坡变形的监测，变形异常时应分析原因，防止路堑边坡变形过大造成锚索破坏。

②锚索框架梁施工

a. 施工顺序：测量放线→锚梁施工→支立模板→绑扎钢筋→安装锚索孔口套管→安装锚具→现浇混凝土→混凝土养护。框架梁的位置、间距、尺寸应严格按设计要求测放、施工。

b. 施工前应先清刷坡面浮土，填补坑凹，使坡面大体平整。

c. 框架梁基底用 5 cm 水泥砂浆找平，遇边坡局部超挖较大悬空处采用混凝土嵌补。

d. 框架梁浇筑混凝土前必须将锚具、钢套管按设计要求固定在节点钢筋上，方向与锚孔方向一致，摆放平整。

e. 钢筋的制作、绑扎，下料、弯制、焊接必须按设计或有关技术规范要求施工。混凝土浇筑时必须用振动棒振捣密实，尤其在锚孔周围，钢筋较密集，应仔细振捣，保证质量。混凝土浇筑完成后，及时用草袋覆盖洒水养生至张拉龄期。

(二)DK398＋588.15～＋660.37 深路堑

1. 工程概况

(1)地形地貌

丘陵陡坡,地势起伏较大,丘坡自然坡度 20°～25°,相对高差 60～80 m,植被发育,交通不便。

(2)地层岩性

山坡表层为粉质黏土,褐黄色,可塑～硬塑,厚 0～3 m;下伏基岩为粗粒花岗岩(γ_5),全风化、强～弱风化。其中,全风化层褐黄色、肉红色,厚 10～16 m;强风化层褐黄色,厚 3.8～15.0 m;其下为弱风化层,青灰色。

(3)水文地质

地表水不发育。地下水为基岩裂隙水,水位埋深 12.5～19.7 m。地表水、地下水无化学侵蚀性。碳化环境作用等级为 T2 型。

(4)主要措施

设锚索桩板墙,桩顶以上边坡采用框架预应力锚索梁内客土撒草籽＋种灌木防护,坡顶设被动拦石网。开工前,核实路基地质情况与地形条件,优化设计方案,制订安全可行的施工方案,施工过程中加强边坡变形监测,根据监测结果安排施工进度,防止边坡滑坡。

2. 施工方法

(1)路堑挖方

施工方法同 DK370＋411.47～＋921.67 顺层深路堑。

(2)桩板墙施工

施工方法同 DK370＋411.47～＋921.67 顺层深路堑桩板墙施工方法①～⑩。

(3)预应力锚索框架梁施工

施工方法同 DK370＋411.47～＋921.67 顺层深路堑。

(三)柳城东江铁路大桥

1. 工程概况

本桥位于广东省东源县红亮村,场区为丘陵地貌,地势起伏稍大,地面高程为 55～85 m,自然坡度 20°～45°,多为针叶与灌木混合林,植被茂密,地表低洼处多辟为耕地、民房以及道路。桥区赣州台方向横跨 205 国道,桥区 DK222＋800～DK223＋500 横跨东江,附近有公路到达,交通较为便利。

2. 施工方法

(1)基础及墩(台)施工

一般桥梁基础施工采用常规方法施工,钻孔桩采用正、反循环回转钻机、旋挖钻或冲击钻施工,墩台采用定型钢模板施工。

深水桥梁基础采用钢板桩围堰施工。

(2)上部结构施工

本桥主要采用简支箱梁,32 m 为主导梁型,24 m 在局部调跨时采用,简支箱梁采用预制、架设施工,箱梁由制梁场供应。控制点为(64＋108＋64)m 连续梁采用挂篮悬臂浇筑＋转体施工、(88＋160＋88) m 连续刚构、(48＋48) m T 构及(48＋45) m T 构采用挂篮悬臂浇筑法施工。

(3)连续梁主要施工方法及设备配置

连续梁采用悬臂浇筑法施工,可以采用菱形桁架式挂篮。安装墩旁型钢托架形成 0 号段施工支架或从承台上搭设支架现浇,连续梁在墩顶设置临时支座形成墩梁固结,履带吊配合安装支座、模板。

施工机械:挂篮设备、千斤顶、塔吊、履带吊、混凝土运输车、混凝土输送泵、平板运输车等。

(四)小金口特大桥

1. 工程概况

小金口特大桥位于广东省惠州市惠城区小金口街道境内,桥区位于东江冲积平原,地势平坦开阔,靠近村庄，桥中间处附近有较多居民区、商铺，交通比较方便，线路两侧有两处加油站。

(1)主要控制因素

G324 惠州大道、小金河(小金桥附近)、金罗路、S21 广惠高速是本桥的主要控制因素。

(2)线路主要技术条件

正线无缝线路，线间距 5.0 m，铺设 CRTS Ⅲ型板式无砟轨道，圆曲线半径 9 000 m，纵坡 $i=-3.55‰$ 和$-20.0‰$。

(3)布置方案

本桥为双线桥，桥梁中心里程 DK349+203.59，桥梁全长 1 778.05 m。全桥孔跨布置为：2-24 m 简支箱梁+2-32 m 简支箱梁+1-100 m 系杆拱+1-24 m 简支箱梁+1-32 m 简支箱梁+1-(75+125+75)预应力混凝土连续梁+1-24 m 简支箱梁+1-32 m 简支箱梁+1-24 m 简支箱梁+1-32 m 简支箱梁+2-24 m 简支箱梁+1-32 m 简支箱梁 1-(40+56+40)预应力混凝土连续梁+1-24 m 简支箱梁+1-32 m 简支箱梁+3-24 m 简支箱梁+23-32 m 简支箱梁。

简支梁桥墩均采用圆端形实体墩，桥台采用矩形空心台，连续梁桥墩采用圆端形实体墩，系杆拱桥墩采用异性桥墩。墩台基础采用钻孔桩，桩径分别为 1.0 m、1.25 m、1.5 m、2 m。

2. 施工方法

(1)基础及墩(台)施工

桥梁基础施工按常规方法施工，钻孔桩采用正、反循环回转钻机、旋挖钻或冲击钻施工，墩台采用定型钢模板施工。

(2)上部结构施工

本桥主要采用简支箱梁，32 m 为主导梁型，24 m 在局部调跨时采用。简支箱梁采用预制、架设施工，箱梁由制梁场供应。控制点(75+125+75) m 连续梁采用挂篮悬臂浇筑法施工，100 m 系杆拱梁采用满堂支架现浇法施工。

(3)连续梁主要施工方法及设备配置

连续梁采用悬臂浇筑法施工，可以采用菱形桁架式挂篮。安装墩旁型钢托架形成 0 号段施工支架或从承台上搭设支架现浇，连续梁在墩顶设置临时支座形成墩梁固结，履带吊配合安装支座、模板。

施工机械：挂篮设备、千斤顶、塔吊、履带吊、混凝土运输车、混凝土输送泵、平板运输车等。

(五)惠州东江铁路大桥

1. 工程概况

本桥位于惠州市区与博罗县城交界处，与 G25 长深高速公路并行。本桥自北向南，依次跨越惠博大道、东江通航孔、江南大道(即东江南堤路)。

(1)桥孔方案布置

本桥为四线桥(与广汕联络线合建)，赣深正线：1-24 m 简支梁+1-32 m 简支梁+1-(136+260+136) m 矮塔斜拉桥+9-32 m 简支梁+1-24 m 简支梁，全长 921.97 m。桥台采用挖方桥台及矩形空心桥台，桥墩除两桥塔主墩采用双肢薄壁墩外，其余采用圆端形实体桥墩及圆端形空心墩。10 号、12 号～深圳侧桥台基础采用扩大基础，其余全部采用钻孔灌注桩基础，桩径分别采用 1.0 m，1.25、1.5 m、3.0 m。主桥采用(136+260+136) m 四线铁路预应力混凝土部分斜拉桥，主梁为单箱三室截面混凝土箱梁，主桥采用塔梁墩固结体系。

立面布置如图 2-6-1 所示。

(2)主体结构

①主梁

主梁为单箱三室预应力混凝土箱梁，采用变高度整体箱形截面，跨中及边支点处最低点梁高 6.0 m，中支点处最低点梁高 13.0 m，梁底按圆曲线变化，箱梁顶宽 31.2 m，底宽由边支点及跨中的 22.61 m 变化至中支点的 19.11 m，如图 2-6-2 所示。

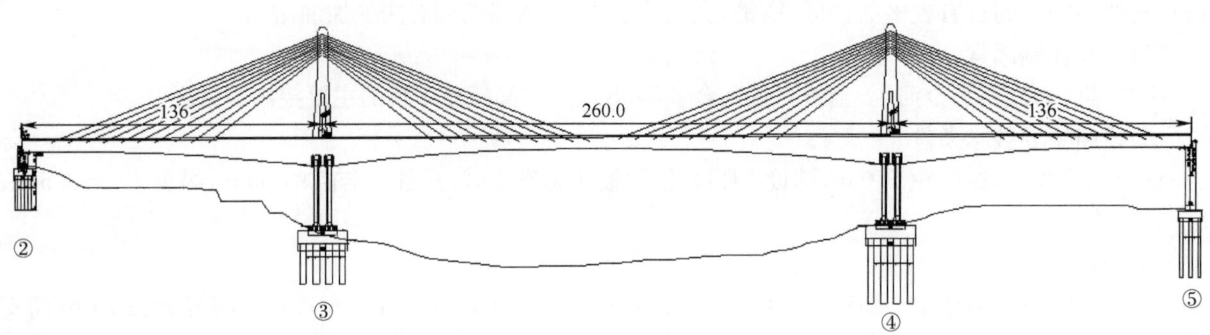

图 2-6-1 主桥立面布置(单位:m)

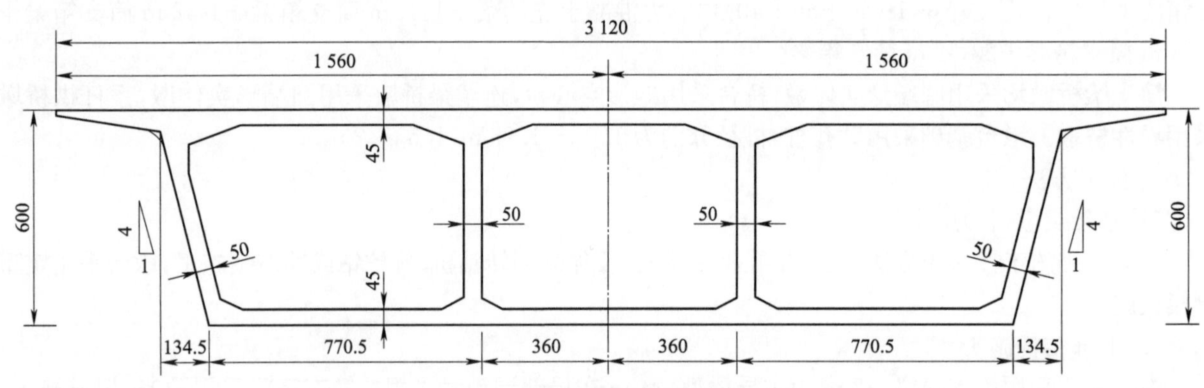

图 2-6-2 主梁跨中及边支点截面(单位:cm)

②索塔

索塔为钢筋混凝土结构,设置于桥面中间,如图 2-6-3 所示,塔柱桥面以上高 56.0 m,为主跨跨度的 1/4.64。索塔横向为双柱,每肢柱的横向宽度 2.4 m,两肢柱紧邻并置,横向间距 4.0 m,整体上呈独柱式。塔柱上部双柱之间设置板式横向连接系。塔柱截面为矩形实体截面,桥塔上段标准截面为 2.4 m×4.8 m,设 30 cm×30 cm 切角。塔柱下段在墩塔梁固结处纵向分叉为两个独立塔柱,呈倒 Y 形,每个塔柱截面为 2.4 m×2.4 m。

③斜拉索

斜拉索采用单丝涂覆环氧涂层预应力钢绞线斜拉索体系,外套 HDPE,横向为双索面体系,竖直平行布置,斜拉索横向分别锚固于索塔的两个柱,在梁上锚固于箱梁内中间箱室,锚固点纵向间距 8.0 m,与主梁采用成品梁端锚固形式,主梁内设置锚固梁,张拉端设置在梁上。斜拉索在塔端采用分丝管索鞍贯通,间距为 1.0 m。斜拉索规格分为 73-7ϕ5 mm、91-7ϕ5 mm 两种。

(3)下部结构

主墩采用双肢薄壁墩,双柱中心距离 6.4 m,净间距 4.0 m,墩身横桥向宽度 23.0 m,纵桥向厚度 2.4 m,矩形截面,如图 2-6-4 所示。3 号主墩墩身高 27.0 m、4 号主墩墩高 25.5 m。

主墩基础采用 24 根 ϕ3.0 m 钻孔桩,顺桥向桩间距 6.0 m,横桥向桩间距 6.0 m,钻孔桩桩尖均嵌入 W2 弱风化岩层内。上层承台平面尺寸为长 14.0 m×宽 29.0 m×高 2.0 m,下层承台平面尺寸为长 23.0 m×宽 35.0 m×高 6.0 m,如图 2-6-5 所示。

2. 施工方法

(1)基础及墩(台)施工

陆地上桥梁基础按常规方法施工,河道中两主墩采用双壁钢围堰施工,鱼塘中墩台采用草袋围堰+筑岛填芯施工。主桥墩钻孔桩采用水中墩的施工方法,承台采用钢板桩围堰施工。桥墩墩身采用普通脚手架翻模法施工,桥塔采用液压爬模法施工。

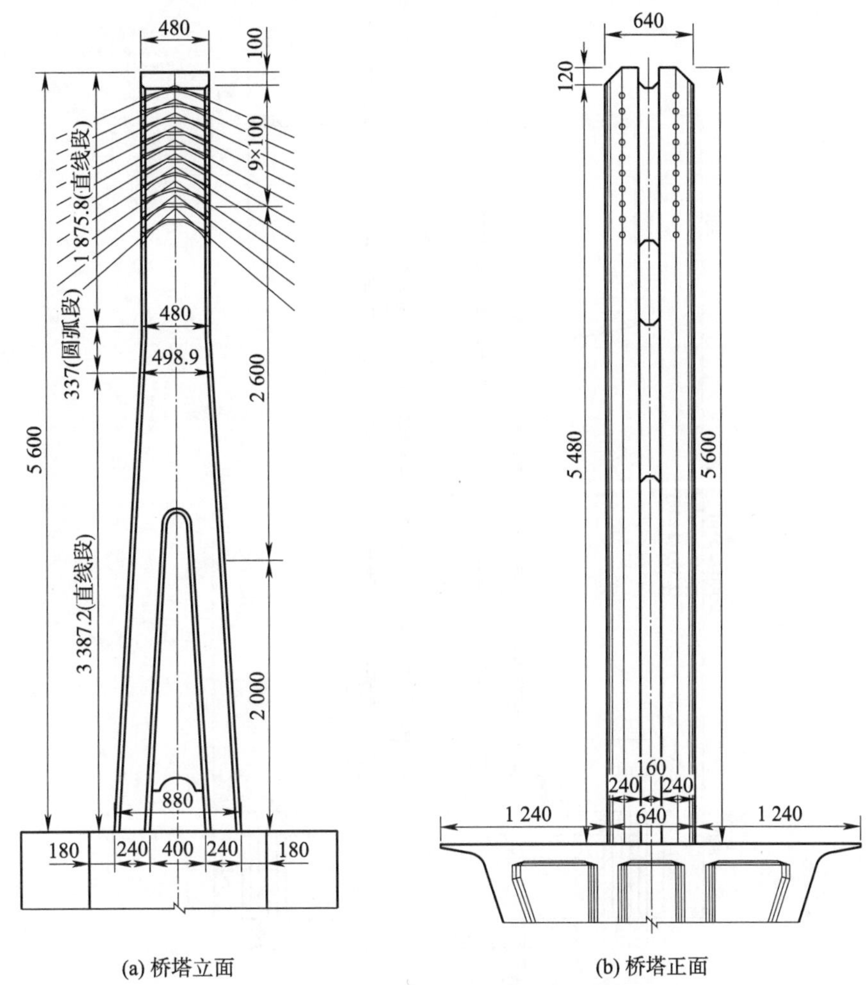

(a) 桥塔立面　　(b) 桥塔正面

图 2-6-3　桥塔正、立面(单位:cm)

(2)上部结构施工

本桥主要采用简支箱梁,32 m 为主导梁型,24 m 在局部调跨时采用。简支箱梁采用预制、架设施工,箱梁由制梁场供应。控制点为(136＋260＋136) m 矮塔斜拉桥采用挂篮悬臂浇筑。

(3)矮塔斜拉桥主要施工方法及设备配置

混凝土箱梁 0 号梁段、边跨直线段采用支架法现浇施工,其余梁段采用挂篮悬臂浇筑。主梁先合龙边跨,后合龙中跨。斜拉索采用“先塔后梁”的挂索方法在下端主梁内张拉。

主要施工步骤如下:

①施工桥墩基础。

②采用普通脚手架翻模法施工桥墩墩身。

③支架上浇筑混凝土箱梁 0 号梁段,张拉相应的预应力,采用液压爬模法施工桥塔。

④安装挂篮,挂设相应阶段的斜拉索,斜拉索张拉端位于挂篮钢梁内,张拉斜拉索,使斜拉索承受挂篮施工的部分荷载。依次悬臂浇筑混凝土箱梁 A1～A32、B1～B32 梁段,张拉相应的主梁预应力。

⑤每个梁端浇筑养护完毕后拆除挂篮并移至;滞后 1～2 个索间距安装并张拉 B1～Z10 斜拉索;调整斜拉索索力。

⑥在悬浇混凝土箱梁的同时,架设边跨桥下支架;支架上浇筑主梁边跨直线段。

⑦支架合龙主梁边跨;张拉主梁全部预应力。拆除边跨桥下支架。

⑧主梁中跨跨中加水平顶力,合龙中跨。

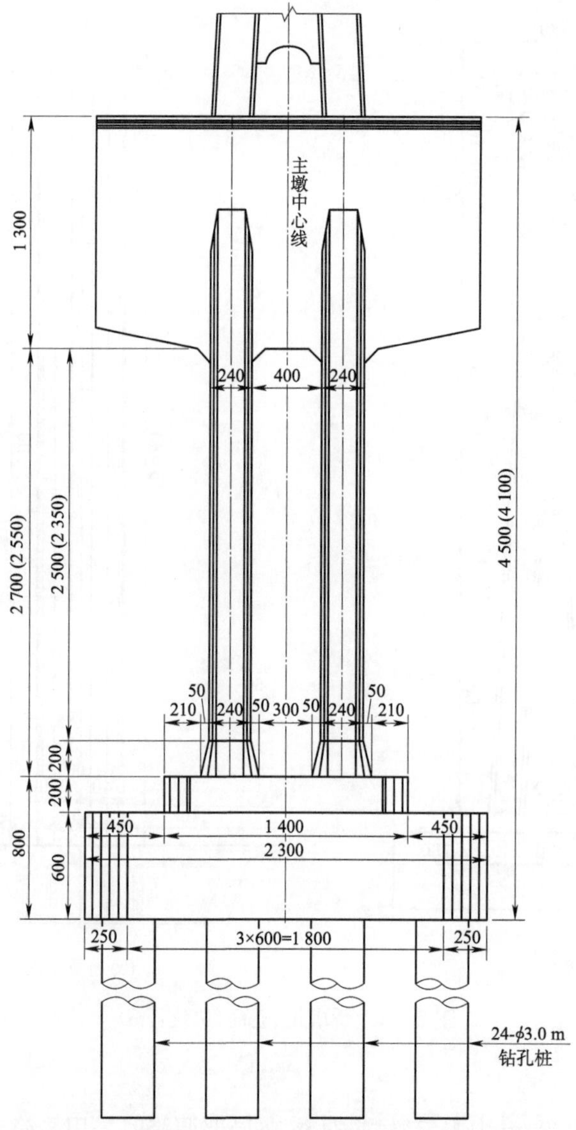

图 2-6-4 主墩立面(单位:cm)

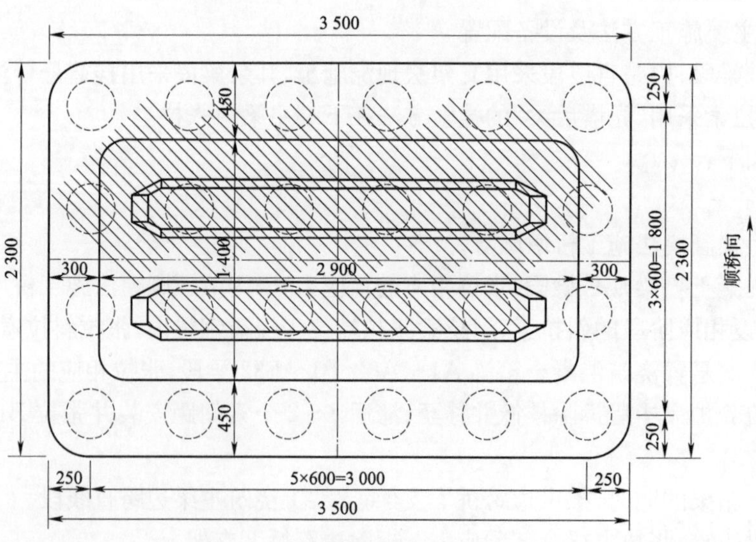

图 2-6-5 主墩基础截面(单位:cm)

⑨拆除桥面架梁吊机等，主梁静置 60 d，施工桥面系。

⑩调整斜拉索索力，成桥。

施工机械：挂篮设备、预应力张拉设备、千斤顶、塔吊、履带吊、混凝土运输车、混凝土输送泵、平板运输车等，见表 2-6-10。

表 2-6-10　主要施工机械设备

序号	机械或设备名称	规格型号	数量(台)	备　注
1	冲击钻	ϕ3.0/ϕ1.5 m	22	
2	KTY3000 型钻机		8	主墩钻孔桩施工
3	DE120 打桩锤		2	栈桥、平台施工
4	DE150 打桩锤		2	栈桥、平台施工
5	驳　船	800 t	2	3 号墩基础施工
6	浮　吊	200 t	2	
7	塔　吊	480/300 t・m	2/2	
8	码头吊机	50 t	2	
9	龙门吊机	50/20 t	4/4	钢筋/钢结构加工
10	履带起重机	100/80 t	2/4	
11	工作船		2	
12	交通船	15 人	1	
13	混凝土搅拌站	2HZS120 m^3/h	2	
14	混凝土泵车	60 m^3	4	
15	混凝土输送罐车	8 m^3	20	
16	空压机	20/8/130 kW	20	
17	泥浆分离器	ZX-200	4	
18	挖掘机	PC200-6	10	
19	载重汽车	50 t	6	
20	装载机	ZLM50E	5	
21	插入式振捣器	ZX-50	100	
22	附着式振捣器	FZ-100	40	
23	千斤顶	YDC25	8	
24	千斤顶	YCW1000	6	
25	施工电梯		2	
26	发电机组	GF250/250 kW	4	
27	变压器	800 kVA	8	

(六)潼湖特大桥

1. 工程概况

潼湖特大桥位于广东省惠州市仲恺新区境内，从北部山前区直到西南部山前区，沿线多水塘、河沟、农田、果园、居民区、厂区，线路跨越的小河众多，所跨越的道路主要有联发大道、724 乡道、莞惠城际铁路、京九铁路、仲恺八路、埔仔河、S20 潮莞高速、706 乡道、博深高速。

(1)主要控制因素

本桥所跨越的控制点众多，主要有联发大道、724 乡道、仲恺八路、S20 潮莞高速、706 乡道、博深高速等；铁路既有线主要有莞惠城际铁路、京九铁路；河流主要有甲子河、水围河、埔仔河(多次)等；地下管线主要有华德石化输油管道、广东管网天然气管道、中海油输油管道等。以上既有或在建的公路、铁路、河流是本桥孔跨布置的主要控制因素。

(2)线路主要技术条件

正线无缝线路,线间距 5.0 m,铺设 CRTSⅢ型板式无砟轨道,圆曲线半径9 000 m,纵坡为－13.0‰、0.0‰、1.5‰、5.0‰、－13.0‰、0.5‰、13.6‰、5.0‰和 3.0‰。

2. 施工单元划分及施工方法

(1)基础及墩(台)施工

桥梁基础施工按常规方法施工,钻孔桩采用正、反循环回转钻机、旋挖钻或冲击钻施工,墩台采用定型钢模板施工。

(2)上部结构施工

本桥主要采用简支箱梁,32 m 为主导梁型,24 m 在局部调跨时采用,除 42～90 号桥墩之间的简支梁采用支架现浇法施工外,其余的简支梁均采用预制架设施工,箱梁由制梁场供应。控制点及施工方法如下:跨京九铁路的(48＋80＋48)m 连续梁采用转体施工,所有的道岔连续梁均采用支架现浇法施工,其余连续梁采用悬臂法施工。

(3)连续梁主要施工方法及设备配置

连续梁采用悬臂浇筑法施工,可以采用菱形桁架式挂篮。安装墩旁型钢托架形成 0 号段施工支架或从承台上搭设支架现浇,连续梁在墩顶设置临时支座形成墩梁固结,履带吊配合安装支座、模板。

施工机械:挂篮设备、千斤顶、塔吊、履带吊、混凝土运输车、混凝土输送泵等。

(七)凤凰互通特大桥

1. 工程概况

凤凰互通特大桥位于广东省深圳市光明新区,桥址紧邻光明城车站,与既有广深港高铁并行,大里程侧位于鹅颈水库大坝下游约 300 m。桥区位于为剥蚀丘陵地貌,四周植被发育茂盛,多为荔枝树,交通不便。

(1)主要控制因素:本桥采用 128 m 系杆拱跨越深圳外环高速主线及匝道,(48＋80＋80＋48)m 连续梁跨越龙大高速及凤凰互通匝道,施工难度大、风险高。

(2)线路主要技术条件:正线,无缝线路,线间距 5.0 m,铺设 CRTSⅢ型板式无砟轨道,直线。

全桥孔跨布置为:3-32 m 简支箱梁＋1-(32＋32＋32＋32) m 连续梁＋13-32 m 简支箱梁＋1-42 m 简支箱梁＋1-128 m 系杆拱＋2-32 m 简支箱梁＋1-(48＋80＋80＋48) m 连续梁＋1-32 m 简支箱梁＋2-24 m 简支箱梁＋8-32 m 简支箱梁＋3-24 m 简支箱梁＋1-32 m 简支箱梁。全桥长 1 612.690 m,中心里程:DK423＋294.22。

本桥采用双线矩形空心桥台、双线圆端形桥墩,墩台基础采用钻孔灌注桩基础。

(3)主桥设计

主桥采用 1-128 m 下承式尼尔森提篮拱,主桥全长 132 m(含梁端到支座中心 2.0 m),矢跨比为 1∶5,拱肋平面内矢高 25.6 m,拱肋采用悬链线线型,如图 2-6-6 所示。

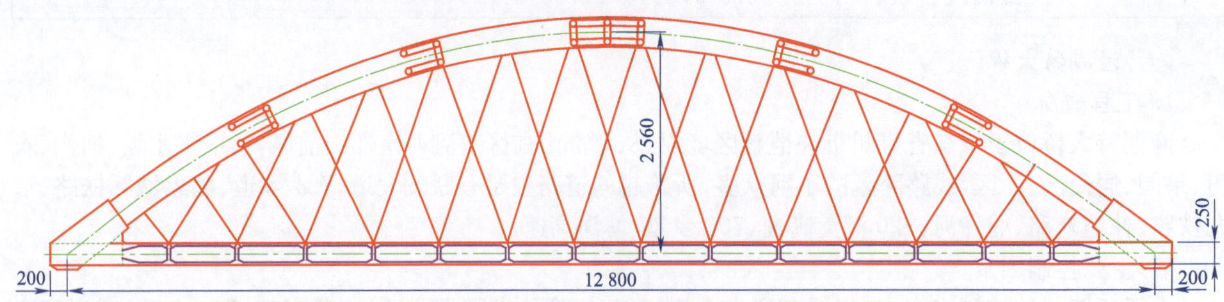

图 2-6-6　128 m 系杆拱立面(单位:cm)

拱肋横截面采用哑铃形钢管混凝土截面，截面高度 3.4 m，沿程等高布置，钢管直径为 1 200 mm，拱肋在横桥向内倾 9°，形成提篮式，拱顶处两拱肋中心距 8.190 m，拱脚处两拱肋中心距 16.20 m。两拱肋之间共设五道横撑，拱顶处设 X 形撑，拱顶至两拱脚间设 4 道 K 形横撑，如图 2-6-7 所示。

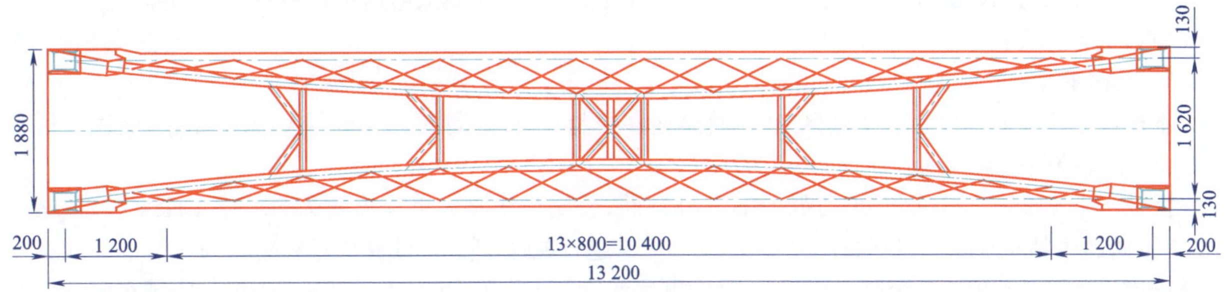

图 2-6-7 128 m 系杆拱平面(单位:cm)

系梁按整体箱梁布置，采用单箱三室预应力混凝土箱形截面，桥面箱宽 17.8 m，梁高 2.5 m，底板厚度为 30 cm，顶板厚度为 30 cm，边腹板厚度为 35 cm，中腹板厚度为 30 cm。拱脚顺桥向 8.0 m 范围内设成实体段，横桥向宽度由 17.8 m 增至 18.8 m，截面渐变处设倒角或过渡段，如图 2-6-8 所示。

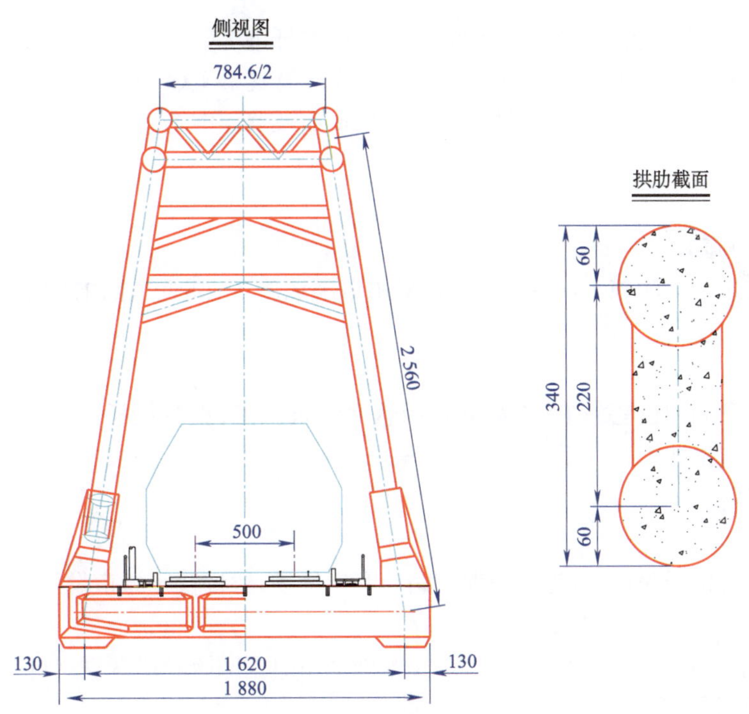

图 2-6-8 128 m 系杆拱(单位:cm)

吊杆布置采用尼尔森体系，在吊杆平面内，吊杆水平夹角在 52.39°～71.18°之间，横桥向水平夹角为 81°。吊杆间距为 8 m，两交叉吊杆之间的横向中心距为 341 mm。吊杆均采用 127 根 ϕ7 mm 高强低松弛镀锌平行钢丝束，冷铸镦头锚，索体采用 PES(FD)低应力防腐索体，并外包不锈钢防护。

2. 施工方法

(1)基础及墩(台)施工

桥墩基础采用常规方法施工，邻近道路、管线的桥墩施工过程中须采取相关的防护措施。

(2)上部结构施工

简支箱梁采用预制、架设施工，箱梁由制梁场供应。28 m 系杆拱采用满堂支架现浇法施工，(48＋80＋80＋48) m 连续梁采用挂篮悬臂浇筑法施工。

(3)连续梁主要施工方法及设备配置

连续梁采用悬臂浇筑法施工,可以采用菱形桁架式挂篮。安装墩旁型钢托架形成0号段施工支架或从承台上搭设支架现浇,连续梁在墩顶设置临时支座形成墩梁固结,履带吊配合安装支座、模板。

施工机械:挂篮设备、千斤顶、塔吊、履带吊、混凝土运输车、混凝土输送泵、平板运输车等。

(八)水田特大桥

1. 工程概况

本桥位于广东省深圳市龙华新区,桥位跨越诸多控制点,桥址周围多分布厂房,人流密集,交通便利。

(1)主要控制因素

桥址于DK425+593~+630处跨越石岩外环路,公路与线路大里程夹角为79°,于DK425+725.4~+860处跨越牛牯斗水库,于DK427+740~+768处跨越石观路,道路与线路大里程夹角为80°,于DK428+040~+075处跨越沈海高速公路,公路与线路大里程夹角为80°,于DK428+470~+508处跨越在建石清大道,道路与线路大里程夹角为85°。以上道路是本桥的主要控制点。

(2)线路主要技术条件

正线无缝线路,线间距5.0 m,铺设CRTSⅢ型板式无砟轨道,曲线半径7 000 m,纵坡分别为2.0‰和3.0‰。

(3)布置方案

根据现状道路水库等控制点,全桥孔跨布置为:1-72 m系杆拱+(1-24 m+6-32 m+3-24 m+48-32 m+2-24 m+2-32 m)简支梁+(60+100+60)m连续梁+4-32 m简支梁+(40+72+40)m连续梁+(8-32 m+1-24 m)简支梁+(40+56+40)m连续梁+1-32 m简支梁,中心里程DK427+080.745,全桥长3 029.94 m。

2. 施工方法

(1)基础及墩(台)施工

一般桥墩基础按常规方法施工,4~6号桥墩采用钢围堰施工,邻近道路的桥墩基础施工须采取防护措施。

(2)上部结构施工

标准简支梁采用预制架设法施工,连续梁采用悬灌浇筑施工,提篮拱桥施工采用先梁后拱的施工方法,系梁采用支架施工,拱肋钢管在系梁上搭设支架安装。

(九)笋岗动走线特大桥

1. 工程概况

笋岗动走线特大桥位于深圳市,连接深圳东站与笋岗货场,桥址位于城市发达地区,中间跨广深四线,同时跨越草埔轻轨站人行天桥。

本桥为单线桥,于SGDZDK1+240.9~+194.8处采用门式墩跨越广深铁路(四线),铁路与线路大里程夹角为13.5°,轨面高程22.53 m。

全桥孔跨布置为:3-32 m现浇连续梁+(1-32 m+2-24 m+4-32 m+2-24 m+7-32 m+1-24 m+3-32 m+3-24 m+1-32 m+4-24 m+1-32 m+1-24 m+1-32 m+1-24 m+14-32 m+3-24 m+4-32 m+1-24 m+15-32 m)简支T梁。

桥梁全长2 226.340 m,简支梁桥墩均采用圆端形实体墩,桥台采用矩形空心台,连续梁桥墩采用圆端形实体墩,墩台基础采用钻孔桩,桩径均为1.0 m。

2. 施工方法

(1)基础及墩(台)施工

桥梁基础施工按常规方法施工,钻孔桩采用正、反循环回转钻机、旋挖钻或冲击钻施工,墩台采用定型钢模板施工。

(2)上部结构施工

本桥主要采用简支 T 梁,32 m 为主导梁型,24 m 在局部调跨时采用。简支 T 梁采用预制、架设施工,T 梁由制梁场供应。3-32 m 连续梁采用支架现浇法施工。门式墩基础按照常规方法施工,邻近既有线做好防护。门式墩的钢横梁采用吊装法施工,由工厂预制后运送至现场拼装,施工前在平行既有线侧留出场地,以供履带吊车作业。门式墩上预制简支箱梁应选择在既有线天窗时间完成架设。

(3)连续梁主要施工方法及设备配置

连续梁采用悬臂浇筑法施工,可以采用菱形桁架式挂篮。安装墩旁型钢托架形成 0 号段施工支架或从承台上搭设支架现浇,连续梁在墩顶设置临时支座形成墩梁固结,履带吊配合安装支座、模板。

施工机械:挂篮设备、千斤顶、塔吊、履带吊、混凝土运输车、混凝土输送泵、平板运输车等。

(十)石门岗隧道

1. 工程概况

石门岗隧道位于广东省和平县境内。隧道进口位于竹园村附近,隧道出口位于壹田村附近,局部地段有山间小路可达,交通不便。隧道位于剥蚀低山地貌,地势起伏较大,自然坡度为 10°～80°,地面高程 300～600 m,局部相对高差大于 100 m。地表植被发育且茂密,多为针叶林与灌木林混合林。

隧道采用单洞双线形式,进口里程为 DK139＋920,与郑屋中桥深圳台台尾相连,出口里程为 DK145＋679,全长 5 759 m。隧道最大埋深约 340 m。

隧道内设置单面上坡,坡度为 11.1‰。DK144＋305.98～DK145＋675(隧道出口)段位于半径为 10 000 m 的右偏曲线上,其他地段位于直线上。

2. 辅助坑道设计

(1)设置方案

石门岗隧道在隧道中部设斜井一座,为无轨运输双车道,技术参数见表 2-6-11。石门岗隧道辅助坑道平面示意图如图 2-6-9 所示。

表 2-6-11 石门岗隧道辅助坑道设置

辅助坑道名称	类型	长度(m)	与线路交点		位置	综合坡度
			交点里程	平面角度(与大里程)		
蓝屋斜井	无轨运输双车道	284.3	DK144＋450	45°	线路右侧	8.83%

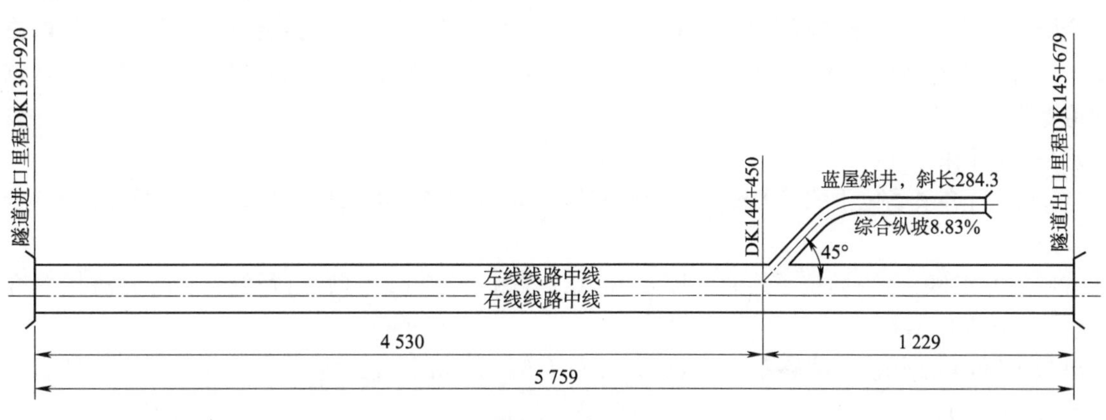

图 2-6-9 石门岗隧道辅助坑道平面示意(单位:m)

(2)支护结构设计

本隧道运营期间利用蓝屋斜井设置防灾救援避难所,按永久工程设计。斜井Ⅱ～Ⅳ级围岩地段采用喷锚衬砌,洞口浅埋偏压段、Ⅴ级围岩地段以及斜井与正洞交叉连接段采用复合式衬砌。斜井与正洞连接段结构加强处理,衬砌采用降低一级围岩级别复合式衬砌。

(3)辅助坑道在隧道主体结构竣工后的处理措施

本隧道施工完成后，蓝屋斜井运营期间作为防灾救援避难所使用，按永久工程设计。为满足耐久性要求，斜井工区施工完成后，在井身锚喷支护段应采用C30喷射混凝土复喷处理，厚度10 cm。斜井内的防灾通风、应急照明、通信信号等洞内外设施按相关专业文件要求设置。

(4)围岩级别划分及施工组织

隧道围岩级别划分见表2-6-12。

表2-6-12 石门岗隧道围岩级别划分

序　号	Ⅴ级围岩	Ⅳ级围岩	Ⅲ级围岩	Ⅱ级围岩	合　计
1	979 m	960 m	3 010 m	810 m	5 759 m
2	17.00%	16.67%	52.27%	14.06%	100%

变更设计后，本隧道按进口、出口、斜井3个工区4个工作面组织施工，具体工区划分见表2-6-13。

表2-6-13 石门岗隧道各工区施工划分

工　区		里程范围	长度(m)	合计(m)	准备工期(月)	辅助坑道施工工期(月)	正洞施工工期(月)	总工期(月)
进口工区	正洞施工	DK139+920～DK142+100	2 180	2 180	3		31	34
斜井工区	小里程方向	DK142+100～DK144+450	2 350	2 350	2	3	29	34
出口工区	正洞施工	DK144+450～DK145+679	1 229	1 229	3		24	27

3. 主要施工方法及工艺

(1)隧道暗挖段

隧道暗挖段均按喷锚构筑法原理组织施工，Ⅴ级围岩地段采用六步CD法或三台阶临时仰拱法施工，Ⅳ级围岩地段采用三台阶临时仰拱法或三台阶法施工，Ⅲ级围岩地段采用三台阶法施工，Ⅱ级围岩采用全断面法施工。洞身开挖采用光面爆破。

(2)衬砌支护

①隧道除斜切式洞门(含缓冲结构)段采用整体式衬砌外，其他地段均采用复合式衬砌。复合式衬砌由初期支护、防水隔离层与二次衬砌组成。本隧道Ⅱ级围岩采用曲墙带底板或曲墙带仰拱两种衬砌结构形式，Ⅲ～Ⅴ级围岩采用曲墙带仰拱的衬砌结构形式。初期支护采用喷射混凝土，二次衬砌采用模筑混凝土。

②全隧道二次衬砌为素混凝土地段，拱墙纵向施工缝上部二次衬砌混凝土掺加纤维素纤维，掺量为0.9 kg/m^3，并在设置接触网预埋槽道处采用三肢钢架与单层钢筋网片进行加强处理，钢筋间距根据槽道位置对应布置。

(3)弃渣及环保

①进口工区：弃渣场位于线路DK139+300右侧200 m山坳，运距约1.8 km，弃渣场总容量为36.22万m^3(紧方)。

②蓝屋斜井工区：弃渣场位于线路DK141+200右侧1 600 m山坳，运距约2 km，弃渣场总容量为36.22万m^3(紧方)。

③出口工区：弃渣场位于线路左线DK145+100右侧100 m处洼地内，运距约0.5 km，弃渣场容量约48.29万m^3(松方)。

隧道弃渣采用C25混凝土挡墙支挡，施工完毕后渣场顶进行绿化。

(4)监控量测

监控量测的主要目的在于了解围岩稳定和支护状态、衬砌可靠程度，确保施工安全及结构的长期稳定性，并验证支护结构效果，确认支护参数。监控量测资料的准确性或为调整支护参数和施工方法提供依据，监控量测应作为关键工序列入现场施工组织，施工中应认真实施。

隧道监控量测按照《铁路隧道监控量测技术规程》(Q/CR 9218—2015)执行,监控量测计划应根据隧道规模、地形地质条件、支护类型和参数、开挖方式等制定。

监控量测项目分为必测项目和选测项目。必测项目是隧道工程应进行的日常监控量测项目,必测监控量测项目包括洞内外观察、拱顶下沉、净空收敛、地表沉降。除上述必测项目外,还应将灰岩地区地质雷达探底列为必测项目。选测项目一般根据需要选择部分项目。

隧道主体工程完工后,沉降变形观测期一般不应少于 3 个月。观测数据不足或工后沉降评估不能满足设计要求时,应适当延长观测期。

不良地质及应对措施见表 2-6-14。

表 2-6-14 石门岗不良地质及应对措施

序号	不良地质		里 程	应对措施
	类 型	情 况		
1	危岩落石	根据隧址区地质调查,隧道出口局部发育危岩落石	隧道出口	施工时加强支护
2	高地应力	本隧道 DK141+975~DK142+460 段埋深大于 255 m 段为高应力区,在开挖过程中可能发生岩爆,洞壁岩体有剥离和掉块现象,新生裂缝较多,成洞性差,该段内最大埋深为 340 m,小于极高应力的埋深 447 m,不存在极高应力区	DK141+975~DK142+460	施工中适当考虑地应力引起的软岩变形等工程地质问题,做好地质超前预测、预报工作
3	岩体放射性	根据勘测阶段放射性测试成果显示,花岗岩放射性均不超标,基本可以排除花岗岩放射性对人体的影响		根据隧道埋深加大,放射性增强这一特征,隧道深孔勘探进一步完善沿线的侵入岩放射性测试,并根据测试成果采取相应防护措施

(十一)松岗山隧道

1. 工程概况

松岗山隧道位于广东省和平县上陵镇境内,隧址区位于剥蚀低山区,地势起伏较大,自然坡度为 10°~80°,地面高程 300~600 m,局部相对高差大于 100 m。地表植被发育且茂密,多为针叶林与灌木林混合林。线路下穿道路两次,分别为 DK147+065~+080 附近、DK148+855~+870 附近;下穿溪沟 5 处,分别为 DK147+570~+590 附近、DK147+890~+900 附近、DK148+825~+835 附近、DK149+785~+795 附近、DK153+920~+925 附近;下穿小河 3 处,分别为 DK148+825~+835 附近、DK152+910~+915 附近、DK155+155~+180 附近,并于 DK155+380~+395 附近下穿京九铁路,交通较为不便。

本隧道采用单洞双线形式,进口里程为 DK145+747,出口里程为 DK155+628,全长 9 881 m,隧道最大埋深约为 353 m。

隧道内设置单面下坡,坡度分别为-19.5‰、-9.4‰。DK145+747~DK147+438.65 段位于半径为 10 000 m 的左偏曲线上,DK155+570.84~+628 段位于半径为 10 000 m 的右偏曲线上,其余均位于直线上。

2. 辅助坑道设计

(1)设置方案

原设计在隧道中部设 1 号、2 号斜井,因征地拆迁进度滞后,变更设计增加 0 号斜井,相应调整 1 号、2 号斜井位置,见表 2-6-15,辅助挖道平面示意图如图 2-6-10 所示。

表 2-6-15 松岗山隧道辅助坑道设置

辅助坑道名称	类 型	长度(m)	与线路交点		位 置	综合坡度
			交点里程	平面角度(与大里程)		
0 号斜井	无轨运输双车道	180	DK147+485	60°	线路左侧	7.39%
1 号斜井	无轨运输双车道	475	DK149+450	90°	线路左侧	8.94%
2 号斜井	无轨运输单车道	575	DK153+400	90°	线路右侧	9.18%

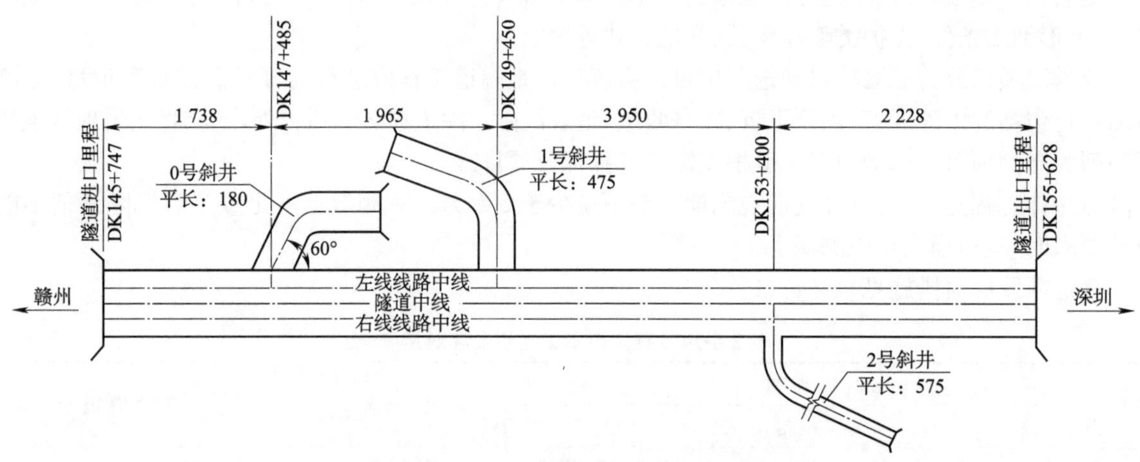

图 2-6-10 松岗山隧道辅助坑道平面示意(单位:m)

(2)支护结构设计

本隧道运营期间利用1号斜井设置防灾救援紧急出口,按永久工程设计。斜井Ⅱ～Ⅳ级围岩地段采用喷锚衬砌,洞口浅埋偏压段、Ⅴ级围岩地段以及斜井与正洞交叉连接段采用复合式衬砌。斜井与正洞连接段结构加强处理,衬砌采用降低一级围岩级别复合式衬砌。

(3)辅助坑道在隧道主体结构竣工后的处理措施

本隧道施工完成后,1号斜井运营期间作为防灾救援紧急出口使用,按永久工程设计。为满足耐久性要求,斜井工区施工完成后,在井身锚喷支护段采用C30喷射混凝土复喷处理,厚度10 cm。斜井内的防灾通风、应急照明、通信信号等洞内外设施按相关专业文件要求设置。2号斜井洞口及与正洞衔接处采用格栅门封闭处理,并做好洞内水的引排处理。

3. 围岩级别划分及施工组织

隧道围岩级别划分见表2-6-16。

表2-6-16 松岗山隧道围岩级别划分

序 号	Ⅵ级围岩	Ⅴ级围岩	Ⅳ级围岩	Ⅲ级围岩	合 计
1	1 469 m	1 809 m	3 008 m	3 595 m	9 881 m
2	14.9%	18.3%	30.4%	36.4%	100%

变更设计后,本隧道按进口、出口、0号斜井、1号斜井、2号斜井共5个工区7个工作面组织施工,具体工区划分见表2-6-17。

表2-6-17 松岗山隧道各工区施工划分

工 区		里程范围	长度(m)	合计(m)	准备工期(月)	斜井工期(月)	正洞工期(月)	总工期(月)
进口工区	正洞施工	DK145+747～DK146+840	1 093	1 093	3		22	25
0号斜井工区	小里程方向	DK146+840～DK147+485	645	645	2	3	20	25
0号斜井工区	大里程方向	DK147+485～DK148+175	690	690	2	3	23	28
1号斜井工区	小里程方向	DK148+175～DK149+450	1 275	1 275	2	3	23	28
1号斜井工区	大里程方向	DK149+450～DK151+765	2 315	2 315	2	3	29	34
2号斜井工区	小里程方向	DK151+765～DK153+400	1 635	1 635	2	3	29	34
出口工区	正洞施工	DK153+400～DK155+628	2 228	2 228	3		31	34

4. 主要施工方法及工艺

(1)隧道暗挖段

隧道暗挖段均按喷锚构筑法原理组织施工,Ⅴ、Ⅵ级围岩地段采用六步CD法或三台阶临时仰拱法施工,Ⅳ级围岩地段采用三台阶临时仰拱法或三台阶法施工,Ⅲ级围岩地段采用三台阶法施工,Ⅱ级围岩采用全断面法施工。洞身开挖采用光面爆破。

(2)衬砌支护设计

①隧道除斜切式洞门(含缓冲结构)段采用整体式衬砌外,其他地段均采用复合式衬砌。复合式衬砌由初期支护、防水隔离层与二次衬砌组成。本隧道Ⅱ级围岩采用曲墙带底板或曲墙带仰拱两种衬砌结构形式,Ⅲ～Ⅵ级围岩采用曲墙带仰拱的衬砌结构形式。初期支护采用喷射混凝土,二次衬砌采用模筑混凝土。

②全隧道二次衬砌为素混凝土地段,拱墙纵向施工缝上部二次衬砌混凝土掺加纤维素纤维,掺量为0.9 kg/m^3,并在设置接触网预埋槽道处采用三肢钢拱架与单层钢筋网片进行加强处理,钢筋间距根据槽道位置对应布置。

(3)弃渣及环保

①进口工区:弃渣场位于DK145+750左侧100 m山坳,运距约0.6 km,弃渣场总容量为41.45万m^3(松方)。

②1号斜井工区:弃渣场位于DK148+800左侧800 m山坳,运距约1.5 km,弃渣场总容量为62.17万m^3(松方)。

③2号斜井工区:弃渣场位于DK151+400右侧400 m山坳,运距约1 km,弃渣场总容量为62.17万m^3(松方)。

④出口工区:弃渣场位于DK155+600右侧300 m山坳,运距约0.8 km,弃渣场容量约41.45万m^3(松方)。

隧道弃渣采用C25混凝土挡墙支挡,施工完毕后渣场顶进行绿化。

(4)监控量测

监控量测的主要目的在于了解围岩稳定和支护状态、衬砌可靠程度,确保施工安全及结构的长期稳定性,并验证支护结构效果,确认支护参数。监控量测资料的准确性或为调整支护参数和施工方法提供依据,监控量测应作为关键工序列入现场施工组织,施工中应认真实施。

隧道监控量测按照《铁路隧道监控量测技术规程》(Q/CR 9218—2015)执行,监控量测计划应根据隧道规模、地形地质条件、支护类型和参数、开挖方式等制定。

监控量测项目分为必测项目和选测项目。必测项目是隧道工程应进行的日常监控量测项目,必测监控量测项目包括洞内外观察、拱顶下沉、净空收敛、地表沉降。除上述必测项目外,还应将灰岩地区地质雷达探底列为必测项目。选测项目一般根据需要选择部分项目。

隧道主体工程完工后,沉降变形观测期一般不应少于3个月。观测数据不足或工后沉降评估不能满足设计要求时,应适当延长观测期。

5. 不良地质

不良地质类型及应对措施见表2-6-18。

表2-6-18 松岗山不良地质类型及应对措施

序号	不良地质		里程	应对措施
	类型	情况		
1	危岩落石	根据隧址区地质调查,隧道出口局部发育危岩落石	隧道进口	施工时加强支护
2	岩体放射性	根据勘测阶段放射性测试成果显示,花岗岩放射性均不超标,基本可以排除花岗岩放射性对人体的影响		根据隧道埋深加大,放射性增强这一特征,隧道深孔勘探进一步完善沿线的侵入岩放射性测试,并根据测试成果采取相应防护措施

6. 下穿既有京九铁路路基段处理方案

本隧道在DK155＋365～＋405段下穿既有京九铁路路基，隧道拱顶距铁路路基基础底面的覆盖厚度约41.319 m，平面交角约37°。既有铁路为双线铁路，设计时速120 km。该段隧道洞身位于弱风化花岗岩中，施工中采取处理措施如下：

(1)本隧道下穿既有铁路路基段采用ϕ89 mm长管棚＋ϕ42 mm超前小导管注浆超前预支护，衬砌、三台阶临时仰拱施工采用光面爆破技术，保证既有铁路隧道最小限度地受到爆破的影响。

(2)施工前对施工场地影响范围内的危险源、危险因素等进行识别，并进行风险评估，制订有效的应对措施及应急预案，如对既有线边仰坡进行危石排查，对堑顶斜坡存在松散易坍塌的土体或其他不良地质体清除干净，对堑顶易松动的落石、块石或危岩必须全部清除干净，对难以清除者采取加固措施。

(3)下穿段施工前，与工务部门联系，爆破作业在封锁行车条件下执行，并编制详细的控制爆破施工组织方案及爆破防护方案，按《爆破安全规范》和有关规定办理相关手续。爆破施工组织方案及爆破防护方案须经有关部门批准后方可施工。

(4)隧道施工过程中加强监控测量，包括新建隧道与既有线路基的监控量测，内容涵盖洞顶沉降观测、净空收敛、洞外地表沉降观测及爆破震速监测，及时掌握围岩动态和支护工作状态，确保松岗山隧道安全通过既有线路基区域及既有线运营安全。

(十二)林寨隧道

1. 工程概况

林寨隧道位于广东省和平县境内，隧址区属丘陵地貌，地势起伏较大，自然坡度为15°～60°，地面高程130～410 m，局部相对高差大于60 m。线位整体从山体穿过，植被发育且茂密，多为针叶林与灌木林混合林，地表局部洼地辟为民房和耕地。隧道进口附近为公路，交通较为便利，隧道洞身范围除局部丘间谷地辟为村舍，有水泥路通往外界，其余地段多为丘坡，交通不便。

隧道采用单洞双线形式，进口里程为DK188＋149，出口里程为DK194＋385，全长6 236 m。隧道最大埋深约为250 m。

隧道内设置人字坡，坡度分别为4.2‰、－4.7‰。DK188＋124(隧道进口)～DK189＋281.81段位于左偏曲线上，左线曲线半径10 000 m，其他地段位于直线上。

2. 辅助坑道设计

(1)设置方案

为开辟施工工作面，加快施工进度，经比选，在隧道中部设斜井1座。考虑到进口Ⅴ级围岩施工进度缓慢，利用明挖段大里程新开一工作面，加快进口段施工速度，见表2-6-19。林寨隧道辅助坑道平面示意图如图2-6-11所示。

表2-6-19 林寨隧道辅助坑道设置

辅助坑道名称	类型	长度(m)	与线路交点		位置	综合坡度
			交点里程	平面角度(与大里程)		
燕美山斜井	无轨运输双车道	480	DK190＋800	60°	线路左侧	9.27%

(2)支护结构设计

本隧道运营期间利用燕美山斜井设置防灾救援紧急出口，按永久工程设计。斜井Ⅱ～Ⅳ级围岩地段采用喷锚衬砌，洞口浅埋偏压段、Ⅴ级围岩地段以及斜井与正洞交叉连接段采用复合式衬砌。斜井与正洞连接段结构加强处理，衬砌采用降低一级围岩级别复合式衬砌。

(3)辅助坑道在隧道主体结构竣工后的处理措施

本隧道施工完成后，燕美山斜井运营期间作为防灾救援紧急出口使用，按永久工程设计。为满足耐久性要求，斜井工区施工完成后，在井身锚喷支护段应采用C30喷射混凝土复喷处理，厚度10 cm。斜井内

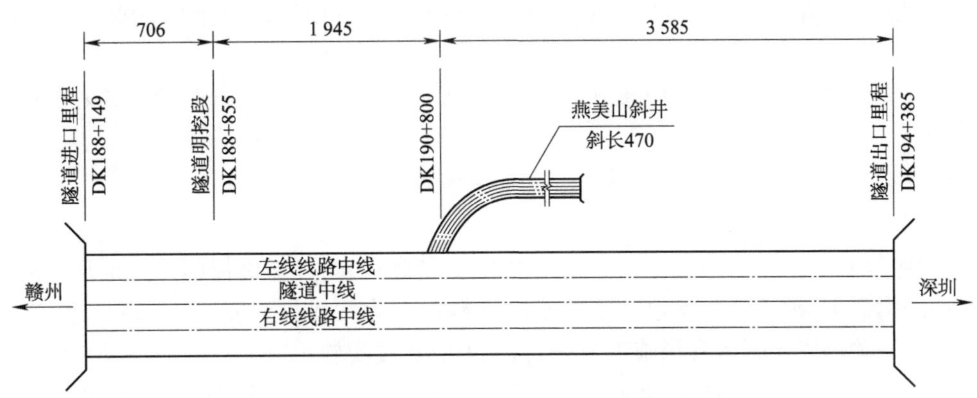

图 2-6-11 林寨隧道辅助坑道平面示意(单位:m)

的防灾通风、应急照明、通信信号等洞内外设施按相关专业文件要求设置。

3. 围岩级别划分及施工组织

隧道围岩划分情况见表 2-6-20。

表 2-6-20 林寨隧道围岩级别划分

序　　号	Ⅴ级围岩	Ⅳ级围岩	Ⅲ级围岩	Ⅱ级围岩	合　　计
1	1 111 m	1 070 m	2 435 m	1 620 m	6 236 m
2	17.8%	17.2%	39.0%	26.0%	100%

本隧道按进口、出口、斜井 3 个工区组织施工,具体工区划分见表 2-6-21。

表 2-6-21 林寨各工区施工划分

工　　区		里程范围	长度(m)	合计(m)	准备工期(月)	辅助坑道施工工期(月)	正洞工期(月)	总工期(月)
进口工区	正洞施工	DK188+149～DK189+326	1 177	1 177	2		32.5	34.5
斜井工区	小里程方向	DK189+326～DK190+800	1 474	2 732	2	5	25	32
	大里程方向	DK190+800～DK192+058	1 258				22	29
出口工区	正洞施工	DK192+058～DK194+385	2 327	2 327	2		25	27

4. 主要施工方法及工艺

(1)隧道暗挖段

隧道暗挖段均按喷锚构筑法原理组织施工,Ⅴ级围岩地段采用六步 CD 法或三台阶临时仰拱法施工,Ⅳ级围岩地段采用三台阶临时仰拱法或三台阶法施工,Ⅲ级围岩地段采用三台阶法施工,Ⅱ级围岩采用全断面法施工。洞身开挖采用光面爆破。

(2)衬砌支护

①隧道除斜切式洞门(含缓冲结构)段采用整体式衬砌外,其他地段均采用复合式衬砌。复合式衬砌由初期支护、防水隔离层与二次衬砌组成。本隧道Ⅱ级围岩采用曲墙带底板或曲墙带仰拱两种衬砌结构形式,Ⅲ～Ⅴ级围岩采用曲墙带仰拱的衬砌结构形式。初期支护采用喷射混凝土,二次衬砌采用模筑混凝土。

②全隧道二次衬砌为素混凝土地段,拱墙纵向施工缝上部二次衬砌混凝土掺加纤维素纤维,掺量为 0.9 kg/m^3,并在设置接触网预埋槽道处采用三肢钢架与单层钢筋网片进行加强处理,钢筋间距根据槽道位置对应布置。

(3)弃渣及环保

①进口工区:弃渣场位于线路 DK187＋400 右侧 700 m 山坳,运距约 1.2 km,弃渣场总容量为 34 万 m^3。

②燕美山斜井工区:弃渣场位于线路 DK190+700 右侧 500 m 山坳,运距约 1.0 km,弃渣场总容量为 40 万 m^3。

③出口工区:弃渣场位于线路左线 DK194+500 左侧 750 m 处洼地内,运距约 2.5 km,弃渣场容量约 45 万 m^3(松方)。

隧道弃渣采用 C25 混凝土挡墙支挡,施工完毕后渣场顶进行绿化。

(4)监控量测

监控量测的主要目的在于了解围岩稳定和支护状态、衬砌可靠程度,确保施工安全及结构的长期稳定性,并验证支护结构效果,确认支护参数。监控量测资料的准确性或为调整支护参数和施工方法提供依据,监控量测应作为关键工序列入现场施工组织,施工中应认真实施。

隧道监控量测按照《铁路隧道监控量测技术规程》(Q/CR 9218—2015)执行,监控量测计划应根据隧道规模、地形地质条件、支护类型和参数、开挖方式等制定。

监控量测项目分为必测项目和选测项目。必测项目是隧道工程应进行的日常监控量测项目,必测监控量测项目包括洞内外观察、拱顶下沉、净空收敛、地表沉降。除上述必测项目外,还应将灰岩地区地质雷达探底列为必测项目。选测项目一般根据需要选择部分项目。

隧道主体工程完工后,沉降变形观测期一般不应少于 3 个月。观测数据不足或工后沉降评估不能满足设计要求时,应适当延长观测期。

5. 风险评估与对策

通过对勘测资料、地勘报告、设计图进行分析,对本隧道进行风险因素识别,并根据风险因素采用相应的对策措施,从而将风险降低至可接收或可忽略的范围。

(十三)博罗隧道

1. 隧道概况

博罗隧道位于广东省河源市博罗县临江镇境内,隧址区属丘陵区~剥蚀低山区,地形起伏大,自然坡度 30°~60°,植被发育,山坡表层多为树林覆盖。沿线地形高程 60~357.5 m,测区内最高高程 357.5 m,最大相对高差约 297.5 m。区内交通不便。

隧道采用单洞双线形式,进出口里程分别为 DK291+005、DK296+796;隧线分界里程分别为 DK291+005、DK296+796,全长 5 791 m。

隧道内设置人字坡,变坡点里程为 DK293+600,坡度分别为 4.7‰、-3‰;隧道 DK291+215.14~DK296+782 段位于曲线半径为 9 000 m 的右偏曲线上,其他地段位于直线上。

2. 辅助坑道设计

(1)设置方案

在隧道中部设斜井一座,因征地拆迁进度滞后,变更设计将斜井位置调整至 DK292+500 处,减少斜井至出口段施工长度,见表 2-6-22,博罗隧道辅助坑道平面布置示意图如图 2-6-12 所示。

表 2-6-22 博罗隧道辅助坑道设置

辅助坑道名称	类　型	长度(m)	与线路交点		位　置	综合坡度
			交点里程	平面角度(与大里程)		
天描斜井	无轨运输双车道	417	DK292+500	64.5°	线路左侧	8.61%

(2)结构设计

本隧道运营期间利用天描斜井设置防灾救援避难所,按永久工程设计。斜井Ⅱ~Ⅳ级围岩地段采用喷锚衬砌,洞口浅埋偏压段、Ⅴ级围岩地段以及斜井与正洞交叉连接段采用复合式衬砌。斜井与正洞连接段结构应加强处理,衬砌采用降低一级围岩级别复合式衬砌。

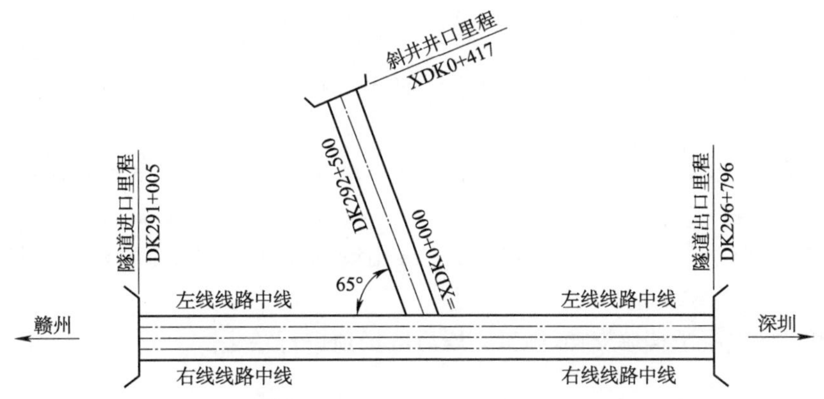

图 2-6-12 博罗隧道辅助坑道平面布置示意

(3)辅助坑道在隧道主体结构竣工后的处理措施

本隧道施工完成后，利用天描斜井设置防灾救援疏散的避难所。为满足耐久性要求，斜井工区施工完成后，在井身锚喷支护段应采用 C30 喷射混凝土复喷处理，厚度 10 cm。斜井内的防灾通风、应急照明、通信信号等洞内外设施按相关专业文件要求设置。

3. 围岩级别划分及施工组织

隧道围岩级别划分见表 2-6-23。

表 2-6-23 博罗隧道围岩级别划分

序　号	Ⅴ级围岩	Ⅳ级围岩	Ⅲ级围岩	合　计
1	1 296 m	815 m	3 660 m	5 771 m
2	22.5%	14.1%	63.4%	100%

变更设计后，本隧道按进口、出口、斜井 3 个工区 4 个工作面组织施工，具体工区划分见表 2-6-24。

表 2-6-24 博罗隧道各工区施工划分

工　区		里程范围	长度(m)	合计(m)	准备工期(月)	斜井井身工期(月)	正洞工期(月)	总工期(月)
进口工区	正洞施工	DK291＋005～DK292＋454	1 449	1 449	2		22	24
斜井工区	斜井施工	XDK0＋000～＋417	417	417	2	4		
	大里程方向	DK292＋500～DK294＋495	1 941	1 941	2		22	24
出口工区	正洞施工	DK294＋495～DK296＋796	2 364	2 364	2		31	33

4. 主要施工方法及工艺

(1)隧道暗挖段

隧道暗挖段均按喷锚构筑法原理组织施工，Ⅴ级围岩地段采用六步 CD 法或三台阶临时仰拱法施工，Ⅳ级围岩地段采用三台阶临时仰拱法或三台阶法施工，Ⅲ级围岩地段采用三台阶法施工。洞身开挖采用光面爆破。

(2)衬砌支护设计

①隧道除倒切式洞门(含缓冲结构)段采用整体式衬砌外，其他地段均采用复合式衬砌。复合式衬砌由初期支护、防水隔离层与二次衬砌组成。本隧道Ⅱ级围岩采用曲墙带底板或曲墙带仰拱两种衬砌结构形式，Ⅲ～Ⅵ级围岩采用曲墙带仰拱的衬砌结构形式。初期支护采用喷射混凝土，二次衬砌采用模筑混凝土。

②全隧道二次衬砌为素混凝土地段，拱墙纵向施工缝上部二次衬砌混凝土掺加纤维素纤维，掺量为 0.9 kg/m^3，并在设置接触网预埋槽道处采用三肢钢架与单层钢筋网片进行加强处理，钢筋间距根据槽道

位置对应布置。

(3)弃渣及环保

①进口工区:弃渣场位于 DK291+300 左侧 1 389 m 山坳,运距约 0.9 km,弃渣场总容量为 31.29 万 m^3(松方)。

②天描斜井工区:弃渣场位于 DK295+500 右侧 500 m 山坳,运距约 2.8 km,弃渣场总容量为 23.68 万 m^3(松方)。

③出口工区:弃渣场位于 DK296+600 右侧 250 m 山坳,运距约 1.6 km,弃渣场容量约 31.7 万 m^3(松方)。

隧道弃渣采用 C25 混凝土挡墙支挡,施工完毕后渣场顶进行绿化。

(4)监控量测

监控量测的主要目的在于了解围岩稳定和支护状态、衬砌可靠程度,确保施工安全及结构的长期稳定性,并验证支护结构效果,确认支护参数。监控量测资料的准确性或为调整支护参数和施工方法提供依据,监控量测应作为关键工序列入现场施工组织,施工中应认真实施。

隧道监控量测按照《铁路隧道监控量测技术规程》(Q/CR 9218—2015)执行,监控量测计划应根据隧道规模、地形地质条件、支护类型和参数、开挖方式等制定。

监控量测项目分为必测项目和选测项目。必测项目是隧道工程应进行的日常监控量测项目,必测监控量测项目包括洞内外观察、拱顶下沉、净空收敛、地表沉降。除上述必测项目外,还应将灰岩地区地质雷达探底列为必测项目。选测项目一般根据需要选择部分项目。

隧道主体工程完工后,沉降变形观测期一般不应少于 3 个月。观测数据不足或工后沉降评估不能满足设计要求时,应适当延长观测期。

(十四)银瓶山隧道

1. 工程概况

银瓶山隧道位于广东省东莞市境内,隧址区属剥蚀低山区,地形起伏较大,山体自然坡度约 20°~45°,植被发育,多为乔木和灌木,相对高差为 30~260 m。隧道进口位于农田区域,可修筑便道至施工场地,交通不便利;隧道出口下方为冷水坑水库,可修便桥至施工场地,交通不便。

隧道采用单洞双线形式,进出口里程分别为:DK386+320、DK396+133.37;隧线分界里程分别为:DK389+400、DK392+100 全长 9813.37 m。隧道最大埋深约为 590 m。

隧道内设置人字坡,变坡点里程为 DK391+200,坡度分别为 5.2‰、-8‰。隧道除 DK386+807.82~DK390+751.89 段位于左偏曲线上,其余均位于直线上。

2. 辅助坑道设计

(1)设置方案

原设计设置上南斜井,为无轨运输双车道,因征地拆迁影响工期,变更设计增加斜井 1 座,为无轨运输双车道见表 2-6-25,银瓶山隧道辅助坑道平面示意图如图 2-6-13 所示。

表 2-6-25 银瓶山隧道辅助坑道设置(Ⅰ级施工机械化配套)

辅助坑道名称	类　型	长度(m)	与线路交点		位　置	综合坡度
			交点里程	平面角度(与大里程)		
上南斜井	无轨运输双车道	1 531	DK392+100	95°	线路右侧	0.683%
新增斜井	无轨运输双车道	724	DK389+400	86°	线路右侧	1.83%

(2)支护结构设计

本隧道运营期间利用上南斜井设置防灾救援避难所,按永久工程设计,新增斜井为工期保证坑道。斜井Ⅱ~Ⅳ级围岩地段采用喷锚衬砌,洞口浅埋偏压段、Ⅴ级围岩地段以及斜井与正洞交叉连接段采用复合

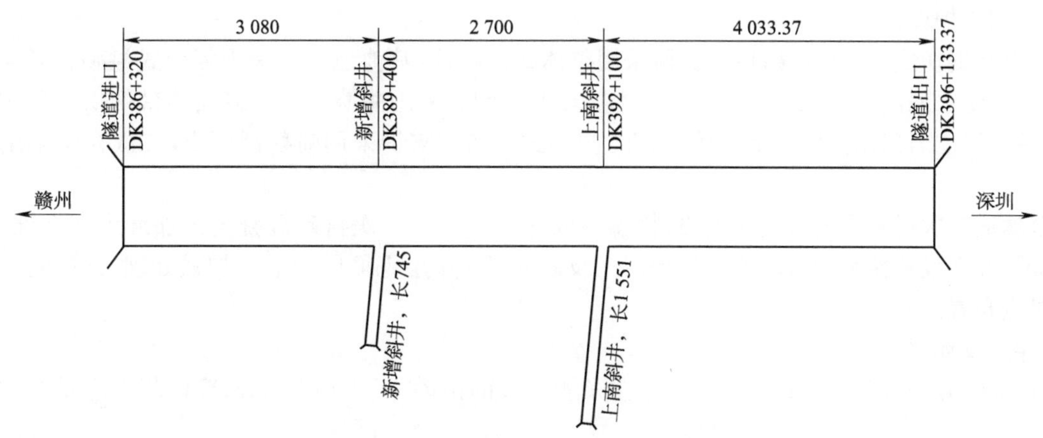

图 2-6-13 银瓶山隧道辅助坑道平面示意(单位:m)

式衬砌。斜井与正洞连接段结构加强处理,衬砌采用降低一级围岩级别复合式衬砌。

(3)辅助坑道在隧道主体结构竣工后的处理措施

本隧道施工完成后,利用上南斜井设置防灾救援疏散的避难所。为满足耐久性要求,斜井工区施工完成后,在井身锚喷支护段应采用 C30 喷射混凝土复喷处理,厚度 10 cm。斜井内的防灾通风、应急照明、通信信号等洞内外设施按相关专业文件要求设置。

3. 隧道围岩划分及施工组织

隧道围岩级别划分见表 2-6-26。

表 2-6-26 银瓶山隧道围岩级别划分

序 号	Ⅴ级围岩	Ⅳ级围岩	Ⅲ级围岩	Ⅱ级围岩	合 计
1	530.89 m	785 m	2 640 m	5 660 m	9 615.89 m
2	5.6%	8.1%	27.5%	58.8%	100%

变更设计后,本隧道按进口、出口、上南斜井、新增斜井 4 个工区 6 个工作面组织施工,其中进口工区按Ⅰ级机械化配套考虑,具体工区划分见表 2-6-27。

表 2-6-27 银瓶山隧道各工区施工划分

工区		里程范围	长度(m)	合计(m)	准备工期(月)	辅助坑道施工工期(月)	正洞工期(月)	总工期(月)
进口工区	正洞施工	DK386+320～DK388+507	2 187	2 187	2		22	24
新增斜井工区	小里程方向	DK388+507～DK389+400	893	2 183	2	6	16	24
	大里程方向	DK389+400～DK390+690	1 290				20	28
上南斜井工区	小里程方向	DK390+690～DK392+100	1 410	2 920	2	10	16	28
	大里程方向	DK392+100～DK393+610	1 510				17	29
出口工区	正洞施工	DK393+610～DK396+133.37	242 523.37	242 523.37	2		27	29

4. 主要施工方法及工艺

(1)隧道暗挖段

隧道暗挖段均按喷锚构筑法原理组织施工,Ⅴ级围岩地段采用六步 CD 法或三台阶临时仰拱法施工,Ⅳ级围岩地段采用三台阶临时仰拱法或三台阶法施工,Ⅲ级围岩地段采用三台阶法施工,Ⅱ级围岩采用全断面法施工。洞身开挖采用光面爆破。

(2)衬砌支护设计

①隧道除斜切式洞门(含缓冲结构)段采用整体式衬砌外，其他地段均采用复合式衬砌。复合式衬砌由初期支护、防水隔离层与二次衬砌组成。本隧道Ⅱ级围岩采用曲墙带底板或曲墙带仰拱两种衬砌结构形式，Ⅲ～Ⅵ级围岩采用曲墙带仰拱的衬砌结构形式。初期支护采用喷射混凝土，二次衬砌采用模筑混凝土。

②全隧道二次衬砌为素混凝土地段，拱墙纵向施工缝上部二次衬砌混凝土掺加纤维素纤维，掺量为0.9 kg/m³，并在设置接触网预埋槽道处采用三肢钢拱架与单层钢筋网片进行加强处理，钢筋间距根据槽道位置对应布置。

(3)弃渣及环保

进口工区：弃渣场位于DK394＋400右侧6 400 m的山坳，运距约22 km，弃渣场总容量为45万m³(松方)。

上南斜井工区：弃渣场位于DK394＋400右侧6 400 m的山坳，运距约11 km，弃渣场总容量为75万m³(松方)。

出口工区：弃渣场位于DK406＋500右侧3 600 m的山坳，运距约21 km，弃渣场容量为63万m³(松方)。

隧道弃渣采用C25混凝土挡墙支挡，施工完毕后砟场顶进行绿化。

(4)监控量测

监控量测的主要目的在于了解围岩稳定和支护状态、衬砌可靠程度，确保施工安全及结构的长期稳定性，并验证支护结构效果，确认支护参数。监控量测资料的准确性或为调整支护参数和施工方法提供依据，监控量测应作为关键工序列入现场施工组织，施工中应认真实施。

隧道监控量测按照《铁路隧道监控量测技术规程》(Q/CR 9218—2015)执行，监控量测计划应根据隧道规模、地形地质条件、支护类型和参数、开挖方式等制定。

监控量测项目分为必测项目和选测项目。必测项目是隧道工程应进行的日常监控量测项目，必测监控量测项目包括洞内外观察、拱顶下沉、净空收敛、地表沉降。除上述必测项目外，还应将灰岩地区地质雷达探底列为必测项目。选测项目一般根据需要选择部分项目。

隧道主体工程完工后，沉降变形观测期一般不应少于3个月。观测数据不足或工后沉降评估不能满足设计要求时，应适当延长观测期。

5. 不良地质

不良地质及应对措施见表2-6-28。

表2-6-28 银瓶山隧道不良地质及应对措施

序号	不良地质		位　置	应对措施
	类　型	情　况		
1	危岩落石	隧道出口局部发育危岩落石	隧道出口	施工时加强支护
2	特殊岩土	隧道在DK390＋870～DK391＋950段、DK393＋050～＋560段及DK394＋310～DK395＋330段埋深大于269 m段为高应力区，隧道在DK393＋560～DK394＋310段埋深大于502 m为极高应力区，在开挖过程中可能发生岩爆，洞壁岩体有剥离和掉块现象，新生裂缝较多，成洞性差	DK390＋870～DK391＋950段、DK393＋050～DK393＋560段及DK394＋310～DK395＋330段	在隧道设计及施工中，适当考虑地应力引起的软岩变形等工程地质问题，做好地质超前预测、预报工作
3	高地温	隧址区最大地面高程约681 m，最大埋深约600 m，估算地温 T_{max}＝27.6 ℃，低于规定的保证工人身心健康和工作效率的上限温度值28 ℃，属于非地温危害区域，推测隧道施工时不存在地热影响		根据既有工程实践，深埋隧道高地温异常区常存在于较短范围内，故本隧道深埋段施工时加强地温监测，必要时采取适当防护措施

第七章 投资控制

在项目建设各个阶段，参建各方通过优化建设方案、工程设计方案、资源配置方案和施工方案，采取科学的方法和有效的措施，随时纠正建设项目实施过程中出现的偏差，将建设项目投资控制在审定的投资计划限额内，确保建设项目的质量、安全、工期、环境保护和投资控制按照既定目标实现，使建设项目获得预期的投资效益和社会效益。

经审定的可行性研究报告投资估算是设计方案选择和进行初步设计及编制概算的投资控制目标。

经审定的初步设计概算是进行施工图设计(施工图预算)的投资控制目标；施工图预算应是工程招标发包、合同结算和竣工决算的投资控制目标。

第一节 项目资金筹措

项目总投资 641.3 亿元，其中工程投资 607.9 亿元，动车组购置费 33.4 亿元。

资金来源：资本金占总投资的 50％，约 320.7 亿元。江西省和广东省承担部分工程投资以及各自境内段征地拆迁工作和费用。江西省共出资 35.4 亿元(其中征地拆迁费用计列 10.5 亿元)，广东省共出资 113.7 亿元(其中征地拆迁费用计列 58 亿元)，其余资本金 171.6 亿元由中国铁路总公司负责筹措，使用自有资金等解决。资本金以外的资金使用国内银行贷款。

中国铁路总公司、江西省、广东省等出资方依据股比按《中华人民共和国公司法》组建规范的合资铁路公司，负责项目建设和经营管理。

第二节 技术标准与规模的确定

一、立项决策阶段

(1)立项决策阶段依据中长期铁路网规划和铁路建设规划，合理确定拟建项目功能定位，招标选择勘察设计单位，委托咨询评审，合理确定工程范围、运量需求、运输组织、主要技术标准、线路基本走向、建设和投资规模。

(2)建设单位组织勘察设计单位在完成初测后开放可行性研究工作。可行性研究报告达到规定的设计深度和精度要求，各专业工程数量根据设计方案合理计算，投资估算按照相应编制办法进行编制。

(3)征地拆迁严格按照国家和项目所在省的相关规定及国铁集团关于加强征地拆迁工作和费用管理相关文件规定的范围，据实计列勘测调查数量并按当期补偿水平计算费用，足额纳入投资估算。

(4)国家或国铁集团批准的可行性研究报告及投资估算作为项目建设标准、工程规模和总投资的控制依据。

二、勘察设计阶段

1. 确保勘察设计深度

项目初步设计是依据国家或国铁集团批准可行性研究报告的建设范围、规模和主要技术标准，对设计方案、工程措施、工程数量和投资进一步优化和深化设计。建设单位安排勘察设计单位按照批准的定测勘察大纲合理确定勘察周期。采用先进勘察和调查手段，达到规定勘察深度及要求，特别是征地拆迁(含三电、地下管线)、防洪、通航、交叉跨越协议和地质勘探等工作按规定要求并经建设单位审定同意后开放初步设计。初步设计合理周期由建设单位与勘察设计单位协商确定并报初步设计审查部门核备。

2. 详实核查征拆数量

建设单位组织勘察设计单位加强沿线征地拆迁调查,与地方政府共同核实征用土地、建构筑物拆迁、三电及管线迁改、道路沟渠改移、压覆矿产、临时用地等数量,并建立影像资料,调查据实分析当期补偿标准计算费用纳入概算,经批复后作为签订征地拆迁实施协议的基础。

3. 合理采用工程措施

建设单位组织勘察设计单位根据项目建设标准、地形特点、地质条件、自然人文等,按照经济、安全、成熟、适用的原则合理采用规范标准,按照节省投资的原则,通过工点方案比选、工程措施比选,合理选定设计方案、工程措施,杜绝生搬硬套、千篇一律的工程措施和不计成本一味追求的高标准,在保证建设项目质量、安全的前提下,节省工程投资。优化施工组织设计,减少大临设施,优化调整建设工期。

4. 落实审查责任

建设单位组织专业技术人员在对项目进行详细踏勘的基础上,对初步设计文件进行初审,对项目技术标准、设计方案、工程措施、征地拆迁、交叉跨越、施工组织、设计概算等设计内容的合理性、正确性、完备性、经济性提出初审意见并随设计文件报国铁集团审查。项目初步设计概算审查应严格以批复可行性研究报告确定的技术标准和建设规模为依据,按照概算章节和费用性质,逐项与可行性研究报告投资估算对照分析,并严格按可行性研究报告批复控制投资规模。

5. 项目初步设计

批复总概算原则上应控制在项目批复可行性研究投资估算以内。项目初步设计批复总概算超出批复投资估算的,报请国铁集团建设项目技术投资协调小组研究决策,其中项目初步设计总概算增加超出批复投资估算 10%时,须按原可行性研究审批程序办理调整可研后批准执行。

6. 强化施工图设计

建设单位督促勘察设计单位按初步设计批复意见进行施工图设计,按施工图工程数量和施工图预算编制规定编制施工图预算,并与初步设计批准概算进行比较。施工图预算超出批复初步设计概算的,建设单位应组织勘察设计单位对施工图重新进行复核,认真分析投资增减原因,并按规定程序报原初步设计批复单位批准。

鼓励设计、施工图审核单位优化施工图工程措施,施工图设计优化以方案更为合理、投资更为经济为原则。建设单位应将施工图优化设计纳入勘察设计、施工图审核合同管理,并约定相应的考核条款。施工图设计优化核减的工程投资作为项目基本预备费由建设单位管理使用。

采取工程总承包的项目在工程招标后组织施工图设计。

7. 严格施工图审核

施工图审核必须严格执行工程建设强制性标准、铁路建设规程规范和初步设计批复意见。国铁集团工程管理中心对施工图审核工作进行监督、检查和考核;建设单位对施工图的审核质量负责,并及时提出施工图审核报告报国铁集团工程管理中心审查。审核后的施工图是工程招标、工程实施、验工计价和竣工验收的重要依据。

三、工程实施阶段

1. 合理划定工程标段

铁路建设项目符合国家工程建设项目招标范围和规模标准规定要求的,必须通过招标择优选择与设计单位非隶属关系的施工企业。在保证项目整体安排最优的前提下,结合工期安排、工程特点、土石方调配、材料运输组织,以及大型临时设施、过渡工程和辅助工程施工组织,资源合理配置和均衡利用等合理划分标段,科学合理确定承包模式,通过市场竞争合理降低工程造价。新开工项目,积极探索推行量价分离的单价承包模式,实现与施工单位风险分担,同时通过建设单位加强管理,降低工程造价。

2. 严格控制中标总价

招标人合理确定工程招标最高投标限价，最高投标限价同比不得超过标段施工图预算（不含甲供物资），投标人投标报价超过最高投标限价的，否决其投标。在批复总概算内组织甲供物资招标，拟确定中标价超出批复总概算时，建设单位应组织分析原因，确属物价上涨等原因的，由建设单位确定履行授标程序或依据规定进行重新采购。

项目招标完成后，建设单位应及时组织编制分标段执行预算。项目执行预算以中标人的投标报价和合同约定条件编制，是建设单位指导验工计价和投资管理的基础。

3. 强化工程设备合同管理

建设单位在工程（设备）招标中要坚持依法合规、诚实守信、风险分担的原则，在招标文件中明确招投标双方对投资控制的责任和义务，按照相关法律法规要求签订合同。项目建设过程中，建设单位应强化合同管理，严格变更设计、费用调整、验工计价、建设资金拨付等行为。

4. 努力降低财务成本

建设单位根据执行预算、实施性施工组织设计编制建设期内投资计划，平衡各种款源，加强投资计划和建设资金管理，减少融资成本。严格按照批复的工期推进，合理组织施工。对控制性工程和重难点工程，应强化资源配置，保障建设资金需求；对一般非控制性工程，应均衡安排、尽量后置，提高建设资金使用效率，努力降低财务成本。

5. 规范变更设计管理

变更设计必须坚持“先批准、后变更，先设计、后施工”原则并在规定的时间内完成审批。严格依法按程序进行变更设计，严禁违规进行变更设计。建设方案、建设标准、建设规模、建设工期（变化超过 1 年）变化，及国家或国铁集团相关规范、规定重大调整引起的Ⅰ类变更设计由初步设计审批单位审批，使用招标节余费用或调整项目总概算。其他变更设计由建设单位自行决定，使用总承包风险费或基本预备费。采用单价承包的项目，除建设方案、建设标准、建设内容发生重大变化外，国铁集团原则上不再审批变更设计。

建设单位应加强现场管理，动态对施工组织进行优化设计，认真核实现场地质、施工条件，特别是现场条件明显优于施工图纸的，应及时提出优化意见，办理变更设计。

地方政府提出增加站房规模、增设等级（城市）道路路线设施等要求，变更已批复工程措施的，由建设单位与地方政府协商、落实出资（增加的地方出资不应计入股份）后，经广州局集团公司审查后，上报国铁集团，经国铁集团同意后，建设单位按规定履行变更设计手续。地方政府为方便群众出行而提出增设非等级道路跨线设施，由建设单位按照尽量节省投资的原则与地方政府协商设置规模及原则，按Ⅱ类变更设计办理。

项目建设过程中，建设管理、勘察设计单位要对变更设计严格把关，控制变更设计费用。

6. 严格实施阶段投资控制

国铁集团批复的变更设计增加费用应控制在招标结余费用额度内，特殊情况应由原审查单位组织建设、勘察设计单位对项目投资规模进行梳理，重新确定投资控制规模，经国铁集团同意后在规模内进行变更设计批复和组织建设。实施中重大标准、工期、规模变化等引起投资增加超出批复可行性研究投资 10%（不含征地拆迁及政策性增长因素）时，应按原可行性研究审批程序办理调整审批。

7. 严禁相关单位不当行为

严禁参建单位擅自改变建设标准、规模，提出不合理变更设计等违规行为。发生违规行为的，纳入项目建设管理考核。

四、竣工验收阶段

1. 及时进行费用清理

建设单位应加强项目投资过程控制，及时办理变更设计和征地拆迁、各项价差调整。2017 年及以后的新开工项目在建成收尾销号前，建设单位在初步设计批复(含国铁集团批复的变更设计)概算内，根据实施推进情况，对项目实际发生费用进行清理，清理结果经广州局集团公司审查后，上报国铁集团核备。

2. 按期完成竣工决算

建设项目应做到工完账清，对未完工程应列出详细的剩余工程量和投资清单，明确完成时间。初验合格的建设项目应按规定的时间完成资产移交手续。建设单位应在项目初验合格后规定时间内编制完成竣工财务决算。

第三节 合同管理

一、管理机构和职责

(一)管理机构

深圳指挥部设立合同管理领导小组，指挥长、党工委书记为领导小组组长，负责合同管理中的重大决策和各部门的协调工作；分管领导和各部门负责人为小组成员，协助组长做好合同管理工作。深圳指挥部建立由归口部门管理、承办部门主体负责、相关部门和外聘常年法律顾问专业把关的合同管理机制。

(二)管理人员

深圳指挥部配备合同管理人员，并外聘法律顾问加强单位合同管理和法律事务工作。

(三)主要职责

1. 领导小组职责

合同管理领导小组负责指导有关制度的制订和监督执行，研究审定合同，审核合同管理奖惩建议。

2. 归口管理部门职责

物资设备采购合同归口管理部门为物资设备部，其余合同归口管理部门为计划财务部，其主要职责如下：

(1)负责制定、组织落实合同管理制度；

(2)明确合同起草、审查、签订、履行、变更、解除等环节工作程序和要求；

(3)指导承办、业务等相关部门履行合同管理职责；

(4)对合同进行法律审查；

(5)参与重大合同的论证、谈判、起草和签订工作；

(6)组织开展合同管理工作的监督检查；

(7)承办其他有关合同管理工作。

3. 相关部门职责

合同承办部门对合同办理全过程负主体责任，其主要职责如下：

(1)负责组织办理合同前期事项；

(2)负责合同文本起草；

(3)负责按规定履行决策程序；

(4)负责组织确定合作对象；

(5)负责牵头组织合同的签订、履行、争议解决等相关工作；

(6)负责合同档案管理；

(7)负责建立合作单位诚信记录，按规定开展诚信管理。

4. 合同相关部门对合同进行联签审查、专业把关，其主要职责如下：

(1)工程部、四电部、站房部、安质部、综合部负责涉及本部门业务范围有关内容的审查；

(2)物资部负责合同涉及的物资设备相关管理制度、职责内招投标的审查；

(3)计财部负责项目计划安排、财务预算、资金结算的审查。

5. 法律顾问基本职责

(1)受理指挥部的法律咨询；

(2)受委托起草合同文本；

(3)审查合同；

(4)协助处理合同纠纷；

(5)受委托代理诉讼或仲裁；

(6)对指挥部的有关人员进行法律知识培训。

二、合同的签订

(一)合同前期工作

1. 启动合同前期工作

合同事项意向确定后，合同承办部门应依据项目计划、批复、财务预算等内容，拟订合作主要条件、运作方式，指定合同经办人，启动合同前期各项工作。

合同承办部门应根据法律法规、上级规定、本单位相关规定以及项目实际情况，通过招标、谈判或其他合法形式确定合作对象。合同承办部门组织确定合作对象时应核实并留存下列主要材料：

(1)营业执照、个人身份证明；

(2)法定代表人或负责人的身份证明文件，委托代理人的授权委托书；

(3)财务、经营业绩、诚信状况等资信材料；

(4)相关资质证书及许可文件；

(5)有效印鉴式样。

以上资料提供复印件的，合同承办部门应与原件进行核对，并对核对结果进行记录。

2. 合同文本起草

合同承办部门应积极争取合同文本起草权。我方主导的合同事项，合同文本应由我方负责起草；对方主导的合同事项，合同文本应争取由我方起草或参与起草。

3. 重大合同事项

重大合同事项的考察、谈判、招投标、合同文本起草等工作，合同承办部门应通知法律事务管理部门和相关部门参加，必要时应组织技术、经济、法律可行性论证。

重大合同是指对外投资、担保、合作开发、融资、改制、重组、涉外(含港澳台)、联营、股权房屋土地等重要资产处置，或其他对广州局集团公司有重大影响的合同。

(二)合同审查

(1)深圳指挥部负责审查广州局集团公司对其年度授权范围内的合同。指挥部承办的授权范围之外的其他合同，履行本单位审查程序后，上报广州局集团公司审批。安全协议、廉政协议、施工配合协议由承办部门履行广州局集团公司、本单位规定程序规范订立和管理。

①深圳指挥部与广州局集团公司本部签订的需报广州局集团公司审查的合同，由广州局集团公司本部履行合同审查程序。

②深圳指挥部与广州局集团公司所属非法人单位或与直管非运输企业之间签订的双方均需报广州局集团公司审查的合同，由委托方履行报审程序。

③深圳指挥部与广州局集团公司所属非法人单位或直管非运输企业之间通过广州局集团公司审查的租赁、招商、商务洽谈方案或通过集团公司平台公开招商的合同，均不再履行广州局集团公司报审程序。

④深圳指挥部与广州局集团公司所属单位与路外单位签订的需报广州局集团公司审查的合同，由指挥部与所属单位商定由一个单位履行报审程序。

⑤已经履行广州局集团公司本级决策程序的合同，由深圳指挥部履行合同审查程序后依法订立。

(2)需履行决策程序的合同送审前，合同承办部门应将合同签订事宜报请深圳指挥部党政联席会议通

过,并完成合同前期工作以及其他必要前置程序。合同承办部门送审合同应提交以下材料:

①合同审查表;

②合同文本;

③合同签订的依据(项目计划、财务预算、审批文件或中标通知书或其他按规定程序采购结果等);

④对方资质证明、法定代表人或负责人身份证明书、委托代理人的授权委托书。

(3)对合同承办部门的送审材料,涉及深圳指挥部相关部门职责的,由相关部门依据职责及中央、地方相关行政管理部门规章、地方性法规及有关规范性文件进行联签审查。

(4)合同承办部门应将合同送法律事务管理部门进行法律审查,并由常年法律服务单位出具书面意见后才能报送领导审批。常年法律服务单位由深圳指挥部根据广州局集团公司相关规定进行确定,并依据国家法律及行政法规进行审查。

(5)合同相关部门和法律事务管理部门有修改意见的,应与合同承办部门进行沟通,由承办部门按规定和程序进行处理,可在上报深圳指挥部领导之前集中统一清稿;不能达成一致意见的,应形成书面意见,与送审材料一并退回承办部门。凡没有通过联签审查或法律审查的合同,一律不得签订。

(6)合同审查应在企业管理和法律事务信息系统上进行,合同相关部门和法律事务管理部门均应在 2 个工作日内完成对合同的审查,对重大合同的审查不超过 3 个工作日。在规定期限内未完成审查的,应向合同承办部门说明原因。

审查期限不含合同承办部门提供补充材料、取回修改时间。

(7)重大合同须上报分管深圳指挥部的广州局集团公司领导审核(必要时由分管合同项目业务的广州局集团公司领导参与审核)后,并报广州局集团公司董事长、总经理审批,除重大合同外的其他需上报广州局集团公司审批合同须报分管深圳指挥部的广州局集团公司领导审批。

(8)涉及广州局集团公司审批的投资、资产处置、涉外等事项的主要合同,深圳指挥部履行审查程序后,由指挥部主管合同项目的业务部门将合同文本及其他送审材料报广州局集团公司主管部门。

(三)合同签订

(1)合同签订一律采用书面形式,严禁口头协议和非正式书面协议,有关修改合同的文书、图表、传真件等均为合同的组成部分。深圳指挥部内设部门不得以部门名义签订合同。

(2)严格遵守国铁集团、广州局集团公司和项目公司关于决策权限和决策程序的规定,在深圳指挥部权限范围内订立合同,不得违反程序和权限签订合同。

(3)合同审查后,合同承办部门应将合同文本报法定代表人或委托代理人签字(亲笔签名,原则上不得用签名章代替)后,加盖合同专用章。不得以其他印章代替合同专用章。

重大合同原则上应由法定代表人对外签订。

(4)合同应在经济活动事项实施前签订。合同承办部门不得对外开展没有合同依据的经济活动事项,不得接受没有合同依据的标的或组织项目验收。

(5)因抢险、救灾、抢修等紧急情形实施的经济活动事项,应当在紧急情形结束后 30 日内及时补签合同。补签合同应书面说明原因并按规定程序办理。

(6)法律法规规定需报国家有关行政管理部门批准、登记或备案的合同,应当按规定办理相应手续。当事人约定需公证或鉴证的合同,应当按约定办理公证或鉴证手续。

三、合同专用章管理

对外签订合同必须使用本单位或上级法人单位授予的合同专用章,两页以上合同文本应骑缝加盖合同专用章。合同专用章只用于签订合同,不得移作他用,严禁外借。单位行政公章及其他印章不得用于对外订立合同。

(1)合同专用章管理部门为深圳指挥部综合部,加盖合同专用章时,须确认法定代表人(负责人)或委托代理人已在合同文本上签字;委托代理人签字的,应与授权委托书进行核对。法定代表人或负责人、委托代理人签字之前，不得加盖合同专用章。

(2)合同专用章管理部门应建立合同专用章管理制度，做到专人专管，台账清晰。

(3)空白纸张不得加盖合同专用章。合同专用章未经批准不得带出单位。

(4)合同专用章遗失应立即按规定报告并公告声明作废，同时严肃追究有关人员的责任。

四、合同的履行

合同生效后，应当严格按照合同约定行使权利、履行义务。合同承办部门不得擅自放弃或怠于行使合同约定的权利，不得擅自承诺合同约定以外的义务，不得遗留未决事项。

(1)对方当事人未按合同约定履行合同的，合同承办部门应督促对方当事人及时全面履行合同，并收集保全有关证据材料。

(2)合同承办部门依照合同约定组织合同标的物验收、交接、确认等相关环节事项，应做好书面记载。对不符合约定标准的标的物，应及时向对方提出书面异议和处理要求。

(3)合同价款支付时，对于应当订立书面合同而未订立的，收款单位名称、银行账号与合同主体或约定不一致的，以及有其他不应付款情形的，财务部门应拒绝办理。

五、合同的变更和解除

(一)合同变更

(1)合同变更是指合同标的、数量、质量、价款或者报酬、履行期限、履行地点和方式、违约责任和解决争议方法等的改变。

(2)合同生效后任何一方当事人不得单方面变更或者解除合同。确需变更或解除的，应当经各方当事人协商一致并签订书面协议。

(3)当事人协商一致的变更或者解除合同的协议，视同新合同，应当按照合同审查程序履行联签审查手续。

(4)当事人签订的变更或者解除合同的协议、文书、电报等资料应当一并与原合同装订入卷，不得分散存放。

(二)变更原则

(1)合同变更的批准必须按规定的程序进行。合同的变更均应签署补充协议，并根据合同约定的费用计算原则确定变更费用。

(2)对方当事人要求变更或解除合同的，合同承办部门应当及时通知合同归口管理部门，报告合同管理领导小组，审查对方当事人的理由是否正当。对于符合合同变更或解除条件，同意变更或解除的，按照审查联签程序与对方当事人签订变更或解除协议。因对方当事人变更或解除合同造成经济损失的，应当在变更协议中明确赔偿数额和方式，并及时向对方当事人提出索赔。

(3)需要向人民法院或者仲裁机构请求变更或者撤销合同的，应当在法律规定的期限内提出。

(三)合同解除

(1)合同的解除必须按照合同法及规定办理。对于特殊情况下合同履行过程中的终止，必须及时办理终止手续，收集终止合同带来的经济损失的证据和资料，为纠纷的处理做好准备。

(2)合同终止时，承办部门做好终止记录，收集履行合同过程中所有与合同有关的文件，做好经济往来和结算工作，办理解除合同的手续，并将资料交合同归口管理部门保存。

(3)合同签订时按照法律规定或者约定办理了批准、登记、公证等手续的，在变更、撤销或者解除合同时仍需办理相应的批准、登记、公证等手续。

(4)合同中应当约定合同纠纷处理条款，对于涉外合同还应当明确选择合同适用的法律和语言。

(四)纠纷处理

(1)发生合同纠纷，合同承办部门应立即报告本单位负责人和法律事务管理部门，并积极协商解决。

属于对方违约的,应追究对方违约责任。

(2)合同纠纷形成案件的,按照广州局集团公司法律纠纷案件管理有关规定,由合同承办部门在法律事务管理部门组织、指导下妥善处理,相关部门协助配合。

第四节 验工计价管理

一、验工计价管理机构与职责

(一)管理

验工计价管理实行统一领导、归口管理。计划财务部负责牵头组织,工程管理部或分指挥部、安全质量部、物资设备部共同参与,分级审核。

(二)职责

1. 监理单位

负责对施工单位(或实施单位)报验的已完工程(含永久设备、征地拆迁工程)数量表和验工计价表及相关的质量证明材料进行现场的质量确认和计量,并在相关表格和封面签字盖章。

2. 各工程部、站房部、四电部

(1)按照业务职能分工,牵头组织对经监理单位审核的已完工程验工计价资料的数量审查确认,确认计价工程的数量真实无误,并在相关表格和封面签字盖章。

(2)负责对本部门经办的合同费用(施工图审核、设计、专题等)验工计价资料审核确认,并在相关表格和封面签字盖章。

负责征地拆迁验工计价的归口管理并建立征拆验工计价管理台账。根据征地拆迁包干合同(协议)约定,对征地、拆迁、三电及管线迁改、三改工程以及相关费用的细目内容、完成数量、费用进行审查确认。

3. 安全质量部

(1)按照业务职能分工,负责对监理、第三方检测等单位的验工计价资料进行审查确认,并在相关表格和封面签字。

(2)负责对经监理单位审核确认的验工计价资料进行审查,确认计价工程质量合格。

(3)负责对施工合同中的安全生产费、激励约束考核费验工计价资料审查确认。

(4)如检查发现质量不合格的工程、物资(设备),应于每次验工计价前,书面通知各工程部门、物资部、计财部不能办理计量与计价。

4. 物资设备部

按照业务职能分工,负责甲供物资(设备)、直接移交接管单位物资(设备)验工计价的归口管理,并建立物资验工计价管理台账。审查甲供物资设备相应计价项目的内容、质量证明、使用数量、合同单价,审批计价费用;审查核定承包单位甲供物资、设备节超情况和费用清算。

5. 计划财务部

(1)按照业务职能分工,负责对验工计价金额进行审核确认,并负责各工程部、四电部、站房部、物资设备部、安质部经办合同之外的费用验工计价工作。对甲供物资(设备)和征地拆迁验工计价的总价控制。

(2)负责除甲供物资(设备)和征地拆迁外的其他验工计价的归口管理,并建立验工计价管理总台账。负责组织工程施工和监理费、建设管理费、建设管理其他费用和建设期投资贷款利息等验工计价工作,负责所有验工计价数据的汇总和分析工作。

二、施工总价承包的验工计价

1. 主要依据

(1)依法签订的工程承包合同、监理、咨询、设计等其他有关合同(含补充合同或协议);

(2)批准的单位工程开工报告；

(3)批准的实施性施工组织设计；

(4)下达的投资及实物工作量计划；

(5)经审核合格的施工图及批准的变更设计；

(6)质量合格等相关证明文件；

(7)国家、行业和国铁集团有关规定。

2. 施工总价承包合同验工计价

施工总价承包合同采用合同总价下的工程量清单方式进行验工计价。采用施工图招标的建设项目，按合同工程量清单约定的单价和数量办理验工计价。采用初步设计招标的建设项目，工程量清单范围内的工程按合同约定的单价进行计价，工程量清单范围外的其他工程按合同约定的方式确定单价，均按经验收合格后的工程数量办理计价，清单内与清单外验工计价的合计总额不得超过承包合同总价。

3. 安全生产费

安全生产费支付应严格执行国家相关规定。计价周期和计价方式按合同约定，原则上按时间节点或建安工程进度计价，与相应季度的工程验工计价同步办理。对合同中明确施工单位安装的安全设施，应据实验工计价。

4. 激励约束考核费

激励约束考核费严格执行国家相关规定，按深圳指挥部相关办法进行验工计价。每次验工计价前10日，各部门应将本部门本季发生的激励约束考核情况书面通知安质部、计财部汇总纳入验工计价。

5. 建设项目总承包风险费

建设项目总承包风险费根据合同约定的内容和范围据实验工，按照季度比例控制、最终总额包干的原则计价。

6. 暂列金额计价

(1)暂列金额计价内容一般包含危石处理、岩溶处理等项目，按一定比例在合同内进行验工计价，待完成第三方审价及指挥部最终批准后，方可以进行全部费用验工计价。

(2)当累计计价金额超出暂列金额时，超出部分须签订补充合同后方可办理计价。

7. 变更设计验工计价

Ⅰ类变更设计、限额以上Ⅱ类变更设计项目按清单的子目进行验工计价；使用风险包干费的变更设计项目按台账一次性验工计价。

三、物资设备验工计价

(1)计价依据主要有：

①物资设备采购合同及有关协议；

②物资设备采购发票；

③物资设备交货验收记录；

④设备安装合格证明文件；

⑤国家、行业和国铁集团有关规定。

(2)深圳指挥部组织监理和施工单位核实数量和相关证明文件后，根据承包方式不同，分别由指挥部和施工单位办理验工计价。

(3)自购物资和纳入施工承包合同的甲供物资随实体工程进度一并由施工承包单位办理验工计价，未纳入施工承包合同的甲供物资按照已完合格工程对应章节消耗数量和采购单价，物资设备部组织监理和施工承包单位核实数量后，由物资设备部办理验工计价。

(4)自购设备按照施工承包合同约定、国铁集团关于价差调整规定和相关批复确定单价，甲供设备按照实际采购价格确定单价。需安装的设备，待安装就位后凭发票和安装合格证明文件办理验工计价；不需要安装的设备,凭发票及交货验收记录办理验工计价。自购设备和纳入施工承包合同的甲供设备由施工单位办理验工计价;未纳入施工承包合同的甲供设备由物资设备部办理验工计价。

四、征地拆迁验工计价

(1)计价依据主要有:

①国铁集团、广州局集团公司与省签订的合作协议或会议纪要;

②深圳指挥部与地方政府签订的征地拆迁实施协议;

③国铁集团批复的征地拆迁概算(或调整概算);

④深圳指挥部、地方政府有关部门、被征地拆迁人、设计单位和监理单位等五方共同确认的征地拆迁数量;

⑤国家、地方政府和国铁集团有关规定。

(2)深圳指挥部拨付征地拆迁款的,原则上按季度(或月)由深圳指挥部会同地方政府有关部门、被征地拆迁人、设计、监理单位等五方共同确认征地拆迁数量,指挥部根据地方政府承办部门提供的相关资料确认计价,征地拆迁费用依据五方已确认的征地拆迁数量和实施协议确定的费用计算原则计算。

(3)地方政府拨付征地拆迁款的,原则上按季度(或月)由深圳指挥部会同地方政府有关部门、被征地拆迁人、设计、监理单位等五方共同确认征地拆迁数量。指挥部对地方政府承办部门提供的征地拆迁费用进行审核,确认征地拆迁已完成工作量和支出的费用总额予以计价。

(4)深圳指挥部委托施工承包单位代办征(租)地拆迁的(含采用经济补偿方式并委托施工承包单位办理的三电迁改工程),根据完成进度,由指挥部与其他征地拆迁费用一并计价。指挥部应督促施工承包单位整理相关审批单、协议、付款凭证,分类别按概算章节编制代征迁费用清算表报建设单位确认,并据此办理费用清算。发生代办手续费的,按施工合同约定计价。

(5)征地拆迁过程验工计价可暂按深圳指挥部、设计、监理单位和地方政府有关部门共同确认的已完成征地拆迁数量,每季度(或月)依照协议价格在批复的征地拆迁概算(含调整概算)范围内进行计价。

(6)建设项目初验合格后,工程部按照国铁集团审批意见组织五方确认后办理末次验工计价,并报分管领导批准。

五、其他费用验工计价

(1)主要依据有:

①工程监理、勘察设计和其他咨询服务合同或协议;

②国家、行业和国铁集团有关规定。

(2)建设单位管理费、建设管理其他费和建设期投资贷款利息等费用依据实际发生由计财部自行办理验工计价,并报分管领导批准。

(3)勘察设计、工程监理以及咨询服务费等其他费用按合同约定的方式支付,原则上与相应季度的工程同步办理验工计价,计价金额应与完成的工作量相匹配。

六、验工计价程序及要求

验工计价实行季度验工计价和末次验工计价方式,工期不满三个月的项目,实行竣工后一次验工计价。

(1)季度验工计价在每季度第三个月 25 日前完成。末次验工计价应在初验后、正式验收前完成。

(2)联合体中标实施的,只对联合体牵头人进行验工计价,合同中应明确付款结算及开具合规票据等方面的具体方式。

(3)验工计价报表应包括本期、本年、开累验工数量和计价金额。末次开累验工计价总额应与合同价款(含合同价格调整)总额一致。

工程验工计价报表由施工承包单位编制、监理单位审核、建设单位核准，其他验工计价报表由经办单位编制、建设单位核准，并由各单位负责人签字、加盖单位印章。

(4)凡有下列情况之一者，不予验工计价：

①单位工程开工报告未经批准的；

②已完工程未按质量验收标准检验或检验不合格的；

③超出施工图设计或超出批准变更设计的工程；

④工程质量不合格、需要返工待处理的工程；

⑤质量安全存在问题，发出质量安全通知书后未整改的工程；

⑥转包、违法分包的工程；

⑦未按规定程序办理变更设计的工程；

⑧超出合同约定的工程；

⑨合同约定不予验工计价的其他情况。

七、验工计价工作流程

(一)建筑安装工程

1. 施工单位

施工单位于每季度第三个月 25 日前，依据合同(协议)约定的工程计量方法，统计经监理单位验收质量合格的工程量，按合同附表工程量清单和批准的变更设计文件，分章节填报季度已完工程数量表和验工计价表，并附有关工程形象进度的文字说明和施工质量验收合格的证明材料(相关的隐蔽工程检查证，成品、半成品、设备及原材料出厂合格证，试验报告单等)交监理单位审核。

2. 监理单位

监理单位收到施工单位上报的已完工程数量表后，依据合同和有关规定，按设计图纸、批复的施工组织设计与施工单位共同进行现场计量，对按施工组织已完工程的质量进行确认，核实已完工程数量和质量证明文件。

施工单位应及时派员协助监理单位进行计量，并为计量提供便利条件。若施工单位无故未能到场，监理单位所做计量结果有效，视为工程量计算的依据。

监理单位对已完工程数量表、验工计价表核准签认后交由深圳指挥部审核签认。

3. 深圳指挥部各职能部门

在接到监理单位审核签认的工程数量表和验工计价表后，工程管理部、安全质量部、四电部、站房部、物资设备部等相关部门审核完毕并提交计划财务部。

计划财务部在收到经工程管理部及相关部门签认的已完工程数量表和验工计价表后进行审核，并报分管领导审批。

(二)征地及拆迁费用

(1)监理单位接到征地拆迁实施单位上报的本季度征地拆迁工程数量表后 5 日内依据征地拆迁工程协议和有关规定，与工程管理部和征地拆迁工程实施单位共同进行现场计量，并经施工单位确认、核实后，审核签认本季度征地拆迁工程完成数量。

(2)工程管理部征地拆迁工作人员负责审核、汇总经监理单位、地方国土资源部门或产权所有人、设计单位签认的全线征地拆迁工程协议及本季度征地拆迁工程完成数量表和验工计价表并完成审核，由工程管理部负责人签字确认后移交计划财务部。

(3)计划财务部根据工程管理部提交的本季度征地拆迁工程完成数量表和验工计价表，汇总资料进行验工计价表汇总，并在 2 日内审批完毕。

(4)由地方提供建设用地并将征地拆迁费用作为投资的，征地拆迁工程按上述程序计价。

(三)设备验工计价

(1)甲供需安装的设备和非安装设备由物资设备部按规定程序编制设备计价清单,提交计划财务部进行审核后列入设备验工计价表。

(2)由施工单位采购的安装设备(含备品),待安装完成并单机调试合格(需联调的设备应联调运转正常)后,由施工单位与监理单位在现场逐项核实计量,重点检查设备购置协议、发票,设备及其保护装置有无损伤,运转是否正常,凭采购发票或转账清单填写安装设备数量表和验工计价表,经物资设备部、计划财务部审核、签认并报主管领导批准。审批程序同建筑安装工程验工计价程序。

(3)施工单位自购的设备(含非标设备),根据施工进度安排,经指挥部确认限价后,该部分设备待安装完成并单机调试合格后,按限价价格凭证及委托函、采购发票及出厂合格证填写固定资产验收单、保管记录和安装设备计价表,经监理单位在现场逐项审核签认后报送物资设备部、计划财务部审核后进行计价。审批程序同建筑安装工程验工计价程序。

(四)其他项目的计价办法

(1)勘察设计、监理、工程咨询等其他费用的计价周期和计价方式按合同约定办理,与相应季度的工程验工计价同时办理。在每个计价周期内最后一个月 25 日前由各单位填写其他费用计价审批单和完成工作数量或进度的证明文件,送深圳指挥部有关部门审核签认后,报计划财务部审核,主管领导审批后,与相应季度的验工计价同时办理。

(2)建设单位管理费、建设管理其他费和建设期投资贷款利息等费用按照有效支付凭证进行归类统计,计划财务部依据合同、有效支付凭证自行办理验工计价。由计划财务部编制验工报表,经分管领导批准后进行汇总。

(五)其他

(1)因合同范围划分的原因,同一合同内需要由不同的承包单位、监理单位等签认的验工计价报表,根据工作需要可编制分劈子清单,子清单汇总金额与原合同汇总金额一致,按子清单编制验工资料。未编制子清单的合同,各单位、部门须进行联合签认。

(2)各参建单位、各部门应做好验工计价预报工作。计价周期内最后一个月 24 日前须将本计价周期预计计价金额提报计财部。

(3)为保证验工计价的时效性,逾期提报的季度验工计价资料,不纳入本计价期内统计汇总,顺延纳入下个计价周期。

八、验工计价的复审

上级单位及职能部门认为必要时,可以对已经办理完验工计价的工程项目、支付凭证等资料调取复审,也可以赴现场核对,并对发现的问题提出整改意见,深圳指挥部相关部门应当积极配合并按整改意见进行整改,并采取补救措施挽回损失。

施工承包单位提供虚假资料、虚报工程数量、多报计价金额的,或监理单位现场审核不严或与其他单位串通进行虚假验工的,应按合同约定追究其违约责任并纳入信用评价考核。

根据复审结果,深圳指挥部业务部门存在责任的,按照国铁集团建设管理相关规定和指挥部绩效考核相关管理办法进行考核处理。

九、验工计价的格式和资料保存期限要求

(1)为实现验工计价规范化、系统化、程序化要求,提高验工计价报表数据的准确性,减轻劳动强度,提高工作效率,验工计价报表必须实行计算机操作,各施工单位、监理单位应按要求配备相应的计算机软件和硬件设备。

(2)验工计价采用书面报表和电子报盘两种方式,电子报盘和书面报表应一致,当二者不一致时,以书面报表为准。

(3)验工计价报表、汇总表等各类上报资料的书面报表文件，各级签字必须齐全，未经签字或签字不全者，不予计价，签字人为计算机打印者无效。

(4)各施工单位的本期已完工程数量表、验工计价表、报盘份数，按合同的具体约定报送。

(5)深圳指挥部、监理单位和工程承包单位对验工计价有关资料应当妥善保存，不得伪造、编造、隐匿或者销毁。验工计价资料保存期限应根据相关规定办理。

第五节　财务管理

深圳指挥部财务管理的基本任务是：严格执行国家的有关法律、法规和国铁集团的有关规定规章制度，依法、合理、及时筹集建设资金，做好基本建设资金的预算编制、执行、控制工作，严格控制建设成本，加强对建设资金监管，防范资金风险，及时办理资金结算，组织资产交付等相关工作，编制财务竣工决算。

深圳指挥部除接受出资方对项目建设资金运用和管理的监督检查外，同时接受国家财政、税务、审计和上级机关的指导和监督检查，接受股东对项目建设资金运用和管理的监督检查。

一、财务管理的职责

深圳指挥部财务管理工作在指挥长领导下，由计划财务部归口管理，相关部门配合。主要职责包括：

(1)严格执行国家的有关法律、法规、国铁集团的有关规定；

(2)建立健全指挥部内部控制和牵制制度；

(3)严格执行《企业会计准则》及其他相关规定，规范会计核算；

(4)及时请领、管理和拨付建设资金，科学、合理使用债务性资金，保证建设资金的安全；

(5)参与指挥部基建项目的招投标、合同签订、竣工验收及概算清理等相关工作；

(6)依法筹集建设资金，保证建设项目的顺利进行；

(7)根据合同、验工计价、发票等资料办理工程资金、征地拆迁及物资设备款的预付、结算和清算；

(8)监督、检查参建单位项目资金的使用情况，防止参建单位挪用、转移建设资金，确保项目建设顺利进行；

(9)指挥部建设项目验收后，组织相关部门及时办理资产交付，保证资产完整；

(10)加强固定资产及建设成本的管理和控制；

(11)按时编报建设资金预算、财务决算和竣工财务决算，定期进行财务预测和经济活动分析；

(12)加强财会信息化、会计基础工作和财务人员教育、培训工作；

(13)负责与银行、税务等相关部门的协调；

(14)办理指挥部建设项目后期收尾工程和会计档案等资料的移交。

二、建设资金管理

(1)指挥长是建设资金安全管理的第一责任人，分管副指挥长和财务负责人负直接责任。指挥部内部有关职能部门各司其职，各负其责。

(2)严禁挪用指挥部建设资金和挤列建设成本。指挥部不得用建设资金从事与建设无关的生产经营活动；不得用建设资金垫付铁路运营更改和大修费用；不得用建设资金垫支自筹和多经项目；不得超概算、超投资计划列支建设成本；禁止用建设资金兴办经济实体；禁止用建设资金搞委托贷款和定期存款；禁止用建设资金对外投资和拆借；禁止用建设资金进行捐赠、赞助。

(3)银行账户的开立。

①指挥部开立、撤销或变更银行账户均应报指挥长审批，同时分别向广州局集团公司和项目公司备案。

②为加强建设资金的监管，要求施工单位在当地与建设单位签订监督协议的商业银行开户，同时对施

工、设计、监理单位的大额资金实施监控。

(4)指挥部根据建设项目投资计划、资金使用预算、合同及工程进度实际需要,按照"先权益性资金,后债务性资金"的原则报送月度用款预算,分别向广州局集团公司或项目公司申请领用建设资金,报送月度用款预算。

(5)建设资金的拨付。

①拨款依据:批准的设计文件、项目概算、年度支出预算、年度投资概算分章节计划、合同、经审核签认的验工计价报表(或有效发票)。

②工程价款结算:拨付工程款实行月份预付、季度结算、竣工决算制度。

月份预付工程款:按施工总价承包合同规定的比例和条款拨付,按不高于下达的月份投资计划 80% 预付工程款。

季度工程结算款:季度按监理、工程部门批复的验工计价结算,验工计价累计拨款不得超过 95%,同时扣回月份预付工程款。

征地拆迁补偿款、三电及管线迁改款、监理费、工程咨询费的计价周期和计价方式按合同规定办理,与相应季度的工程验工计价同时办理。

物资设备款:按供货合同、发票由物资设备部归口办理。

其他基建投资:勘察设计费、可研试验费、环保费用、水保费用等按合同(协议)、完成工作状况和规定的发票办理付款。

③没有签订合同或不具备施工条件的工程,指挥部不得预付工程款,不得以预付款为名转移建设资金。工程预付款、工程进度款和竣工结算款的支付数额、方式应严格按照合同条款执行。

(6)质量保证金管理:指挥部与施工单位签订施工总价承包合同时,应按国家和国铁集团有关规定比例预留质量保证金,待工程交付使用缺陷责任期满后清算,缺陷责任期内如有发生非施工单位自身修复的费用,所发生费用在施工单位质量保证金内扣除。

(7)存款利息收入处理:建设期间,指挥部建设资金存款利息收入一律冲减建设成本。

(8)项目尾工款和工程结余资金的管理:指挥部各部门必须密切合作,对初验合格项目收尾工程进行合理组织,确保尾工工程进度,严格按规定用途使用建设资金。

指挥部建设项目在销号年度后一年内没有完成全部工程的剩余资金应专户管理,并进行台账管理。

(9)建设资金使用监控。

①指挥部必须严格执行大额资金使用联签制度。

大额资金联签的款项范围:预付备料款、月份预付款、季度结算款、设计费、监理费、可研试验费、征地拆迁款、三电及管线迁改款、工程物资设备购置等与工程直接相关的款项。

大额资金联签程序:计划财务部根据工程部、安质部或物资部提供的资料,对请款单审核并提出意见,报主管副指挥长和分管副指挥长、指挥长联签后据实支付。

联签过程中,各部门、人员必须对提交资料及决策结果的真实、合法、合规性负责。

②指挥部必须将资金监管条款纳入合同管理。指挥部与开户银行签订《账户监管协议》,通过延伸检查,对施工、监理、征地拆迁补偿、三电及管线迁改资金和使用情况进行监控,防止建设资金被挪用、转移、流失和浪费,确保建设资金的安全和使用。

③指挥部必须将严禁拖欠工程款和农民工工资等事项纳入施工总价承包合同管理。

三、建设成本的管理和控制

(1)指挥部按项目建账和明细核算,同一个建设项目不同性质的建设资金应在同一会计账套内管理和核算。

(2)指挥部根据基建支出的性质,分别按建筑安装工程投资支出、设备投资支出、待摊投资支出和其他投资支出,对建设成本进行明细分类核算。

指挥部依据合同、验工计价和发票等凭据计列投资支出，并按工程件名、批准的设计概算、年度基建支出预算、年度投资计划等实施总额控制。禁止超概算、超计划列支建设成本，禁止挤列建设成本。

(3)指挥部业务部门会同监理单位依据工程实际完成数量，认真审核验工计价资料，禁止高估冒验、预验和虚验。计划财务部依据审核批准并签章齐全的验工计价计列建设成本。建设项目在竣工时要进行全面清理，按批准的概算控制末次验工计价。

(4)建设项目前期工作经费按照《中央预算内基建投资项目前期工作经费管理暂行办法》的规定实施并计入建设成本。

(5)指挥部原因造成的单项工程报废，报废净损失上报国铁集团相关部门批准后，计入待摊投资处理；承包单位施工造成的单项工程报废损失由承包单位承担责任。

(6)指挥部建设期间的借款利息计入建设成本，项目初验合格后，已交付资产项目对应借入应借款本金的利息按照规定停止资本化，同时，向各股东报送《初验报告》等相关资料，按报告确认时间作为确认借款利息停止资本化的时点依据。

(7)拨付工程承包单位的预付工程款和支付供货厂商的预付设备款，以及配合施工的铁路运输单位协议款应在预付工程款科目核算，严禁以拨代支和现金支付及直接列入建设成本。

(8)拨付配合施工的铁路运输单位协议款应按照设计文件规定的内容与上述单位签订协议(合同)，明确双方的职责，确保建设项目按照批准的设计实施。计划财务部凭合法票据和验工计价计列建设成本。

(9)指挥部从筹建之日起至办理竣工财务决算之日止发生的管理性质的开支计列指挥部建设单位管理费，建设单位管理费实行预算管理、总额控制，经广州局集团公司和项目公司审批后报党政联席会审核批准。

业务招待费支出不得超过建设单位管理费总额的10%。

差旅费、施工现场津贴、交通费、通信费、劳动保护费、防暑降温费标准应严格执行指挥部相关文件规定，不得擅自提高津贴标准和增加津贴名目。

(10)所有工资性支出应通过应付工资核算，纳入工资计划管理。除特殊原因外，所有工资性支出应通过银行工资卡支付。

(11)指挥部工会经费、教育经费等工资附加费按规定提取、使用和明细核算，执行广州局集团公司相关要求，并制订相关实施办法。

(12)定期做好经济活动分析工作。为了保证指挥部全面完成项目建设，有效、合理地使用建设资金，指挥部应定期(半年)召开经济活动分析，认真分析建设成本执行情况，总结资金使用过程中的主要成绩和存在的不足，有的放矢，严格控制建设成本。

四、收入管理

(1)指挥部建设期的收入主要包括招标费收入、各项索赔、违约金收入和其他基建收入。

(2)指挥部按照《铁路建设项目施工招标投标实施细则(试行)》(铁总建设〔2015〕146号)的规定规范核算、管理招投标收入和支出。

(3)各项索赔、违约金等收入和其他基建收入首先用于弥补工程损失，结余部分转项目公司按规定处理。

五、财务报告和档案管理

(1)指挥部应按照《企业财务会计报告条例》的规定编报财务会计报告，做到数字准确，内容完整，手续齐全，报送及时。

财务会计报告须经会计师事务所审核，定期向广州局集团公司、项目公司、债权人、税务机关等部门提供财务报告。

(2)指挥部按《会计档案管理办法》(铁总财〔2016〕266号)的规定和要求对各种会计资料进行分期收

集、审查核对,按照归档要求负责整理立卷或装订成册,妥善保管。

竣工财务决算编制完成后,指挥部应将会计档案、竣工财务决算、工程明细资料等按规定移交。

六、资产交付和竣工财务决算编制

(1)指挥部建设项目竣工初验合格后,应按初验委员会编制的初验报告确定的时间办理资产移交。

(2)建设项目竣工交付后,对项目概算、投资计划、预执行情况及各项资金到位使用情况进行清理分析。

(3)建设项目正式验收后,指挥部组织编制《竣工资产移交表》,并交资产接管单位核实签认,双方签任的《竣工资产移交表》作为资产交接双方列账依据。

(4)指挥部交付资产(包括估价入账)时,应提供基本建设项目资金来源表,反映已交付(包括已估价入账)资产对应的款源结构。

(5)指挥部自用固定资产的购置必须纳入概算统一管理。工程竣工后,与其他资产一并办理资产交付手续,移交接收单位。

指挥部在项目初验完成后且尾工工程未超过投资概算 5%时,应组织人员立即着手编制竣工财务决算。在编制过程中应要求设计、施工、监理等单位积极做好配合工作。编制人员要认真执行有关财务核算办法,严肃财经纪律,实事求是地编制基本建设项目竣工财务决算,做到编报及时,数字准确,内容完整。

第六节　变更设计管理

一、变更设计分类

铁路建设项目变更设计按照《铁道部关于印发〈铁路建设项目变更设计管理办法〉的通知》(铁建设〔2012〕253 号)分为Ⅰ类、Ⅱ类。

(1)对初步设计审批内容进行变更且符合下列条件之一者为Ⅰ类变更设计。

①变更批准的建设规模、主要技术标准、重大方案、重大工程措施。

建设规模是指工程范围,车站(段、所)规模。

主要技术标准是指铁路等级、正线数目、设计行车速度、线间距、最小曲线半径、限制坡度或最大坡度、牵引种类、机车类型或动车组类型、牵引质量、到发线有效长度、闭塞类型或行车指挥方式与旅客列车运行控制方式、建筑限界。

重大方案及重大工程措施是指批复的线路、站位、重点桥渡、站房建筑方案、重要环水保措施等。

②变更初步设计批复主要专业设计原则的。

③调整初步设计批准总工期的。

④建设项目投资超出初步设计批准总概算的。

⑤国家、国铁集团相关规范、规定重大调整的。

⑥国铁集团对Ⅰ类变更调整的,以国铁集团文件为准。

(2)除Ⅰ类变更设计外的其他变更设计为Ⅱ类变更设计。

(3)Ⅰ类变更以变更设计原因划分,一项变更设计原因为一个变更设计。Ⅱ类变更设计以工点划分,同一工点或同一病害引起的不可分割的一次性变更为一个变更设计。同一工点中的不同变更内容、同一病害类型的不同工点、同一变更内容的不同段落应分别划分为不同的变更设计,严禁合并或拆分变更设计。

二、变更设计的原因和责任

1. 变更设计的原因

(1)完善设计的变更:对设计文件缺陷、错误、遗漏的修改、补充完善或优化。

(2)工程质量事故的变更:按《铁路建设工程质量事故调查处理规定》(铁建设〔2009〕171 号)界定的工程质量事故引起的变更设计。

(3)标准的变更:国铁集团批准的技术标准、规范和规模的变化引起的变更设计。

(4)不可预见的变更:不可抗力、不可预见的外部因素等引起的变更设计。

(5)其他变更:不属于上述原因的变更设计。

2. 变更设计的责任

变更设计领导小组负责组织分析变更设计原因,明确各相关单位需承担的责任及责任比重,同时依据有关程序,追究单位主管领导及有关人员责任。对有争议的变更设计原因和责任界定,应在《变更设计会审纪要》中记录各方意见,在《变更设计通知单》中明确。Ⅰ类变更设计以国铁集团审批意见为准;Ⅱ类变更设计由指挥部业务主办部门、计财部、物资部、安质部等相关部门审查,指挥部项目变更设计领导小组批准。

3. 变更设计的问责

Ⅰ类变更设计问责有关事宜纳入施工、勘察设计、监理合同,依据合同约定对参建单位和违规行为进行追究。

三、Ⅰ类变更设计程序和分工

Ⅰ类变更设计程序分为提出变更设计建议、会审变更设计方案、编制变更设计文件、初审变更设计文件、批准变更设计文件、批准并下发变更设计通知单等。

1. 提出变更设计建议

施工图审核合格并交付后和施工过程中发现现场情况与设计不符时,指挥部、施工、监理以及勘察设计单位均可就设计文件中符合Ⅰ类变更设计条件的内容向指挥部提出变更设计建议,并填写《变更设计建议书》,交监理单位审查变更的必要性、合理性,由总监理工程师签字并加盖公章后交指挥部专业主管工程师汇总。

2. 会审变更设计方案

指挥部分管副指挥长在收到业务主办部门汇总的《变更设计建议书》5 日内,会同总工程师就Ⅰ类变更设计建议组织勘察设计、施工、监理等单位进行现场勘察、研究会审,对现场现状摄影,详细分析变更设计原因,研究提出变更设计类别及变更设计方案,确定责任单位及费用处理意见,形成由参审人员签字的《变更设计会审纪要》,另按规定格式填写《变更设计四方确认书》,由指挥部分管项目副指挥长、施工单位总工程师、设计总体、总监签字并加盖各单位公章。

指挥部履行内部程序,业务主办部门提出进行Ⅰ类变更设计的指挥部党政联席会议案,由指挥部党政联席会对《变更设计会审纪要》的主要内容进行确认,并履行公司决策程序。

在实施过程中发生危及安全需要立即处理的变更设计,指挥部组织勘察设计、施工、监理等单位提出方案,并进行应急处理,同时按规定向广州局集团公司科信部、国铁集团鉴定中心、工管中心报告。

重大的或必要的,由国铁集团鉴定中心、工管中心现场确定变更设计方案,指挥部先按确定的方案进行施工准备和应急处理。

3. 编制变更设计文件

勘察设计单位应严格按照国铁集团相关规定和《变更设计会审纪要》以及确定的安全应急方案编制变更设计文件。Ⅰ类变更设计文件应包括变更设计原因、变更设计方案及工程数量和概(预)算,原设计方案及工程数量和概算,有关原设计文件和变更设计图纸,经济技术比较资料和分析说明。Ⅰ类变更设计的设计深度为初步设计深度,其中工点按初步设计阶段的重点桥渡、重点隧道等设计要求进行设计,涉及大临工程变化的,应同步进行设计。

Ⅰ类变更设计文件一般应在会审纪要下发后 30 日内完成,并报送指挥部业务主办部门。特殊情况下,Ⅰ类变更设计文件完成时间由指挥部商勘察设计单位确定。

4. 初审变更设计文件

指挥部分管项目副指挥长在收到设计单位Ⅰ类变更设计文件的5日内,会同总工程师组织对Ⅰ类变更设计文件进行预审,涉及补充环评、补充水保评价、规划选址、通航论证、资金落实以及其他征拆等相关建设前置条件的,应在落实前置条件后上报变更设计文件。

5. 批准变更设计文件

由广州局集团公司形成初审意见连同Ⅰ类变更设计文件一并报送国铁集团批复。

6. 审核下发变更施工图

指挥部根据Ⅰ类变更设计批复,组织勘察设计单位完成施工图,并组织对施工图进行审核。由指挥部分管项目副指挥长签发《变更设计通知单》,将审核合格的施工图随同《变更设计通知单》下发施工及监理单位。

四、Ⅱ类变更设计程序

Ⅱ类变更设计程序分为提出变更设计建议、进行现场核实、确定变更设计方案、编制变更设计文件、审查变更设计内容、批准并下发变更设计通知单等。

1. 提出变更设计建议

施工图审核合格并交付使用后需进行Ⅱ类变更设计的,指挥部、施工、监理以及勘察设计单位等均可提出变更设计建议,填写《变更设计建议书》,并详细说明Ⅱ类变更设计理由,交监理单位审查变更的必要性、合理性,由总监理工程师签字并加盖公章后交指挥部业务主办部门专业主管工程师。

2. 进行现场核实

指挥部业务主办部门专业主管收到《变更设计建议书》后2日内,组织现场核实确认,对现场现状进行摄影,对照变更设计建议客观提出核实确认意见。签名后的确认意见和影像资料纳入变更设计档案保管。

3. 确定变更设计方案

指挥部业务主办部门在收到《变更设计建议书》后5日内,组织勘察设计、施工、监理、施工图审核等单位对变更设计建议及现场确认结果进行会审,详细分析变更设计原因,研究确定变更设计方案并确认变更设计分类,确定责任单位及费用处理意见,形成由参审人员签字的《变更设计会审纪要》。

变更设计规模在50万(不含)以下的,由业务主办部门专业主管牵头组织会审;变更设计规模在50万～200万(不含)的,由业务主办部门主管副部长牵头组织会审;变更设计规模在200万～300万(不含)的,由业务主办部门部长牵头组织会审;变更设计规模在300万及以上的,由分管项目副指挥长牵头组织会审。

指挥部履行内部确认程序,其中,变更增加费用需要调整施工合同金额的,经业务主办部门、计财部、物资部、安质部等相关部门对《变更设计会审纪要》会签后,由分管项目副指挥长确认《变更设计会审纪要》;变更增加费用不需要调整施工合同金额,在施工合同风险包干费计列的,变更设计规模在200万及以上的,由分管项目副指挥长确认《变更设计会审纪要》;其余由业务主办部门部长确认,经主管领导或主要领导签署后实施。

Ⅱ类变更设计会审纪要由业务主办部门部按建设项目分别编号、存档。

危及安全的Ⅱ类变更设计,指挥部应在现场组织确定变更设计方案,按确定的方案先进行施工准备和应急处理,同时及时办理变更相关手续。

4. 审核下发变更施工图

指挥部组织勘察设计单位按确定的变更设计方案编制施工图。勘察设计单位一般应在《变更设计会审纪要》下发后10日内完成施工图,并提供《变更设计工程量计算单》《原设计与变更设计数量对比表》《变更设计送审单》。

指挥部业务主办部门在收到设计单位编制的变更设计文件后,组织施工图审核单位对变更设计施工图和施工图预算进行审核,施工图审核单位应在5日内提交正式审核意见。在此基础上,业务主办部门组织设计、监理、指挥部计财部对《变更设计工程量计算单》《原设计与变更设计数量对比表》《变更设计送审单》确认签字后，由指挥部分管项目副指挥长签发《变更设计通知单》，将审核合格的施工图随同《变更设计通知单》下发施工及监理单位。

五、变更设计费用

1. 变更设计费用审批

Ⅰ类变更设计概算由勘察设计单位按初步设计批复的概算编制原则编制，并对工程数量和费用进行增减对照，按规定报送国铁集团审批。

Ⅱ类变更设计引起的工程费用由勘察设计单位按变更设计的工程数量、施工承包合同约定和初步设计批复的概算编制原则编制，指挥部组织审定。

Ⅱ类变更设计费用根据承担原则，分别按以下程序进行审查：

(1)按照合同约定不调整合同报价的Ⅱ类变更设计，由指挥部业务主办部门、计财部联合审查，其中业务主办部门负责方案确定、工程数量审查，计财部根据业务主办部门审查确定的工程数量，按照合同约定计算变更设计增减费用，费用最终由分管项目副指挥长审核批准。

(2)按照合同约定或符合铁建设〔2012〕253号文件规定，需要调整合同包价的Ⅱ类变更设计费用，由勘察设计单位在业务主办部门组织变更设计施工图审查后的15个工作日内，向指挥部提交Ⅱ类变更设计概算资料，由计财部牵头组织第三方审价，审价结果经业务主办部门、物资部、安质部等相关部门审查后，由业务主办部门、物资部、安质部等相关部门联合计财部提报议案，经指挥部党政联席会议决策同意后与承包单位签订补充合同。

2. 责任原因变更设计费用承担

因责任原因引起的变更设计，属于施工单位责任的，施工单位按规定承担变更设计造成的损失；属于勘察设计单位责任的，由勘察设计单位无偿承担变更设计的勘察设计工作并按规定承担变更设计造成的损失；属于建设方责任的，由指挥部承担变更设计造成的损失。

3. 非责任原因变更设计的费用处理

非责任原因的变更设计，属于不可抗力的，按合同约定处理；属于风险包干范围的，按风险包干相关规定处理。

非责任原因引起的Ⅰ类变更设计，勘察设计费按变更设计批复支付；责任原因引起的Ⅰ类变更设计，勘察设计费由责任单位承担。

涉及地方原因，或国家、行业、国铁集团相关规范、规定调整，或满足运营需求等非勘察设计原因引起的Ⅱ类变更设计，建设单位可按合同约定计取勘察设计费、施工图审核费和监理费。非责任原因引起的其他Ⅱ类变更设计不另计取勘察设计费、施工图审核费和监理费。

4. 奖励及其他

对变更设计中节约投资的单位及个人，按照国家和国铁集团相关规定予以奖励。

变更设计履行审批程序并经批准的，其费用方可纳入项目概算，未履行审批程序并经批准的，其费用不得纳入项目概算。

六、变更设计管理

(1)指挥部加强对设计、监理、施工单位变更设计管理工作的监督检查，检查结果纳入考核内容，对变更设计违规行为提出处罚建议。

(2)指挥部建立考核制度并实施考核。定期对Ⅱ类变更设计及预备费使用情况进行统计、分析，按有关规定分年度报广州局集团公司和国铁集团相关部门。

(3)勘察设计单位应完善内部勘察设计及变更设计管理制度，提高初步设计和施工图质量，避免Ⅰ类变更设计，减少Ⅱ类变更设计。应合理、系统、及时进行变更，减少工程损失和工期延误，同时要防止因工作失误再次造成变更设计。不得在变更设计过程中弄虚作假或与其他单位相互串通弄虚作假。

(4)施工单位应做好施工图现场核对和施工过程中地质资料确认工作,发现问题应及时向监理人员和指挥部提出;积极参与变更设计方案研究,严格按照变更设计施工图组织施工;不得在变更设计过程中弄虚作假或未经批准擅自施工;每季度填写《变更设计工程量汇总表》,经总监理工程师签字后报指挥部业务主办部门。

(5)监理单位应认真核对设计文件,将发现的勘察设计问题以及施工单位提出的问题及时通知勘察设计单位和指挥部;积极参与变更设计方案研究,按照变更设计施工图实施监理,严禁未经批准擅自同意变更施工。

(6)指挥部、勘察设计单位应分别建立变更设计管理台账,定期分析研究,查找存在问题,改进勘察设计管理,做好变更设计资料归档工作。变更设计归档资料包括:变更设计建议书、现场确认意见和影像资料、变更设计会审纪要和四方确认书、变更设计文件、变更设计初审意见、变更设计批复、变更设计工程量计算单、原设计与变更设计数量对比表、变更设计送审单、变更设计通知单及变更设计施工图。

七、责任追究

(1)对在变更设计管理中存在违法、违规行为的行政人员及相关工作人员,依据国家和国铁集团相关规定追究责任。

(2)因指挥部原因发生Ⅰ类变更设计,以及指挥部在变更设计管理中的违规行为,依据《铁路建设单位管理人员责任追究暂行办法》追究指挥部领导及有关人员责任。

(3)指挥部将参建单位责任追究的相关事宜纳入合同,通过合同对参建单位在变更设计中的违规行为进行责任追究,记录为不良行为,纳入信用评价或施工图考核,并督促参建方对违规人员进行责任追究。对于违规情节严重的,提请国铁集团按相关规定进行处理;对直接责任人员,可向有关部门提议中止相关执业资格等处罚。

(4)任何单位和个人均有权对变更设计违规行为向深圳指挥部、广州局集团公司和国铁集团有关部门举报或投诉。

第八章 征地拆迁

第一节 管理方式

(1)深圳指挥部按照省部纪要、协议约定的征地拆迁补偿方式负责组织征地拆迁的实施工作。

(2)铁路工程建设用地包括铁路正、站线及其配套设施(含四电)等建设工程的永久用地和取弃土用地,用地范围及数量以施工用地图(含变更设计)为依据,经勘测定界后,依据施工组织安排及时督促有关县(市、区)人民政府统一征用划拨。

(3)建设项目用地范围内需要拆迁的所有建(构)筑物,经路地双方共同详细调查,确认类别、数量后,及时督促地方主管部门组织按期拆除。对特殊拆迁项目,可采用委托有资质中介机构评估后,由深圳指挥部向所在省(市)建设协调领导小组汇报,会同有关各方以现场办公的方式,按照地方政府优惠政策协商办理。

(4)站后及四电工程用地与所在标段站前工程用地统一办理,一次完成。变更设计增加的零星用地必须提交经批准的变更设计方能办理补征手续。

(5)征地拆迁工作应准确调查数量,严格控制,尽量减少边角房、边角地。

第二节 用地报批

根据国土资源部土地预审批文,委托有相应资质的地方中介机构进行项目用地勘测定界工作,出具成果报告书。如遇林地达一定数量时,须办理使用林地相关手续。将成果报告书报送市(县)国土资源局并及时跟踪省(市)国土资源厅和国土资源部审批情况。

须由地方政府完成的七项工作:省级人民政府用地申请;省级国土资源管理部门审查意见;建设用地申请表及呈报说明;土地利用规划调整方案和基本农田补划方案及图件;耕地开垦费缴纳证明及补充耕地验收文件及图件;市、县国土资源局关于履行;关于征地补偿费用合法性和安置途径可行性的说明及承诺。

须由路方完成的七项工作:建设项目预审批复及批复意见落实情况;可行性研究报告批复或核准文件;初步设计批复文件或其他设计核准文件;是否压覆矿产资源的有关资料;是否位于地质灾害易发区的有关资料;建设用地勘测定界技术报告书和勘测定界图;线路总平面布置图和用地位置图。

第三节 征地拆迁实施

(1)施工单位依据施工用地图,按照铁路区间、站场用地、改移工程用地、取弃土用地,以行政村为单位填写《铁路用地界桩表》(建交—7)并签章;配合或组织各方及时完成建设项目建设用地范围内的拆迁建(构)筑物的清点丈量,房屋面积以房产证登记面积确认,其他合法建(构)筑物实地丈量;确认后,按不同权属人填写《铁路建设用地、青苗及拆迁建筑物补偿清册》(建交—6)并签章,与县(市、区)行政主管部门、村委会、被征地拆迁人、设计单位共同签章确认。

(2)施工单位和县(市、区)行政主管部门依据各方共同确认的建交—6、建交—7 表,整理汇总用地、拆迁数量,填写《统征用地数量汇总表》(建协表—2)和《统迁建(构)筑物数量汇总表》(建协表—1),经双方签字盖章后报深圳指挥部,经核对后报省(市)主管部门,作为征地拆迁费用或补助费用的结算依据。

(3)建设项目建设用地范围勘界确定后,施工单位应迅速组织现场详细调查,认真填写《拆迁厂矿企事业单位数量汇总表》(建协表—5)、《线路用地范围沟渠路水管塘调查表》(建协表—6)报深圳指挥部。

(4)建设项目建设用地经批准后,施工单位应督促县(市、区)行政主管部门及时办理铁路建设用地划拨通知并依法进行公告,拆除用地界内的建(构)筑物并划拨土地。划拨后的土地由施工单位负责管理和看护,禁止其他任何单位和个人在已征用土地范围内进行各类建设。

(5)按照施工图现场核对完善的规定,施工单位取弃土用地使用前必须进行现场核对完善,填报《取弃土场用地核对完善汇总表》(建协表—3)。取弃土用地尽量避免占用良田好土,禁止在有地质隐患的区域和主要行洪沟槽弃渣(土)。取弃土用地范围内原则上不得进行建筑物、管线设施拆迁和道路等工程改移。使用完毕后,使用单位应按设计要求进行平整恢复,经地方环保、水保、征地拆迁行政主管部门共同验收后,办理移交手续。

(6)改移工程用地纳入工程本身办理移交,相关移交手续纳入地亩竣工文件。

(7)地亩竣工文件由施工单位依据国铁集团《铁路建设项目竣工建设用地验收交接实施办法》(土办〔2002〕1号)的规定进行编制,填制好建交—27、建交—28表,按县(市、区)为单位编制组卷,并负责向深圳指挥部移交。

第四节 三电迁改

站后及四电工程用地与所在标段站前工程用地统一办理,一次完成。变更设计增加的零星用地,必须提交经批准的变更设计方能办理补征手续。

第五节 土地证领取

土地登记发证工作按照有关规定由深圳指挥部向县(市、区)国土管理部门申报,有关设计、施工单位积极配合办理相关手续。

第九章 环境保护

为加强铁路建设项目的水土保持管理，防止水土流失，保护和合理利用水土资源，依据《中华人民共和国水土保持法》、《中华人民共和国水土保持法实施条例》、《铁路建设项目水土保持工作规定》、《水利部关于加强事中事后监管规范生产建设项目水土保持设施自主验收的通知》（水保〔2017〕365 号）、《生产建设项目水土保持设施自主验收规程（试行）》（办水保〔2018〕133 号）、《关于印发〈高速铁路环境保护、水土保持设施竣工验收工作实施细则〉的通知》（铁计〔2012〕264 号）等国家有关水土保持的法律、法规和有关规定，制订环保水保措施。

第一节 环保水保实施

一、环境保护实施

(1)参建单位有责任采取措施防治和消除因施工造成的任何环境污染。

(2)开工前施工单位在编制实施性施工组织设计时，应制订详尽的施工期环境保护措施和计划，按规定报批。

(3)在居民集中居住区和靠近学校、医院等环境敏感区，应严格控制噪声大的施工作业，合理安排作业时间，必要时可采取隔声罩、声屏障等临时降噪措施，将建筑施工场地的噪声控制在《建筑施工场界噪声限值》(GB 12523)要求的标准之内。

(4)在城镇范围不得夜间进行产生环境噪声污染的施工作业。因生产工艺上要求必须连续作业或者特殊需要，经批准后方可进行夜间施工。对施工机械的噪声与振动扰民的，应采取相应措施予以控制。

(5)为减少施工作业产生的扬尘，应对人口稠密地区的施工场地、施工道路进行硬化或采取洒水等措施，控制扬尘。

(6)易于引起粉尘的细料、松散料的运输或堆放必须遮盖或适当洒水湿润。运输时可采用帆布、盖套及类似遮盖物覆盖。

(7)运转时易产生粉尘的施工场地，如水泥混凝土拌和站(场)、大型碎石场、灰土拌和场等必须配备防尘设备。

(8)施工单位应确保使用的运输、装卸、挖掘等施工机械工况状态良好，并使用清洁燃料，保证其尾气达标排放。

(9)各种主要临时施工设施和场地，如堆料场、加工厂、碎石场等距居民区不宜小于 300 m，而且应设于居民区主导风向的下风向。

(10)施工期间应严格控制工程破坏植被的数量，除了不可避免的工程占地砍伐外，严禁发生其他形式的人为破坏。

(11)应采取有效措施保护铁路两旁的古树名木和法定保护的树种。

(12)在施工期间应始终保持施工场地和施工营地的良好环境状态，生活垃圾不得随意丢弃，应设置垃圾箱统一收集后，按照环卫部门的统一要求集中处理。施工污水和生活污水不得随意乱泼乱排，应设置临时排水设施统一处理达到相应标准后，排入地方环保部门指定的地点。

(13)冲洗集料污水、隧道施工渗水、钻孔泥浆污水等含有悬浮物的施工污水，必须采取过滤、沉淀等处理措施，做到达标排放。

(14)施工期间应对施工物料如沥青、水泥、油料、化学品等存放严格管理,防止在雨季或暴雨时将物料随雨水径流排入地表及附近水域造成污染。

(15)施工机械应防止严重漏油,禁止机械在运转中和维修时产生的含油污水未经处理直接排放,应对含油污水进行隔油处理后再行排放。

(16)施工产生的废弃土、砂、石料等,在施工期间和施工结束以后应及时清理,统一收集,妥善处理,以减少对环境的污染,防止对河道、溪流造成淤积。

(17)采石场的位置应结合环境保护的要求选择,应特别重视其中噪声、爆破引起的地下振动、公共安全等问题。采石场的位置应征得当地政府及环境管理部门的同意并办理必要的手续。

(18)在自然保护区、风景名胜区附近施工,应做好防火及安全工作,对施工人员加强保护自然资源及野生动植物的教育,在雇用合同中增加严禁偷猎和随意砍伐树木等方面的规定。

二、水土保护实施

(1)施工期水土保持采取分区防治,防止弃渣流失和弃渣场边坡侵蚀,防止取土场边坡冲刷和塌陷,防止路基边坡、隧道进出口仰坡及桥台边坡的土壤侵蚀,防止临时工程弃渣的流失和裸露坡面的土壤侵蚀。

(2)弃渣防护严格按照设计或变更设计选择的位置弃渣,采取措施进行防护,渣场上游修建截水沟疏导地面径流,防止渣体冲刷,平整渣顶和坡面,种植草籽和植树绿化。

(3)取土防护严格按照设计或变更设计确定的位置取土,取土完毕及时平整场地,做好排水设施,结合地形和土质条件,种草植树恢复植被。路堑形成的边坡采取相应的加固防护措施。

(4)坡区防护、大桥防护、隧道防护、路基防护、各类挡墙防护,设计和施工应结合工程实际情况,因地制宜,采取相应防护措施,防止水土流失。

(5)各类挡墙防护,一般设重力式路堑挡土墙,对不良地质地段视其地质条件采用挡墙、护墙、锚索、锚固桩、土钉墙等措施,确保边坡稳定,防止滑坡、崩塌产生,对顺层路段可结合附近填料短缺的具体情况采取顺层刷坡处理。

(6)大临工程中的施工便道施工应力求少占良田耕地,尽量保护铁路用地范围之外的既有林草植被。对不良地质地段进行绕避,防止诱发滑坡和大面积的边坡坍塌,对填挖不平衡地段产生的弃渣,应有必要的支挡防护措施,修筑好便道两侧的排水系统,保证地面径流的畅通。若因修临时工程等原因对铁路用地范围之外的既有林草植被造成了破坏,应在拆除临时工程时予以恢复。

(7)施工现场生产、生活房屋的修建,料具、石料的堆放和材料加工场地等临时设施的布置,应避免随意多占土地和破坏水土保持功能。施工场地范围内要做好给水、排水工作,不阻塞地面径流自然通道,防止壅水和场地冲刷。特别是沿江、沿河地段施工场地的布设,应满足水土保持要求和具备相应的防洪功能,采取合理的防护措施,防止施工中产生的渣土流入江河,防止汛期江、河水冲毁施工场地。

(8)在土石方工程施工结束后,对工程永久性用地范围内适合绿化的地带应进行绿化处理,改善铁路沿线生态环境,对取弃土场进行渣顶及坡面平整,种草或植树绿化。

(9)在施工中应尽量控制或减少对土地资源的破坏,做到土地复垦与建设统一规划、同步设计、同步施工。

(10)未经批准,不得占压、干扰河道、水道及既有灌溉、排水系统。必须占压的,应事先征求主管部门同意,并采取必要的防护、替代措施。由于施工单位的过失、疏忽,未及时按设计文件要求和监理工程师指示完成水土保持措施(永久性或临时性),导致需要另外采取保护措施而发生的费用由施工单位承担。

第二节 环保水保验收

一、环境保护验收

按照《关于印发〈高速铁路环境保护、水土保持设施竣工验收工作实施细则〉的通知》(铁计〔2012〕264

号)、《建设项目竣工环境保护验收暂行办法》(国环规环评〔2017〕4 号)执行。

(1)环境保护设施验收依据;

(2)环境保护设施验收内容;

(3)环境保护设施静态验收条件;

(4)环境保护设施静态验收报告包含主要内容;

(5)环境保护设施动态验收条件;

(6)环境保护动态验收报告包含主要内容;

(7)环境保护设施初步验收条件;

(8)建设项目竣工环境保护验收。

二、水土保护验收

按照《关于印发〈高速铁路环境保护、水土保持设施竣工验收工作实施细则〉的通知》(铁计〔2012〕264 号)、《水利部关于加强事中事后监管规范生产建设项目水土保持设施自主验收的通知》(水保〔2017〕365 号)、《生产建设项目水土保持设施自主验收规程(试行)》(办水保〔2018〕133 号)执行。

(1)水土保持设施验收依据;

(2)水土保持设施验收内容;

(3)水土保持设施静态验收条件;

(4)水土保持设施静态验收报告包含主要内容;

(5)水土保持设施动态验收条件;

(6)水土保持设施动态验收报告包含主要内容;

(7)水土保持设施初步验收条件;

(8)建设项目竣工水土保持设施自主验收。

第十章　工 程 监 理

第一节　监理制度

一、开(复)工报告审批制度

(1)当施工准备工作或工程暂停后整改工作已完成,施工单位可向监理报请开工或复工,并填写《工程开工/复工报审表》。

(2)如整个项目一次开工,只填报一次,如工程项目中涉及多个单位工程且开工时间不同,则每个单位工程开工都应填报一次。

(3)申请开工应具备如下条件:

①施工许可证已获政府建设主管部门批准;

②征地拆迁工作已能满足工程进度的需要;

③施工组织设计(方案)已获总监理工程师批准;

④测量控制桩、线已查验合格;

⑤施工单位的现场管理人员已到位,机具、施工人员已进场,主要工程材料已落实;

⑥施工现场道路、水、电、通信等已满足开工要求。

(4)由于建设单位或其他非施工单位的原因导致工程暂停,在施工暂停原因消失且具备复工条件时,监理项目部应及时督促施工单位填写《工程复工报审表》,总监理工程师审核后下达复工令。

(5)由于施工单位的原因导致工程暂停,在具备复工条件后,施工单位填报《工程复工报审表》并提交有关材料,总监理工程师及时组织相关监理人员检查核实,报建设单位并签署复工令。

二、施工图现场核对制度

工程开工前,总监理工程师组织专业监理工程师、施工单位对施工图(资料)进行现场核对,核实内容主要有以下几点:

(1)施工图(资料)是否满足现场条件;

(2)施工图设计是否存在未考虑到的周边构筑物的影响;

(3)施工现场是否存在施工图中未标识且难以克服或需花很大的经济代价才能克服的障碍物。

当出现以上情况时,总监理工程师应组织建设、设计、施工单位进行优化设计方案讨论,并形成会议纪要,设计单位根据会议纪要进行优化设计。

三、变更设计审查制度

(1)项目监理机构按照委托监理合同的约定处理变更设计,不得超越被授予的权限。

(2)依据《铁路基本建设变更设计管理办法》、建设单位制订的有关变更设计管理办法、施工承包合同和委托监理合同、设计文件处理变更设计。

(3)设计变更提出方可以是设计、施工、监理或者建设单位等。

(4)Ⅰ类变更设计由提议单位提出变更理由和技术、经济比较资料报建设单位,建设单位组织有关单位分析研究,提出处理意见,勘察设计单位按处理意见完成变更设计。建设单位对变更设计初审后,连同变更设计原因、责任单位、费用处理方案报原初步设计批准部门。经审查批准后,建设单位方可组织勘察设计单位进行变更设计，总监理工程师和相关专业监理工程师参加设计单位组织的有关会议，并按批准的变更设计文件组织实施。

(5)Ⅱ类变更设计由提议单位提出变更理由和技术、经济比较资料报建设单位，建设单位组织勘察设计、监理、施工单位及有关方面分析研究，确定变更设计原因、责任单位、技术方案、费用及费用处理，由设计单位进行变更设计并经建设单位审查批准后实施。总监理工程师及专业监理工程师参加建设单位组织的有关变更设计会议，由总监理工程师在工程变更单上会签。

(6)在总监理工程师签发工程变更单之前，施工单位不得实施变更设计，对未经总监理工程师审查同意而实施的变更设计，项目监理机构不予以计量。

(7)经批准的设计变更由设计单位将更改的图纸或通知送交建设单位，再由建设单位转发监理、施工单位、质量监督部门等。

(8)设计变更效力等同原设计图纸，应按图纸性质分类归档。

四、工程质量和原材料检测试验制度

(1)施工单位对每批进场原材料必须上报相关专业监理工程师进行现场确认，并将每批进场原材料的质量证明文件提供给专业监理工程师。

(2)专业监理工程师对进场材料规格、外观进行检查，监督施工单位根据规范和验标要求按批次对进场材料进行抽样检查，通知试验监理工程师按规定比例进行见证或平行试验。

(3)每批商品混凝土进场必须提供配料单和出厂合格证，现场监理人员见证检测混凝土坍落度，检查水灰比，并按规定要求见证取样制作混凝土试件。对混凝土质量有怀疑时，监理人员应留取试件做平行试验。

(4)进场材料经专业监理工程师验收合格后，在施工单位提交的材料进场报验单上签发同意使用的意见。

(5)对未经专业监理工程师签收或验收不合格的材料，不得在工程中使用，由监理工程师签发《监理工程师通知单》书面通知施工单位限期将不合格的工程材料撤出现场。

(6)施工中用砂必须符合有关标准规范，禁止使用海砂。施工用砂必须经监理工程师验收合格方可使用。

五、验工计价管理制度

(1)监理项目部设造价监理工程师，按照有关规定、设计文件和施工承包合同进行投资控制；对投资目标进行风险分析，提出书面报告并制订防范性对策报总监理工程师，经总监理工程师审核并签认后报建设单位。

(2)施工前，要求施工单位报送与承包合同相适应的分标段、分工点的概算台账资料和工程量清单，对图纸数量和清单数量进行核算；熟练掌握计量标准和工程量清单所包含的工程内容。

(3)按合同约定按时进行验工计价，保证所验工签证的各项工程质量合格、数量准确。验工计价按下列程序进行：

①施工单位统计经专业监理工程师验收质量合格的工程量，填报验工计价表，同时提交工程数量计算明细表、批准的变更设计及施工图增减工程数量表、工程检查证、工程质量检验评定表及试验检测报告等附件。

②专业监理工程师依据施工承包合同和经建设单位确认的施工图工程数量，审核施工单位已完成工程数量，会同施工单位进行现场核实。

③专业监理工程师对施工单位报送的已完工程数量报审表进行审核，对验收手续齐全、资料符合验收要求并符合施工承包合同规定的工程量予以签认。

④施工单位依据专业监理工程师签认的已完工程数量，分别按合同内和合同外编制验工计价表报监理项目部。

⑤造价监理工程师对验工计价表进行审核、汇总，经总监理工程师签认后报建设单位。

(4)各类变更设计应根据《铁路基本建设变更设计管理办法》、施工承包合同及建设单位的有关规定，按批准的变更设计进行验工计价。

(5)对于变更设计的价款,应在变更设计实施前与建设单位、设计单位和施工单位协商确定。

(6)竣工结算由施工单位按施工承包合同规定填报竣工结算报表报监理项目部,专业监理工程师和造价监理工程师审核施工单位报送的竣工结算报表,总监理工程师审定竣工结算报表,与建设单位、施工单位协商一致后,签认竣工结算文件和最终的工程价款支付书报建设单位。

(7)凡有下列情况之一者,不予验工计价:

①无开工报告或开工报告未经批准擅自施工的;

②无工程数量计算资料的;

③因施工单位责任造成增加部分工程量的;

④因施工单位责任造成工程项目名称、计量单位、综合单价或费率与中标价款不符,且无任何手续的;

⑤工程质量不符合设计要求需返工或待处理的;

⑥隐蔽工程未经专业监理工程师检查并签认,施工单位自行封闭的;

⑦未按《铁路基本建设变更设计管理办法》的规定办理变更设计的。

(8)每季度对工程投资情况进行统计,并和投资计划进行对比,加强投资动态管理。

六、原材料、半成品、构配件及设备质量复检制度

(1)项目监理机构对所有拟用于工程中的建筑材料、构配件及设备,在进场时必须按规范、规程、验标进行检验。严格控制不合格建筑材料、构配件及设备进场及使用,禁止先用后检。

(2)有固定生产厂家的成品材料和构配件进场前,施工单位必须将生产许可证、出厂合格证、出厂检测报告提交相关专业监理工程师审核,必要时,专业监理工程师可要求到生产厂家考察。进口材料和设备应提交国家商检部门出具的商检证明。

(3)对拟进场的材料,施工单位应按规定进行抽样检查,监理人员按规定比例见证试验或平行试验。

(4)工程严禁使用海砂。拟用的砂、石料、水,施工单位必须向监理提供材料供应源,专业监理工程师和试验工程师应到砂、石料厂和取水点考查,并进行见证取样试验。

(5)当采用商品混凝土时,施工单位必须按产成品要求提供商品混凝土的生产许可证、原材料检测报告、施工配合比、配合比设计及试验报告。专业监理工程师见证施工单位对原材料进行抽样检查并对配合比的可靠性进行检测。

(6)设备进场前,施工单位必须提供设备采购合同、设备生产许可证、出厂合格证、出厂检测报告、设备包装和运输措施。当设备为监造设备时,设备制造单位应提供设备制造竣工文件和验收报告,监理人参加设备的测试验收并签署验收意见。

七、混凝土配合比审核及发放制度

(1)混凝土施工配合比审核及发放制度应包含审核人员资格、审核内容以及各方签字等内容,并建立施工配合比发放台账。

(2)监理中心试验室依据相关规范对施工配合比进行审核、确认。

(3)审核要点包括:拟用砂石料含水率的检测原始记录是否真实;调整用水量是否与检测结果一致;扣水或补水后,砂石料的用量是否做相应增减;外加剂溶液的含水量是否在单位用水量中扣除;经调整后,砂石料材用量是否平衡;在饱和面干状态下各类别、粒级的砂石用量是否与推荐配合比相等。

(4)监理中心试验室应建立施工配合比签发台账。

八、施工测量复测检查、确认制度

1. 测量放线开始前检查

(1)监理工程师应检查施工单位专职测量人员的岗位证书、测量设备检定证书是否超出有效期。未经检定的测量设备不得用于工程测量。

(2)监理工程师应检查施工单位的测量方案、红线桩的校核成果、水准点的引测成果等能否满足工程需要。

2. 测量放线过程中的检查

(1)监理工程师应采取旁站、抽验等方式对施工单位的测量放线过程进行监控。

(2)施工单位在施工现场设置平面坐标控制网(或控制导线)、高程控制网后,应填写《施工测量放线报验单》报监理项目部查验。监理工程师应对施工单位上报的资料和现场放线成果进行核验,审批《施工测量放线报验单》。

3. 测量放线后的检查

监理工程师应检查施工单位对红线桩、水准点、工程控制桩的保护措施是否得力,督促施工单位对上述设施按规定建立永久性保护措施,保证工程的顺利实施。

4. 监理工程师检查

监理工程师检查施工单位的测量施工方案,随时跟踪平面误差、高程误差、垂直度误差是否满足规范要求,并定期做好记录,整理归档。

5. 沉降观测检验

①审查施工单位的沉降观测措施是否满足工程需要;

②检查施工单位准备的沉降观测设施是否齐全,是否按规定数量、位置设置观测点;

③检查施工单位是否按规定时间进行沉降观测,观测资料是否真实、可靠;

④当出现不均匀沉降时,及时下发停工令,按质量事故处理程序进行处理。

6. 精密测量平行观测与复核

对于测量要求高的结构物,须进行精密控制测量。

①检查施工单位的专职测量人员及测量设备是否符合要求;

②检查施工单位的测量方案、引测成果等能否满足工程需要;

③采取旁站、抽验等方式对施工单位的测量过程进行监控,取得平行测量资料;

④跟踪平面误差、高程误差、垂直度误差是否满足规范要求,并定期做好记录,整理归档。

九、工程质量检查制度

监理过程中必须严格履行监理规范和本项目工程监理合同所规定的工作职责,通过巡视、旁站等手段进行工程质量检查工作,包括日常工程质量检查、隐蔽工程检查、工序质量检查。

1. 日常工程质量检查制度

专业监理工程师和监理员应加强对管段内施工情况日常检查、巡查,对重要部位、关键工序、危险性较大的分部、分项工程作业现场把关;对定期和专项检查发现及项目管理机构提出的问题,负责督促整改落实,及时反馈信息,并做好记录。日常检查巡查主要内容包括:

(1)施工单位是否按照设计文件、施工规范、施工质量验收标准和批准的施工组织设计(方案)进行施工;

(2)使用材料、构配件和设备是否合格;

(3)施工现场管理人员(尤其是质检人员)是否到岗到位;

(4)施工操作人员的技术水平、操作条件是否满足工艺操作要求,特种操作人员是否持证上岗;

(5)施工环境是否对工程质量产生影响;

(6)已施工部位是否存在质量缺陷或安全隐患。

2. 隐蔽工程检查签证制度

(1)监理工程师应督促施工单位编制报送隐蔽工程施工进度计划。根据合同约定,项目管理机构驻工地代表或质量监督站人员参与检查重点隐蔽工程。

(2)隐蔽工程在隐蔽前,施工单位应按有关专业验收标准的规定,先行组织内部检查合格后,按规定填好各类隐蔽工程检查表,签认手续完备后,报专业监理工程师。

(3)施工单位技术负责人或质量检查工程师于隐蔽检查 48 h 前或特别商定时间内,向监理工程师报验。对于工期较紧的工程,监理工程师可根据监理合同适当调整时间,以保证工程的顺利实施。

(4)专业监理工程师应在约定的时限内到现场进行检查、核实,施工单位质检人员配合检查。

(5)隐检验收主要内容有:是否符合图纸要求、是否符合规范要求、隐蔽工程应实测实量并做好签证。

(6)验收不合格应签发不合格通知单或整改通知书。

(7)验收或经整改后验收合格,应会同验收单位做好验收签证。

(8)特殊设计的、与原设计图变动较大的或监理认为需要设计单位参与检查的隐蔽工程,还应要求设计单位驻工地代表参加检查。

(9)专业监理工程师在规定时限内因故不能到检时,应通知副总监理工程师或监理组长,由副总监理工程师或监理组长另行安排专业监理工程师检查签证,不得委托施工单位的质量检验工程师代行验收。

3. 工序质量检查制度

(1)一道工序完成后,施工单位按工程质量验收标准要求进行自检。

(2)施工单位自检合格后,填写工程报验单向监理工程师进行报验。

(3)监理工程师应按照验收标准规定,及时组织相关单位及人员对其进行现场复核,对施工质量进行验收。对于地基处理、沉降观测、路堑开挖及支挡结构基坑开挖、桥梁地基及基础、线路基桩等分部工程验收,根据验收标准要求,请勘察设计单位参加,并在相关资料上签认。

(4)质量验收合格后,监理工程师应及时签认相关资料,方可进入下道工序施工。未经签认的工序,不得进行下道工序施工。

(5)如验收不合格,监理工程师应通知施工单位进行返工或修整处理,自检合格后,监理项目部重新组织验收。

十、关键工序、关键部位旁站监理制度

(1)实施监理前,制订监理实施细则,明确须进行旁站监理的关键工序、关键部位。

(2)施工进行到须旁站的关键工序、关键部位时,施工单位应提前 24 h 通知监理,监理派旁站监理人员到现场进行施工全过程旁站并做好旁站监理记录。

(3)监理组长负责所辖监理范围旁站工作的部署和安排,旁站时间较长时,旁站监理人员可进行轮换,但轮换人员必须做好交接工作,并有文字交接记录。

(4)旁站记录要真实,主要记录施工人、材、机投入情况,施工工艺完成情况,质量情况,见证取样情况,出现的问题及处理情况等。旁站记录统一在监理组存档。

(5)旁站中发现的问题,旁站监理人员可要求施工单位立即整改,难于解决或需要其他专业监理工程师协调解决的,由监理组长组织协调安排,重大疑难问题由总监理工程师组织研究协调解决。

(6)监理组长对旁站监理人员抄报的旁站记录表要及时审阅,并落实旁站问题的处理情况。

十一、检验批、分项、分部、单位工程验收制度

(1)工程竣工验收的依据是批准的设计文件(包括变更设计)、相关施工规范、工程质量验收标准以及合同、协议文件等。

(2)施工单位按合同规定完成工程量并按规定编写和提交竣工文件是申请竣工验收的必要条件,竣工文件不齐全、不正确、不清晰,不能验收交接。

(3)竣工文件的编制应按建设单位和档案管理的规定进行组编,由施工单位的技术负责人按谁施工谁负责的原则组织现场施工技术主管人员编写,要求确保编制人员相对稳定。

(4)单位工程竣工验收按以下程序进行:

①施工单位对已竣工的单位工程进行自检，自验合格后将工程竣工初验报审表及有关资料报送监理组。

②监理组对施工单位提交的竣工文件进行审核后报监理项目部审查。

③总监理工程师组织副总监理工程师、专业监理工程师会同施工单位到现场对单位工程实物进行检查。

④对检查过程中发现的问题，监理项目部下达整改通知书要求施工单位限期整改；整改完成后由总监理工程师组织复查，认可后签发工程竣工初验报审表，报请建设单位验收。

⑤建设单位组织勘察设计、监理、施工单位对初验合格的单位工程进行竣工验收，并形成由参建各方签署的单位工程竣工验收文件。

(5)施工单位按施工承包合同规定完成工程施工任务，且单位工程均验收合格后，方可申请工程竣工验收。竣工验收交接程序为初验、正式验收、移交固定资产。

十二、重要分部分项首件工程评估验收制度

(1)首件工程评估验收包括路基填筑、软土地基处理、预应力锚索、锚杆挡土墙、桩板挡土墙、桥梁桩基础、隧道二次衬砌，以及建设单位明确要求进行首件工程验收认证的分部分项工程。

(2)总监理工程师组织编制重要分部分项首件工程评估验收实施监理细则、督促施工单位编制重要分部分项首件工程评估验收实施方案，监理审核后报建设单位批准后实施。

(3)总监理工程师组织对重要分部分项首件工程施工存在的问题进行分析改进、总结经验，督促施工单位对施工人员进行培训。

(4)严格执行有关文件的规定，评估验收合格后方可进行大面积施工。

十三、沉降平行观测与复核制度

(1)编制详细的线下工程沉降变形平行观测监理实施细则，审核施工单位编制的沉降变形观测测量方案。

(2)根据地质情况、沉降变化情况、工程结构等因素综合分析选定沉降观测地段，重点选择地质不良地段(如采空区、地表沉降区、岩溶地区等)，将路基和过渡段作为监测的重点。

(3)检查施工单位对测量控制网点的保护情况，并要求施工单位定期对控制网进行复测。

(4)核查施工单位观测组织、人员、仪器设备是否满足观测要求。

(5)核查施工单位观测网、断面与观测点布设、观测设备埋设是否满足设计、建设单位的要求。

(6)对原始观测资料和各项记录表格随观测进度及时整理。

(7)发现测量数据与施工单位存在较大误差时应及时查找原因。

(8)参加建设单位组织的解决各类线下工程沉降变形问题的会议。

(9)做好资料整理归档工作，对所有内业工作实行至少2人复核制度，严禁外业资料弄虚作假。内业资料整理工作与外业工作同步。

(10)做好线下工程沉降变形观测监理工作报告、线下工程沉降变形平行观测报告等文件的编写和提交，做好其他测量管理工作。

十四、危险源工点分级督办制度

1. 危险源工点分三级督办

按照危险源存在的危险因素和可能对施工安全生产的危害程度，将危险源工点划分为重大危险源工点、较大危险源工点和一般危险源工点三类。

重大危险源工点由总监理工程师、副总监理工程师督办；较大危险源工点由副总监理工程师或监理组长督办；一般危险源工点由现场监理工程师督办。

安全监理负责人负责督办安全监理工作的日常管理,建立督办台账,检查督办实施情况及日常安全检查工作。

2. 危险源工点督办的主要内容

重大、较大危险源工点:总监理工程师、副总监理工程师或监理组长负责审查施工方案,根据总监理工程师安排,组织现场监理工程师对危险源工点施工实施全过程旁站,督促施工单位进行定期安全检查,加强安全防护措施。

一般危险源工点:现场监理工程师组织施工单位对施工现场进行经常性安全隐患排查,做好安全防护措施,严禁违规违章作业。

3. 督办工作方法和要求

对危险源工点主要采用巡视检查、定期检查、召开监理工作会议、下发口头或监理书面指令、通知等形式进行督办。总监理工程师每月不少于 3 次巡视检查工作,副总监理工程师每月不少于 4 次、组长每周不少于 5 次深入施工现场安全检查,现场监理工程师每日进行安全检查,专业安全负责人每月不少于 5 次全面安全检查。

4. 风险隐患整治处理

督办检查过程中,发现重大安全隐患,由总监理工程师下发工程暂停令,责令施工单位停止施工,疏散撤离作业人员至安全地带,同时启动应急预案,并将重大隐患情况迅速上报建设单位;发现较大安全隐患,由总监理工程师或委托监理工程师下发监理工程师通知单,责令施工单位制订隐患整改措施,明确责任人,定期进行整改;发现一般安全隐患,由现场监理工程师下发书面指令或口头指令,督促施工单位及时整改,消除隐患。对施工单位的隐患整改情况,由现场监理工程师组织复查验收,整改完成后,对安全隐患进行销号处理,并将情况上报监理组、监理项目部。

5. 信息反馈与管理

加强现场监理与监理组、监理项目部的沟通与联系,现场监理在危险源工点督办过程中,及时向副总监工程师、总监工程师反映施工现场存在的问题,各种检查、指令、通知、台账等记录真实、完整。重大风险隐患工点,现场监理工程师严格实行日报、周报制,并及时将信息反馈到监理项目部,同时建立各工序监控台账。

十五、架子队劳务用工审查制度

(1)审查施工单位的劳务用工管理制度,报建设单位批准。

(2)督促施工单位积极推行架子队管理模式。

(3)检查施工单位劳务管理机构是否配备与劳务用工规模相适应的管理人员。

(4)检查施工单位对劳务人员登记造册,记录其身份证号、职业资格证书号、劳务合同编号,以及业绩和信用等情况。

(5)检查施工单位与劳务人员签订劳务合同,未签订者不得进入施工现场,从事劳务作业活动。

(6)检查施工单位为劳务作业人员提供符合安全、卫生标准的生产、生活环境。

(7)检查施工单位是否建立劳务作业人员工资支付保障制度,是否设立工资基金专户。

十六、工地例会制度

监理会议主要包括第一次工地会议和定期召开的工地例会。

1. 第一次工地会议

工程项目开工前,监理项目部应提醒建设单位主持召开第一次工地会议,所有监理人员均应参加。第一次工地会议的主要内容有:

(1)建设单位、施工单位和监理单位分别介绍各自驻现场的组织机构、人员及其分工;

(2)建设单位根据委托监理合同宣布对总监理工程师的授权;

(3)建设单位介绍施工准备情况;

(4)施工单位介绍施工准备情况;

(5)建设单位和总监理工程师对施工准备情况提出意见和要求;

(6)总监理工程师介绍监理规划的主要内容;

(7)研究确定各方在施工过程中参加工地例会的主要人员、周期、地点及主要议题。

2. 工地例会

在施工过程中,总监理工程师应定期主持召开工地例会。例会由总监理工程师主持,建设单位代表、施工单位项目经理、施工单位技术负责人、设计单位代表及有关监理人员参加。必要时,还可邀请其他有关单位参加。工地例会的主要内容有:

(1)检查上次例会议定事项的落实情况,分析未完成事项原因;

(2)检查分析工程项目进度计划完成情况,提出下一阶段进度目标及落实措施;

(3)检查分析工程项目质量状况,针对存在的质量问题提出改进措施;

(4)检查工程量核定及工程款支付情况;

(5)解决需要协调的有关事项;

(6)其他有关事宜。

3. 会议记录整理

(1)所有会议均应有会议记录、会议签到表并形成会议纪要。

(2)会议记录应注明例会召开的时间、地点、参加人员、主持人、记录整理人、会议的主要议程、会议议定的主要事项及责任人、完成期限等;

(3)有施工单位参加的会议,应及时形成会议纪要下发。其中,由监理项目部组织召开的会议,监理项目部办公室负责整理形成统一文号的红头纪要下发,办公室存档;由监理组组织召开的,专业监理工程师负责形成会议纪要,下发施工单位,并报监理项目部办公室存档;

(4)会议结束,应及时在监理日记中登记,并简要记录会议的内容和参加人员等。

4. 闭环管理

在各类会议上,如对进度、质量、安全等方面提出要求或责令施工单位对存在问题进行整改的,应在规定的期限内要求施工单位整改回复,作为附件装订于纪要后面。在下一期会议上,监理人员应对照上期监理会议纪要核实上期会议落实情况,防止管理漏洞。对于处理时间较长的,建立问题销号制度,跟踪闭合。

十七、监理日志填写制度

(1)监理项目部、各监理组应建立监理日志,监理工程师应逐日将所从事的监理工作写入监理日志。

(2)监理日志应详尽记录施工单位的人、材、机投入情况,施工工艺执行情况,旁站、见证取样工作情况或现场见证检测记录,施工中存在的问题及监理整改要求,施工安全情况,有关会议精神、上级检查及指示以及其他有关工程施工的事项。监理日志应按统一格式书写,叙述准确严谨,文字通顺清晰。

(3)各专业监理工程师分专业、分工程项目书写监理日志。

(4)监理日志应按规定统一存档。

(5)总监理工程师定期组织检查监理日志的记录情况。

十八、工程质量事故报告和配合处理制度

(1)施工现场出现工程质量事故后,施工单位必须按事故上报程序迅速上报。

(2)现场专业监理工程师应了解实际情况,尽快通知质量负责人,口头下达停工令,并督促施工单位采取有效措施,避免事态扩大,尽可能减少或避免人员伤亡,减少财产损失。

(3)质量负责人接到通知后应立即上报总监理工程师、建设单位,并立即赶现场处理。

(4)总监理工程师接到报告应立即赶赴现场,签发停工令,并协助有关单位组织事故处理和调查工作。

(5)总监理工程师或质量负责人参加事故处理方案会,并要求监理人员监督施工单位按制订的事故处理方案实施。

(6)监理项目部应组织有关人员协同调查组调查原因,认真研究,吸取教训,杜绝同类事故发生。

十九、工程质量专项报告及监理工作报告制度

(1)监理组应每月编写监理月报,以具体数字说明施工进度、施工质量、资金使用情况、重大安全质量事故情况、有价值的工作经验、社会环境情况、存在的问题及建议上报监理项目部,具体内容和格式按建设单位或者标准化管理的要求编制,监理项目部汇总形成的监理月报经总监理工程师审核后,按规定时间上报建设单位。

(2)每年末,各监理组对所辖监理段的年度监理工作进行总结,上报监理项目部。总监理工程师根据各监理组年度监理工作情况,对本监理标段的年度监理工作进行总结,并形成监理项目部年度监理总结上报建设单位。

(3)对施工中出现的安全、质量事故以及在监理权限内难以解决的施工问题应形成专项报告及时上报建设单位。

(4)监理人员应认真落实上级下达的各项指令,监督施工单位完成各项整改要求,并将整改完成情况及时上报建设单位。

(5)当工程出现变更和影响施工进度的事项时,总监理工程师应组织专业监理工程师及时收集变更资料并分析原因,如实上报建设单位。

二十、监理人员岗前培训、持证上岗制度

(1)监理项目部负责组织本项目监理人员上岗培训,参加本项目监理工作的监理人员必须培训合格取得上岗证。

(2)总监理工程师应结合本工程的特点组织全体监理人员进行岗前监理知识学习,主要学习工程建设的法律、法规、标准、规范和制度,以及《铁路建设工程监理规范》和监理委托合同有关条款、监理人员执业守则、监理人员"十不准",并熟悉监理工作内容、工程基本情况、监理工作重点、难点等。

(3)监理人员一律持证上岗。监理项目部统一定制监理工作牌,牌上注明监理人员名称、职务(岗位)以及证件编号。

二十一、工程量计量制度

(1)计划内工程量为建设单位和监理工程师批准的按施工图纸施工的工程以及按图纸会审意见或按增减工程量审批制度批准的项目的工程量。

(2)已完成的计划内工程量经监理工程师检验质量合格后,施工单位向建设单位代表和监理工程师提交已完工程量报告,建设单位代表和监理工程师接报告后 7 日内按设计图纸核实,并在计量前 24 h 通知施工单位。施工单位应为计量提供便利条件并派人参加。施工单位收到通知不参加计量,计量结果有效,作为工程款支付的依据。

(3)建设单位代表和监理工程师收到施工单位报告后 7 日内未进行计量,从第 8 日起,施工单位报告中开列的工程量即视为被确认,致使施工单位未能参加计量,计量结果无效。

(4)对施工单位超出设计图纸范围和因施工单位原因造成返工的工程量,监理人员不予计量。

(5)招标时的工程量与实际施工中的工程量不符时,施工单位应在事件发生后 14 日内做出工程量增加核定单,经现场监理工程师认可作为计价依据。

(6)监理工程师和建设单位代表对报告内工程量共同进行计量核实并签字确认,监理工程师起审核作用,建设单位代表起审定作用。

(7)技术经济审查重点:该项目按合同规定是否合理;该项目签证工程量是否准确;限额以上签证必须

同建设单位协商后再签，并由建设单位代表附签后方可生效。

(8)有关隐蔽工程签证应及时现场复核。

(9)各专业的技术签证资料均须总监理工程师复核签字后方可发送施工单位。

(10)所有资料均按规定存档。

二十二、工程款支付签审制度

(1)每月在规定的时间，施工单位申报本月完成工程量，填报《中间支付申请表》《工程款支付汇总表》等有关表格，说明施工单位认为这个月应得的有关款项。

(2)监理工程师对施工单位提交的付款申请进行全面审核，修正或删除不合理的部分，计算付款净金额。

(3)监理工程师在计算付款净金额时，应扣除该月应扣除的保留金、预付款、违约金等。若净金额小于合同规定的期中支付的最小限额时，监理工程师不需开具任何付款证书。

(4)总监理工程师根据合同条款规定和审核的工程款项，签发《工程结算审查表》，报送建设单位。

(5)总监理工程师应督促建设单位按合同规定的时间支付工程款，避免由于支付款项拖延而引起的索赔。

(6)工程款支付的条件如下

①质量合格是工程支付的必要条件；

②符合合同条件；

③变更项目必须有监理工程师的变更通知；

④支付金额必须大于期中支付证书规定的最小限额。

二十三、工程索赔签审制度

(1)工程索赔事项由总监理工程师主持。

(2)索赔方可以是施工单位，也可以是建设单位。

(3)索赔是工程承包合同履行中，当事人一方因对方不履行或不完全履行既定的义务，或者由于对方的行为使权利人受到损失时，要求对方补偿损失的权利。索赔分造价索赔和工期索赔。

(4)施工单位向建设单位的索赔内容包括：

①自然条件与人为障碍引起的索赔：地质条件变化引起的索赔、工程中人为障碍引起的索赔。

②工程变更引起的索赔。

③工期延期的造价索赔：工期索赔、延期产生的造价索赔。

④加速施工造价的索赔。

⑤建设单位不正当地终止工程而引起的索赔。

⑥物价上涨引起的索赔：对固定总价合同不予调整、按价差调整合同价、用调价公式调整合同价。

⑦法律、货币及汇率变化引起的索赔。

⑧拖延支付工程款的索赔。

⑨建设单位的风险。

⑩不可抗力。

(5)建设单位向施工单位的索赔内容包括：

①工期延误索赔。

②质量不满足合同要求索赔。

③施工单位不履行的保险造价索赔。

④对超额利润的索赔。

⑤对指定分包施工单位的付款索赔。

⑥建设单位合理终止合同或施工单位不正当地放弃工程的索赔。

(6)项目监理部处理造价索赔依据如下:

①国家有关的法律、法规和工程项目所在地的地方法规;

②本工程的总承包合同文件;

③国家、部门和地方有关的标准、规范和定额;

④总承包合同履行过程中与索赔事件有关的凭证。

(7)当施工单位提出造价索赔的理由同时满足以下条件时,项目监理部应予以受理:

①索赔事件造成了施工单位直接经济损失;

②索赔事件是由于非施工单位的责任发生的;

③施工单位已按照总承包合同规定的期限和程序提出造价索赔申请表,并附有索赔凭证材料。

(8)施工单位向建设单位提出造价索赔,项目监理部应按下列程序处理:

①施工单位在总承包合同规定的期限内向项目监理部提交对建设单位的造价索赔意向通知书。

②总监理工程师指定专业监理工程师收集与索赔有关的资料。

③施工单位在承包合同规定的期限内向监理项目部提交对建设单位的造价索赔申请表。

④总监理工程师初步审查造价索赔申请表,符合规定的条件时予以受理。

⑤总监理工程师进行造价索赔审查,并在初步确定额度后,与施工单位和建设单位进行协商。

⑥总监理工程师应在总承包合同规定的期限内签署造价索赔审批表,或在总承包合同规定的期限内发出要求施工单位提交有关索赔报告的进一步详细资料的通知,待收到施工单位提交的详细资料后,按程序进行。

(9)当施工单位的造价索赔要求与工程延期要求相关联时,总监理工程师在做出造价索赔的批准决定时,应与工程延期的批准联系起来,综合做出造价索赔和工程延期的决定。

(10)由于施工单位的原因造成建设单位的额外损失,建设单位向施工单位提出造价索赔时,总监理工程师在审查索赔报告后,应公正地与建设单位和施工单位进行协商,并及时做出答复。

(11)当索赔达不成一致意见时,可提请上级主管部门或仲裁部门调解仲裁,总监理工程师应按实际情况提供有关证明资料。

(12)当索赔协商达成一致意见时,由总监理工程师签发索赔证明。

二十四、进度跟踪及纠偏制度

(1)施工进度计划(包括总进度计划、专业工程分包进度计划)由建设单位编写,监理工程师审查通过后,即作为工程项目的实施进度计划。

(2)总监理工程师或其代表负责整个工程项目的进度跟踪与纠偏,各专业监理工程师负责本专业工程施工的进度跟踪与纠偏,各区段监理组负责相应区段和及区段内各单位(子单位)工程的进度跟踪与协调。

(3)监理工程师必须在施工进度计划实施之前对影响工程项目施工进度的各种因素进行分析,提出保证施工进度成功实施的建设性建议,实现主动控制,主要考虑以下几方面:

①工程建设相关单位的影响:不仅要考虑施工单位的因素,还要考虑政府、建设单位、设计单位、物资供应部门、运输、通信、供电等部门的影响,监理工程师发挥协调作用,并在进度计划安排中对无法控制的因素留有足够机动时间;

②物资供应的影响;

③资金的影响;

④设计变更的影响;

⑤施工条件的影响;

⑥各种风险因素;

⑦施工单位管理水平的影响。

(4)监理工程师随时对工程形象进度进行检查,每周工程例会前对已完成的工程项目、工程量进行汇总,同时审查建设单位的进度周报,对本周的工程进度进行评价,在工程例会上进行通报,通报内容有:

①工程形象进度,包括本周完成工程量、累计完成工程量、计划完成工程量;

②进度偏差;

③造成进度偏差的原因分析,包括:施工单位的劳动力、材料、设备投入的数量及施工单位的施工管理,施工单位应提供的设计图纸、材料和设备,设计变更的影响,自然条件(水文、地质条件、周围环境、气候等)的影响,其他协作单位的影响;

④提出纠偏意见,在工程例会上进行讨论,形成统一意见后,由各相关单位进行实施,监理工程师监督执行。

(5)监理工程师每月在监理月报中对工程形象进度进行描述,确定进度偏差,分析偏差原因,提出纠偏措施,与相关各方进行讨论,统一意见后由各单位执行。

(6)进度比较可采用横道图比较法、S形曲线比较法、香蕉曲线比较法、前锋线比较法、列表比较法等技术方法。

(7)进度控制应采用组织措施、经济措施、合同措施、技术措施和信息管理措施,具体措施内容在监理方案和进度监理细则中予以明确。

(8)若进度偏差较大,工期拖延严重或影响因素无法消除,应责成施工单位调整进度计划,监理工程师对调整的进度计划进行分析、审查,提出建设性意见。

(9)总监理工程师应定期向监理公司汇报工程进度的实施情况。

二十五、施工现场紧急情况处理制度

(1)施工现场出现紧急情况后,必须迅速逐级报告。

(2)专业监理工程师应根据现场情况,采取有效措施,避免事态扩大,尽可能减少或避免人员伤亡,减少财产损失。

(3)出现紧急情况后,专业监理工程师应尽快通知总监理工程师。

(4)总监理工程师应立即通知建设单位、建设单位负责人并报监理公司,立即赴现场处理。

(5)监理公司应按具体情况分类上报有关部门并赴现场协助处理。

(6)总监理工程师应协助有关单位组织善后处理。

(7)有关单位组织调查处理,总监理工程师应协助做好调查。

(8)监理公司应组织有关人员调查原因,认真研究,吸取教训,杜绝同类事故发生。

二十六、工程协调制度

(1)在工程项目施工前,明确各专业监理工程师的协调责任,分层次、分类别进行协调,总监理工程师作为总协调。一般需协调的关系可分为以下两类:

①项目监理部内部的协调,包括人际关系、组织关系、需求关系的协调。

②工程项目参建单位之间的协调,包括建设单位、总施工单位、各分包施工单位、设计单位、监理工程师及政府有关部门的关系协调。

(2)工程项目有多家施工单位进行施工时,监理工程师应督促建设单位、总施工单位及分包施工单位签订现场施工配合协议,要求各相关单位相互协作。

(3)监理工程师应对施工现场出现的质量、进度、投资、安全文明施工、交叉作业中的相互配合、成品保护等问题进行积极协调。

(4)监理工程师组织管理时应提前明确协调内容、需协调单位、需采取措施等。各专业监理工程师在现场做出协调后,有关结果及形成的文件应报总监理工程师或其代表审核、确认。

(5)监理工程师应定期对协调工作的方式和效果进行总结和调整,以使协调工作收到更好的效果。

二十七、合同管理制度

(1)总监理工程师应在监理规划时即组织建立合同管理制度,资料员负责保管合同。

(2)监理项目部进驻现场后,应及时收集与工程相关的合同,并与建设单位联系,掌握工程项目的合同结构(分包施工单位数量、分包专业项目、项目合同标段的划分等),编制合同管理台账。

(3)总监理工程师组织熟悉和研究合同内容,充分理解合同内容条款,对合同中有明显违背国家和地方有关法律法规、规范标准的内容及明显不合理之处,书面向合同签订双方予以指出,提醒注意修改。

(4)根据合同内容检查工作制度,重点关注与合同内容联系较为密切的工程变更处理、现场签证、工程计量、工程款支付、索赔处理、合同争议等工作制度。

(5)在工程建设过程中,监理工程师应定期检查合同履行状况。

(6)根据合同进行工程管理,处理合同争议和索赔事项,按照合同规定审核工程变更、现场签证、计量、工程支付事项。

(7)在工程竣工验收后,对合同文件及时进行收集、整理、存档。

(8)在监理过程中,遵守监理工程师职业道德,不向无关方泄漏合同内容,以免损害合同签订各方的利益。

二十八、监理月报制度

(1)监理月报由总监理工程师组织编制,签认后每月按建设单位规定的时间报建设单位和本监理单位。

(2)监理月报从监理项目部进驻现场当月开始编制,工程项目经竣工验收并通过后下月不再编制监理月报。

(3)监理月报要求书写清楚,语句流畅,无错别字,使用专业术语,引用的数据和事例真实可靠。

(4)监理月报应包括以下内容或按建设单位要求的格式内容。

①本月工程概况。

②本月工程形象进度。

③工程进度:本月实际完成情况与计划进度比较,对进度完成情况及采取措施效果的分析。

④工程质量:本月工程质量情况分析,本月采取的工程质量措施及效果。

⑤工程计量与工程款支付:工程量审核情况,工程款审批情况及月支付情况,工程款支付情况分析,本月采取的措施及效果。

⑥合同其他事项的处理情况:工程变更,工程延期,费用索赔。

⑦本月监理工作小结:对本月进度、质量、安全生产、工程款支付等方面情况的综合评价,本月监理工作情况,有关本工程的意见和建议,下月监理工作的重点。

第二节　现场监理工作的实施

一、工程质量控制

(一)工程质量控制目标

(1)在合理使用及正常维护条件下,路基、桥梁、隧道、站场工程结构的施工质量,应满足不少于100年设计使用寿命期内正常使用维护时的运营要求;轨道工程施工质量,应满足设计使用寿命期内正常使用维护时的运营要求;

(2)开通验收速度不低于1.1倍列车设计速度目标值;

(3)各检验批、分项、分部工程施工质量合格率达到100%;

(4)单位工程一次验收合格率100%。

(二)工程质量控制的主要职责和权限

(1)对施工单位有关质量文件审查(批),主要审核施工组织设计、项目质量管理自控体系、质量措施、关键工艺方案等是否符合有关规范要求。

(2)参加工程设计现场技术交底和现场交桩,会同设计单位按时向施工单位提供线路中线、各项测量控制点等资料,并进行现场交接。

(3)组织施工单位对管段平面、高程控制网进行测量,复核测量成果,提出审查意见。对施工单位的施工放样进行审核或复测,对重要(点)或控制性工程进行独立平行测量。在施工阶段转换时或认为必要时,监理人员应重复进行上述测量。对施工单位提出的精测网和区域地面沉降观测实施方案进行审核,对其新建立的精测网和区域地面沉降网进行检核,必要时进行复测。

(4)图纸会审并将施工图现场核对。在开工前,组织施工单位对施工图纸和设计文件进行现场核对,主要核对工程数量、几何尺寸、地形位置等,严格遵循未进行现场核对的工点不准予开工的要求。

(5)参加设计变更管理工作。接受变更建议书,会签有关意见,送交建设单位审核,对批准的变更设计的实施过程进行监理。

(6)组织甲供物资设备的到货验收,审核材料和设备质量。甲供物资设备进入施工现场(仓库)时,会同施工单位进行质量和数量验收,不合格的,拒绝接受。在开工前和施工过程中检查和审核施工单位用于工程的各种材料、构配件和设备质量,并进行平行或见证检验,经检验合格后,准予使用。

(7)审批签发单位工程开工报告。

(8)按规定旁站并过程监督检查和质量记录签认。

(9)见证试验或检测。

(10)按规范规定对外加剂等材料平行检验。

(11)工程质量验收。

(12)参与重大施工方案、方法、工艺的论证和审查,并明确其是否符合设计及相应的使用技术条件和强制性标准等要求。

(三)质量控制措施

1. 组织措施

(1)建立监理机构的质量保证体系,确定项目监理机构人员分工和岗位职责;建立健全监理组织,完善职责分工及有关制度,做到职责明确,全面落实质量控制的岗位责任。完善和加强监理组织内部监管机制,加强监理队伍的自身建设,在监理过程中,通过组织功能,不断提升监理水平,使监理过程处于良性、高效运转之中。

(2)按照监理组织的职责分工,将目标按施工阶段和单位、分部、分项、检验批进行分解,使目标具体化,责任落实到每个监理人员。

(3)建立健全监理例会制度、巡视制度、旁站制度、执表检查制度、检测试验制度、监理技术交底制度、监理工程师业务交流制度及责任追究制度。

(4)制订对监理工程师的考评及奖励办法,并严格执行。

(5)总监理工程师积极做好目标控制的监督检查工作,发现问题及时采取补救措施。

(6)创建标准化监理站和试验室,按标准化监理站和试验室要求安排监理职能部门,配备监理人员、仪器设备,做到职能明确、人员齐备、设备满足检查检测要求。

2. 技术措施

(1)加强工程质量的事前控制措施,严格质量的事中、事后控制。

(2)加强与设计单位的沟通,做好图纸会审和技术交底工作。

(3)认真审查、审批施工单位编制的施工组织设计、方案和作业指导书。督促施工单位严格执行国家和铁路行业的工程建设标准、工程质量检验评定标准、工程承发包合同及有关技术标准。督促施工单位认真履行施工承包合同中约定的责任和义务。

(4)编制监理规划、监理细则和质量监理工作程序,并严格执行。

(5)充分运用先进的科学仪器和试验手段,保证测量和试验数据准确可靠。加强对施工单位工地试验室的检查指导工作。

(6)检查施工单位的工程质量,按规定填写各种质量检查表,对各种自查记录、施工测量、放样等资料进行随机抽查,发现问题做出监理记录,并通知施工单位及时纠正。监督施工过程中的工程质量,对重点难点工程派人员驻点监理,对关键工序进行旁站监理。严格执行隐蔽工程签证制度,上道工序不合格,严格禁止进行下道工序的施工。

(7)监理工程师在进行监督检查施工过程中,发现质量或安全、环水保问题时,立即通知施工单位改正或返工处理,并记入监理日志中,如不及时改进,发出监理通知单或在征得建设单位同意后,由总监理工程师签发暂停工令;对隐蔽工程中出现的各种问题,及时督促监督施工单位认真处理,必要时邀请建设单位和设计单位共同参加处理。

(8)检查确认工程材料、成品、半成品和设备的质量,对确认不符合要求的材料、成品、半成品和设备,禁止进入工地和投入使用,已进场的,责令施工单位清出现场。

(9)督促施工单位严格按照施工规程、规范、验收标准、设计图纸施工;对工程的重要部位、主要环节、关键工序的施工及设备的安装、调试,按工程有关质量检测规定进行检查签证;督促施工单位按规程进行各类试验检测,同时按规定数量进行见证和平行抽检试验,并对施工单位的试验结果进行抽样检查;按验收标准规定,对施工单位自评合格的检验批、分项、分部、单位工程质量进行复查验收,及时向建设单位汇报工程质量等级评定情况。

(10)根据工程任务范围、工程特点及监理工作需要,设立监理项目部中心试验室和监理组工地试验室,加强检测、试验手段,按规定做好见证及平行试验。

3. 合同管理措施

(1)对照施工合同、招投标文件,对施工单位质量管理人员履约严格进场核对。

(2)技术、质检人员进场变更符合招标文件规定。

4. 经济措施

(1)对月、季度工程量审核严格把关。

(2)验收不合格、整改不达标的不予计价。

(3)不超计工程量。

二、工程造价控制

(一)造价控制目标

按施工合同价格、计价清单计价,需要变更、补充协议的,经建设单位批复后计价。

(二)造价控制的主要职责和权限

(1)监理项目部存档施工合同。

(2)工程计价清单存档。

(3)对图纸工程量审核。

(4)参加设计变更会,按规定审查(批)变更申请,签认变更纪要。

(5)监督施工单位按施工图、变更联系单施工。

(6)无依据、未经审批的变更、未实施的变更,不予计价。

(7)每月核查统计进度,在监理月报中报告。

(8)同建设单位一起,对季度计价严格把关。

(三)造价控制措施

1. 组织措施

(1)每月组织核查确认施工进度,监理月报中报告。

(2)每季度协助建设单位组织对施工单位完成的工程量核查确认。

2. 技术措施

(1)对工程量清单、图纸工程核对,按清单计价。

(2)对变更审查严格把关。

3. 合同措施

按照合同、批复的已实施的变更且验收合格的,给予季度计价。

三、进度控制

(一)进度目标

施工进度满足合同及调整后的工期目标。

(二)进度控制的主要职责和权限

(1)审查施工单位施工组织设计中进度计划工期节点。

(2)对开工严格把关,对开工报告及施工组织设计等附件严格审查(批),报建设单位批复。

(3)监督施工单位按进度计划实施。

(4)发现进度滞后,向建设单位汇报,及时在月例会、专题例会中协助施工单位分析原因,采取改进措施。

(三)进度控制措施

1. 组织措施

发现施工单位进度滞后,组织专题、月例会,督促施工单位分析原因,确保施工进度。

2. 技术措施

按照建设单位指导性施工组织设计,对施工单位实施性施工组织设计审查,对进度计划重点审查,对保证进度的人、机、料和施工方法重点审查。

3. 合同措施

按照合同工期、调整后的工期节点监督施工单位按计划实施。

4. 经济措施

对施工单位现场完成的合格工程量确认,协助建设单位对施工单位月进度奖罚考核。

四、安全施工控制

(一)安全控制目标

(1)杜绝较大及以上施工安全事故。

(2)杜绝较大及以上道路交通责任事故。

(3)杜绝较大及以上火灾事故。

(4)控制和减少一般责任事故。

(二)安全控制的主要职责和权限

(1)审查施工组织设计中的安全技术措施。审查专项方案,重点审查深基坑、大模板、脚手架及支架、起重吊装、爆破作业、高处作业等专项方案。超过一定规模的专项方案审查必须经过论证可行方可实施。

(2)对施工单位风险管理检查。

(3)同建设、设计、施工单位共同确定风险性较大的分部分项工程,编写专项监理实施细则,重点监控。

(4)对施工单位的应急预案审查(批),监督施工单位应急演练。

(5)审查施工单位安全生产措施费的专款专用落实情况。

(6)对施工单位的现场施工安全巡视检查。

(7)发现施工单位存在安全隐患的,及时书面通知施工单位限时整改消除隐患。存在重大安全隐患的,必要时由总监理工程师下发暂停令,并报建设单位。施工单位不按时整改或屡教不改的,除报建设单位外,同时以专报的形式报国铁集团质量监督管理局、国家铁路局。

(8)按规定时间、程序报告安全事故。

(9)如发生安全事故,按规定协助调查。

(三)安全控制措施

1. 组织措施

(1)组织编写安全监理实施细则。

(2)监督施工安全管理、防护人员培训,组织监理人员参加安全培训。

(3)每月定期组织安全检查,并根据施工进展,对风险性大的工点开展专项检查。

(4)组织召开安全生产专题例会。

(5)驻站联络员驻站,设备报备。

(6)参加建设单位组织召开的安全生产例会、专题会。

(7)按规定组织开展“三查五防”“防洪”“一线三排”“安全月”等大检查活动。

(8)参与、监督应急演练。

2. 技术措施

(1)审查施工组织设计中安全技术措施。

(2)审查安全专项方案。

(3)审查施工计划。

3. 合同措施

(1)对照合同对安全管理人员、特种作业履约情况审查,满足要求,经培训合格后准予进场。

(2)对安全生产措施费使用情况核查确认。

(3)检查既有线、邻近既有线、行车线施工安全配合协议。

4. 经济措施

(1)协助建设单位按月对施工单位安全生产奖罚考核。

(2)对安全生产措施费计价严格把关。

五、环保、水保控制

监理项目部根据监理合同、地方政府相关部门的规定及建设单位的有关要求,对监理辖区内沿线中的水源、农田、居民、学校、风景区、地表植被、河流水质、地表土壤等,以及大临工程、施工营地、施工便道、弃渣场、砂石料储存场等受影响范围内的水土保持及植物的施作情况进行全部监督检查。对存在的问题责令限期整治并追踪和检查落实,整个施工期间未发生水土流失与污染环境现象,实现了环保、水保零事故,零投诉。

1. 施工准备阶段

审查施工组织设计、方案中环水保措施,审查环水保专项施工方案、应急预案,这些方案、预案列入开工报告审批必备要件。

2. 施工阶段

按照批准的方案、预案监督实施。便道修建、拌和站、钢筋加工场、构配件预制场、碎石场等采取减少扬尘、减小噪声的措施。

土方开挖、填筑作业及时洒水,运输车辆覆盖。拌和站存料棚内有喷雾除尘设备。拌和站有污水处理设备,经沉淀检测达标后排放。出场(厂)车辆安装冲洗设备,施工便道、土方填筑、挖方基面洒水,减少扬尘。

钻孔桩施工,设专用泥浆池、沉淀池,不随意倾倒泥浆,集中处理。

隧道爆破后残渣在设计弃土场存放,弃土压实,按设计进行防护、绿化。排水沟、截水天沟等及时施工,排水通畅,不污损道路、农田,未造成污染事故。

施工结束后，便道、钢筋加工场、拌和站、料场等及时恢复原貌，办理恢复、移交相关手续，环水保资料齐全并存档。

六、试验检验控制

(1)按合同约定建立监理项目部试验室，配备试验监理人员，试验室经建设单位验收后启用。

(2)监理项目部试验室组织对进场原材料、构配件、半成品严格检查验收。试验室、现场监理工程师按规定进行见证检测、见证试验、见证取样送检(委外项目)，试验室按规定进行平行检验。

(3)监理试验室及试验监理工程师对检验项目中的性能进行量测、检查、试验等，取得实测数据与标准规定要求进行比较，正确判断和确认各种材料、构配件和设备质量是否合格，保证检测数量和工程质量满足设计及合同要求。

(4)对标段内的路基承载力、路基填筑压实、路基 CFG 桩、桥梁桩基委外检测进行见证(含委托人委托的检测)。

第三节 监理结论

一、单位工程质量评价

赣深铁路监理各标管段内在施工过程中未发生较大的质量事故，检验批验收、分项、分部、单位工程预验收，施工质量均满足验收标准，验收合格率为 100%。各分项工程、分部工程、单位工程经验收评定，认为该工程达到了合同约定的工程质量要求，总体工程质量评定为合格。

二、总体质量评价

赣深铁路工程范围内轨道(不含铺轨)、路基、桥涵、隧道、声屏障工程及精密工程测量专业分项工程、分部工程、单位工程经验收评定，认为该工程达到了合同约定的工程质量要求，总体工程质量评定为合格。

第十一章 工程咨询

第一节 咨询方式

根据工程建设的需要,结合具体情况,深圳指挥部委托中国中铁二院工程集团有限责任公司(以下简称中铁二院)对赣深铁路的惠州北站等8站站房及相关工程站后生产生活房屋及配套工程、光明城站站房及相关工程、四电及相关工程、赣粤省界至塘厦段站前工程、深圳北站改造工程、塘厦(不含)至深圳北(不含)段站前工程开展施工图审核咨询。

第二节 主要咨询成果

一、惠州北站等8站站房及相关工程站后生产生活房屋及配套工程

(一)工程概况

1. 站房

赣深铁路赣粤省界至东莞南站(含)段站房施工图审核工作由中铁二院负责,其范围是赣粤省界DK133+893~DK404+867.27(不含DK264+984.91~DK280+758.27先开段站前工程),正线线路长253.369 km,沿线依次分布有和平东、龙川西、东源、河源东、博罗北、惠州北、仲恺和塘厦8个车站,均为新建站,其中塘厦、仲恺、河源东、龙川西站为高架站场形式。

(1)和平东站

和平东站位于广东省河源市和平县,站房总建筑面积9 965 m^2,最高聚集人数800人,采用线侧下式旅客站房。站中心里程DK161+420,车场规模2台4线,含2条正线,设450 m×8 m×1.25 m基本站台和侧式站台各1座,8 m宽旅客进出站地道1座。

主体站房功能布局分为两层,一层候车厅相对高程0.000 m,二层平面相对高程7.500 m,地下一层(消防泵房)相对高程−6.00 m。站房面宽161 m,进深49 m,高度23.2 m。

和平东站站台雨棚采用站台中间立柱的钢筋混凝土结构雨棚,雨棚水平投影面积7 467 m^2。

(2)龙川西站

龙川西站位于广东省河源市龙川县,站房总建筑面积19 980 m^2,最高聚集人数1 000人,采用线正下式旅客站房。站中心里程DK216+381,车场规模4台12线,含2条正线,设450 m×12 m×1. 25 m中间站台4座。

主体站房功能布局分为两层,一层进站层相对高程0.000 m。二层平面相对高程7.500 m,地下一层(消防泵房)相对高程−6.00 m。站房面宽182 m,进深152 m,高度23.70 m。

龙川西站站台雨棚采用站台中间立柱的钢结构雨棚,雨棚水平投影面积21 600 m^2。

(3)东源站

东源站位于广东省河源市东源县,站房总建筑面积9 997 m^2,最高聚集人数300人,采用线侧平式旅客站房。站中心里程DK246+275,车场规模2台4线,含2条正线,车站两端咽喉位于桥上,设450 m×8 m×1.25 m基本站台和侧式站台各1座,8 m宽旅客进出站地道1座。

主体站房功能布局分为两层,一层进站层相对高程0.000 m。二层平面相对高程7.500 m,地下一层(消防泵房)相对高程−6.00 m。站房面宽161.1 m,进深48.5 m,高度28.63 m。

东源站站台雨棚采用站台中间立柱的钢结构雨棚，雨棚水平投影面积 7 467 m^2。

(4)河源东站

河源东站位于广东省河源市，站房总建筑面积 20 000 m^2，最高聚集人数 2 500 人，采用线侧下式旅客站房。站中心里程 DK282＋116.3，车场规模 2 台 6 线，含 2 条正线，设 450 m×2 m×1.25 m 中间站台 4 座，12 m 宽旅客进站地道、10 m 宽旅客出站地道各 1 座。

主体站房功能布局分为三层，架空层(出站厅)相对高程－5.5 m，一层候车厅相对高程 0.000 m，二层平面相对高程 8.00 m，局部夹层 14.00 m。站房面宽 190.6 m，进深 56.5 m，高度 23.9 m。

河源东站站台雨棚采用站台中间立柱的钢结构雨棚，雨棚水平投影面积 10 606 m^2。

(5)博罗北站

博罗北站位于广东省惠州市博罗县，站房总建筑面积 7 999.84 m^2，最高聚集人数 300 人，采用线侧下式旅客站房。站中心里程 DK311＋520，车场规模 2 台 4 线，含 2 条正线，设 450 m×8 m×1.25 m 基本站台和侧式站台各 1 座，8 m 宽旅客进出站地道 1 座。

主体站房功能布局主体一层，局部设夹层，一层进站层相对高程 0.000 m。站房面宽 144.8 m，进深 45.8 m，高度 20.75 m。

博罗北站站台雨棚采用站台中间立柱的钢筋混凝土结构雨棚，雨棚水平投影面积 7 200 m^2。

(6)惠州北站

惠州北站位于广东省惠州市，站房总建筑面积 49 998 m^2，最高聚集人数 2 500 人，采用设高架候车厅的线侧平式旅客站房。站中心里程 DK351＋760，车场规模 5 台 12 线，含 2 条正线，车站两端咽喉位于桥上，设 450 m×12 m×1.25 m 中间站台 5 座，24 m 宽旅客出站城市通廊 1 座，6 m 宽综合作业地道 1 个。

主体站房功能布局分为地下两层，地上两层，局部设夹层。地下负二层为市政配套预埋相对高程－17.80 m，负一层出站层相对高程－10.65 m，地上一层相对高程 0.000 m，中间为站台层，南北侧站房对称布置，二层高架候车层平面相对高程 9.300 m。站房面宽 174 m，进深 247.2 m，高度 33.96 m。

惠州北站站台雨棚采用无站台柱钢结构大雨棚和站台中间立柱的钢筋混凝土结构雨棚相结合，其中无柱钢结构大雨棚水平投影面积 10 937.8 m^3，站台立柱钢筋混凝土雨棚投影面积 15 200 m^2。

(7)仲恺站

仲恺站位于广东省惠州市仲恺区，站房总建筑面积 7 999 m^2，最高聚集人数 500 人，采用线侧下式旅客站房。站中心里程 DK373＋305，车场规模 2 台 4 线，含 2 条正线，设 450 m×8 m×1.25 m 基本站台和侧式站台各 1 座。

主体站房功能布局分为两层，架空层相对高程－5.50 m，为出站层，一层进站层相对高程 0.000 m。站房面宽 154 m，进深 42 m，高度 18.6 m。

仲恺站站台雨棚采用站台中间立柱的钢结构雨棚，雨棚水平投影面积 7 200 m^3。

(8)东莞南站

东莞南站位于广东省东莞市塘厦镇，站房总建筑面积 28 400 m^2，最高聚集人数 1 000 人，采用线正下式旅客站房。站中心里程 DK403＋167.65，车场规模 4 台 8 线，含 2 条正线，设 450 m×12 m×1.25 m 中间站台 2 座，450 m×8 m×1.25 m 侧式站台 2 座。

主体站房功能布局为地下一层，地上二层，局部设夹层。地下一层(消防泵房)相对高程－5.50 m，架空层出站层相对高程 0.000 m，二层候车层相对高程 7.800 m，局部夹层办公，相对高程 12.9 m 和 18.0 m。站房面宽 195.9 m，进深 126.5 m，高度 32.5 m。

东莞南站站台雨棚采用站台中间立柱的钢结构雨棚，雨棚水平投影面积 18 000 m^2。

2. 生产生活房屋

赣深铁路广东段生产生活房屋(不含四电房屋和光明城站)新建房屋总规模建筑面积 149 449.96 m，主要包括以下内容：

(1)综合维修工区 5 处，包括和平东、龙川西、河源东、惠州北、塘厦综合维修工区，房屋包括工区综合楼 5 栋、轨道车库 5 栋、材料棚 2 栋等,建筑面积共 21 871.72 m^2。

(2)站区及区间给排水房屋,包括站区给水加压站 8 栋、站区污水处理站 4 栋、区间给水间 1 栋,建筑面积共 1 927.84 m^3。

(3)站区及区间公安房屋,包括派出所 6 栋、警务区 4 栋、岗亭 146 处,建筑面积共 5 681.04 m^2。

(4)站区及工区生活房屋,包括单身宿舍 10 栋、食堂 5 栋,建筑面积共 18 599.48 m^2。

(5)深圳北第二动车所房屋,包括 8 线检修库及边跨 1 栋、不落轮镟库及临修库 1 栋、动车组外皮清洗装置控制室 1 栋、轮对踏面检测及受电弓检测棚 1 栋、充电清洗间及空压机站 1 栋、深圳北动车所综合工区办公楼 1 栋、给水加压站 1 栋、真空卸污泵房 2 栋、供电生产中心 1 栋、轨道车库 1 栋、深北第二动车所派出所 1 栋等,建筑面积共 54 682.88 m^2。

(6)深圳北第二动车所集中建设生产生活房屋(公寓、单身宿舍、食堂)共 6 栋、地下车库 1 处,建筑面积 46 687 m^2。

(二)主要指标及技术标准

1. 站房主要技术标准

(1)车站规模:根据赣深铁路广东段初步设计批复及惠州北站等 8 站站房修改初步设计批复,和平东、东源站站房均按 10 000 m^2 控制;博罗北、仲恺站站房均按 8 000 m^2 控制;龙川西、河源东站站房均按 20 000 m^2 控制;东莞南站站房按 28 400 m^2、惠州北站按 50 000 m^2 控制。

(2)设计使用年限:50 年。

(3)装修标准:按初设批复意见执行。

(4)建筑防火类别:按多层民用建筑执行。

(5)结构安全等级:各站雨棚、惠州北站承轨层和高架候车室为一级,侧站房和其余站房为二级。站房、雨棚金属屋面系统基本风、雪压荷载重现期按 100 年取值。

(6)抗震设防类别:站房为标准设防类,站房中调度、通信、信号、电力房屋及相关部分为重点设防类。

(7)抗震设防烈度:东源站、河源东站为 7 度,和平东、龙川西、博罗北、惠州北、仲恺、东莞南站为 6 度。

(8)屋面防水等级:一级(站房、站台雨棚)。

(9)主要结构选型:站房主体为钢筋混凝土框架结构,候车厅屋盖采用钢网架、金属屋面系统。站台雨棚为钢筋混凝土结构或钢结构。生产生活房屋以钢筋混凝土框架结构为主。

(10)地基基础设计等级:甲、乙级。

2. 生产生活房屋主要技术指标

(1)站房外的其他房屋原则上采用坡屋面(四坡屋面或双坡屋面),外挑檐沟,屋面一般采用有组织排水。

(2)办公、值班、住宿及有空调要求的生产房屋,外墙、屋面均设置保温层。

(3)屋面防水等级:所有房屋均为一级(两道防水设防)。

(4)建筑物耐火等级不低于二级。

(5)建筑抗震设防类别:信号楼室、牵引变配电所、变配电所及含有信号楼的站房综合楼等为乙类(按本地区抗震设防烈度提高一度采取抗震构造措施),其他房屋为丙类。

(6)房屋结构标准:一般房屋建筑结构的安全等级为二级,结构的设计使用年限为 50 年。地基基础设计等级为丙级,砌筑施工质量控制等级为 B 级。

(7)结构形式:一般房屋采用混凝土框架结构,对于矮小的一般生产房屋可采用砌体结构。楼屋面均采用现浇钢筋混凝土板。

(8)基础形式:

①地基持力层埋深≤2.0 m 时,视上部结构方案、荷载大小、地质条件等因素,分别采用无筋扩展基础(混凝土实心砖、混凝土或毛石素混凝土基础)、扩展基础、筏形基础、柱下条形基础。

②地基持力层埋深>2.0 m 时,根据土层类型及深度采用预制管桩、钻孔灌注桩及人工挖孔桩基础;

对于矮小的房屋采用高压旋喷桩对室内地坪地基进行加固处理。

(三)施工图审核范围及内容

1. 审核范围

(1)站房工程

①赣深铁路(赣粤省界至塘厦段)和平东、龙川西、东源、河源东、博罗北、惠州北、仲恺和塘厦 8 座车站的站房、雨棚、地道装修、站台铺面、铁路客站停车设施,以及信息、电力、暖通、给排水等配套工程。

②惠州北站与出站地道合设的城市通廊工程。

③仲恺、河源东、塘厦、惠州北站与站房一体设计、同步实施的站前高架车道工程。

(2)生产生活房屋

①赣深铁路广东段生产生活房屋(不含四电房屋和光明城站站区生产生活房屋)及相关配套工程,建筑面积合计约 149 450 m^2。

②深圳北动车所第二场动车组一二级检修、惠州北及龙川西司机派班系统、全线室外给排水、基础设施维修等设备及安装工程。

2. 审核内容

施工图审核内容包括各站房施工图现场核对、施工图文件审核、施工图预算和相关文件的审查及与本项目施工图审核相关的所有工作。

(1)站房包括建筑、结构、室内装修、室内给排水、通风空调、动力、照明、防雷接地、FAS/BAS、幕墙、金属屋面、静态标识、电梯、综合管线、信息等工程。

(2)站台雨棚包括雨棚的建筑、结构、动力、照明、排水、静态标识、综合管线及站台铺面工程。

(3)地道包括建筑、结构、动力、照明、装修及静态标识工程。

(4)停车场的建筑、电力、给排水工程。

(5)生产生活房屋(不含四电)审核内容:建筑、结构、电力、暖通空调、室内外给排水、动车组、基础设施维修、信息、通信、工经等。

(四)施工图审核依据

(1)《铁路建设预可行性研究、可行性研究和设计文件编制方法》(国铁科法〔2018〕93 号);

(2)《铁路建设项目施工图审核管理办法》(铁总建设〔2014〕299 号);

(3)《铁路工程施工图审核管理细则》(铁总建设〔2019〕37 号);

(4)《铁路建设项目施工图审核评价办法》(铁总工管〔2017〕259 号);

(5)《铁路建设项目变更设计管理办法》(铁建设〔2012〕253 号);

(6)《铁路基本建设项目投资管理办法》(铁总计统〔2017〕179 号);

(7)《铁路建设项目工程接口管理办法》(铁总工管〔2016〕99 号);

(8)国家有关法律、法规、技术政策,工程建设强制性标准;

(9)铁路行政监管部门或国铁集团现行有关技术政策,设计规范、规程、标准;

(10)《中国铁路总公司　江西省人民政府　广东省人民政府关于新建赣州至深圳铁路赣州至塘厦段初步设计的批复》(铁总鉴函〔2017〕528 号);

(11)《中国铁路总公司　广东省人民政府关于新建赣州至深圳铁路塘厦至深圳北段初步设计的批复》(铁总鉴函〔2018〕248 号);

(12)《关于新建赣州至深圳铁路广东段惠州北站等 8 站站房及相关工程修改初步设计的批复》(铁总鉴函〔2019〕264 号);

(13)本项目相关环评、水保、地质灾害风险评估等专题报告及其批复(审查)意见;

(14)施工图审核委托合同书;

(15)其他相关规范。

(五)审核结论

设计单位提交的施工图设计文件及设计图纸采用的主要技术标准、所选择的设计方案及各专业采用的设计原则、标准正确,符合有关规范要求。施工图设计文件组成内容及所附图表基本齐全,符合《铁路基本建设项目预可行性研究、可行性研究和设计文件编制办法》(国科铁法〔2018〕93号)的规定,执行了工程建设强制标准和有关规程、规范,较为全面地贯彻了有关安全、防灾、节能、环保、水保的规定,较好地落实了初步设计审查意见及有关技术会议的要求。施工图设计文件深度和质量基本满足要求,工程投资可控,经修改完善后,达到施工图精度,满足招标要求和施工需要。

二、光明城站站房及相关工程

(一)工程概况

1. 线路概况

赣深铁路塘厦(不含)至深圳北(不含)段站房施工图审核工作由中铁二院负责,其里程范围为DK404+867.27～DK432+903,正线长度27.888 km,段内设光明城站1个车站。

2. 站房

既有光明城站位于深圳市光明区,隶属于广深港高铁,已于2011年底通车运营。既有车站规模为2台4线,站房设为线正下式,车站建筑总建筑面积6 673.17 m²,其中公共区面积3 800 m²。

赣深铁路引入后,在既有车站东侧新设赣深场,规模为2台4线,设450 m×8 m×1.25 m基本站台和侧式站台各1座,车站设置为高架站。新建赣深铁路光明城站最多聚集人数为500人,在与广深港铁路统筹考虑情况下,最多聚集人数1 000人,按中型铁路旅客站房设计。新建站房建筑面积为14 699.68 m²,其中位于新建赣深站场下方站房面积11 358.84 m²,位于既有广深港站场下方站房面积3 340.84 m²,同时对既有广深港光明城站站房进行适应性改造,改造面积3 906.4 m²,与新建站房工程一并计入本工程范围。

站房主体轴线总长185 m,轴线总宽105.55 m,站房主体地上一层,局部设夹层,主体高度23.7 m(室外地坪至屋面檐口高度)。

光明城站站台雨棚采用大跨钢结构无柱雨棚,雨棚水平投影面积19 722.7 m²。

3. 生产生活房屋

本次新增光明站单身宿舍楼1栋,建筑面积1 506.88 m²。

(二)主要技术指标及技术标准

1. 站房主要技术标准

(1)车站规模:根据光明城站站房及相关工程初步设计批复,光明城站站房建筑面积按照14 700 m²控制。

(2)设计使用年限:50年。

(3)装修标准:按初设批复意见执行。

(4)建筑防火类别:按多层民用建筑执行。

(5)耐火等级:地上二级、地下一级。

(6)抗震设防烈度:7度。

(7)建筑抗震设防类别:站房内行车、四电、供水为重点设防类(乙类),跨线的雨棚为重点设防类(乙类),站房其他及站台雨棚为标准设防类(丙类)。

(8)地下室防水等级:Ⅰ级。

(9)屋面防水等级:Ⅰ级(站房、站台雨棚)。

(10)主要结构选型:站房主体结构采用钢筋混凝土框架结构,桥下金属屋面为钢网架结构简支支撑在桥墩墩身牛腿上,局部侧站房采用钢框架结构形式,候车厅屋盖采用网架结构。站台雨棚采用大跨钢结构无柱雨棚。

(11)站房结构安全等级:站房为二级,站台雨棚为一级。

(12)地基基础设计等级:乙级。

2. 生产生活房屋建筑标准

(1)房屋建筑标准

①房屋采用四坡屋面,外挑檐沟,有组织排水。

②外墙、屋面均设置保温层。

③屋面防水等级:Ⅰ类(两道防水设防)。

④建筑物耐火等级不低于Ⅱ级。

(2)房屋结构标准

①抗震设防烈度为7度,地震动峰值加速度为0.1g,地震动反应谱特征周期值0.35 s,设计地震分组为第一组,场地类别为Ⅱ类。

②建筑抗震设防类别:单身宿舍为丙类。

③房屋建筑结构的安全等级为二级,结构的设计使用年限为50年。地基基础设计等级为丙级,砌筑施工质量控制等级为B级。

④结构形式:房屋采用钢筋混凝土框架结构,楼屋面均采用现浇钢筋混凝土板。

⑤基础形式:预应力管桩基础。

(三)施工图审核范围及内容

1. 审核范围

(1)赣深铁路(塘厦至深圳北段)站房施工图审核范围为光明城站站房(含既有站房改造工程)、雨棚、站台铺面、客运服务设施(楼扶梯)、相关室外工程,以及信息、电力、暖通、给排水等配套工程。

(2)光明城站单身宿舍楼。

2. 审核内容

施工图审核内容包括各站房施工图现场核对、施工图文件审核、施工图预算和相关文件的审查及与本项目施工图审核相关的所有工作。

(1)站房包括建筑、结构、室内装修、室内给排水、通风空调、动力、照明、防雷接地、FAS/BAS、幕墙、金属屋面、静态标识、电梯、综合管线、信息等工程。

(2)站台雨棚包括雨棚的建筑、结构、动力、照明、排水、静态标识、综合管线及站台铺面工程。

(3)停车场的建筑、电力、给排水工程。

(4)生产生活房屋包括房建、电力、暖通空调、室内外给排水、工经等。

(四)施工图审核依据

(1)《铁路建设项目预可行性研究、可行性研究和设计文件编制办法》(国铁科法〔2018〕93号);

(2)《铁路建设项目施工图审核管理办法》(铁总建设〔2014〕299号);

(3)《铁路工程施工图审核管理细则》(铁总建设〔2019〕37号);

(4)《铁路建设项目施工图审核评价办法》(铁总工管〔2017〕259号);

(5)《铁路建设项目变更设计管理办法》(铁建设〔2012〕253号);

(6)《铁路基本建设项目投资管理办法》(铁总计统〔2017〕179号);

(7)《铁路建设项目工程接口管理办法》(铁总工管〔2016〕99号);

(8)国家有关法律、法规、技术政策,工程建设强制性标准;

(9)铁路行政监管部门或国铁集团现行有关技术政策,设计规范、规程、标准;

(10)《中国铁路总公司　广东省人民政府关于新建赣州至深圳铁路塘厦至深圳北段初步设计的批复》(铁总鉴函〔2018〕248号);

(11)《国铁集团广东省人民政府关于新建赣深至深圳铁路塘厦至深圳北段光明城站站房及相关工程修改初步设计的批复》(铁鉴函〔2020〕184号);

(12)本项目相关环评、水保、地质灾害风险评估等专题报告及其批复(审查)意见;

(13)施工图审核委托合同书;

(14)主要相关规范。

(五)审图结论

设计单位提交的施工图设计文件及设计图纸采用的主要技术标准,所选择的设计方案及各专业采用的设计原则、标准正确,符合有关规范要求。施工图设计文件组成内容及所附图表基本齐全,符合《铁路基本建设项目预可行性研究、可行性研究和设计文件编制办法》(国科铁法〔2018〕93 号)的规定,执行了国家和国铁集团工程建设强制行标准和有关规程、规范,较为全面地贯彻了有关安全、防灾、节能、环保、水保的规定,较好地落实了初步设计批复意见及有关技术会议的要求。施工图设计文件深度和质量基本满足要求,工程投资可控,经修改完善后,达到施工图精度,满足招标要求和施工需要。

三、四电及相关工程

(一)施工图审核依据

(1)《国家发展改革委关于新建赣州至深圳铁路可行性研究报告的批复》(发改基础〔2016〕2128 号);

(2)《中国铁路总公司　江西省人民政府　广东省人民政府关于新建赣州至深圳铁路赣州至塘厦段初步设计的批复》(铁总鉴函〔2017〕5285 号);

(3)《中国铁路总公司　广东省人民政府关于新建赣州至深圳铁路塘厦至深圳北段初步设计的批复》(铁总鉴函〔2018〕248 号);

(4)《铁路建设项目施工图审核管理办法》(铁总建设〔2014〕299 号);

(5)国家有关法律、法规、技术政策,工程建设强制性标准;

(6)国铁集团现行有关技术政策,设计规范、规程、标准;

(7)施工图审核合同书(委托书)。

(二)审图结论

施工图文件均执行了工程建设强制性标准和初步设计批复意见,各专业施工图的设计深度、设计质量和图纸的系统性、完整性达到《建筑工程设计文件编制深度规定》(建质函〔2016〕247 号)及《铁路建设项目预可行性研究、可行性研究和设计文件编制办法》以及相关规范、规程的要求,其完整性及系统性可满足施工需要,可进行施工招投标。

四、赣粤省界至塘厦段站前工程

(一)审核范围及主要内容

1. 审核范围

根据深建指工函〔2017〕38 号通知,引入深圳相关工程不纳入本次施工图审核范围。本次审核工作范围为赣粤省界至东莞南站(含)。

(1)正线范围及长度

DK133+893～DK404+867.27(不含 DK264+984.91～DK280+758.27 先开段站前工程),正线线路长 253.369 km。

(2)相关配套工程

龙川地区、惠州地区及深圳枢纽相关配套工程。

(3)工程概况

正线范围内(不含 DK264+984.91～DK280+758.27 先开段),新建特大、大、中桥 207 座 121.882 km,占正线线路总长的 48.11%;新建隧道 85 座 95.089 km,占正线线路总长的 37.5%。本段新建和平东、龙川西、东源、河源东、博罗北、惠州北、仲恺、塘厦北等 8 个车站。

2. 审核主要内容

(1)线路、轨道、路基、桥涵、隧道、站场、工经、车站旅客地道(不含装饰)、站场附属(不含站场以外的生产生活房屋、警务区用房和四电设备用房的场地及进场道路、土石方及防护工程)、声屏障、迁改工程、大临及过渡工程。

(2)接口工程:综合接地、接触网基础及四电接口等预埋工程、声屏障基础、栅栏范围内电缆沟槽、综合管道(含站场内给排水管道)工程等。

以上内容施工图审核包括现场核对、审核施工图设计图纸文件、结构检算、工程数量审核、施工图预算审核。

(二)审核依据

(1)《铁路建设项目施工图审核管理办法》(铁总建设〔2014〕299 号);

(2)《铁路建设项目施工图审核管理指南(试行)》(工管审〔2010〕76 号);

(3)国家有关法律、法规、技术政策,工程建设强制性标准;

(4)国铁集团现行有关技术政策、设计规范、规程、标准;

(5)《中国铁路总公司　江西省人民政府　广东省人民政府关于新建赣州至深圳铁路赣州至塘厦段初步设计的批复》(铁总鉴函〔2017〕528 号);

(6)《关于新建铁路赣州至深圳客运专线环境影响报告书的批复》(环审〔2016〕152 号);

(7)《水利部关于新建赣州至深圳客运专线水土保持方案的批复》(水保函〔2016〕424 号);

(8)施工图审核合同书;

(9)主要相关规范。

(三)审图结论

施工图文件均执行了工程建设强制性标准和初步设计批复意见,施工图文件编制内容、深度及系统性、完整性可达到《铁路建设项目预可行性研究、可行性研究和设计文件编制办法》(铁建设〔2007〕152 号)以及相关规范、规程的要求,可进行施工招标。

五、深圳北站改造工程

(一)审核范围

本次引入深圳北改造工程优化了新建深圳北第二动车所方案,采用新建深圳北第二动车运用所与既有动车所等高的方案,新建两条动走线并行既有动走 A 线接入深圳北站。新建动车所 4 条存车线与既有动车所连通。审核范围如下:

(1)深圳北下行联络线(D′K436+339.29～南咽喉);

(2)深圳北上行联络线(YD′K436+334.86～南咽喉);

(3)深圳北下行疏解线(ZD′K2+389.81～深圳北站南咽喉);

(4)第二动车所动车走行线(GSDZDK0+507.98～深圳北站);

(5)深圳北既有动车所动走 A、B 线改造。

(二)审核内容

本次审核对引入深圳北改造工程方案变化部分进行补充审核,主要审核内容涉及站场、轨道、路基、桥涵、隧道、信号、电力、接触网、工经专业相关设计的审核。

(三)审核依据

(1)《铁路建设项目施工图审核管理办法》(铁总建设〔2014〕299 号);

(2)《铁路建设项目施工图审核管理指南(试行)》(工管审〔2010〕76 号);

(3)国家有关法律、法规、技术政策,工程建设强制性标准;

(4)国铁集团现行有关技术政策、设计规范、规程、标准;

(5)《中国铁路总公司广东省人民政府关于新建赣州至深圳铁路塘厦至深圳北段初步设计的批复》(铁总鉴函〔2018〕248 号);

(6)施工图审核合同书。

(四)审图结论

施工图文件均执行了工程建设强制性标准和初步设计批复意见,施工图文件编制内容、深度及系统性、完整性可达到《铁路建设项目预可行性研究、可行性研究和设计文件编制办法》(铁建设〔2007〕152 号)以及相关规范、规程的要求,可进行施工招标。

六、塘厦(不含)至深圳北(不含)段站前工程

(一)审核范围及主要内容

1. 审核范围

本次审核范围为赣粤省界至东莞南站(不含)至深圳北(不含)(DK404+867.27~DK432+903),正线长度 27.888 km。

(1)正线范围及长度

东莞南站(不含)至西丽方向羊台山隧道出口(DK404+867.27~DK432+903),正线长度 27.888 km。

(2)相关配套工程

①新建深圳北第二动车所及动走线工程(GSDZDK0+000~+761.88);

②西丽方向羊台山隧道、深茂联络线等相关工程;

③深圳北联络线,包括:深圳北下行联络线(D′K430+809.41~D′K436+339.29)、深圳北上行联络线(YD′K430+022.20~YD′K436+334.86)、深圳北下行疏解线(ZD′K0+049.80~ZD′K2+389.81)、深圳北下行联络线套线(TDK0+000.00~+778.14)。

(3)工程概况

正线范围内新建特大、大、中桥 12 座 13.707 km,新建隧道 9 座,总长 12.017 km,桥隧总长占正线长度的 92.2%。本段新建光明城站。

2. 审核主要内容

(1)线路、轨道、路基、桥涵、隧道、站场、工经、车站旅客地道(不含装饰)、站场附属(不含站场以外的生产生活房屋、警务区用房和四电设备用房的场地及进场道路、土石方及防护工程)、声屏障、迁改工程、大临及过渡工程。

(2)接口工程:综合接地、接触网基础及四电接口等预埋工程、声屏障基础、栅栏范围内电缆沟槽、综合管道(含站场内给排水管道)工程等。

以上内容施工图审核包括现场核对、审核施工图设计图纸文件、结构检算、工程数量审核、施工图预算审核。

(二)审核依据

(1)《铁路建设项目施工图审核管理办法》(铁总建设〔2014〕299 号);

(2)《铁路建设项目施工图审核管理指南(试行)》(工管审〔2010〕76 号);

(3)国家有关法律、法规、技术政策,工程建设强制性标准;

(4)国铁集团现行有关技术政策、设计规范、规程、标准;

(5)《中国铁路总公司广东省人民政府关于新建赣州至深圳铁路塘厦至深圳北段初步设计的批复》(铁总鉴函〔2018〕248 号);

(6)《关于新建铁路赣州至深圳客运专线环境影响报告书的批复》(环审〔2016〕152 号);

(7)《水利部关于新建赣州至深圳客运专线水土保持方案的批复》(水保函〔2016〕424 号);

(8)施工图审核合同书;

(9)主要相关规范。

(三)审图结论

施工图文件均执行了工程建设强制性标准和初步设计批复意见,施工图文件编制内容、深度及系统性、完整性可达到《铁路建设项目预可行性研究、可行性研究和设计文件编制办法》(铁建设〔2007〕152 号)以及相关规范、规程的要求,可进行施工招标。

第十二章　物资管理

第一节　物资采购供应

一、组织管理

1. 物资管理领导小组

深圳指挥部作为建设项目的管理责任主体，成立物资管理领导小组，负责统筹协调、解决物资采购及管理中的重大事项，主要职责如下：

(1)贯彻执行国家法律法规和国铁集团、广州局集团公司相关管理制度，制订本项目物资采购管理制度。

(2)组织、指导、监督本项目规范开展物资招标采购、自主采购和供应等相关工作。

(3)负责本项目物资采购廉政风险防控机制建设。

领导小组组长由分管物资工作的领导担任，综合、工程、安质、计财、物资、纪检监察等部门为主要成员。领导小组办公室设在物资设备部。根据物资采购及管理的特点，由物资设备部提出建议，经领导小组组长同意，以召集专项会议或全体会议等方式，实行集体决策。

2. 物资设备部

物资设备部是深圳指挥部的建设物资归口管理部门，其主要职责如下：

(1)贯彻执行国铁集团建设物资采购供应工作的相关管理制度，健全建设物资采购供应管理制度，开展物资管理信息化系统建设和使用；

(2)负责国铁集团和建设单位管理甲供物资的招标计划编制、报送、批复实施和采购供应工作；

(3)督促、检查自购物资采购供应工作；

(4)督促设计、施工、监理单位和物资供应商，承担相应的物资采购供应管理工作；

(5)负责归口管理甲供物资的合同，依法签订甲供物资采购合同，督促供应商全面履行采购合同，办理货款结算；

(6)负责签订甲供物资代理服务合同，办理代理服务费用结算；

(7)负责组织处理甲供物资进场质量、数量异议，办理违约索赔事宜；

(8)建立健全物资质量跟踪追溯制度，落实质量责任，牵头组织甲供物资质量问题的处理，协助并配合自购物资质量问题的处理；按规定对物资供应商进行信用评价；

(9)审核和办理甲供物资设备验工计价及调差工作；

(10)加强物资基础管理工作，协助概算清理；

(11)完成上级领导交办的临时工作。

二、甲供物资

(1)甲供物资实行目录管理，甲供物资目录由国铁集团根据建设管理需要进行发布、调整。

(2)甲供物资达到国家规定依法必须招标规模标准的，须采用公开招标方式，由建设单位作为招标人依法进行招标采购，评标办法采用经评审的最低投标价法。

提交投标文件的投标人少于三个并经重新招标仍少于三个的，在向原建设项目审批、核准部门办理不再进行招标手续后，按照《中国国家铁路集团有限公司物资采购管理办法》有关规定，选用其他方式采购。

(3)国铁集团管理甲供物资由国铁集团物资管理部组织建设单位采购,建设单位负责采购合同的签订和采购活动的执行。

(4)建设单位根据建设项目施工组织设计安排,编制甲供物资招标采购计划。招标计划经批准后,才能实施甲供物资招标采购工作。

国铁集团管理甲供物资招标采购计划由国铁集团物资管理部审批,批复后由国铁集团物资管理部组织建设单位分批次实施联合采购。建设单位管理甲供物资招标采购计划由建设单位审批。

(5)甲供物资按规定进入地方公共资源交易市场进行招标采购。

(6)建设单位根据建设项目施工组织安排,组织编制甲供物资年度采购计划和批次采购计划,有序开展甲供物资招标采购工作。施工单位在签订施工承包合同后的 30 日内,向建设单位报送甲供物资总需求计划。每年的 12 月 20 日前报送次年的季度计划,本季度最后一月的 20 日前报送下季度分月计划。

(7)国铁集团物资管理部和建设单位分别负责国铁集团管理甲供物资和建设单位管理甲供物资的招标包件划分和资格要求设定。包件划分和资格要求设定原则如下:

①适应招标采购物资特点,满足采购要求;

②凡是国家、行业实行行政许可或强制性产品认证的物资,以及列入国铁集团《铁路专用产品认证采信目录》的物资,必须要求供应商通过相应的许可或认证;

③有利于市场竞争,发挥集中批量采购优势,节约采购成本;

④优先面向物资生产企业招标采购,减少中间环节;

⑤严禁以不合理的业绩和资质等条件,限制或者排斥潜在供应商;

⑥不得以化整为零方式或其他任何理由规避招标。

甲供物资包件划分和资格要求设定实行集体决策。

(8)甲供物资招标公告(或资格预审公告)应按规定在地方公共资源交易市场平台上发布。在不同媒介发布的同一采购信息的内容应当一致。

(9)招标文件应依据国铁集团发布的铁路建设物资招标示范文本编制,并按《中国国家铁集团有限公司供物资采购管理办法》规定组织审查。

(10)建设单位应依法组建评标委员会,评标委员会成员人数为 5 人以上单数,其中技术、经济等方面的专家不得少于成员总数的三分之二。评审工作由评标委员会依据采购文件规定的评审办法和标准独立完成,并向建设单位提交书面评标报告。

招标人代表由熟悉招标物资相关情况、从事工程建设技术或物资管理工作满 10 年、中级以上技术职称、熟悉有关法律法规的在职人员担任。

(11)指挥部应按照评标报告的推荐结果公示中标候选人,公示期不得少于 3 日。

对于拟中标价超出概(预)算价格的包件,建设单位应组织分析原因,经履行指挥部决策程序后,确定进入公示定标程序或重新采购。

(12)中标候选人公示无异议后,查询确认中标候选人在行贿犯罪、失信被执行人、行政处罚以及国铁集团限制采购等方面满足招标文件要求后,按要求报广州局集团公司物资部核准,经核准后发放中标通知书。排名第一的中标候选人放弃中标、因不可抗力不能履行合同、不按照招标文件要求提交履约保证金,或者被查实存在影响中标结果的违法行为等情形,不符合中标条件的,可以依次确定其他中标候选人为中标人。依次确定的其他中标人与采购预期差距较大,或者对建设单位明显不利的,可以进行重新采购。

中标候选人放弃中标、不按照招标文件要求提交履约保证金的,投标保证金不予退还,造成的损失超过投标保证金数额的,建设单位应对超出部分予以追偿。构成不良行为的,建设单位应按规定进行信用评价。

(13)深圳指挥部应在投标有效期内并在自中标通知书发出之日起 30 日内,与中标人签订书面采购合同。合同的标的、价款、履行期限、质量要求、违约责任等主要条款应当与招标文件和中标人投标文件的内容保持一致,不得与中标人另行签订背离合同实质性内容的其他协议。

建设物资采购实行履约担保制度，履约保证金一般采用银行保函形式，金额不超过中标合同金额的10%。

合同签订后，建设单位应将甲供物资采购合同相关信息录入物资管理信息系统。

(14)深圳指挥部应根据建设项目施工组织节点工期安排和采购合同约定，及时组织编制并向物资供应商提出供货计划，督促供应商严格按照采购合同和供货计划组织物资生产和供应，跟踪物资生产制造、包装、装运等工作，组织对实行监造的物资实施驻厂监造。

(15)供应商将物资运抵指定交货地点后，建设单位应督促施工单位和监理单位按规定及时组织物资进场验收。施工单位和监理单位依据合同约定对进场甲供物资的品名、规格、型号、数量、外观、检测报告、合格证书、认证或许可证书、监造证明、质量保证承诺(包括产品质量保证期和产品缺陷召回、经济损失责任赔偿的承诺等)进行检查验收，并按规定进行检测。

(16)深圳指挥部应在工程施工合同中纳入物资保管要求和搬运保管费用，物资验收合格后，由施工单位按规定存放、保管，因搬运、保管不当造成丢失或损坏的，按合同约定追究责任。

(17)未纳入施工承包合同的甲供物资设备，按照已完合格工程对应消耗数量和采购单价，由建设单位组织监理和施工承包单位核实数量后办理验工计价。自购物资和纳入施工承包合同的甲供物资随实体工程进度一并由施工承包单位办理验工计价。

(18)由运营接管单位使用的不需要建筑、安装的甲供物资，按《中国铁路广州局集团有限公司关于加强铁路建设项目备品备件、工器具采购和管理工作的通知》(广铁建函〔2020〕327号)执行。

(19)为加强甲供物资的计划管理，跟踪采购供应过程，实现物资信息共享，建立甲供物资信息管理系统。对使用甲供物资信息系统的各参建单位人员实行上岗操作培训制度，只有取得上岗合格证的人员才能上网操作。

(20)深圳指挥部应保证甲供物资满足工程建设和开通运营需要，并根据施工组织变化、变更设计、运输安排等及时调整物资供应。对物资供应中供应商的违约或不良行为，按合同约定进行索赔，按规定进行信用评价。

(21)深圳指挥部建立物资供应应急机制，制订物资应急供应预案，应对可能出现的自然灾害、事故灾难等突发不可抗力的紧急情况，保证建设项目物资供应需求。

(22)根据建设项目物资管理工作需要，深圳指挥部可委托具有相应能力的物资代理公司协助进行物资采购、组织供应和质量监控等服务工作。

物资代理公司应按照公开、公平、公正的原则选择。深圳指挥部负责与选定的物资代理公司签订代理服务合同，合同报国铁集团物资管理部备案。

(23)选定的物资代理公司应具备以下基本条件：

①具有独立的企业法人资格；

②具有甲级中央投资项目招标代理资格或甲级工程招标代理机构资格；

③有完善的管理制度和质量保证体系；

④有从事相应物资采购供应管理工作的专业技术、管理人员。

三、自购物资

(1)除甲供物资外，其他建设物资均为自购物资。自购物资由施工单位作为采购人自主进行采购，其采购行为应符合国家招标规定和其他相关规定。对于宜统一规格型号或制式的自购物资，提倡施工单位进行联合采购。

(2)深圳指挥部督促施工单位依据国家、国铁集团、指挥部以及施工企业相关规定，制订自购物资采购供应管理办法，规范自购物资采购供应行为。

(3)深圳指挥部督促施工单位根据施工合同约定及建设项目施工组织安排和自购物资需求，编制自购物资年度采购计划报建设单位核备。建设单位应审核自购物资年度采购计划是否满足建设项目施工组织要求,对不符合要求的应及时要求施工单位予以调整。

(4)凡是国家、行业实行行政许可或强制性产品认证的物资,以及列入国铁集团《铁路专用产品认证采信目录》的物资,必须要求供应商通过相应的许可或认证。

(5)对工程质量、安全有直接影响的自购物资采购,施工单位应将采购资格要求设定和技术要求等内容书面上报建设单位审核是否符合相关规定或要求(技术规格书由工程部审核),对不符合相关规定或要求的,深圳指挥部应要求施工单位予以更正。施工单位在编制大宗和重要自购物资设备采购文件时,须参照《中国铁路总公司物资供应商信用评价管理办法》,在采购文件中明确信用评价要求。

(6)施工单位应在自购物资采购合同签订后10日内,将大宗和重要自购物资设备合同副本或其他物资设备主要合同信息报建设单位备案。施工单位应在每月末报送铁路建设物资信息报表。

(7)深圳指挥部应督促施工单位和监理单位按规定及时组织自购物资进场验收,对进场自购物资的品名、规格、型号、数量、外观、检测报告、合格证书、认证或许可证书、质量保证承诺(包括产品质量保证期和产品缺陷召回、经济损失责任赔偿的承诺等)进行检查验收,并按规定进行检测。

(8)深圳指挥部应对自购物资的供应和质量进行检查,督促施工单位做好自购物资采购供应工作,及时解决自购物资供应中存在的问题,必要时可委托有相应资质的检测机构抽样检测物资质量,保证自购物资供应和质量,对施工单位、供应商在物资采购供应中出现的不良行为按规定进行信用评价。

第二节　物资质量控制

(1)建设物资实行采购、供应、使用全过程管理,由深圳指挥部和设计、施工、监理单位及物资供应商依法承担相应的质量责任。出现质量问题时,依据法律、国铁集团相关规定及合同约定,追究相关单位和人员责任。

(2)深圳指挥部建立健全质量责任制,明确物资采购供应管理中相应环节的责任人及其责任,严控采购、生产、运输、验收等关键环节,杜绝不合格物资进入施工现场,未经验收或者验收不合格的物资不得使用。

深圳指挥部督促设计、施工、监理单位和物资供应商、物资代理公司,落实《深圳工程建设指挥部物资设备质量管理实施细则》要求。

(3)国铁集团物资管理部按规定组织供应商信用评价,公布不良行为记录。被行政监督管理部门暂停或取消投标资格,或者因存在不良行为被国铁集团限制参与物资采购的供应商,在规定的期限内,采购单位不得采购其生产或代理销售的物资。被行政监督管理部门或国铁集团禁止或暂停在铁路上使用的物资,不得采购和使用。

(4)采用新型物资的,深圳指挥部应要求设计单位说明其使用的必要性和依据。采用的新型物资应通过技术评审,有相应的验收标准,进场验收时应检查技术评审报告和产品质量检验报告。严禁使用未经技术评审和没有验收标准的新型物资。

第十三章 队伍管理

第一节 专业队伍要求

根据赣深铁路工程建设需要，赣深铁路开展了各种专业技术队伍的招标工作和队伍的管理工作。在编制招标文件时，深圳指挥部对各参建单位的专业技术队伍条件做出了明确要求，并严格按招标文件进行招标，同时加强过程管理，确保各中标单位的专业技术队伍各项能力满足赣深铁路建设需要。

一、资格审查

资格审查主要审查潜在投标人或者投标人是否符合下列条件：

(1)具有独立订立合同的权利；

(2)具有与招标项目相适应的资质证书、生产许可证或特许证等；

(3)具有有效履行合同的能力，包括专业、技术资格和能力，资金、设备和其他物质设施状况，管理能力，经验、信誉和相应的从业人员；

(4)没有处于被责令停业，投标资格被取消，财产被接管、冻结，破产状态；

(5)在最近二年内没有骗取中标和严重违约；

(6)近一年无重大质量、安全事故，以及施工造成的铁路行车重大、大事故；

(7)法律、行政法规规定的其他资格条件。

二、专业队伍基本要求及管理

(一)设计单位

1. 基本要求

深圳指挥部根据铁路工程建设需要，在招标文件拟定和合同签订时，对设计单位做了以下基本要求；

(1)成立初步设计、施工图设计管理机构、配备设计人员；

(2)组织各阶段设计工作、地勘工作；

(3)配合指挥部开展各类评估、取证工作；

(4)按照批复意见和审核意见及时修改设计文件，按照供图协议及时提供设计文件；

(5)成立施工现场设计配合指挥部和配合小组，开展现场设计配合工作；

(6)开展Ⅰ级风险隧道超前地质预报工作；

(7)开展变更设计工作；

(8)开展设计技术交底工作；

(9)开展施工图工程量清理及施工图预算工作；

(10)开展其他勘察设计工作。

2. 对设计单位的管理

在工程开工后至初验期间，深圳指挥部对勘察设计单位按施工图提供(含纸质版和电子版)、施工图质量(含施工图审核)和施工配合三个方面进行考核，考核满分 300 分，其中，电子文件由国铁集团信息技术中心负责考核初评，每年 1 月 5 日和 7 月 5 日前考核初评结果由指挥部汇总。

(1)工程管理部负责对勘察设计单位的日常管理和平时考核，每半年的平时考核不少于 3 次，并将每半年内的平时考核结果分别于每年 1 月 1 日和 7 月 1 日前报指挥部汇总。

(2)指挥部负责对勘察设计单位进行半年集中考核,分别于6月和12月中旬进行,由指挥部分管项目副指挥长负责组织实施。

(3)工程管理部平时考核平均分的80%和指挥部半年集中考核评分的20%之和,作为勘察设计单位的半年考核结果。

(4)指挥部每年1月10日、7月10日前将考核材料(包括项目得分、扣分情况、得分和排序等)报国铁集团。

(二)施工单位

深圳指挥部根据赣深铁路工程建设需要,在招标文件拟定时,对施工单位资质等级进行明确要求,在施工单位投标及合同签订时,通过合同通用条件和专用条件,对施工单位项目经理、其他工作人员及施工单位的一般义务与责任等提出明确要求。

1. 基本要求

(1)投标单位资质必须具有国家各部委颁发的具备铁路路基、桥梁、隧道工程等施工总承包资质的单个投标人或组成的联合体等。总承包单位必须是在中华人民共和国境内合法注册的独立法人,具有认证机构认证的质量管理体系证书,安全质量状况稳定,有良好的企业社会信誉的企业。

(2)项目经理是施工单位的领导班子成员,高级工程师,必须具有一定的铁路施工工作经验,以及从事类似工作的经验。

(3)施工单位应为实施和完成本合同工程安排技术合格和数量足够的施工人员。

①按投标文件附件中所列的各类专业技术和管理人员,未经监理的批准,不得无故不到位或被替换,若确实无法到位或须替换,须经监理报发包人批准后,用不低于其资格和经历的人员替换。

②其他满足工程需要的技术熟练、经验丰富的各类专业技术和管理人员。

③适应本工程需要的各类熟练的技术工人。

④施工单位人员应具有与其所从事的工作相应的资格,并提供相关人员持有上岗资格的证明。

⑤基层作业人员必须具有铁路施工经验,并经过施工单位对其进行相关的专业培训。

(4)根据指挥部和施工单位签订的施工总承包合同,指挥部对施工单位的一般义务与责任提出了具体要求,要求施工单位按合同文件规定的时间和内容履行一般义务和完成下列工作:

①遵守与赣深铁路工程有关的法律,施工单位因违反上述法律造成后果的,由施工单位自行承担法律责任。

②按照合同和指挥部的指示实施和完成工程,并修补工程中的任何缺陷。

③提供合同规定的生产设备和施工单位文件,以及此项施工、完工和修补缺陷所需的所有临时性或永久性的施工单位人员、货物、消耗品及其他物品和服务。

④按合同约定的内容和时间要求,编制实施性施工组织设计、施工措施计划,报送监理审定后组织实施,并对所有现场作业、施工方法和全部工程的完备性、可靠性和安全性负全部责任。

⑤当监理提出要求时,施工单位应提交工程施工安排和方法的细节,事先未通知监理时,对这些安排和方法不得做重要改变。

⑥施工单位应编制并随时更新一套完整的、有关施工情况的竣工记录,如实记载竣工工程的准确位置、尺寸和实施工作的详细说明。竣工记录应在竣工试验开始前提交指挥部。

⑦负责绘制并向指挥部提供工程的竣工图,表明整个工程的施工完毕的实际情况。

⑧当施工单位在查阅、核对合同文件或在本合同工程实施过程中,发现有关的工程勘察、设计、技术规范、图纸或其他资料中的任何差错、遗漏或缺陷后,应及时书面通知指挥部和监理。

⑨施工单位不得将指挥部支付的预付款转移或用于本合同工程之外的其他工程。施工单位应随时接受指挥部或监理对工程资金使用情况的检查,对于检查中发现的问题及时纠正。

2. 对施工单位的管理

(1)严格进行施工单位信用评价

指挥部成立信用评价工作领导小组,由指挥部指挥长、党工委书记任组长,主管安全质量的副指挥长任副组长，各部部长任组员。领导小组下设办公室在安质部，具体负责信用评价的组织和日常工作。

信用评价综合考虑施工企业在铁路建设中的质量、安全、工期、投资控制、依法建设、标准化管理等合同履约情况，以及参加抢险救灾、特殊项目施工、科技创新、高铁开通达标评定等因素，根据对施工企业的日常检查情况和不良行为记录情况，在建设项目、建设单位信用评价得分基础上，加上营业线抢险、新线抢险、特殊建设项目、应急工程、科技创新和鲁班奖、詹天佑奖等加分，减去营业线质量问题等扣分后形成评价总分，并按评价总分由高到低进行排名。

信用评价每半年为一个评价期，建设项目初步验收后的下一个评价期起不再进行评价。一个评价期内有3个月及以上施工期的，对该施工企业进行全面评价；施工期少于3个月或工程初验后存在不良行为的，只在建设单位和全路范围内对该施工企业不良行为进行认定、公布，不进行项目信用评价；发生重大不良行为的直接评定为C级。仅在1～2个建设单位承担施工任务的，施工企业只在建设项目和建设单位内进行评价，不参加全路评价计分，全路信用评价结果视为B级，发生重大不良行为的直接评为C级。

标准化管理绩效考评方式分为达标考评和创优考评；考评事项纳入合同。标准化管理绩效考评得分具体按铁路建设项目施工企业标准化管理绩效考评办法执行。标准化管理绩效考评结果确定后3日内，考评结果录入铁路工程管理平台。

(2)加强施工单位专业技术和管理人员的管理

为落实施工单位参建人员合同履约情况，做好合同履约人员变更工作，指挥部严格根据合同约定，要求施工单位对各类专业技术和管理人员报指挥部备案审批，如施工单位要对备案的专业技术和管理人员进行变更，应先提交适合的变更人选的详细资料，变更人选的资格不低于被变更人，并经监理的批准后，报指挥部审批，未经指挥部审批，任何人员不得更换。

(3)强化施工单位架子队的管理

施工现场所有劳务人员应纳入架子队统一集中生产管理，架子队内部职工应与劳务人员“同吃、同住、同学习、同劳动”，由架子队按照施工组织安排统筹劳务作业任务。每个班组在作业过程中应有施工单位职工带班作业，营业线、高风险工点等施工应有安全员跟班作业。

架子队应建立和实行技术交底制度，技术负责人就工程作业工序和环节向领工员、工班长及全体作业人员进行书面技术和安全交底，书面交底资料归类存档备查。领工员、工班长应在实施作业前对班组作业人员进行作业交底，安全员应在实施作业前对班组作业人员进行安全交底，强调作业要点和施工安全注意事项。架子队应按照技术规范和作业标准进行施工。组织作业人员学习作业指导书和应知应会卡片，明确标准化作业工序、工艺、工法等要求。每个岗位都要有作业标准和责任人，每一道工序都要经过严格的质量检查、检验或检测，不符合标准的作业及结果必须返工。

(三)监理单位

深圳指挥部根据赣深铁路工程建设需要，对工程建设施工监理进行招标。在招标文件拟定时，对监理单位资质等级进行明确要求，在监理单位投标及合同签订时，通过合同条款，对监理单位人员及义务提出要求。

1. 基本要求

(1)资质要求

具有中华人民共和国住房和城乡建设部颁发的铁路工程监理甲级资质，具有国家各部委颁发的可从事铁路工程施工监理的工程监理甲级资质，具有认证机构认证的质量管理体系证书，无任何违法和重大违约行为及良好的财务状况。

(2)人员要求

①总监理工程师，持有铁路总监理工程师资格证书或铁路总监理工程师岗位培训考试合格证等铁路相关从业资格证书，具有铁路建设管理或施工工作经历，熟悉高速铁路系统管理。职责范围：全面负责各项监理的管理、协调工作，同时负责各项专业的监理工作、监理人员培训等，对本项目监理工作的技术和质量负总责。

②副总监理工程师,持有铁路总监理工程师资格证书或铁路总监理工程师岗位培训考试合格证,有较强的管理和协调能力的人员担任。职责范围:配合项目经理及总监理工程师从事监理管理工作,分工负责各专业相对应的监理管理工作。

③专业监理工程师,具有铁路相关从业资格证书,具有多年铁路施工工作经历、丰富的现场施工管理和技术管理经验的从业人员。职责范围:负责路基、桥梁、隧道、站房、轨道和四电等专业的监理工作,对上述专业的技术和质量负责。

④监理员,具有铁路监理或类似工程监理经历,并且有相关专业技术资料。

(3)合同义务要求

①要求监理单位按合同约定的工程监理范围、内容和有关的标准、要求、完成工程监理工作。在合同履行过程中,始终维护深圳指挥部的合法权益,监理单位的行为必须对建设单位负责,接受经深圳指挥部授权的建设单位代表发出的指令,履行合同约定的保密义务和保密承诺。

②制订工程监理计划及为完成本计划而建议采用的措施,报经建设单位审核批准后作为考核工程监理的依据,按照对本项目工程监理范围、期限,以及工程进度的调整对工程监理做相应调整,且不降低工程监理整体质量。

③接受深圳指挥部的管理和监督,按深圳指挥部要求更换不称职人员。

④监理单位应确保在服务期限内持续保持其在签订本合同时已取得的提供工程监理所必须的各项许可、资质和批准,并确保相关资质的等级不低于本合同签订时的资质等级,并运用先进的技术,使用安全有效、适合本项目监理工作的设施、设备和方法为指挥部提供工程监理服务。在合同约定的工程监理期内,对其所有人员、设施、设备的安全负全部责任。

(4)对监理单位的管理

深圳指挥部成立信用评价工作领导小组,由指挥部指挥长、党工委书记任组长,主管安全质量的副指挥长任副组长,各部部长任组员。领导小组下设办公室在安质部,负责监理评价工作的具体实施。

建设项目监理企业信用评价满分为300分,基础分为290分,最终得分为基础分减去日常检查扣分和不良行为扣分,再加上标准化管理绩效考评得分(以10分为限)。

监理企业标准化管理绩效考评方式分为达标考评和创优考评。达标考评是指在监理企业进场后半年内对标准化管理体系建设情况进行考评,包括体系建设、资源配置、设施保障和过程管理等方面,考评指标采用合格制,满分为10分,不合格的为0分,合格的分别给予6～10分(保留1位小数)。创优考评在项目实施阶段达标考评合格后每半年进行一次,以达标考评指标为基础,对达标考评合格的监理企业标准化体系运行情况、管理绩效进行量化打分,得分为按照建设项目监理企业标准化管理绩效考评办法百分制实际得分除以10(保留1位小数)。具体考评标准按广州局集团公司《铁路建设项目监理单位标准化管理绩效考评办法》执行。

一个评价期内发生重大不良行为或2件及以上较大不良行为的监理企业,监理项目标准化管理达标考评不得评为合格,创优考评不得评为优秀。

深圳指挥部在标准化管理绩效考评结果确定后3日内,将考评结果录入铁路工程管理平台。

监理人员个人扣分记分周期为一个评价期。项目管理机构应加强对监理人员的评价管理,严格按规定实施监理人员评价扣分。

第二节 岗位培训

深圳指挥部将建设人才队伍的培养纳入指挥部建设工作的大局来谋划,加大力度,瞄准一流,着力培养一支高素质的建设管理和技术人才队伍,努力为完成持续增长的建设任务、推动铁路率先实现现代化提供有力支撑。

深圳指挥部紧盯世界铁路建设技术前沿,以铁路客运专线技术为主要内容,坚持"全员大培训、素质大提高”的工作思路,按照“全员、全面、全过程”的总体要求,服务现有人才,抓好后备人才,积极开发培训资源,创新培训方式,严控培训质量,提高实战能力,为高标准高质量推进铁路建设提供有力支撑。

培训分为脱产培训、不脱产培训和自我学习三类。

培训形式有岗前培训和在职培训两种。

一、岗前培训

(1)深圳指挥部管理人员按照岗位任职资格的要求进行岗前培训。

(2)岗前培训采用送培和自培的形式。送培是指参加国铁集团、广州局集团公司组织的专门培训或送到别的项目管理机构跟班培训。自培是指挥部安排的内部培训。

(3)岗前培训的主要内容:敬业精神、专业知识、管理知识、规章制度、安全知识、岗位职责、工作流程、基本技能、管理要点等。

二、在职培训

(1)在职培训的对象是深圳指挥部全体人员,做到专业全覆盖、人员全覆盖。

(2)在职培训主要内容:敬业精神、专业知识、管理知识、领导艺术、组织协调、新观念、新技术、新设备、新材料、新工艺、营业线施工行车、人身安全等。

(3)在职培训分为脱产培训和不脱产培训,采取举办培训班、聘请专家或学者讲座、集体学习、规定课题自学、课题攻关、以会代训、知识竞赛、论文发布、年度述职等形式。

(4)在职员工培训的原则:一要务实,培训内容应是实践性很强的技能、知识,培训时应注重实效;二要互动,任何培训都离不开培训者和受训者,在职培训更加强调培训者和受训者之间的互动;三要沟通,在职培训应注意双向沟通;四要激励,在职培训不仅是技能知识的培训,更是激发员工的工作手段,因此,在职培训中应注意激励员工的工作干劲。

三、培训计划

深圳指挥部制订下发年度、季度培训、学习计划。

在下列情况下,指挥部应专门安排培训工作:

(1)国铁集团、广州局集团公司安排专门培训班;

(2)转岗或提职;

(3)新进员工;

(4)新规范颁布;

(5)新项目开工。

培训计划应包括培训的目的、内容、受训人员的条件和范围、负责人、培训时间、培训方式、场所、设施、培训所需时间及如何进行培训(方法、方式、资料、教材)、培训的经费和管理、注意事项等。

四、培训程序

(1)深圳指挥部综合部根据领导和部门的培训要求,以及形势和任务的要求,制订培训计划,报指挥部主管领导批准。

(2)深圳指挥部综合部根据培训计划组织实施,负责落实培训人员、选购教材、聘请教师、整理并保存培训资料。

(3)参加培训的员工应经所在部门同意报综合部审核,经主管领导批准后,到综合部办理培训手续。

(4)需要办培训班的部门,应到综合部办理手续,经指挥部主管领导批准后,由综合部负责组织实施,有关部门协助完成。

(5)岗前培训由综合部或委托其他部门实施,综合部负责考核并整理、保存有关资料。

(6)在职员工送外培训,应由所在部门提出申请,经综合部审核,报主管领导批准后到综合部办理有关手续。学习期满,到综合部报到并将考核材料交综合部保存。

第三节 劳务使用

为加强铁路建设项目现场管理,有效规范现场作业行为,确保建设工程质量安全,依法保护劳务作业人员合法权益,按照《保障农民工工资支付条例》(国务院令第724号)、《中国铁路总公司关于规范铁路建设项目施工企业架子队管理的指导意见》(铁总建设〔2017〕24号)相关精神,深圳指挥部积极引导施工单位采用架子队管理模式组织铁路工程施工,实现施工单位施工现场管理层与作业层的有机衔接和有效运作。

一、架子队管理要求

(1)施工单位工程指挥部应成立架子队管理领导小组,小组成员由施工单位工程指挥部指挥长及相关部门负责人组成,负责架子队管理的组织领导工作。领导小组应制订管理的相关职责。

(2)施工单位工程指挥部要全面开展架子队制度建设工作,制订架子队管理制度和办法、健全架子队管理体系,落实架子队管理责任制;要规范管理、明确职权,全面提高架子队的建设和管理水平。其中,架子队建设的各类管理制度应包括:架子队管理制度、内部管理制度、劳务用工管理制度及劳务人员工资支付保障制度、上岗管理制度、安全制度、质量制度等。

(3)监理单位要严格审查施工单位各项管理制度和架子队主要人员和劳务作业人员资格,确保制度完善、人员到位、管理到位。

(4)施工单位工程指挥部对提供劳务人员的劳务派遣公司或施工劳务承包企业的资质和信誉严格把关,杜绝挂靠行为;在接受劳务人员时,严格按照国家法律法规有关规定,依法签订劳务派遣协议或劳务承包协议,并检查验证劳务派遣公司或劳务承包企业与劳务人员签订的劳动合同或用工协议(应实名登记)。劳动用工管理不规范的人员不得进入施工现场从事作业活动。

(5)施工单位工程指挥部应配备专职管理人员,对作业人员登记造册,记录其姓名、身份证号、所属架子队、班组、进退场时间、职业资格证书号、劳动合同编号以及业绩和信用等情况,并实行动态管理,定期将作业人员动态变化情况报深圳指挥部、监理单位备案。

(6)施工单位工程指挥部建立作业人员培训和持证上岗制度,按照职责分工加强对作业人员的岗前专业培训,在其培训合格后方可上岗,培训情况应当记录在教育培训档案中。从事技术工种的,上岗前必须取得相关职业资格证书,从事特殊工种的,还应取得特种作业证书。

(7)施工单位工程指挥部按照国家有关规定,在开户银行设立劳务人员工资专户,建立劳务工工资信息管理系统,落实劳务人员工伤和人身意外伤害保险,依法参加社会保险并缴纳社会保险费用,按期将劳务人员的工资发放到劳务人员的工资卡,并做好劳务人员工资卡及工资单的签收确认工作。用于支付农民工工资的银行账户所绑定的农民工本人社会保障卡或者银行卡,用人单位或者其他人员不得以任何理由扣押或者变相扣押。

(8)架子队应建立和实行技术交底制度,技术负责人就工程作业工序和环节向领工员、工班长及全体作业人员进行书面技术和安全交底,书面交底资料归类存档备查。领工员、工班长应在实施作业前对班组作业人员进行作业交底,安全员应在实施作业前对班组作业人员进行安全交底,强调作业要点和施工安全注意事项。架子队应按照技术规范和作业标准进行施工,组织作业人员学习作业指导书和应知应会卡片,明确标准化作业工序、工艺、工法等要求。每个岗位都要有作业标准和责任人,每一道工序都要经过严格的质量检查、检验或检测,不符合标准的作业及结果必须返工。

(9)施工现场所有劳务人员应纳入架子队统一集中生产管理,架子队内部职工应与劳务人员“同吃、同住、同学习、同劳动”,由架子队按照施工组织安排统筹劳务作业任务。每个班组在作业过程中应有施工企业职工带班作业，营业线、高风险工点等施工应有安全员跟班作业。

二、架子队劳务用工管理标准

劳务人员选择坚持专业化的原则，由施工单位工程指挥部组织实施，监理单位、深圳指挥部对施工单位进行指导、检查、监督。

(1)选择具有相应劳务企业资质证书、营业执照等符合条件、资信证明资料齐全的劳务企业签订劳务协议。

(2)选择劳务人员要查看身份证、专业资格证书、劳务人员与劳务企业签订的劳动合同、无犯罪证明及健康证明原件，上述证件资料复印后一并提供给施工单位备案。

(3)被录用的劳务人员进场时逐个核验规定的文件资料。

(4)施工企业将劳务人员劳动合同编号、身份证号、资格证书号等情况报监理单位、深圳指挥部备案。

(5)加强架子队所有人员特别是劳务人员的培训教育，纳入本项目的培训计划，通过培训教育，使劳务人员掌握相关的基本知识和专业施工技能，以及提高规范化施工的自觉性。

(6)建立系统完整的技术交底程序。施工单位工程指挥部技术负责人或专业工程师向架子队技术负责人进行技术交底，架子队技术负责人向领工员、工班长进行书面技术交底，领工员、工班长在施工作业前对班组作业人员进行工作和安全交底，特殊工序和特殊工程项目技术负责人向架子队相关管理、监控、服务人员进行书面技术交底，交底资料要及时归档备查。

(7)工班长带领班组作业人员进行规范化施工，领工员、技术员和安全员要跟班作业，不间断地监督各工序、环节的施工，发现问题及时整改。

(8)施工单位工程指挥部的专职副指挥长、专业工程师、安质部每日对架子队的施工巡查不少于一次，对违章作业要坚决纠正，直至停工整顿。巡查情况要有相应的记录。

(9)架子队长签认的工资奖金由项目经理部直接发放，做到队长说话算数，劳务人员无后顾之忧。

(10)劳务人员中的特殊工种(如电焊工、起重工、锅炉工、车辆机械驾驶员等)必须持证上岗。

(11)劳务人员必须严格遵守国家、当地及企业的法律法规和各项规章制度、操作规程，违者加强教育，屡教不改者坚决辞退。

(12)施工单位按现行有关规定为劳务人员提供符合安全、卫生标准的居住条件、生活设施、安全防护用具和机械设备及工具。

(13)施工单位工程指挥部建立对架子队的考核评比奖惩制度，每月对架子队进行一次检查考核，奖惩兑现。

(14)深圳指挥部、监理单位对架子队进行检查，发现架子队使用不合格劳务人员时，立即正式书面通知施工单位清退不合格劳务人员。

(15)施工单位应建立劳务信誉档案，每年对相关劳务企业进行一次信誉评价，录入当年年度合格劳务分包企业名录，并上报深圳指挥部。

(16)深圳指挥部将施工单位架子队管理纳入信誉评价，将信用信息按有关规定报送上级主管部门。

第十四章 文明施工

第一节 优化工作环境

(1)施工单位负责铁路建设工程施工现场管理工作,应结合施工环境、条件,按照批准的施工组织设计认真进行施工现场文明形象管理的总体策划、设计、布置、使用和管理,做到布局合理,文明施工、安全有序、整洁卫生、不扰民、不损害公众利益。

(2)施工现场应设置临时围护设施,一般应实行封闭式管理。因特殊情况不能进行围护的,应当设置安全警示标志,并在工程险要处采取隔离措施。基坑安全围栏必须结实、牢固,且距基坑边缘不应少于1 m,四周应设统一的安全警示标志。

(3)施工单位应在驻地和施工标段主要道路进口设置标段工程施工企业标识铭牌,并在重点工程施工现场设置单位工程施工企业标识铭牌。

(4)在施工单位驻地和重点工程施工现场主要进出口的醒目位置处,设置工程概况及管理人员名单和监督电话、施工标志牌、现场平面布置图和安全生产、消防保卫、环境保护、文明施工制度板。施工标志牌应当标明工程项目名称,建设单位、设计单位、施工单位、监理单位、质量监督机构名称,项目经理姓名、联系电话,开工和计划竣工日期等。施工现场的各种标识牌字体要正确规范、工整美观,并保持整洁完好。

(5)施工现场应设置畅通的排水系统,做到场地平顺,不积水、不积泥浆,保持道路干燥坚实。施工道路必须满足施工车辆的行车速度、密度和载重量等要求,并保持行车道路畅通。

(6)施工现场的施工作业区域、办公区域和生活区域应有明确划分,并设置标志牌。办公区域和生活区域应根据实际条件适当进行绿化和美化,保持整洁有序。

(7)施工现场水泥库内外散落灰必须及时清理,拌和站、搅拌机四周及现场内无废弃砂浆和混凝土。

(8)进入施工现场的材料必须验收合格,并建立台账。施工现场材料存储应符合防火、防雨、防盗、防风、防潮、防变质的要求。

(9)施工现场的各种材料应按照施工平面图指定的位置布置就位,根据不同材料的特点和性质,规范布置方式与要求,按品种、规格、型号分类储存码放整齐,材料的编号、数量、检验状态标识清晰准确。

(10)易燃、易爆和有毒有害危险物品应按规定分类存放,专人负责,并有防火、防爆、防污染措施。存放油料必须有防止泄漏和防止污染措施。防洪、救援抢险物资材料应专门存放、专用。

(11)施工单位对进入施工现场的各种施工机械设备应建立使用、检查、维修、保养的责任制。进入施工现场的施工机械设备、运输车辆必须检验合格,符合安全使用性能要求,有专人统一管理指挥。

(12)施工现场的施工机械设备应当停放有序。特种施工机具、设备手续完整,档案齐备,并须经劳动或安全检验部门检验合格后方可使用。用电机械设备安全防护装置必须保证齐全、灵敏、可靠。严禁施工机械设备超载和带病运行。

(13)施工生活区必须满足安全、消防、卫生防疫、环境保护、防汛、防洪等要求,不得存放易燃、易爆、剧毒、放射源等化学危险物品。

(14)施工生活区宿舍内应有必要的生活设施和必要的生活空间,设置可开启式窗户,保持整洁和通风。宿舍夏季应有防暑降温和灭蚊蝇措施,冬季应有取暖和防煤气中毒措施。

(15)施工现场设置的临时食堂必须建立食品卫生管理制度,严格执行食品卫生有关管理规定,具有必要的通风排风设施、清洗消毒设施和杜绝传染疾病的措施,食堂指定专人管理。

(16)施工现场生活饮用水必须符合规定,供应卫生饮水应有固定的盛水容器并定期清洗消毒。

(17)施工现场的垃圾应存放在封闭式容器内，定期灭蝇，及时清运；厕所应经常清扫，定期消毒。

(18)施工现场应配备安全有效的防护用品和常用药品及急救器材。发生传染病和食物中毒、急性职业中毒时，应立即报告，同时采取必要的措施，并积极配合卫生防疫部门调查处理。

(19)施工单位应加强对施工现场劳务人员的管理。施工现场使用的劳务人员必须手续齐全、劳务人员档案完备。

(20)施工单位应建立和执行防火管理制度，施工现场要有明显的防火宣传标志，必须设置符合要求的防火报警系统和固定式灭火系统，消防设施应保持完好的备用状态。

(21)施工中需要占用道路，移动管线、电力、通信等公共设施，临时停水、停气、停电、封路中断交通和进行爆破作业而影响环境时，必须经有关部门批准，事先告示。在行人、车辆通过的地方施工，应当设置沟、井、坎、洞覆盖物和标识，重要位置应安排专人值守或指挥。

(22)施工过程发现地下管线、文物、古迹、爆炸物、电缆等，严格执行国家、地方的相关规定。

(23)不得随意损坏或影响市政公共设施，如电线、电缆、各种管道、雨污水管、垃圾装置、路灯、公用电话和广告牌等。

(24)不得随意占用或破坏与现场周围相邻的土地、道路、绿地以及各种公共设施场所。

(25)定期对现场人员进行培训教育，提高其文明意识和素质，树立良好形象。现场人员应做到语言文明、行为规范，如不说脏话、不乱扔废弃物等。

(26)存在职业病危害因素的，施工单位应当按规定在醒目位置设置公告栏，公布职业病防治的规章制度、操作规程、事故应急处置措施和工作场所职业病危害因素检测结果。必须设置职业病防护设施并保证有效运行，严禁不设置、不使用。现场施工作业人员应根据危害因素识别情况，有针对性地采取职业病危害防控措施，保护作业人员健康。

第二节 安全防护

(1)施工现场的木工、钢筋、混凝土、卷扬机械、空气压缩机应搭设防砸、防雨的操作棚。

(2)施工现场施工类别和机械设备易发事故等危险作业区域必须按规定设置网、架、栏、罩等安全防护设施，并设置醒目的禁止、警示或提示类别标准规格的安全标志牌。

(3)在铁路建设工程施工现场安装、使用临时用电线路和用电设施的，必须符合《施工现场临时用电安全技术规范》(JGJ 146—2005)和安全操作规程的要求，必须由专业技术人员负责管理，配电箱、开关箱等设施必须确定检修和维护责任人。施工现场配电箱必须规范达标，要有明显标识和警示标志，严禁乱接乱拉，线路不得有裸露、破皮接地等情况。

(4)铁路建设工程安全生产应当以人为本，坚持安全发展，坚持“安全第一、预防为主、综合治理”的方针，做到现场安全管理制度齐全、管理机构健全，责任到人，并符合现行的施工安全技术规程。

第十五章 建设协调

建设协调工作实行分层次管理:国铁集团及广东省人民政府协调全局性、政策性问题;深圳指挥部负责与省、市、县各级政府和有关部门协调处理日常工作;施工单位负责协助深圳指挥部办理与沿线各市、区、县、乡(镇)人民政府及授权的主管部门的协调工作,解决施工现场的具体问题;设计、监理单位依据深圳指挥部的要求,配合做好路地协调工作。

建立工程建设月例会制度,由分管领导定期组织召开,检查工程进展情况,协调有关问题。深圳指挥部与地方政府有关部门建立定期到现场检查制度,协调解决存在的问题。发挥指挥部的体制优势,对于征地拆迁、三电迁改工程中的重点、难点问题,由深圳指挥部组织协调和参与谈判。

一、征地拆迁协调

深圳指挥部安排一名副职领导负责,征拆协调部主抓。深圳指挥部和施工单位积极配合地方政府和有关部门做好征地拆迁工作,特别是对涉及市区范围内及控制、重点工程范围内的征地拆迁工作予以高度重视。

开工前应根据设计单位提交的资料,与地方政府一起制订征地拆迁详细计划,并重点做好建设用地和企事业单位建筑物的调查。对先期开工的,要提前办理相关手续,确保按时开工;涉及环保、水保及涉水的项目要取得允许开工的各种手续。

二、设计协调

施工过程中的变更设计根据深圳指挥部管理文件办理,做好对设计单位的信用评价,配合施工、设计人员及时解决现场发现的问题。

三、与地方有关部门的协调

(1)积极与沿线公路部门协调,办理施工许可手续;

(2)积极与地方环保、水保部门协调,办理跨江、跨河施工许可手续;

(3)积极与地方政府协调站房设计方案以及相关配套工程建设手续。

四、营业线施工协调

(1)积极与营业线设备管理、运输站段协调,办理营业线施工许可手续;

(2)对营业线运营状况进行调查:对营业线运输组织进行详细调查,分析可作业时间;根据总工期安排及阶段性工期安排,合理确定营业线或邻近营业线施工组织顺序和施工资源调配组织,尽量做到一条营业线的多个标段共用天窗,使对营业线的运输影响程度最小化;

(3)对营业线设备设施进行调查。

第十六章　工程验收

第一节　验收方式

铁路工程建设项目竣工验收分为静态验收、动态验收、初步验收、安全评估和国家验收五个阶段。

一、静态验收应具备的条件

(1)主体工程及其配套工程(包括外部配套工程及设备安装)已按设计文件建成;
(2)环境保护设施、水土保持设施与主体工程同步建成;
(3)劳动、安全、卫生及消防设施与主体工程同步建成;
(4)施工单位按有关规范、标准对工程质量和系统功能自检合格;
(5)监理单位及咨询单位(如果有)对工程质量评定合格;
(6)竣工文件已按规定的内容和标准基本完成;
(7)精测网复测已经完成,复测资料完备,复测成果移交;
(8)辅助工程(含公路立交桥)已经移交完毕;
(9)建设用地依法批准。

二、动态验收应具备的条件

(1)静态验收合格;
(2)动态验收实施方案已经批准;
(3)动态检测准备工作完成。

三、初步验收应具备的条件

(1)静态验收、动态验收合格,工程质量和系统功能满足有关标准要求;
(2)静态验收及动态验收遗留问题整改完毕;
(3)环境保护设施、水土保持设施经相应行政主管部门验收;
(4)劳动、安全、卫生及消防设施经相关部门验收合格;
(5)通过试运行,达到试运营的条件;
(6)咨询单位(如果有)已提交对整个系统可否按照设计速度安全运行的咨询报告;
(7)建设用地取证工作基本完成;
(8)竣工文件按规定编制完成,施工过程中的管理文件和招标投标文件等整理完毕,达到档案验收标准。

四、安全评估应具备的条件

(1)已通过初步验收;
(2)向广州局集团公司或国铁集团提出进行运营安全评估申请。

五、国家验收应具备的条件

(1)初步验收一年后;

(2)初期运营中发现的问题整改完毕,试运营情况良好,经检测各项指标已达到建设目标;

(3)建设用地取证工作已经完成;

(4)环境保护设施、水土保持设施经相应行政主管部门验收合格;

(5)竣工决算已经编制完成,并经过国铁集团组织的审计;

(6)建设资金已全部到位,除质量保修金外,与建设工程各方按合同完成资金结算;

(7)档案验收工作已完成。

第二节 静态验收

一、静态验收内容

静态验收是指由广州局集团公司组织铁路工程建设指挥部、集团相关处室、接管使用单位、监理单位以及参建单位对建设项目进行检查,确认工程是否按设计完成且质量合格,系统设备是否已安装并调试完毕。静态验收包括子系统(专业)验收和综合系统验收。

子系统(专业)验收是施工单位按照合同约定完成施工和设备安装工作并自检合格后,由铁路工程建设竣工验收工作组按照项目系统构成组织的分专业、分系统现场检查和验收。铁路工程建设子系统可分为基础工程、通信、信号、牵引供电、运营调度、客运服务等。运营调度和客运服务子系统验收可根据需要在动态验收完成前单独进行。

综合系统验收是在铁路工程建设子系统(专业)验收合格后,对项目按照系统集成理念通过综合调试进行的检查验收工作。

二、子系统(专业)验收程序

(1)施工单位按照设计文件和合同约定完成全部工程和设备安装、调试并经自检合格后,向深圳指挥部申请子系统(专业)验收,并报送《子系统(专业)验收申请表》。

(2)深圳指挥部经检查确认达到子系统(专业)验收条件后,组织竣工验收工作组对子系统(专业)进行验收。

(3)竣工验收工作组应在30个工作日内完成检查,对存在问题提出处理意见、整改期限、复检时间等,经专家组确认后组织实施,对整改问题复查合格后填写《子系统(专业)验收记录表》。

(4)专家组对验收情况进行检查,对竣工验收工作组验收意见进行确认。

(5)子系统(专业)验收合格后,竣工验收工作组和专家组在《子系统(专业)验收记录表》上签署验收意见。

三、综合系统验收程序

(1)子系统(专业)验收合格后,施工单位向深圳指挥部申请综合系统验收并报送《综合系统验收申请表》。

(2)深圳指挥部经检查确认达到综合系统验收条件后,组织竣工验收工作组对综合系统进行验收。

(3)竣工验收工作组对综合系统进行验收,对存在的问题提出处理意见、整改期限、复检时间等,经专家组确认后组织实施,对整改问题复查合格后填写《综合系统验收记录表》。

(4)专家组对验收情况进行检查,对竣工验收工作组验收意见进行确认。

(5)综合系统验收合格后,竣工验收工作组和专家组在《综合系统验收记录表》上签署验收意见。

深圳指挥部应在完成子系统(专业)验收和综合系统验收后编写《静态验收报告》。《静态验收报告》应包括项目子系统(专业)验收以及综合系统验收过程、验收人员组成、验收程序、存在问题及整改情况、专家组审查意见、验收结论等内容,并附相关数据和试验报告。

《静态验收报告》报国铁集团工程管理中心和国铁集团运输局客专技术部审查。国铁集团工程管理中心和运输局客专技术部及时将《静态验收报告》及审查意见报国铁集团核备。

静态验收工作在国铁集团建设、运输部门指导下实施。

第三节 动态验收

一、动态验收内容

动态验收是在铁路工程建设项目静态验收合格并经国铁集团确认后，由深圳指挥部在国铁集团工程管理中心和运输局客专技术部组织下进行综合调试，并委托专业机构进行动态检测，对工程质量和系统集成安全运行状态进行全面检查和验收。

铁路工程建设项目综合调试和模拟试运行的主要原则由国铁集团确定，实车运行条件下动态检测执行国铁集团动态检测相关标准。

二、动态验收程序

(1)深圳指挥部应在静态验收完成 20 日前拟定详细的《动态验收实施方案》，经国铁集团工程管理中心和运输局客专技术部审查后报国铁集团批准。《动态验收实施方案》应包括动态验收组织形式，综合调试计划、试运行和动态检测方案，拟投入主要设备仪器，安全保证措施等内容。

(2)深圳指挥部应按照批复的《动态验收实施方案》组织动态验收。

(3)深圳指挥部组织专业机构按批复的《动态验收实施方案》进行动态检测，并形成动态检测报告。动态检测工作由国铁集团批准的专门机构负责。

(4)竣工验收工作组就动态检测中发现的问题进行研究并提出整改意见，整改意见送专家组审查，按专家组审查意见组织整改，对整改问题复查合格后，填写《动态验收记录表》。

(5)专家组对验收情况进行检查，对竣工验收工作组验收意见进行确认。

(6)动态验收合格后，竣工验收工作组和专家组在《动态验收记录表》上签署意见。

动态验收过程中，所在铁路局及相关部门应积极配合深圳指挥部，按照国铁集团规定做好综合调试和模拟试运营工作。

深圳指挥部完成综合调试、试运行和测试等动态验收工作后编写《动态验收报告》，《动态验收报告》应包括动态验收组织及人员、动态检测过程及结果、试运行过程及结果、存在问题及整改情况、专家组审查意见、验收结论等内容，并附相关数据和试验报告。

《动态验收报告》报国铁集团工程管理中心和国铁集团运输局客专技术部审查。国铁集团工程管理中心和国铁集团运输局客专技术部应及时将《动态验收报告》及审查意见报国铁集团。

动态验收工作在国铁集团建设、运输部门指导下实施；动态验收的试运行工作在运输、建设部门指导下实施，运输部门参与接管。

第四节 初步验收

初步验收是在铁路工程建设项目动态验收合格后，由国铁集团对铁路工程建设项目静态验收、动态验收结果进行检查和确认的工作。

初步验收程序如下：

(1)深圳指挥部完成动态验收工作后，及时向国铁集团建设管理部报送《初步验收申请表》。

(2)专家组向国铁集团报送前一阶段验收工作情况和组织初步验收的建议。

(3)国铁集团建设管理部在收到《初步验收申请表》《安全质量监督报告》和专家组关于组织初步验收

的建议后,确认符合初步验收条件的,报请国铁集团成立初步验收委员会。

(4)初步验收委员会组织召开初步验收会议,必要时组织现场检查,提出《初步验收报告》,明确验收结论。

第五节 安全评估

初步验收合格后,由国铁集团安全监察部门组织安全评估,就铁路工程建设项目试运营提出安全评价意见,责成深圳指挥部和接管运输单位完善安全措施,完成安全评估工作。

第六节 初期运营

铁路工程建设项目安全评估合格并经国铁集团批准后投入试运营。深圳指挥部及接管运输单位在试运营期间必须进一步做好观测、测试工作。

第七节 国家验收

国家验收是指铁路工程建设项目初步验收一年后,由国家主管部门或委托国铁集团组织对铁路工程建设项目进行整体验收和综合评价。

国家验收程序如下:

(1)对具备国家验收条件的铁路工程建设项目,深圳指挥部应向国铁集团建设管理部提出申请,上报《国家验收申请表》,报请国家验收。

(2)专家组向国铁集团报送试运营检查情况和组织国家验收的建议。

(3)国铁集团建设管理部在收到《国家验收申请表》和专家组关于组织国家验收的建议后,经确认申报项目符合国家验收条件的,提出国家验收建议报国铁集团,经国铁集团同意后按程序报请国家主管部门组织验收。

(4)国家验收委员会组织召开国家验收会议,必要时组织现场检查,对工程质量、线路运行状况、环境协调性等建设成果以及初步验收结论进行整体评价,形成《国家验收证书》,明确验收结论。

第十七章 竣工决算

国家验收前，深圳指挥部应按国家和国铁集团有关规定组织编制完成竣工决算。

竣工文件的编制工作由深圳指挥部负责组织，施工单位负责编制，接管使用单位档案部门协助指导。深圳指挥部督促各参建单位按档案部门要求做好文件材料积累工作，竣工验收前将文件图纸按专业和单项工程进行汇总整理。

竣工文件要如实反映铁路工程建设项目施工技术状况和工程竣工的现状。如发现竣工文件与实际不符者，应追究原施工单位和监理人员的责任。

竣工文件内容及提交份数执行国铁集团相关规定。

国家验收前，深圳指挥部应按照《铁路土地管理办法》(国土建字〔1992〕144号)有关规定，组织施工单位会同接管单位(部门)向地方县级以上人民政府统一办理国有土地使用证书。

第十八章　经验体会与问题探讨

针对赣深铁路工期紧、任务重、困难多、环水保要求高、安全风险大等特点，深圳指挥部把握主要矛盾，围绕赣深铁路建设目标，以高标准建设、高质量验收以及高效率施策为抓手，践行“精品、绿色、智能、人文”高铁建设新理念，科学组织、规范管理、细化措施、统筹安排、落实责任、主动协调，与参建单位齐心协力、紧密配合、攻坚克难，及时解决建设中的重难点问题，高标准、高质量地完成了赣深铁路建设任务，确保赣深铁路依法高质量开通。

一、建设意义

赣深铁路是广州局集团公司负责建设的第一条时速 350 km 的高速铁路，是我国“八纵八横”高速铁路网京港(台)通道的重要组成部分，赣深铁路的开通运营将进一步完善区域路网结构，极大便利沿线人民群众出行，对赣闽粤原中央苏区融入粤港澳大湾区发展，构建“苏区＋湾区”联动发展新模式，具有十分重要的意义。

二、工程难点

1. 工期紧、任务重

赣深铁路广东段线路全长 301.172 km，批复工期 4 年，其中东莞南站(不含)至深圳北站(不含)段站前工程由于线位方案确定较晚，于 2018 年 9 月份开工建设，有效工期不到 3 年；光明城站由于建筑方案变化原因，于 2020 年 7 月份开工建设，有效工期不到 1 年；站后四电工程于 2020 年 4 月份开工建设，但由于接口工程交付滞后，有效工期不到 1 年。

2. 地形地貌复杂，地质条件恶劣

赣深铁路广东段桥隧比高达 87.3％，其中项目桥梁穿越岩溶地区，3 次跨越东江，47 处跨越高等级道路，特殊结构 130 联；隧道穿越多条断层，地下水丰富，面临危岩落石及地面采石场、人工弃填土等不良地质的严峻挑战。全线共有“8 桥 8 隧”等重难点工程，其中惠州东江铁路大桥主桥采用(136.75＋260＋136.75)m 四线铁路预应力混凝土部分斜拉桥，桥面宽 31.2 m，是目前国内桥面最宽的无砟轨道塔梁墩固结体系矮塔斜拉桥，异形截面施工全线唯一，同时受下游东江水利枢纽影响，大型船机设备无法进入，且地处不良地质和特殊岩土，施工技术极为复杂；羊台山隧道全长 3 534.57 m，穿越高应力区及两处断裂带，为国内罕见大跨度、小间距燕尾式出岔高铁隧道，其主隧道与阳深上行联络线羊台山一号隧道、下行联络线羊台山二号隧道呈燕尾式出岔前行，是赣深铁路全线 4 个二级风险隧道之一。

3. 营业线施工技术难度高，安全风险大

赣深铁路广东段新建 16 条联络线与既有广深城际、广深港高铁及在建梅龙铁路、广汕铁路等互通互联，与既有或在建铁路交叉 12 处，加之广深Ⅰ、Ⅱ线改线工程及深圳北站改造，营业线施工多，涉及的施工技术难度高，安全风险极大。赣深铁路广东段共进行了营业线Ⅰ级施工 4 次、Ⅱ级施工 32 次、Ⅲ级施工 1 302 次。其中深圳北站站改工程系国内首次对正在运营的高铁枢纽站进行改造升级，开启了国内大型高铁枢纽站改造的先河，施工过程中面临技术要求高、工期长、施工难度大、安全风险极高等一系列挑战。

4. 地方征拆困难，工期节点难以保证

赣深铁路广东段途径河源、惠州、东莞、深圳等市，沿线征拆环境复杂、体量大，各地征拆补偿标准不统一，征拆资金不足，群众抵触情绪较大，“三抢”现象严重，发达城区三电及管线调查困难，影响工程进度。此外，项目涉及多处部队用地，施工手续复杂，协调难度大，对架梁通道工期节点影响较大。

5. 外部环境形势严峻

赣深铁路广东段建设期间，项目沿线砂石料、水泥、粉煤灰等材料出现了严重短缺，且价格高涨，影响项目施工生产，一度导致项目质量及进度形势严峻。同时，由于疫情的持续影响，各地进行疫情管控，导致各施工单位材料采购及运输、务工人员返岗困难，项目工期受到不同程度滞后。

6. 环水保要求高

赣深铁路广东段穿越 15 处生态敏感目标，其中森林公园 11 个，生态严控区 4 处，经过 5 处饮用水水源保护区及 2 处规划饮用水水源保护区，沿线生态环境复杂，环水保防治责任面积大、要求严格，尤其是工程穿越深圳市等发达城区，对施工围挡、扬尘防治、环水保措施要求极高，增加了各参建单位环水保工程措施投入，提高了对各参建单位环水保管理制度及人员素质的要求。

三、采取的措施及取得的经验

1. 动态管理施工组织，多途径保证施工进度

针对赣深铁路广东段工期紧、任务重的特点，深圳指挥部在完成国铁集团工程管理中心每半年组织的施组执行情况审查工作的基础上，每月对施组进行梳理，动态掌握工程进度和存在问题，并做出梳理分析，对进度滞后的标段及时查找原因，果断采取补救措施，实行动态纠偏管理，保证了各阶段工期计划目标的实现。建设期间，采用增加东源隧道、银瓶山隧道、羊台山隧道、羊台山 1 号隧道、松岗山隧道、和平隧道等 6 个斜井或平导，增加柳城梁场，改中铁六局 3 标 48 孔预制梁为现浇等手段确保了 2021 年 2 月 25 日全线架梁任务的顺利完成；邀请国铁集团组织 CRTS Ⅲ型板式无砟轨道首件评估进行技术、工装把关，要求施工单位在关键铺轨通道集中资源力量重点攻关，组织设计单位、沉降评估单位对区域沉降进行研判，确保了 2021 年 5 月 19 日全线无砟轨道任务的顺利完成；采用 4 台有砟无砟铺轨一体铺轨机、4 台焊轨机组分别由铺轨基地向大小里程进行铺轨、焊轨作业，确保了 2021 年 6 月 12 日全线铺轨任务的顺利完成。

2. 制订保开通实施方案，严格进行工期考核

为加快赣深铁路广东段剩余工程推进，优质高效推进项目竣工验收工作，确保实现开通目标，深圳指挥部制订保开通实施方案，成立保开通领导组织机构，分成 18 个工作小组，明确职责分工，建立各项工作制度，分工协作推进开通各项工作，协调解决各类问题。面对各标段工程进度参差不齐现象，为激励先进工程单位，深圳指挥部在工程推进、克缺销号、保开通阶段先后 4 次制订了工期考核管理办法，针对全线剩余工程及克缺销号、保开通工作进行每日报、每周追、每月考核，并与信用评价和激励约束机制挂钩，将考核情况及时向施工单位集团公司通报，以此督促施工单位分析原因、制订措施，保证各项资源充足，精心组织施工生产。对工程进度缓慢的施工单位，采取领导包保方式进行现场督导，通过约谈施工单位集团公司主要领导、要求派出督导组进驻现场等手段切实解决施工现存问题。综合运用以上办法，充分调动了施工单位的积极性，形成比、学、赶、帮、超的良好氛围，有效提升了赣深铁路广东段施工生产及管理水平，确保线路按期开通运营。

3. 明确多阶段整治任务，精准把控施工质量

2020 年 4 月～12 月，深圳指挥部重点开展在建隧道质量安全隐患排查整治活动。通过组织评审《新建铁路赣州至深圳铁路赣粤省界至深圳北段隧道施工质量缺陷整治指导性参考图》，多次召开赣深铁路广东段隧道缺陷排查整治研讨会，审核施工单位编制的各标段隧道缺陷整治计划和方案，指导现场开展隧道整治工作，对隧道衬砌脱空引起的厚度不足、素混凝土段二次衬砌防掉块钢筋网片缺失、衬砌施工冷缝等缺陷、隧道高边仰坡隐患进行了重点整治。2021 年 1 月～6 月，深圳指挥部重点开展了无砟轨道问题整治活动。通过邀请专家组织召开赣深铁路无砟轨道施工问题克缺方案评审会议，下发《新建赣州至深圳铁路（广东段）无砟轨道施工问题克缺方案》，成立克缺及提前介入组，由梅汕客专总工牵头每周组织召开克缺及提前介入工作推进会，定期协调广州局集团公司工务部和建设部召开赣深铁路提前介入协调会等手段，对无砟轨道自密实混凝土厚度不足，泡沫层、轨道板裂纹等缺陷进行了重点整治。2021 年 7 月～12 月，深圳指挥部重点开展了隧道边仰坡、危岩落石、路基高陡边坡等防洪隐患整治，区间绿化补强（包括沿线建筑

垃圾清理),水沟、电缆沟盖板排查整改,站区绿化美化,站房及生产生活房屋精品工程打造提升五项重点工作,要求参建单位抓好重点,统筹部署,苦干、实干加巧干,为赣深铁路开通奠定坚实基础。

4. 驱动工装自动化升级,打开提质增效新途径

在工程建设过程中,深圳指挥部带领参建单位始终坚持施工过程控制,秉持“四个标准化”要求和“工装保工艺、工艺保质量”的建设理念,全面优化工艺工法,严格要求工装配备。其中,桥梁工程推广了桩头剥离环切工艺、预制箱梁自动喷淋养护系统、智能张拉及压浆系统等工艺工法;重难点隧道工程配备了全液压三臂凿岩台车、湿喷机械手、大跨度自行式液压仰拱栈桥等高度机械化设备,实现了全断面、全过程、全机械化施工;四电工程突出和完善“智能化、信息化、数字化”的创新和应用,共组织优化细部设计 102 项,创新工艺、运用智能工法 133 项,“细部微创微改”70 项,新建智能牵引供电系统等智能系统 7 套,运用智能技术 5 项,配备智能工装 10 套,积极探索和实践四电系统全生命周期管理,以“预防预控、预警预测”为目标,实现设备运营状态自适应、故障状态自诊断,打造了高速铁路四电工程新标杆。

5. 聚焦工艺革新,切实攻克施工难题

针对赣深铁路广东段沿线地形地貌及地质条件复杂,营业线施工技术难度大、安全风险高等特点,深圳指挥部组织各参建单位积极开展技术攻关,因地制宜,创新工艺工法,切实解决相应的施工难题。

(1)柳城东江铁路大桥处于岩溶发育地区,针对桩基钻孔困难,组织施工单位采用先进的钢套管钻机跟进方法,避免孔壁反复坍塌漏浆,使钻孔较顺利进行,确保成桩质量,成功解决了多层串珠型岩溶地质、流沙层地质超长桩基础成孔难的问题。

(2)惠州东江铁路大桥跨越东江河道,跨点附近由于大型船机设备无法进场,常规大型起重设备安装工艺无法实施,为解决大型钢套箱水下安装困难的问题,依据东江实际水文、地质条件,组织施工单位设计了一套双壁自浮式新型围堰平台结构体系,兼作深基坑围堰和桩基施工平台,创新提出钢围堰陆上整体拼装、气囊浮运和锚定卷扬机定位安装工法,彻底攻克大型钢套箱水下安装难题。

(3)为研究不同仰拱封闭距离和开挖长度对隧道稳定的影响,提出更合理的仰拱封闭距离及开挖长度,组织施工单位开发了铁路隧道仰拱开挖安全预警系统,提高了隧道开挖作业效率和安全。

(4)为提升 CRTS Ⅲ型板式无砟轨道铺设自动化水平,在赣深 5 标的板式无砟轨道施工中应用了底座板智能化整平机及 BMR-3 型承轨台检测机器人等智能工装,大幅提升了底座板整平和轨道精调效率,经济效益显著。

(5)深圳北站站改工程系国内首次对正在运营的高铁枢纽站进行改造升级,施工过程中组织施工单位优化了物理隔离结构,形成了既有线站台墙切割及帮宽的工艺,创新了接触网大范围道岔区硬横梁改造、整体腕臂改造施工技术,为后续国内的高铁枢纽站改造施工积累了有益的经验,提供了参考范本。

第三篇

勘 察 设 计

第一章 地质勘察

一、工程地质勘察概况

赣深铁路于2013年9月开始勘察设计，2016年8月至2021年7月逐步完成了各阶段的勘测设计，并得到相关部门批复。

二、主要采用的勘察标准、勘察技术原则和要求

在充分研究、利用赣深铁路可行性研究地质资料和区域地质、水文地质资料的基础上，主要执行以下相关规范规程，开展勘查工作。

(1)《铁路工程地质勘察规范》(TB 10012—2001)；

(2)《铁路工程不良地质勘察规范》(TB 10027—2001)；

(3)《铁路工程特殊岩土勘察规程》(TB 10038—2001)；

(4)《铁路工程水文地质勘察规程》(TB 10049—2004)；

(5)《铁路工程地质原位测试规程》(TB 10041—2003)；

(6)《铁路工程物理勘探规程》(TB 10013—2004)；

(7)《铁路工程岩土分类标准》(TB 10077—2001)；

(8)《铁路工程地质钻探规程》(TB 10014—2012)；

(9)《岩土工程勘察规范》(GB 50021—2009)；

(10)《铁路工程抗震设计规范》(GB 50111—2016)；

(11)《京沪高速铁路工程地质勘察暂行规定》(铁建设〔2003〕13号)；

(12)《新建时速200～250公里客运专线铁路设计暂行规定》(铁建设〔2005〕140号)；

(13)《关于发布〈铁路工程岩土分类标准〉和〈铁路工程地质勘察规范〉两项标准局部修订条文的通知》(铁建设〔2004〕148号)等。

三、主要勘察技术手段、综合地质勘察方法

地质勘察工作采用地质调绘、物探、钻探、挖探、原位测试、室内试验等综合手段进行。典型工点工程地质勘察情况如下。

(一)潼湖特大桥

潼湖特大桥(中心里程：DK378＋560.02)作为控制工程和重难点工程——“两路七桥八隧”之一，桥址区域内丘间谷地表层为第四系人工填土层素填土、杂填土、第四系全新统冲洪积层淤泥、淤泥质土、粉质黏土、细砂、中砂、圆砾土、卵石土、第四系全新统残坡积层粉质黏土。场区下伏基岩为侏罗系上中统高基坪群凝灰熔岩、凝灰岩、侏罗系下统蓝塘群砂岩、泥质粉砂岩。该区域基岩根据岩石风化程度及强度的差异可分为全风化带、强风化带、弱风化带。

桥址区地表水较发育，分布有河流及水塘等。桥区内地下水主要为第四系覆盖层孔隙潜水、基岩裂隙水。本次勘测期间水位埋深0.3～6.3 m，水位高程5.85～43.59 m。其流向受地形条件控制，一般向地形低洼的廉江处汇集、排泄。地下水、地表水均无化学性侵蚀、无盐类结晶破坏；根据氯离子含量判定，地下水、地表水均无氯盐侵蚀性。区内碳化环境等级为T2。

(二)惠州东江铁路大桥(四线桥)

惠州东江铁路大桥(中心里程：DK357＋143.62)也是控制工程和重难点工程之一，位于惠州市区与博

罗县城交界处,桥长 921.97 m,与 G25 长深高速公路并行。桥梁自北向南,依次跨越惠博大道、东江通航孔、江南大道(即东江南堤路)。桥址区跨越东江,东江河面水流正宽约 658 m,东江常年有水,地表水丰富。桥区地下水主要为第四系松散土层孔隙水和基岩裂隙水两大类。地下水埋藏深度 1.7～13.6 m,水量较丰富。于 2017 年 12 月 1 日前完成定测外业勘察工作。

第二章 线路设计

第一节 线路走向与重大方案比选

一、线路走向

赣深铁路正线自赣州西站南端引出，跨上犹江、章水、既有京九铁路后沿粤赣高速公路东侧至信丰，设信丰西站；沿粤赣高速公路南下经龙南东站、定南南站至赣粤省界，南下入粤经和平县，在阳明镇设和平北站后沿京九铁路和浰江折向东南，在佗城镇汕昆高速公路南侧设龙川西站；沿东江、京九铁路通道折向西南至东源县黄田镇设河源北站，于江东新区迎客大道附近设河源东站，出站后跨东江沿京九铁路东侧南行经博罗县麻陂镇设博罗北站，在惠州市小金口与广汕铁路并站分场设惠州北站，在惠州仲恺高新区潼侨镇经仲恺站出惠州北站跨东江、京九铁路、广深铁路在东莞市塘厦镇设东莞南站；经光明城站最终接入深圳北站。线路途经江西省赣州市、广东省河源市、惠州市、东莞市、深圳市，线路长度约 436.37 km，其中广东省境内 301.8 km。

二、重大方案比选

(一)定南至和平段线路方案

本段线路结合地形地质条件，研究了短隧道方案与长隧道方案，如图 3-2-1 所示。

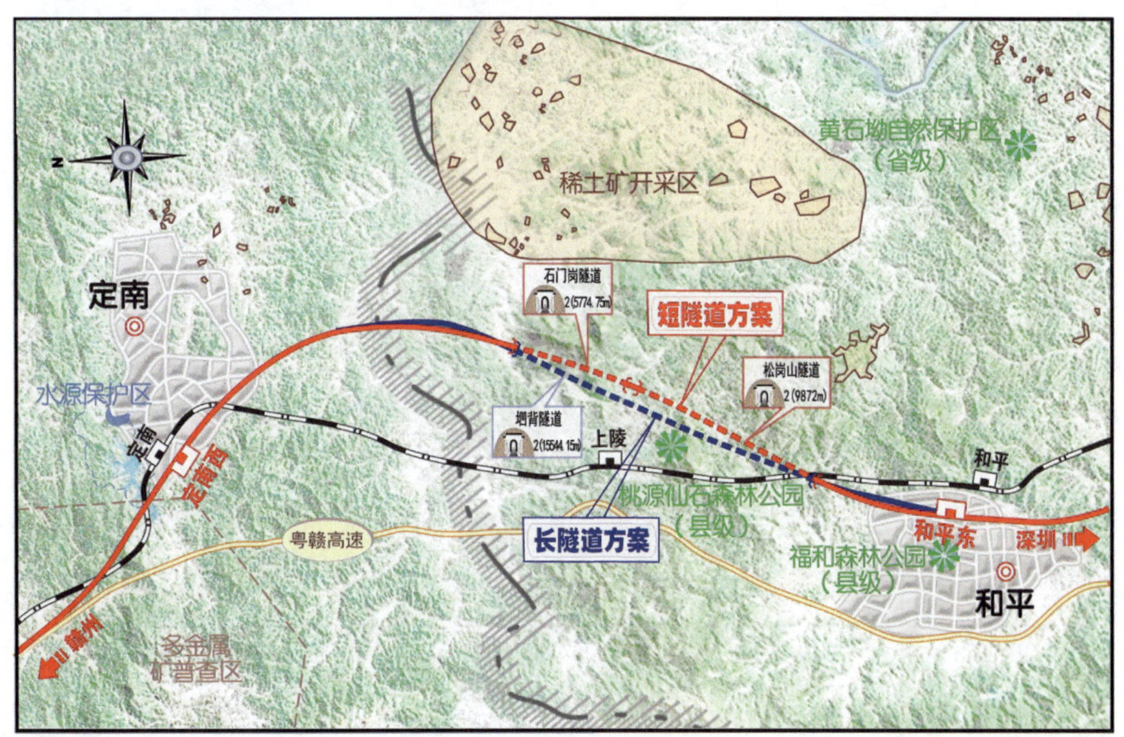

图 3-2-1 定南至和平方案示意

短隧道方案：线路自定南西站引出，上跨 S229 后折向西南，线路走在和平县上陵镇东侧约 3 km 处，穿紫云嶂、马鞍嶂等山脉,以隧道下穿京九铁路后至和平东站,本段线路主要工程为石门岗隧道 5.775 km、松岗山隧道 9.852 km,比较范围线路全长 26 km。

长隧道方案:线路自定南西站引出,上跨 S229 后折向西南,线路距和平县上陵镇约 2 km,以长隧道形式穿紫云嶂、马鞍嶂等山脉,隧道全长 15.543 km,考虑采用单洞双线方案,往南线路下穿京九铁路后至比较终点,比较范围线路全长 25.881 km。

从工程地质条件分析:两个方案基岩地层岩性基本一致,主要为白垩系南雄关组砂砾岩,燕山期中晚期侵入花岗岩和凝灰熔岩;线路 DK141+000~DK146+000 段近似平行于侵入岩接触带,长隧道方案较短隧道方案更靠近凝灰熔岩与砂砾岩侵入接触带。整体来看,长隧道方案围岩相对较好,Ⅱ、Ⅲ级围岩总长 9 545 m,占隧道总长度的 61.2%,Ⅳ、Ⅴ级围岩总长度 6 060 m,占隧道总长度的 38.8%;短隧道方案中,石门岗隧道、松岗山隧道Ⅱ、Ⅲ级围岩总长度 8 265 m,占两座隧道总长度的 52.83%,Ⅳ、Ⅴ级围岩总长度 7 378.75 m,占隧道总长度的 47.17%。

从施工工期分析,长隧道方案设 4 座斜井,基本可以满足隧道施工总工期 32 个月的要求,但由于隧道过长,且更靠近凝灰熔岩与砂砾岩侵入接触带,岩石破碎,施工过程中存在一定的不确定因素,有一定的工期风险。

从工程投资分析,长隧道方案线路长 25.881 km,较短隧道方案线路长度减少 119 m,隧道长度增加 2.48 km,桥梁长度缩短 2.25 km,减少征地 97 亩,增加隧道斜井 2 座共计长 1.45 km。长隧道方案较短隧道方案投资增加 0.524 亿元。

考虑两个隧道工程条件基本相当,短隧道方案工期相对容易保证,且可节省投资 0.524 亿元,因此,本次研究以短隧道方案贯通。

(二)和平至龙川段线路方案

林寨镇位于河源市和平县南部,本段线路结合地形地质条件与既有京九铁路,研究了林寨西侧方案与林寨东侧方案,如图 3-2-2 所示。

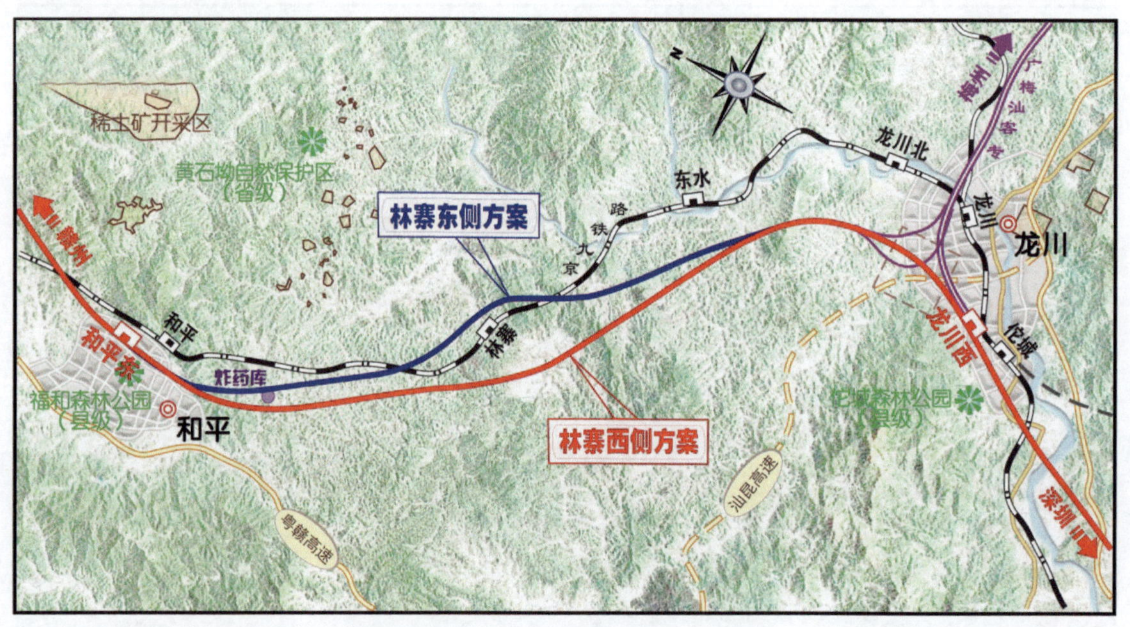

图 3-2-2　和平至龙川段线路方案示意

林寨西侧方案:线路自和平东站引出,绕避和平县看守所,上跨 S339,在和平县泰安公司炸药库西侧通过后线路折向东南,线路跨浰江,经林寨镇西北侧,上跨 S229 往南至龙川,比较范围线路长度为 47.3 km。

林寨东侧方案:线路自和平东站引出,绕避和平县看守所,在和平县泰安公司炸药库东侧通过,线路往南上跨京九铁路，经林寨镇东侧，跨过浰江与京九铁路后往南至龙川，比较范围线路长度为 46.355 km。

从工程地质条件分析，两个方案地质条件相当，主要为白垩系南雄关组砾岩、含砾砂岩、泥质砂岩，泥盆系桂头群组砂岩、石英砂岩夹页岩局部夹石炭系灰岩，燕山期中晚期侵入花岗岩等。地质条件不控制线路方案。

从对城市规划影响分析，林寨东侧方案由于受和平站位影响，其出站时线路无法避开和平县泰安公司炸药库(民用爆炸药库，炸药库容 19 t)安全影响范围，需对炸药库进行拆迁，并需拆迁和平县刚建成的体育馆，规划的和平县中医院需另行选址，实施难度较大，勘测期间和平县曾提出不要拆迁体育馆。

从工程条件分析，林寨东侧方案线路长 46.355 km，桥隧总长 38.962 km，路基土石方 215 万 m^3，拆迁房屋 6.13 万 m^2；林寨西侧方案线路长 47.3 km，桥隧总长 40.409 km，路基土石方 141 万 m^3，拆迁房屋 4.79 万 m^2。林寨西侧方案线路长度短 0.945 km。

从工程投资分析，林寨东侧方案投资 47.6 亿元，较林寨西侧方案投资节省 0.2 亿元。

综上所述，林寨东侧方案工程投资节省 0.2 亿元，但该方案拆迁量较大，需拆迁和平县新建成的体育馆，规划的中医院需另行选址，搬迁和平县泰安公司炸药库，实施难度大，林寨西侧方案虽然工程投资略有增加，但该方案对和平县城市规划影响较小，地方政府支持该方案，故本次研究推荐林寨西侧方案。

(三)惠州东江桥位方案

惠州北出站后，线路在东江水利枢纽上游跨越东江，本次在跨越东江时结合惠州北站站位与惠河高速公路研究了斜跨东江穿保护区方案与斜跨东江不穿保护区方案，如图 3-2-3 所示。

图 3-2-3 惠州东江桥位方案示意

斜跨东江穿保护区方案：线路自惠州北站引出后，穿过双璧湾小区规划三期用地，在惠河高速公路东侧 430 m 处上跨东江，桥位与东江夹角为 13°(线路法线与水流方向夹角)，主跨采用(40＋80＋290＋150＋40) m 斜拉桥；过东江后线路往南跨惠河高速公路，在惠城区炸药库西侧和大石坑自然保护区西北角通过，往南经潼侨工业园至比较终点，比较范围内线路长度为 22.363 km。

斜跨东江不穿保护区方案：线路自惠州北站引出后，避开双璧湾小区规划三期用地，在惠河高速公路东侧约 100 m 处上跨东江，主跨采用(40＋95＋330＋226＋40) m 斜拉桥，过东江后，线路往南避开大石坑自然保护区后至比较终点,比较范围内线路长度为22.546 km。

从线路条件分析,两个方案平面条件均不限速,均满足350 km/h速度目标值的平面曲线半径要求。斜跨东江不穿保护区方案较斜跨东江穿保护区方案线路长度增加183 m。

从工程条件分析,斜跨东江不穿保护区方案线位与东江水流斜角角度较大,桥墩阻水严重,不利于排洪,斜交角度23°,不满足《内河通航标准》(GB 50139)要求一般不超过5°的规定,需要采用加大跨径一孔跨越通航水域,即采用(40+95+330+226+40)m斜拉桥,该方案主跨达到330 m,且边跨较大,铺设无砟轨道需进行专题研究。

从对城市规划和环境保护角度分析,斜跨东江穿保护区方案从惠州市双璧湾小区规划三期用地中间穿行,影响其建设用地约162亩,对小区影响较大,同时由于该方案穿越了惠城区大石坑自然保护区,按照广东省环保条例属于禁止建设的范围,行政审批困难。斜跨东江不穿保护区方案对两者无影响。

从工程投资分析,斜跨东江不穿保护区方案较斜跨东江穿保护区方案投资节省1 400万元。

综上所述,斜跨东江穿保护区方案需穿大石坑自然保护区,行政审批难度很大,存在法律障碍,且占用双壁湾小区三期用地,工程投资增加0.14亿元;斜跨东江不穿保护区方案虽然铺设无砟轨道需进行专题研究(参照目前在建和建成项目,需采用有砟轨道),但该方案避开了大石坑自然保护区和双壁湾小区三期,无法律障碍,工程投资略省,故本次研究暂推荐斜跨东江不穿保护区方案。

(四)仲恺区境内方案

线路自惠州北站引出后沿西南方向穿越惠州市仲恺高新区。仲恺高新区西北侧目前规划有潼湖生态智慧区科融新城,再往西主要为部队农场,本段线路为避开仲恺主要城区,并考虑到规划的科融新城及部队地块,在仲恺区境内研究了绕避科融新城方案和穿科融新城方案,如图3-2-4所示。

绕避科融新城方案:线路自惠州北站引出后,跨过东江后经观洞水库二级水源保护区,绕避惠城区大石坑自然保护区,穿潼侨工业园与部队沙河农场,并在沙河农场预留仲恺站设站条件,线位距规划科融新城外边缘400~800 m,线路继续往南穿沥林镇后进入东莞境内,比较范围线路长度为25.046 km。

穿科融新城方案:线路从惠州北站引出,跨过东江后穿过惠城区大石坑自然保护区西北角,往南穿潼侨工业城,沿科融新城西北侧边缘穿行,并预留仲恺站设站条件,线路往南跨过莞惠城际后并上绕避科融新城方案线位,比较范围线路长度为24.851 km。

从对主要敏感点的影响分析:绕避科融新城方案避开了惠城区大石坑自然保护区,对规划科融新城无影响,但线路穿部队沙河农场,穿行距离约2.6 km,对整体地块切割严重,对其影响较大;穿科融新城方案对惠州市大石坑自然保护区及规划科融新城均有一定影响。

从工程投资方面分析:绕避科融新城方案较穿科融新城方案线路长0.195 km,拆迁量少1.24万m^3,但减少的拆迁部分主要为砖厂厂棚,价值较低;绕避科融新城方案较穿科融新城方案投资增加3 300万元。

综上,在工程投资方面两个方案相差不大,穿科融新城方案需穿越大石坑自然保护区,行政审批困难,故本次方案研究暂按绕避科融新城方案贯通。

(五)光明新城设站方案

新设赣深铁路光明新城站(预留)与既有广深港光明新城站平行布置设置,受既有站房、施工安全距离及华强创意产业园高层控制,新设站与既有站间距为65 m,线路距华强创意产业园高层最小距离约40 m,如图3-2-5所示。

由于光明城站深圳端大里程侧受控于石岩外环路(部分已建成)与规划光侨布龙连接线,本次研究了光明城站不等高方案与等高方案,两方案平面一致,如图3-2-6所示。

本段线路纵断面主要控制点有龙大高速公路、红坳水库、规划光侨布龙路、石岩外环(部分已建成)等。

不等高方案:既有广深港光明城站站台位于2‰的上坡,新建站台位于平坡上,较既有站台高7.4~8.3 m,出站后,线路上跨光侨布龙路与石岩外环,对城市道路无影响。

等高方案:新建站台位于平坡上,较既有站台高差在±0.5 m范围内,通过调节雨棚结构高度,两站房

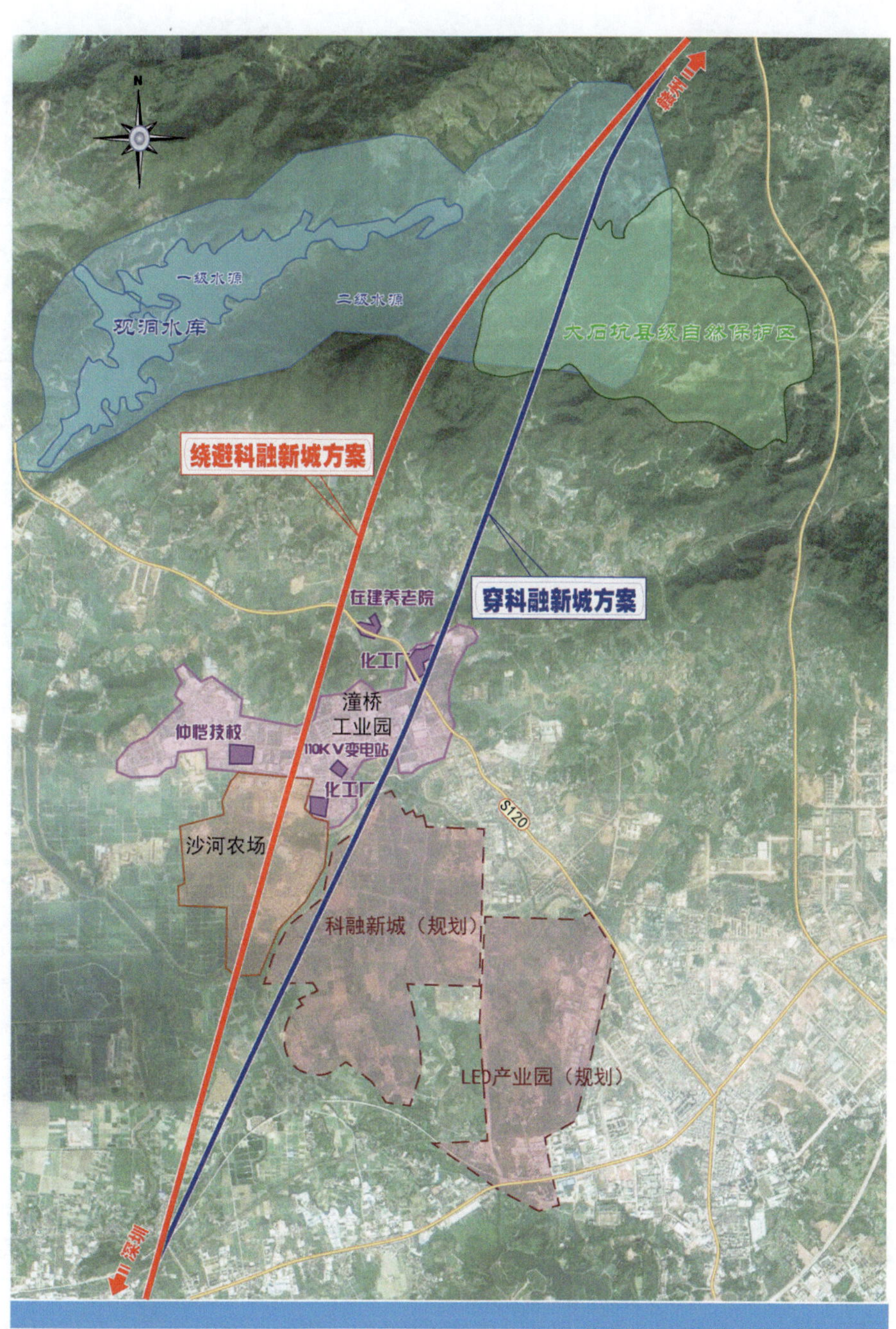

图 3-2-4 仲恺区境内方案示意

可以等高，出站后，如果采用 20‰坡度，由于受红坳水库、光侨布龙连接线和石岩外环（双向 6 车道，路面宽 40 m）影响，与石岩外环交叉处需将公路路面抬高 6～8 m，拆除既有石岩外环跨广深港高铁桥梁，重新修建大跨度桥梁跨越赣深铁路与广深港高铁，改移道路约 800 m。由于铁路上跨光侨布龙路，下穿石岩外环，导致石岩外环与光侨布龙路之间高差达 24 m，疏解区与铁路交叉点距离仅 125 m，无法进行疏解，该方案改移道路工程复杂，投资大，对城市影响较大；研究采用 21.9‰坡度，则线路可跨过光侨布龙连接线和石岩外环。

从车站使用角度分析，新设光明城站站房形式为线下站房，与既有广深港高铁光明城站平行布置且车站高度基本一致，以方便车站使用和城市美观。

从工程投资角度分析，等高方案中 20‰坡度方案需改移道路 800 m，改造工程非常复杂，难度很大，较

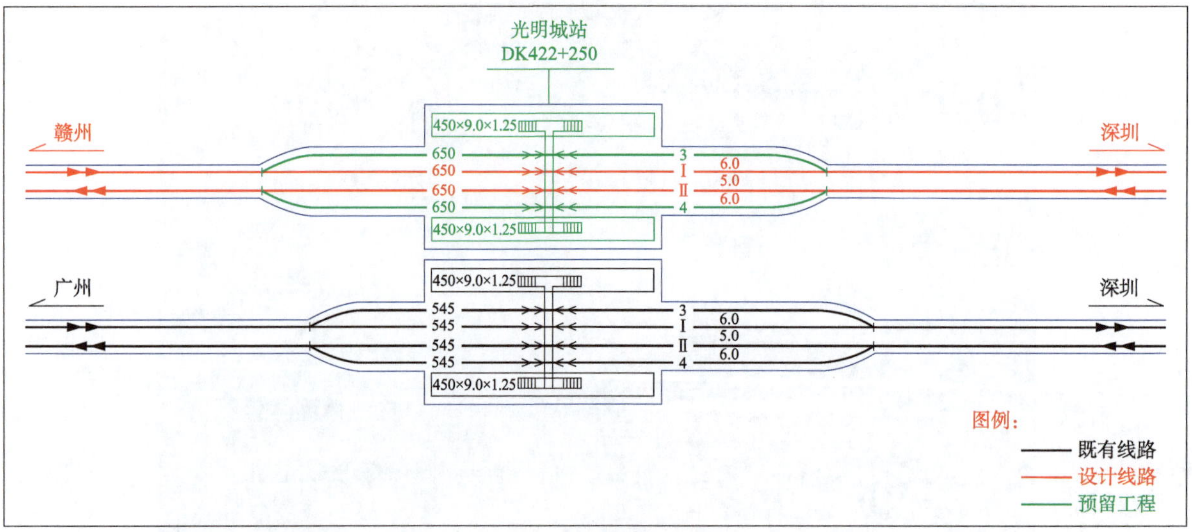

图 3-2-5 光明城站示意

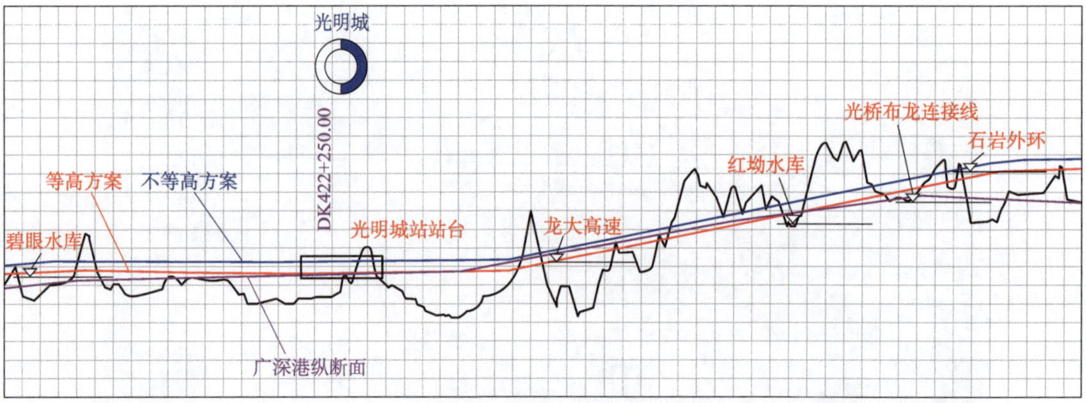

图 3-2-6 光明城站纵断面示意

不等高方案增加投资 1.2 亿元，且两条城市主要快速路无法形成疏解，21.9‰坡度方案则不需改建城市道路。

经行车检算，等高方案 21.9‰与 20‰无太大差别，故本次研究推荐等高方案(21.9‰坡度方案)。

(六)和平至河源段线路方案比选

河源地区下辖的龙川县是影响本段线路走向的控制因素。结合区域内城市既有广梅汕铁路和规划广梅汕扩能铁路项目、政治经济特征、人口分布及工程地质条件，赣深客专引入龙川地区主要研究了经龙川方案和不经龙川取直方案。经龙川方案结合河源—邵武断裂地质构造情况、龙川县城市规划、环境敏感点的分布情况，研究了龙川西站在汕昆高速南侧、汕昆高速北侧以及佗城西侧设站方案；不经龙川方案研究了经上莞取直方案和经漳溪取直方案。方案构成如图 3-2-7 所示。

1. 不经龙川方案

赣深铁路不经龙川共研究了经漳溪取直和经上莞取直等 2 个方案，分述如下：

经漳溪取直方案：线路从和平东站引出后沿粤赣高速公路取直向南，跨越在建汕昆高速后在东源县漳溪畲族乡西南侧设漳溪站，出站后南下跨 G205 国道后沿粤赣高速至比较终点，线路长度 89.033 km，桥隧比 67.47%。

上莞取直方案：由于漳溪取直方案线路沿粤赣高速公路通道南下，广梅汕客专线路长度较长，因此又研究了经上莞取直方案。该方案线路自和平东站引出后，经林寨镇与礼士镇之间的山区，在上莞镇西侧设

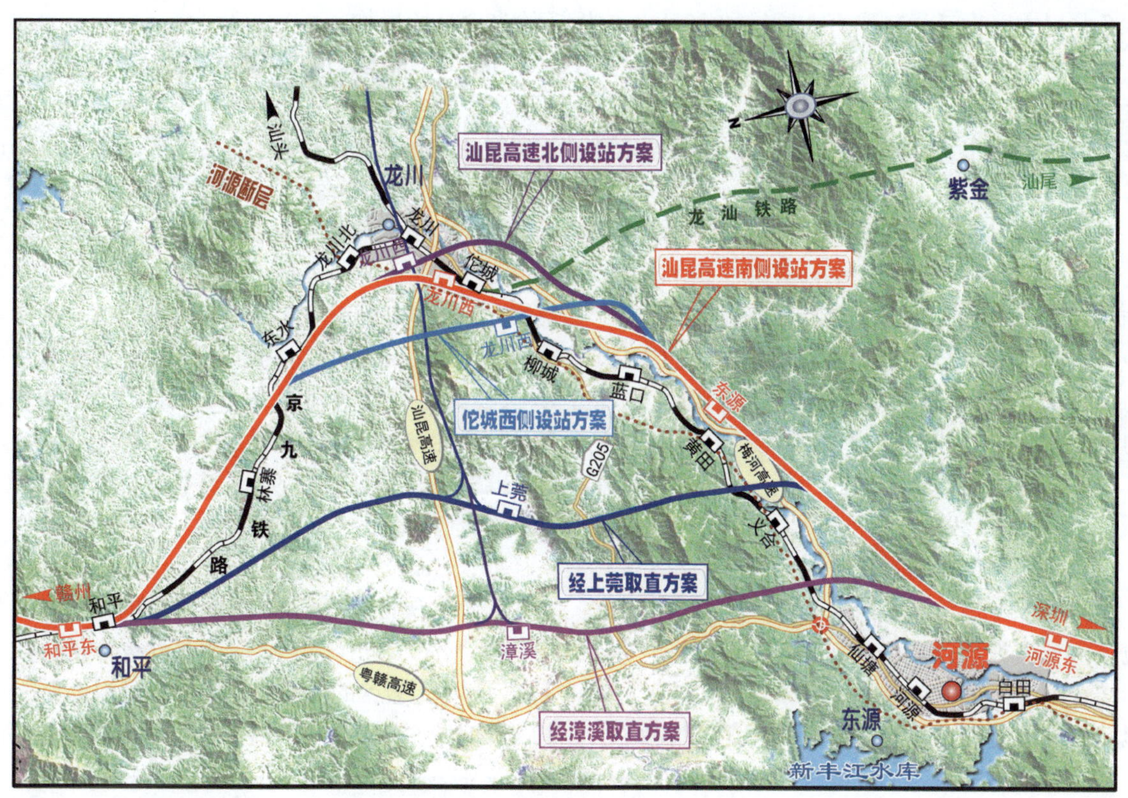

图 3-2-7　和平至河源段线路方案示意

上莞站，出上莞站向南在黄田镇西侧跨东江，沿东江南侧前行至比较终点，线路长度 97.21 km，桥隧比 66.81%。

由于采用上莞取直方案赣深铁路本线长度增加 7.61 km，考虑广梅汕客专影响因素后总的正线长度增加 0.29 km，赣深、广梅汕两线总的工程投资增加 0.80 亿元，且吸引客流条件两线相当，因此和平至河源取直方案采用经漳溪方案(以下简称“取直方案”)参与进一步比较。

经漳溪方案需修建广梅汕铁路龙川至赣深铁路段线路 46.4 km，同时需修建赣深铁路与广梅汕铁路间联络线 11.5 km。

2. 经龙川方案

线路自和平东站引出后，沿东江南侧、京九铁路至龙川，在龙川变电站西侧跨在建的汕昆高速后，于京九铁路陀城站西侧设龙川西站，出站后向南跨东江并沿东江南侧至线路比较终点，正线线路长度 117.5 km。该方案广梅汕铁路在龙川西站与赣深铁路接轨，龙川至河源段利用赣深线，比较范围内广梅汕铁路长 15.71 km；在龙川西站北侧，赣深铁路预留与广梅汕铁路间联络线的接轨条件，联络线长 14.9 km。

从线路长度与工程投资分析，经龙川方案中赣深铁路正线长 115.6 km，较取直方案正线长度增加 26.567 km，广梅汕客专正线长度 17.71 km，较取直方案缩短 28.69 km，两线正线总长度较取直方案短 4.123 km。赣深铁路投资 131.25 亿元，较取直方案增加 29.75 亿元；广梅汕客专投资 25.22 亿元，较取直方案投资节省 33.46 亿元，两线投资共节省 3.71 亿元。

从与城市规划的协调性及方便旅客出行分析，经龙川方案距陀城 2.1 km，距龙川县城 6 km，周边道路交通条件相对较好，靠近龙川县城人口主要聚集区及规划的新城区，旅客出行较为方便；取直方案线路所经地区主要为新丰江水库的水源涵养区，交通不便，人口相对较少(漳溪镇总人口 1.8 万人)，由于客车开行频率稍低，在广梅汕客专汕上设龙川西站由于客车开行频率稍低，对龙川县客流出行稍有不便。

从工程实施条件来看，取直方案沿粤赣高速公路通道，地势较为平坦，赣深铁路工程地质条件略好，但广梅汕扩能工程线路需穿过漳溪与龙川之间 20 km 的大帽山山区，主峰高 1 174 m，隧道埋深大，工程难度高。经龙川方案拆迁量较取直方案增加 10 万 m²,拆迁的难度有所增加。

从运营特征分析,经龙川方案和平至河源运营长度 115.6 km,较取直方案增加 26.567 km;和平至龙川运营长度 56.7 km,较取直方案短 25.84 km;龙川至河源运营长度 70.19 km,较取直方案短 25.42 km。根据龙川地区动车组车流情况,采用汕昆高速南侧方案赣深、广梅汕两线日车运行指标 15 477 车·km,经漳溪取直方案日车运行指标 15 178 车·km,采用经漳溪方案可节省 299 车·km。

本线建成以后,潮汕地区与龙川以北的交通,新增客车近期 20 对,远期 26 对。龙川至惠州段本线中长途客车近期 68 对,远期 90 对,考虑广梅汕客专,城际客车近期 40 对,远期 50 对。本线承担城际客流后,能力仍有一定的富余,能力利用率远期为 85.6%。故经龙川方案可以兼顾广梅汕扩能工程,利用赣深铁路的线路,减少由于采用不经龙川的取直方案而增加的 26.567 km 长线路。本段如果利用既有京九铁路的线路,由于既有京九线路标准较低,限速 120 km/h,将会增加运行时间约 30 min,降低运输质量。大量的动车组列车下线运行,影响京九线的能力和线路使用灵活性,造成京九线能力紧张。

本次研究统筹考虑广梅汕扩能工程,考虑吸引客流、运输组织、工程投资、运营成本以及综合社会效益等因素,并结合沿线地方政府的要求,和平至河源段线路走向推荐采用经龙川方案。

(七)线路引入龙川地区方案比选

线路引入龙川地区宜与规划的广梅汕扩能工程、龙川至汕尾铁路统筹考虑,根据地区内铁路布局现状及地区内车流方向:惠州~梅州、赣州~深圳广州方向为主要车流,赣州~汕头、赣州~汕尾方向为次要车流。结合河源—邵武断裂地质构造情况、龙川县城市规划、环境敏感点的分布情况,本次赣深铁路引入龙川地区研究了龙川西站在汕昆高速南侧、汕昆高速北侧以及佗城西侧设站等三个方案,如图 3-2-8 所示。

图 3-2-8 龙川站址线路方案示意

汕昆高速公路南侧新设龙川西站方案:赣深客专线路自和平东站引出后,沿东江南侧、京九铁路至龙川,在龙川变电站西侧跨在建的汕昆高速后,于京九铁路陀城站西侧设龙川西站,出站后向南跨东江并沿东江南侧至线路比较终点,线路长 115.56 km。龙川西站设在陀城镇与在建的汕昆高速公路之间,车站距河源—邵武断裂平行距离约 450 m。

汕昆高速公路北侧设龙川西站方案：线路自和平东站引出后，沿东江南侧、京九铁路至龙川，在汕昆高速公路的北侧，月落塘村东侧设龙川西站，出龙川西站向南跨汕昆高速、长深高速后沿东江南侧至线路比较终点，线路长 119.04 km。线路与河源—邵武断裂成 45°交角通过。

佗城西侧设龙川西站方案：线路自和平东站引出，沿京九铁路往东南向前行，跨汕昆高速公路后，在佗城镇西南侧设站，出站后线路接入汕昆高速公路北侧方案线位至比较终点，线路长度 112.48 km。该方案需要开挖佗城鳌山旁边的山丘，开挖高度达 100 m，挖方量巨大。

虽然陀城西侧设站方案中赣深正线长度最短，但综合考虑广梅汕客专后，其线路长度反而最长，工程投资最大，且车站远离市区，对地区旅客的服务水平最低；汕昆高速北侧设站方案中龙川西站距离城区最近，但因线路绕行，投资较多；汕昆高速南侧设站方案中综合考虑广梅汕客专后，地区内新建线路长度最短，工程投资最省，车站距城市中心也较近。

综上，汕昆高速南侧新设龙川西站方案地区内线路顺直，工程量小，投资最省，站址位于城市西南侧，距离市中心约 6 km，也符合城市“整体西进、重点北拓、完善东部”发展方向，有利于带动城市西部经济发展。故本次研究推荐汕昆高速南侧设站方案。

（八）龙南站址方案

龙南县地处江西省最南端，是江西省通向广东的南大门。本次结合龙南县规划重点研究了龙南东坑设站方案和龙南里仁设站方案，如图 3-2-9 所示。原预可研龙南黄沙设站方案由于其线路穿越小江铁铀矿和煤矿采空区，出站隧道正穿东江二号井煤矿采空区，存在较大的安全隐患，本次研究后予以舍弃。

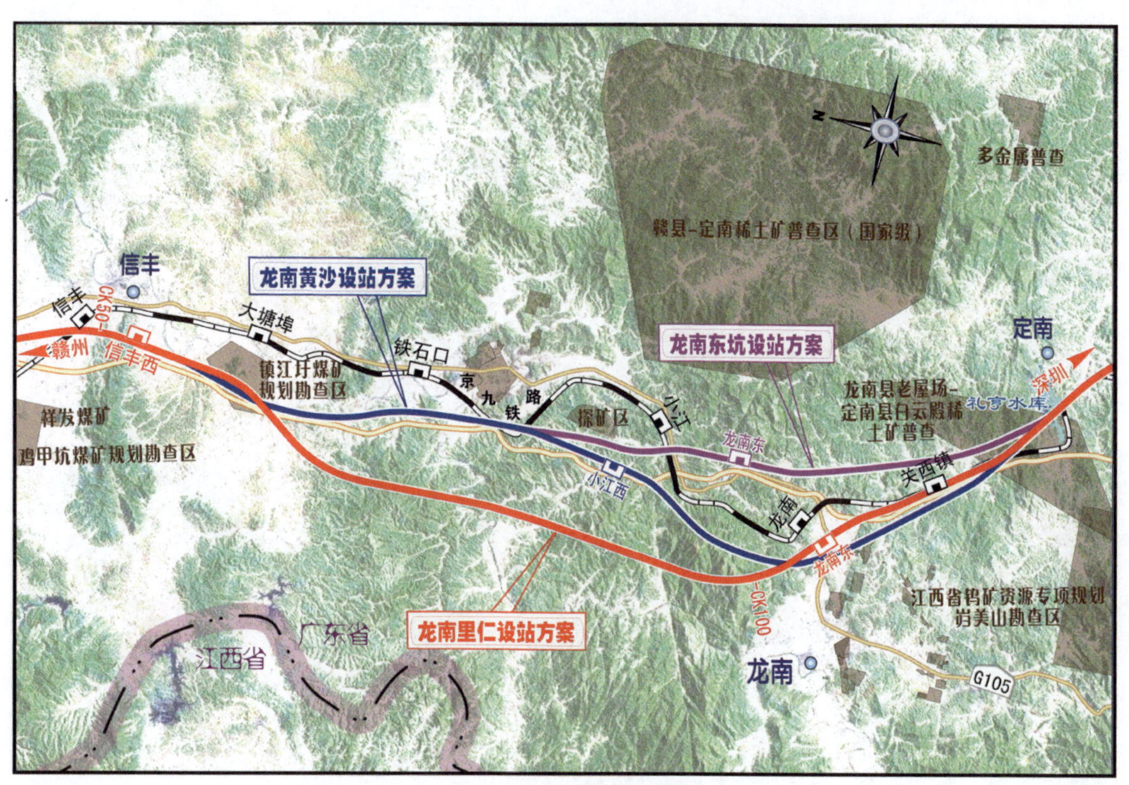

图 3-2-9　龙南站址方案示意

东坑设站方案：线路自贯通方案信丰西站引出，与大广高速并行南下，跨桃江、寻全高速和京九线后，在龙南东坑镇东南 1 km 设龙南东站，出站后继续南下至定南，线路全长 66.748 km。

里仁设站方案：线路自信丰西站引出，出站后跨大广高速，南下跨桃江，在石峡山水库取水口下游 500 m 处通过，后折向东南进入里仁镇，在里仁镇西南侧设龙南东站，出站后与粤赣高速并行南下，跨粤赣高速和京九线至定南，线路全长 70.5 km。

从城市规划分析，东坑站址距县城约 12 km，受大广高速和既有京九线的阻隔，交通不便，通往城区的道路只有双车道的 G105 国道；东坑站址虽然地形较为平坦，但是两侧宽度仅 0.5 km，长度 1.5 km，站区发展空间狭小；由于离城区较远，不便旅客出行，不利于吸引客流，与县城规划不太匹配，不利于带动城市发展；地方政府也反对该方案。里仁镇距龙南县城仅 3.5 km，境内地势平坦，发展空间较大；镇内建有粤赣高速和大广高速互联出入口，G105 国道、迎宾大道以及京九铁路龙南站，交通便利；里仁镇布局规划有龙南陆路口岸作业区、综合保税物流园区、粤赣客家旅游集散中心等重要平台，是赣州南部的交通枢纽、粤赣边际区域物流中心和旅游中心。里仁设站方案符合城市发展规划要求，利于带动城市发展，发挥综合效益，也得到当地政府的支持。

从工程投资分析，两个方案工程地质条件差异不大；受迎宾大道和粤赣高速控制，里仁站需设置为高架站；东坑站站址平坦，土石方工程小，东坑设站方案较里仁设站方案线路长度短 3.752 km，投资省 5.14 亿元。

综上分析，里仁设站方案符合城市规划，与城区结合较好，发展空间大；赣州市人民政府在《关于恳请支持赣州至深圳客运专线在龙南县里仁镇设立较大站点的请示》中也提出“在龙南县里仁镇冯湾设站具有优越的建站条件和明显的区位优势”；虽然东坑设站方案投资要节省 5.14 亿元，但是远离城区，对社会经济效益带动不足，故本次研究推荐里仁设站方案。

(九)定南站址方案

京九铁路定南站是局分界站，针对赣深铁路定南站址方案，本次研究了新设定南站方案和引入既有定南站并站方案两个方案，如图 3-2-10 所示。

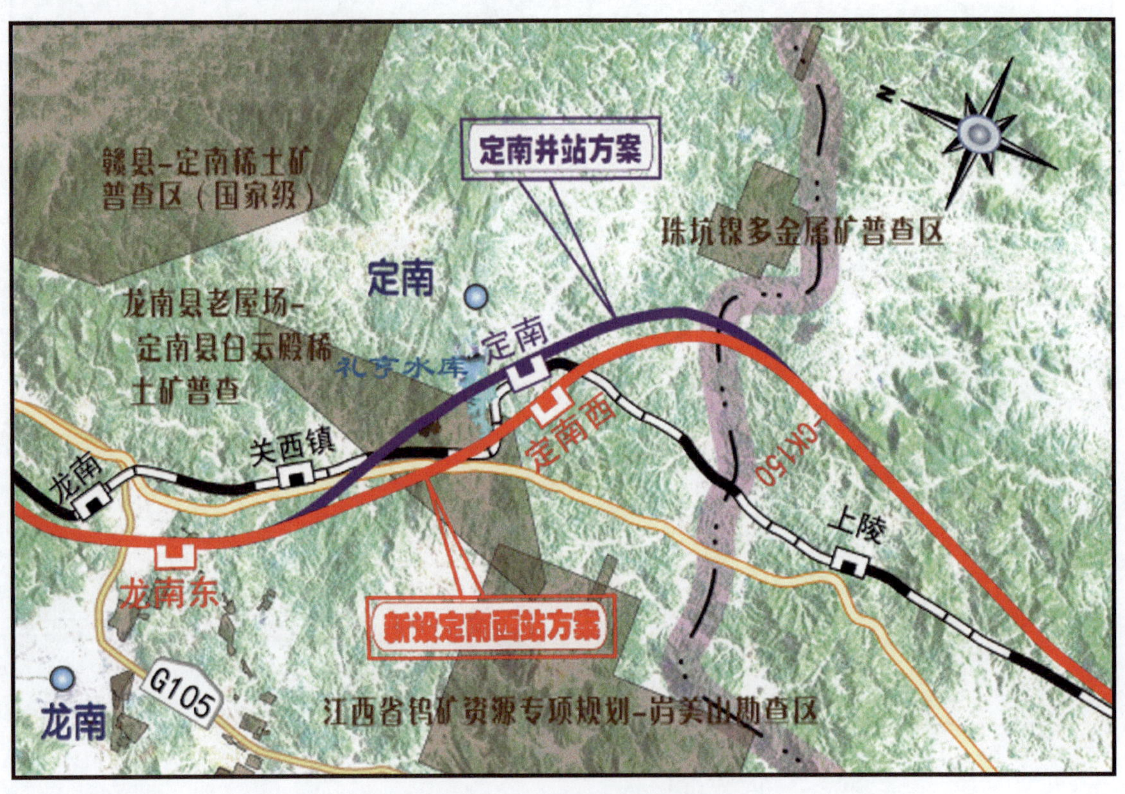

图 3-2-10　定南站址方案示意

定南新设站方案：线路自龙南东站引出后，上跨粤赣高速，两跨京九线后在定南县城西南侧 2 km 处设定南站，出站后跨越在建的宁定高速、老城河，沿既有京九线通道往南至广东省境内，本段线路长度为 35.326 km。新设定南站周边规划有商贸物流组团，教育产业园区。本地区衔接京九铁路和粤赣高速公路，可以充分利用对外交通优势，发展仓储和物流业，形成辐射整个定南都市区核心城市的区域性物流集散中心。

定南并站方案：线路自龙南县关西镇引出，上跨粤赣高速、既有京九铁路，穿青云山后上跨礼亨水库，在既有定南站东侧并入，出站后线路跨越在建的宁定高速、老城河后并入贯通方案，线路全长 38.179 km。

为了充分利用既有站房且避免大量拆迁工程，将京九线既有定南车场向西平移，赣深铁路占用原既有车场，在定南站形成客专场与普速场分场设置格局，但是该方案将引起既有线大量的拆除工程和过渡工程，本次研究后予以舍弃。

从城市规划和站区综合开发分析，新建定南西站方案定南西站站址与定南县城市规划相适应，距离县中心约 2 km，站址周边交通便利，吸引客流较好，方便老百姓乘车出行。新站区周边主要为林地、荒地和少量民房，征拆难度小，综合物业开发空间大。

既有定南站并站方案，距离县中心较近，老百姓出行方便，吸引客流较好。线路引入既有定南站之后，受客专场布置影响，需要对既有站房及站前广场进行拆除改建，将造成废弃和重复建设工程，而且既有定南站紧邻省道 S344，周边均已开发，房屋密集，空间狭小，不适合进行综合物业开发。

从环保角度分析，礼亨水库是定南县县城居民唯一集中饮用水源地，位于定南县城西北方向距县城 2 km，水面 3 100 亩，库容量 3 910 万 m^3。目前定南县城常住人口 7.28 万。定南新设站方案在引入车站前，线路沿着礼亨水库二级水源保护区陆域通过（长度 1 km），定南并站方案线路横穿二级水源保护区达 1.8 km，在库区水域内线路长度约 0.4 km，线路施工运营都将会对水源保护区的水体、水质产生不良影响，两相比较，定南新设站方案较并站方案影响程度较小。

从线路长度和工程投资分析，定南并站方案线路全长 38.179 km，较定南新设站方案长 2.853 km，投资增加 2.42 亿元，由于既有定南站周边已开发的和正在开发的区域较多，线路从既有站引出后，将引起较大的拆迁，因而设站难度大。

综上所述，定南新设站方案与城市规划衔接较好，站区开发空间大，对礼亨水库二级水源保护区的影响小，线路较短，征地拆迁量小，投资较省，故本次研究推荐定南新设站方案。

（十）河源站址方案

河源市为广东省省辖的地级市，位于广东省东北部，东江中上游，南接惠州、汕尾，东靠梅州，西连韶关，北邻江西省赣州。本次结合河源市城市规划研究了河源近城设站方案与河源远城设站方案，如图 3-2-11 所示。

河源近城设站方案：线路自贯通方案东源站引出，出站后折向西南，跨规划中的东环高速公路（施工图阶段）后进入河源城区，与东环路并行，在东环路东侧设河源东站，出站后线路上跨迎客大道、东环路，往南并入贯通方案至惠州方向，新设河源东站位于河源主城区东侧 3.5 km，比较范围线路长度为 39.261 km。

河源远城设站方案：线路自东源站引出，一直往西南方向前行，跨规划中的东环高速公路（施工图阶段）及其匝道、S242、迎客大道后在河源市江东新区东南侧设河源东站，新设站位位于河源主城区东南侧 7 km，比较范围线路长度为 35.5 km。

从城市规划和站区综合开发分析：河源近城方案位于东环路东侧，车站赣州侧线路以桥梁型式高架于东环路上，两侧分布有河源理工学院、河源卫生学校、河源技术职业学院等多所高职院校，深圳侧与东环路多次交叉，需要改移东环路约 3 km。由于东江新区北侧大部分已开发建设，在东环路两侧分布有河源大学城多所学校，引入新站将造成较大拆迁，东环路是东江东区的主干道之一，路面宽度 38 m，大量改移不仅投资高，而且施工难度大，与城市规划不符；远城方案站址所处区域地势平坦，周围只有少量民房，拆迁量小，车站可利用已建成的迎客大道，与市区交通便利，站区综合开发发展空间较大。

从工程地质条件分析，本段线路主要位于粤东北中低山区，谷地主要为下第三系（E）泥质粉砂岩、页岩等极软岩，中低山区主要为燕山期（γ_5）侵入的花岗岩，沿线矿产丰富，分布有稀土矿、萤石矿。河源近城设站方案受线形和设站条件影响，线路穿越部分稀土矿开采区，在 CIK272＋000～CIK279＋000 段线路左侧 500～800 m 处存在私采萤石矿采空区，矿脉位于花岗岩与第三系（E）泥质粉砂岩断层接触带内，现已废弃，原为地下开采，开采深度 200～300 m，已形成地下采空区，并引起地表塌陷，最大地表塌陷深约 30 m，塌陷点距线路约 500 m。河源远城设站方案沿线无重大不良地质条件，工程地质条件较近城设站方案优。

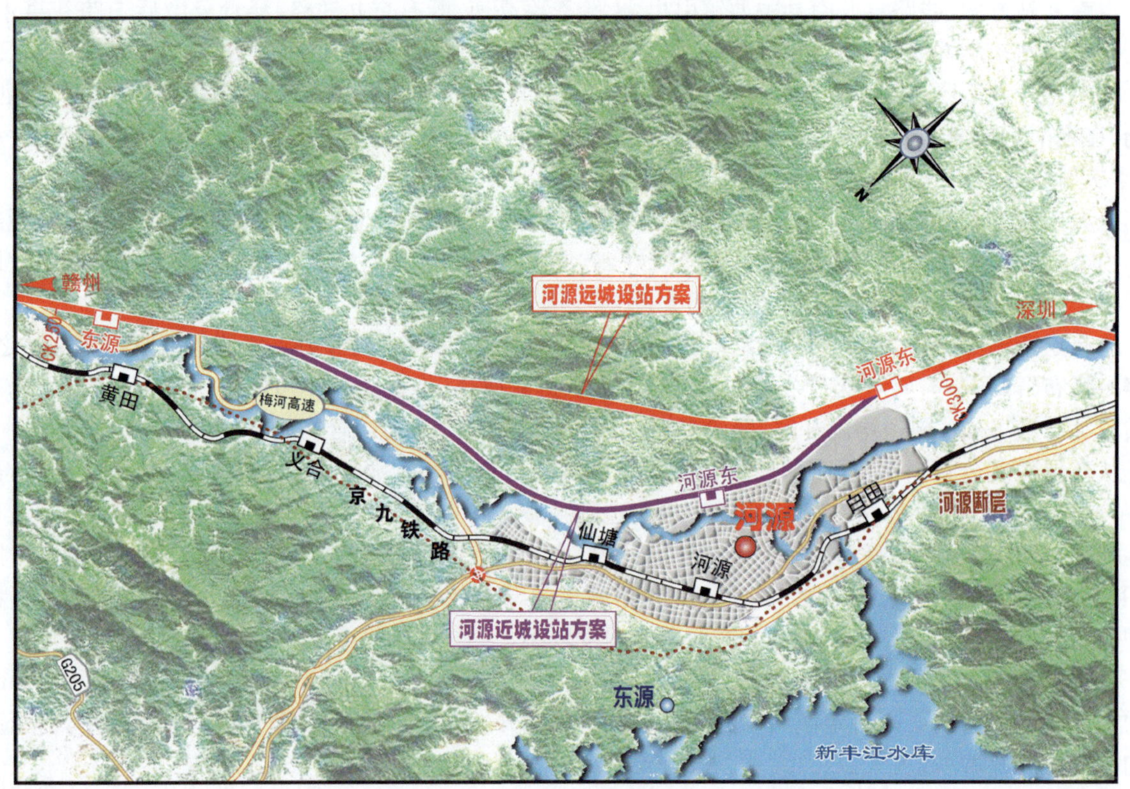

图 3-2-11　河源站址方案示意

从线路长度和工程投资分析：河源远城设站方案较近城设站方案线路顺直，线路短 3.761 km，投资节省 3.1 亿元，拆迁量小，工程投资省。

综上所述，河源远城设站方案与城市规划匹配，线路顺直，工程投资小；河源近城设站方案与城市规划不符，征地拆迁、道路改移数量大，工程地质条件较差；故本次推荐河源远城设站方案。

（十一）广深港通道方案

本线线路从东莞塘厦镇引出后，向西南折向深圳市境内，在深圳市境内与广深港高铁并行引入深圳北站。根据跨点不同，本次共研究了广深港东侧方案与广深港西侧方案两个方案，如图 3-2-12 所示。

广深港东侧方案：线路从塘厦站引出后，绕避在建公明水库，与既有广深港高铁并行前行，线间距在 45～150 m 之间；线路往南穿过光明高尔夫球会馆边缘和麦氏古墓，沿华强创意产业园在建高层西侧 30 m 通过，上跨在建深圳外环高速、在建石清大道，以隧道方式上跨广深港高铁羊台山隧道明洞段后在广深港高铁西侧引入深圳北站。

广深港西侧方案：线路从塘厦站引出，上跨广深港客专楼村 2 号特大桥，沿广深港高铁西侧并行前行，线间距在 200～1 000 m 之间；往南线路上跨在建深圳外环高速，穿过宝安区石岩镇、在建地铁 6 号线、在建石清大道后引入深圳北站。

从土地利用角度分析，沿广深港东侧方案距广深港高铁较近，两线之间的夹心地较少，西侧方案对光明新区地块切割严重，地方政府非常反对该方案；

从工程实施难度分析，东侧方案由于要经弃渣场上跨既有广深客专明洞段，工程实施较为困难，西侧方案工程实施难度相对较容易。

从线路条件分析，西侧方案为避开石岩镇密集城区，在进深圳北站前用的半径为 5 500 m，东侧方案的半径为 7 000 m；西侧方案较东侧方案线路长度增加 0.81 km；故东侧方案线型条件较优。

综上所述，虽然东侧方案拆迁较西侧方案略大，投资增加了 1.1 亿元，但是对城市不产生分割，符合城市规划和地方意见，且线路较短，线型较优，故本次推荐广深港东侧方案。

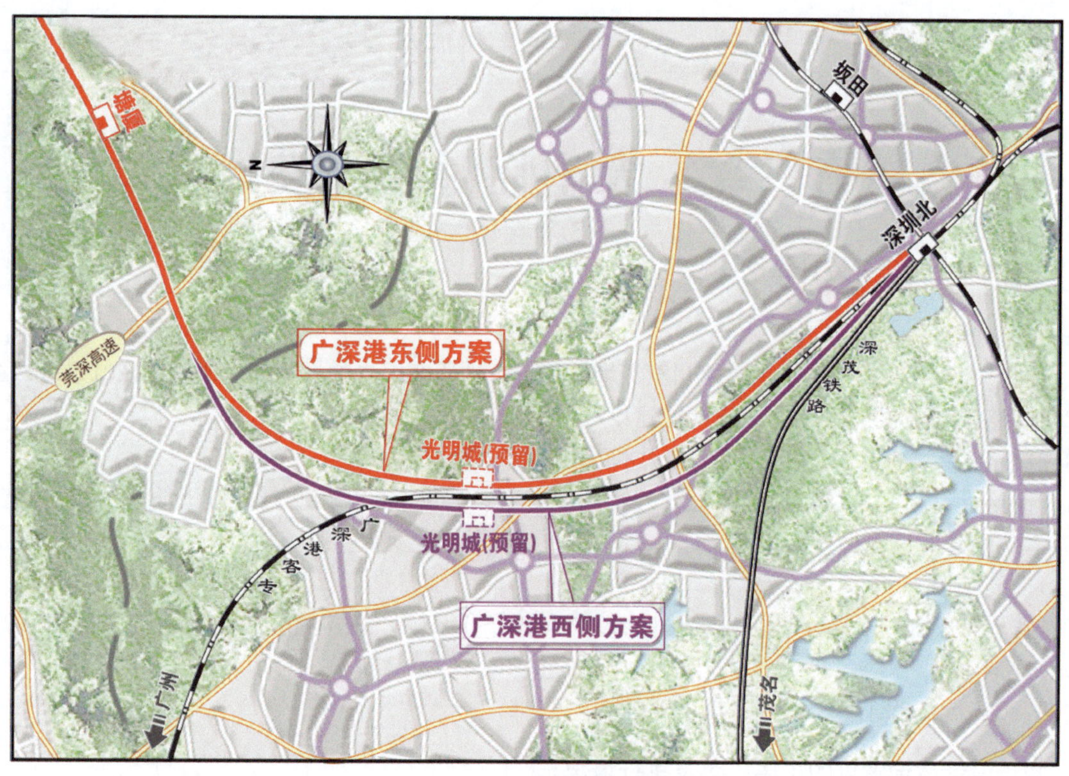

图 3-2-12　广深港通道方案示意

第二节　重大设计原则的确定

一、铁路等级

赣深铁路是中国“八纵八横”高速铁路网京港(台)通道的重要组成部分,北接已通车运营的昌赣高速铁路(京港高速铁路昌赣段),南连既有的广深港高速铁路和杭深铁路,形成华中地区连通粤港澳大湾区的快速客运通道。其设计标准高,设计行车速度达 350 km/h,其铁路等级为高速铁路。

二、正线数目

根据预测,赣深高铁单线能力不能满足远期年客货运量要求,需按复线设计。而近期单线能力可以满足,但如果赣深高铁按单线设计,需多开设会让站,同时隧道线路也需复线,所以考虑赣深铁路作为高速铁路,也是中国南北大通道京港高速铁路的重要组成部分,推荐赣深铁路一次形成复线。

三、旅客列车设计行车速度

赣深铁路选择设计速度目标值为 350 km/h,这个速度是我国高速铁路一般设计主要目标值,与飞速发展的铁路技术是相适应的。这种列车设计运营速度 350 km/h,能够在不同气候条件、不同轨距、不同供电制式标准的国际铁路间运行,具有节能环保、主动安全、智能维护等特点,是新时代我国高速铁路装备具有里程碑意义的重大创新成果。

第三章　大型临时设施设计

一、设计依据、范围及设计年度

(一)设计依据

(1)《国家发展和改革委关于新建赣州至深圳铁路可行性研究报告的批复》(发改基础〔2016〕2128 号)。

(2)《铁路工程施工组织设计规范》(铁建设〔2015〕79 号)。

(3)《铁路工程施工组织设计规范》(铁建设〔2015〕79 号)。

(4)《铁路大型临时工程和过渡工程设计暂行规定》(铁建设〔2008〕189 号)(以下简称"暂行规定")。

(5)本阶段外业勘测调查资料。

(二)设计范围

赣粤省界 DK133+893 至塘厦站(含)(DK133+893～DK404+867.27),新建正线长度 301.909 km。

(三)设计年度

初期:2025 年,近期:2030 年,远期:2040 年。

二、初步设计咨询意见的主要内容及执行情况

(一)中国铁路总公司工程设计鉴定中心《赣深铁路初步设计审查意见》(初稿)

(1)本项目建设总工期按 4 年安排(含联调联试及运行试验)。建设、设计单位应进一步优化铺轨、架梁工程和长大隧道等控制工期工程的施工组织设计,满足项目总工期要求,并控制工程投资。

(2)按分别在京九线定南站、埔前站附近设置铺轨基地的施工组织设计方案分析。铺轨基地应充分利用铁路永久用地、土石方工程等,减少临时工程数量,降低工程投资。

(3)钢筋混凝土简支箱梁原则上采用以现场集中预制、架桥机架设为主,长隧间零星桥梁采用支架现浇或造桥机施工的方案。全线按设置 15 处钢筋混凝土简支箱梁制存梁场分析,箱梁制存梁场的设置规模应根据桥梁分布以及工期要求合理确定。对枢纽范围钢筋混凝土简支 T 梁按利用本项目设置的钢筋混凝土简支箱梁制存梁场预制分析。

(4)全线暂按设置 3 处 CRTSⅢ型无砟轨道板预制场、1 处双块式轨枕预制场分析,无砟轨道板预制场的设置具体位置及规模应根据工程分布情况合理确定。

(5)设计应优化土石方调配方案,在满足技术要求条件下,对级配碎石、防护圬工、混凝土骨料等应充分利用路堑石方及隧道弃渣,降低工程投资。

(二)批复意见的执行情况

已按批复意见执行。

三、重点大型临时工程的设计原则

铁路大型临时工程设计应满足建设项目总工期的要求,并与施工组织设计统筹考虑。

铁路大型临时工程场址选择应按照永临结合的原则,优先选择在建设项目的用地界内。有条件时,宜选择在需要转变功能或闲置的既有铁路用地范围内。需临时用地时,宜与地方待开发建设的项目结合。

铁路大型临时工程宜设在场坪工程量小的地势开阔地区,应有连通地方道路的运输通道,需与既有铁路接轨时,尚应设置运料的铁路岔线。

铁路大型临时工程设施应根据工期要求,结合工程量、供料情况、运输条件、地形条件等因素,合理确定配置方案、建设标准和规模。

铁路大型临时工程和过渡工程临时用地应按“因地制宜,综合利用”的原则复垦。

四、重点大型临时工程的分布情况

全线共设置通往重点工程、取弃土场、大临便道 233.5 km,其中新建便道 182.68 km,改建既有道路 43.39 km,利用地方道路 189.63 km。制梁场 12 处;铺轨基地 1 处;无砟轨道板预制厂 2 处;临时材料厂 8 处;填料集中拌和站 11 处;混凝土拌和站 37 处;混凝土成品预制厂结合沿线梁场、板场设置。

五、可研及初步设计批复大型临时设施的设置地点和规模

(一)临时材料厂

赣粤省界至东莞南站段共设置临时材料厂 9 处,以其供应范围和供料规模确定其租用场地的规模,见表 3-3-1。

表 3-3-1 临时材料厂一览

序号	名 称	与线路关系		偏移量(m)	供 应 范 围
1	和平材料厂	DK162+600	左	1 165	DK133+914~DK190+300
2	龙川材料厂	DK218+000	左	635	DK190+300~DK238+500
3	黄田镇材料厂	DK249+500	右	100	DK240+000~DK266+050
4	河源东站材料厂	DK282+600	右	100	DK266+050~DK297+350
5	博罗北站材料厂	DK312+100	右	100	DK297+350~DK324+150
6	泰美火车站货场材料厂	DK334+000	右	2 300	DK324+150~DK346+000
7	陈江材料厂	DK370+700	左	960	DK347+000~DK386+450
8	塘厦材料厂	DK402+200	左	260	DK386+450~DK404+867
9	光明材料厂	DK421+950	右	100	DK404+876~DK432+600

(二)铺轨基地

铺轨基地(表 3-3-2)的设置考虑到利用既有线路和新建的各项设备和当地的水源、电源,以及运输道路等,减少临时工程,少占农田。本次设计机械化铺轨基地利用赣深铁路设置在埔前的铺轨基地,基地布置时要根据地形和生产方式,使调车作业顺向,材料堆置合理,取送方便,并使各种起重吊运机械移动距离短。基地的建设应在全线开工时就着手,特别是基地与既有铁路联络线的建设,使其在铺设开始前一年具备储备轨料的能力,满足工期所要求的铺轨进度。本项目铺轨基地铁路岔线 1.5 km。

表 3-3-2 铺轨基地一览

铺架基地	上线里程及相对位置	铺 轨 区 段		长度(km)	占地(亩)	平均运距(km)
埔前铺轨基地	DK300+500 左 100 m	DK133+893	DK432+930	297.026	120	78

(三)预制梁场

1. 箱梁、T 梁预制场选址原则

梁场选址充分考虑永临结合,有效利用预留工程、铁路货场、站坪、维修基地等。不能永临结合的梁场选址避开易积水和严重不良地质地点,并远离生态环境敏感区。梁场位置一般考虑设在线路起点、终点或中间邻近铁路既有车站的线路附近,衔接运营线便捷,对运营线干扰小、邻近技术站的开阔地带。梁场的选点结合拆迁工程量、土建工程量、供料情况、运输条件、地形条件等因素,并按宜大不宜小,宜少不宜多的原则,经技术经济比选后合理确定配置方案。梁场的供应半径根据沿线铁路引入条件、工期要求等因素,综合考虑不大于 20 km。

2. 梁场设置方案

赣粤省界至深圳北预制简支箱梁 3 712 双线孔、131 单线孔，简支 T 梁 246 单线孔，共设置 13 处箱梁预制场，见表 3-3-3。梁场分为办公区、生活区、加工区、制梁区和存梁区。每座梁场进场主要设备有混凝土拌和站 2 套、蒸养设备 1 套、50 t 龙门吊 2 台、20 t 龙门吊 2 台、混凝土输送泵 2 台、场内搬梁机 1 台、15 t 汽车起重机 1 台。

表 3-3-3 箱(T)梁预制场一览

序号	梁场名称	起点里程	终点里程	上线里程	上线方式	双线箱梁(孔)	供应长度(m)	面积(亩)
1	定南箱梁预制场	DK133＋914	DK139＋903	DK133＋900	运梁	85	5 989	145
2	和平箱梁预制场	DK155＋939	DK172＋760	DK160＋700	运梁	124	21 286	150
3	林寨箱梁预制场	DK172＋896	DK188＋059	DK183＋618	运梁	149	15 163	120
4	龙川箱梁预制场	DK194＋985	DK222＋153	DK216＋280	运梁	359	27 168	150
5	柳城箱梁预制场	DK223＋445	DK235＋305	DK225＋597	运梁	154	11 860	120
6	东源站箱梁预制场	DK240＋000	DK255＋752	DK246＋300	运梁	126	15 752	120
7	奖坑箱梁预制场	DK255＋752	DK264＋984	DK262＋172	运梁	177	15 381	120
8	河源东站箱梁预制场	DK280＋784	DK296＋800	DK282＋250	运梁	160	16 016	120
9	博罗北箱梁预制场	DK296＋800	DK324＋987	DK312＋000	运梁	757	28 187	150
10	博罗箱梁预制场	DK324＋987	DK357＋300	DK333＋650	运梁	523	32 949	150
11	仲恺箱梁预制场	DK357＋936	DK386＋193	DK372＋200	运梁	597	28 914	200
12	塘厦箱梁预制场	DK396＋124	DK404＋270	DK403＋750	运梁	134	18	21 433
	塘厦 T 梁场(与塘厦箱梁场一起设置)					222	29	
13	光明城箱梁预制场	DK409＋151	DK429＋355	DK422＋250	运梁	349	20 204	160

(四)混凝土拌和站、填料拌和站

混凝土拌和站布点主要由工程分布情况、场地情况、混凝土运送距离来决定。

1. 拌和站选址原则

应选择地势平坦，具有良好的施工水源、大风较少、混凝土运距加权平均值较小的位置；场地位置考虑砂子、碎石等料源点分布，以避免材料的反向运输；根据最高月所需混凝土量，确定各种材料的常备数量，规划堆放场地面积，在现场寻找合适的修建场地；材料的储备应分类存放、相互隔开；为确保材料清洁，堆放场地要进行处理，设置隔离层，防止黏土、杂物混入；长大隧道进出口及斜井工区由于受地形限制，混凝土输运不便，宜设置混凝土拌和站。

2. 拌和站设置标准

目前铁路施工对混凝土质量提出了很高要求，为确保结构物施工质量，施工所需的混凝土全部采用集中拌和，采用电子自动计量配料系统进行配料，确保配料的精确性。拌和站按照如下要求进行布设和规划。现场布置如图 3-3-1、图 3-3-2 所示。

3. 标准化混凝土拌和站布设及规划要求

(1)拌和站建设应综合考虑施工生产情况，合理划分拌和站拌合作业区、材料计量区、材料库及运输车辆停放区等。拌和站应根据具体情况相对集中合理设置，宜采用封闭式管理，并在站内设置工地试验室。

(2)在站内醒目位置设置公示栏、宣传栏。

(3)挂设混凝土(砂浆)配合比、司机岗位职责、岗位安全操作规程牌。

(4)场内需设置集水池、沉淀池、污水过滤池和洗车区，四周应设置排水系统。

(5)水泥、粉煤灰等材料采用 100 t 水泥罐储存；碎石按分级配并分为合格区和待检区存放，砂子存放

图 3-3-1 标准化混凝土拌和站布设

图 3-3-2 标准化拌和站生产情景

分为合格区和待检区，用隔墙隔开，隔墙高度不低于 2 m，保证各种材料不混合。

(6)作业人员按规定佩戴防护用品，严格按照操作规程作业。

(7)每次混凝土拌和作业完成后，及时清洗机具，清理现场，做到场地整洁。

(8)拌和站应配备满足施工生产需要的备用发电机。

4. 拌和站设置方案

根据全线工程的分布情况，赣粤省界至深圳北段沿线设置混凝土拌和站 41 处，见表 3-3-4。混凝土拌和站一般由砂石料存放区、拌和区等组成，根据混凝土拌和站的施工任务量和高峰强度，确定各混凝土拌和站的规模。

表 3-3-4 混凝土拌和站一览

序号	拌和站名称	相对位置			供应范围
1	和一混凝土拌和站	DK134+300	左	300 m	DK133+893～DK137+055
2	石门岗进口拌和站	DK139+618	左	900 m	DK137+605～DK139+920
3	石门岗斜井混凝土拌和站	DK145+200	左	400 m	DK144+450～DK153+400
4	松岗山进口拌和站	DK147+100	左	400 m	DK144+450～DK153+400
5	松冈山出口混凝土拌和站	DK156+200	右	150 m	DK153+400～DK159+009.9
6	和平北站拌和站	DK160+500	左	35 m	DK159+009.9～DK167+320
7	和平隧道出口拌和站	DK168+850	右	440 m	DK167+320～DK172+670.4
8	乌坭混凝土拌和站	DK177+150	左	150 m	DK170+700～DK182+025
9	伍屋混凝土拌和站	DK186+600	右	300 m	DK182+025～DK189+247
10	林寨斜井混凝土拌和站	DK191+200	左	400 m	DK189+247～DK192+018
11	陂塘混凝土拌和站	DK195+650	右	300 m	DK192+018～DK200+425
12	杉树塘混凝土拌和站	DK205+200	右	400 m	DK200+425～DK215+692
13	枫深 4 号混凝土拌和站	DK213+100	左	300 m	DK212+263～DK217+450
14	柳城东江混凝土拌和站	DK224+100	左	300 m	DK215+692～DK229+000
15	东源 2 号混凝土拌和站	DK232+400	左	300 m	DK228+468～DK240+693
16	东源 3 号混凝土拌和站	DK232+500	右	400 m	DK212+263～DK228+468
17	东源 1 号混凝土拌和站	DK246+300	右	400 m	DK237+341～DK250+584
18	严屋混凝土拌和站	DK233+900	左	300 m	DK229+000～DK240+697
19	黄田寨混凝土拌和站	DK250+000	左	400 m	DK240+697～DK251+765
20	赣深 5 标 1 号拌和站	DK257+700	左	3 800 m	DK250+584.27～DK260+276.03
21	赣深 5 标 2 号拌和站	DK261+890	左	100 m	DK255+751.5～DK264+984.9
22	赣深 5 标 3 号拌和站	DK290+287	右	1 900 m	DK290+240～DK290+809.45
23	赣深 5 标 4 号拌和站	DK282+100	左	50 m	DK280+758～DK290+240
24	龙川轨道板厂拌和站	DK218+100	右	200 m	DK133+893～DK284+025
25	赣深 5 标 6 号拌和站	DK352+800	右	200 m	DK284+025～DK437+791
26	东利混凝土拌和站	DK297+250	右	100 m	DK295+525～DK298+890
27	石坝混凝土拌和站	DK306+350	右	300 m	DK298+890～DK310+425
28	草塘混凝土拌和站	DK323+800	左	350 m	DK310+425～DK327+675
29	泰美混凝土拌和站	DK338+900	右	300 m	DK327+675～DK347+500
30	惠州北混凝土拌和站	DK352+360	右	300 m	DK347+000～DK357+000
31	东江混凝土拌和站	DK357+600	右	500 m	DK357+000～DK363+300
32	陈江混凝土拌和站	DK369+700	右	200 m	DK366+500～DK377+250
33	旗岭下混凝土拌和站	DK384+800	右	400 m	DK377+250～DK386+450
34	1 号横洞混凝土拌和站	DK388+100	右	650 m	DK386+450～DK389+650
35	2 号斜井混凝土拌和站	DK391+200	右	250 m	DK389+650～DK395+200
36	樟木头混凝土拌和站	DK399+200	右	400 m	DK395+200～DK404+100
37	塘龙西混凝土拌和站	DK409+000	左	50 m	DK404+876～DK415+550
38	亚公山混凝土拌和站	DK410+000	右	500 m	DK404+876～DK415+210
39	光明城混凝土拌和站	DK422+100	右	100 m	DK415+210～DK424+100
40	水田混凝土拌和站	DK424+600		1 000 m	DK424+100～DK428+600
41	深圳北混凝土拌和站	DK429+000	右	500 m	DK431+900～DK437+900

根据全线路基分布情况，赣粤省界至深圳北段沿线在路基集中地段设置填料拌和站13处，见表3-3-5。

表3-3-5　填料集中拌和站一览

序号	名　称	与线路关系		偏移量(m)	供应范围	
1	和平路基填料拌和站	DK160＋600	右	80	DK133＋893	DK172＋670.44
2	长兴路基填料拌和站	DK203＋700	右	50	DK173＋924	DK212＋264
3	龙川西站路基填料拌和站	DK217＋100	左	40	DK212＋264	DK223＋041
4	黄村河路基填料拌和站	DK232＋000	左	30	DK212＋264	DK250＋584
5	密州隧道弃渣场路基填料拌和站	DK235＋800	右	60	DK240＋693	DK250＋584
6	东源站路基填料拌和站	DK246＋275	右	50	DK223＋041	DK237＋341
7	黄田寨填料拌和站	DK260＋800	左	100	DK255＋858	DK264＋985
8	梧峰填料拌和站	DK281＋800	右	100	DK280＋758	DK296＋800
9	黄龙填料拌和站	DK321＋500	左	100	DK297＋550	DK347＋396
10	风门填料拌和站	DK351＋700	左	100	DK350＋160	DK370＋896
11	塘厦料拌和站	DK400＋800	左	100	DK396＋399	DK404＋867
12	秋长路基填料拌和站	DK410＋200	右	200	DK404＋867	DK420＋300
13	深圳北路基填料拌和站	DK426＋800	右	0	DK420＋300	DK447＋379

（五）轨道板预制场

本工程正线地段铺设CRTS Ⅲ型板式无砟轨道，共计铺设约7.096 6万块CRTS Ⅲ型板，拟在龙川、惠州北分别设置CRTS Ⅲ型板预制厂，见表3-3-6；长度大于5 km的隧道铺设CRTS Ⅰ型双块式无砟轨道，共计铺设约18.5万块，拟采用外购。CRTS Ⅲ型板预制场主要设备有CRTS Ⅲ型板生产设备1套、汽车吊2台、运输平车2辆、检车小车1台、混凝土输送设备1套。

表3-3-6　轨道板预制场一览

序号	名　称	中心里程	供应范围	面积(亩)
1	龙川CRTS Ⅲ型板预制场(含双块式板)	DK215＋250	DK133＋893～DK284＋025	100
2	惠州北CRTS Ⅲ型板预制场	DK352＋800	DK284＋025～DK437＋791	100

（六）施工便道

1. 设置方案

先期开工段共设置通往重点工程、取弃土场、大临便道24.23 km，新建山区便道10.66 km，改(扩)建便道6.13 km，利用地方既有道路7.44 km；省界至东莞南站段(不含先开段)共设置通往重点工程、取弃土场、大临便道349.25 km，其中新建山区便道57.06 km，一般便道18.57 km，改建既有道路91.43 km，利用地方道路182.19 km；东莞南站(不含)至深圳北站段共设置通往重点工程、取弃土场、大临便道41.08 km，其中新建山区便道4.44 km，一般便道30.28 km，改建既有道路6.36 km，利用地方道路3.3 km。

2. 设置标准

汽车运输便道一般地段参照现行《公路路线设计规范》中四级公路标准设计，特殊地段采取加强措施提高等级，确保满足现场实际施工需要。其中，新建便道的桥涵设计车辆荷载宜按汽－20级确定；软土地基上的便道设计应满足变形和稳定性要求。

（七）钢梁拼装场

全线设置钢梁拼装场10处，用于钢加工与拼装施工。

（八）临时通信、临时电力线路、临时给水干管

本线不考虑设置临时通信线路。

临时电力干线利用地方电源，就近 T 接 10 kV 电源供电，全线新建通往重点工程的分散供电临时电力线长度为 348.1 km。

沿线地表水、地下水较丰富，本段工程施工用水可就近解决。临时供水的水源有地面水源和地下水源两种，地面水源有河水、渠水等，地下水源有浅井、管井。对跨越江、河、溪流的桥梁工程，主要采取岸边式取水、河中取水方式。对工点分散，用水量不太大且使用地面水源有困难时，原则上采取地下水源中的浅井供水方式，本项目不考虑采用管井取水方式。全线共新建通往重点工程临时给水干管 62.22 km。

(九)钢构件加工场

钢构件加工厂统一规划与布设，现场布置如图 3-3-3 所示，设置标准如下：

图 3-3-3 标准化小型构件加工厂布设

(1)加工场实行封闭管理，围墙采用砖砌，外侧粉刷，上有压顶装饰线，下有勒脚装饰线。

(2)在场内醒目位置设置公示栏、宣传栏。

(3)场内加工棚采用轻钢结构搭设。

(4)场内材料按储存区、加工区、成品区布设，各区域在醒目的位置设置区域标识牌。

(5)各类气瓶分别存放，不得暴晒；各气瓶间距大于 5 m，距明火大于 10 m，气瓶装有防震圈、回火装置和安全防护帽。

(6)所有棚外电器设备、配电箱、开关箱加锁，有防雨措施。

(7)电焊机、平刨、圆盘锯、手持电动工具、钢筋机械等经安全部门验收合格后使用，并且做好验收合格记录，以备检查。

(8)加工棚设置 4 kg 干粉灭火器 2 套，灭火沙 2 m^3，铁锹 2 把，铁桶 2 只。

(9)作业人员戴好防护用品，严格按照操作规程作业。

根据现场交通条件、工期安排及高峰期钢构件需求量，每标段拟设置钢构件加工厂 3 处。

(十)临时渡口、码头、栈桥

全线桥梁设置临时栈桥 3 117 m。栈桥设置见表 3-3-7。

表 3-3-7 栈桥设置一览(m)

序号	桥　名	栈桥长度		栈桥宽度	备　注
		水深 3～10	水深>10		
1	DK182+395.38 黄坭潭浰江大桥	55		4	跨　河

续上表

序号	桥　　名	栈桥长度		栈桥宽度	备　　注
		水深 3～10	水深＞10		
2	DK221＋558.70 南蛇坑水库大桥	145		4	跨水库
3	DK232＋816.10 黄村河大桥	60		4	跨　河
4	DK287＋514 高塘中桥	35		4	跨水库
5	DK288＋412.31 上岭大桥	35		4	跨水库
6	DK325＋140.25 石滩大桥	265		4	跨水库
7	DK396＋257.85 冷水坑大桥	97	37	4	跨水库
8	DK249＋405 黄田寨特大桥	15		4	跨小河沟
9	DK349＋204 小金口特大桥	25		4	跨小河
10	DK283＋177 柏埔河特大桥	60		4	跨　河
11	DK329＋309 杨村河特大桥	90		4	跨　河
12	DK223＋041 柳城东江铁路大桥	550		4	跨　河
13	DK298＋575 郭屋村东江铁路大桥	598		4	跨　河
14	DK378＋547 潼湖特大桥	350		4	跨　河
15	DK397＋383 石马河特大桥	120	40	4	跨　河
16	DK357＋143 惠州东江铁路大桥	130	30	4	跨　河

第四章 路基设计

第一节 路基工程概况与特点

一、路基工程概况

正线路基 38.896 km,路堤长 16.198 km,路堤占 41.64%,路堑长 22.698 km,路堑占 58.36%。

塘厦疏解线,广深Ⅰ、Ⅱ线改线,笋岗动走线等联络线工程,以及工区走行线、高架站场坪等,路基长 5.409 km,其中,路堤长 3.207 km,路堑长 2.202 km。深圳北站联络线、动车走行线、动车所等联络线工程路基长 5.642 km,其中,路堤长 1.567 km,路堑长 4.075 km。

二、路基工点类型

沿线路基工点类型主要有一般路基、深路堑、松软土路基、陡坡路堤、顺层路堑、高路堤、填土场地路基、岩溶路基等类型。

工点类型分布情况见表 3-4-1。

表 3-4-1 路基工点类型分布

序号	工点类型	工点数/长度(m)	主要分布范围	主要加固措施
1	深路堑(边坡高>20 m)	98/7783	低山丘陵区	挡土墙、锚固桩、边坡框架锚杆等
2	深路堑(边坡高>30 m)	26/1732	低山丘陵区	挡土墙、锚固桩、边坡框架锚杆等
3	松软土路基	16/7377	平原区车站及河源~惠州冲积平原区	换填、CFG 桩、预应力管桩、素混凝土桩等
4	陡坡路堤	69/2999	沿线低山丘陵区	路(肩)堤挡土墙、桩基挡墙、地基桩板结构等
5	顺层路堑	29/3868	沿线低山丘陵区	挡土墙、抗滑桩、边坡框架锚索等
6	高路堤	7/325	车站场坪地段、动车所高填方	边坡放缓坡率、铺设加长格栅、边坡骨架、路堤挡墙等
7	填土场地路基	14/5238	采石场弃渣	地基 CFG 桩、素混凝土桩、钻孔灌注桩等加固
8	岩溶路基	1/0.057	岭背大桥之前	地基灌注桩桩板加固

注:边坡高>20 m 的深路堑地段(含>30 m 的深路堑边坡);其余为一般路基(指路堤填高<8 m 或路堑边坡高<20 m)。

第二节 设计原则与采用的主要技术标准

赣深铁路按一次建成双线铁路设计,铁路等级为高速铁路,设计速度目标值为 350 km/h。龙川地区联络线设计速度 160 km/h,仲恺联络线设计速度 160 km/h,塘厦疏解区设计速度 80 km/h,深圳北联络线设计速度为 160 km/h。站内各联络线、站线按现行规范中相应标准进行。

第三节 地基处理设计

地基处理设计(软基加固或处理施工)按照《建筑地基处理技术规范》(JGJ 79—2002)、《高速铁路路基工程施工技术规程》(Q/CR 9602—2015)、《高速铁路路基工程施工质量验收标准》(TB 10751—2018)等，见表 3-4-2。

表 3-4-2 路基工程地基处理统计

地基加固	单位	总概算-02		总概算-04	总概算-12	总概算-13	合计
		区间	车站	联络线	惠州北存车场	惠州广汕并行地段	
长度	m	23 241	10 690	2 579	1 079	828	38 417
CFG 桩	根	25 044	13 804			811	39 659
	延米	257 793	142 453			8 169	408 415
管桩(0.4 m)	根	203	26 451			691	27 345
	延米	1 971	331 560			11 747	345 278
螺杆桩(0.5 m)	根	1 665	7 255				8 920
	延米	18 077	89 469				107 546
素混凝土桩(0.6 m)	根	1 162	4 175				5 337
	延米	13 140	62 902				76 042
旋喷桩(0.5 m)	根	521					521
	延米	7 191					7 191
双向搅拌桩(0.5 m)	根	168	108 502		5 102	1 132	114 904
	延米	751	1 092 347		59 778	6 905	1 159 781
钻孔灌注桩(0.8 m)	根	228					228
	延米	3 554					3 554
冲击(振动)碾压	m^2	35 640	21 467	5 082			62 189

第四节 路基基床设计

赣深铁路 350 km/h 正线路基标准横断面如图 3-4-1～图 3-4-4 所示。

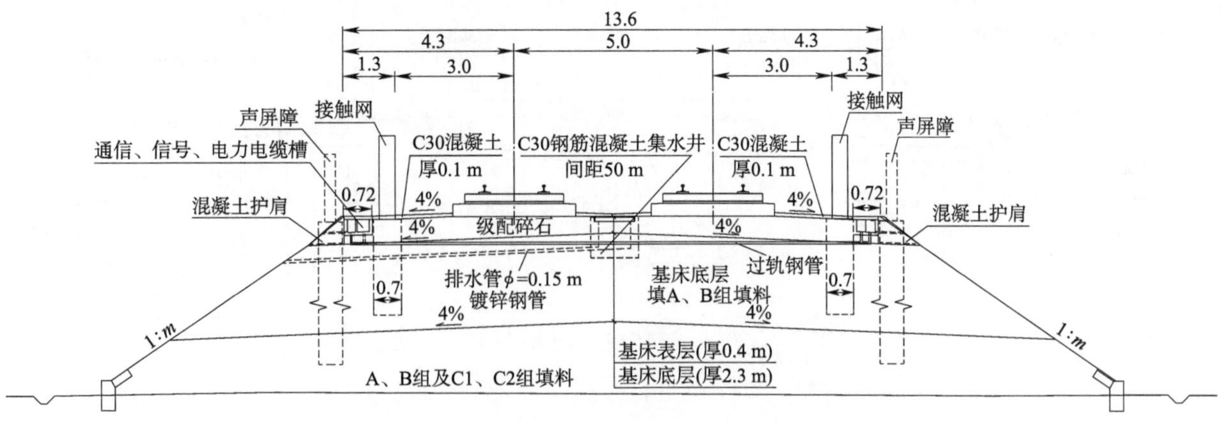

图 3-4-1 350 km/h 双线无砟轨道路堤标准横断面(单位:m)

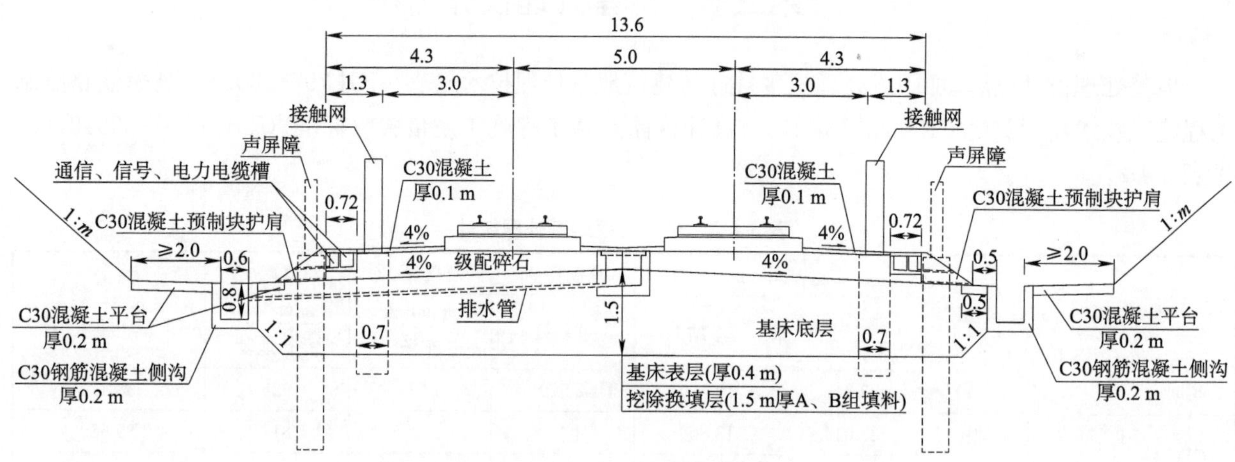

(a) 一般土质、全风化层及强风化软质岩地段

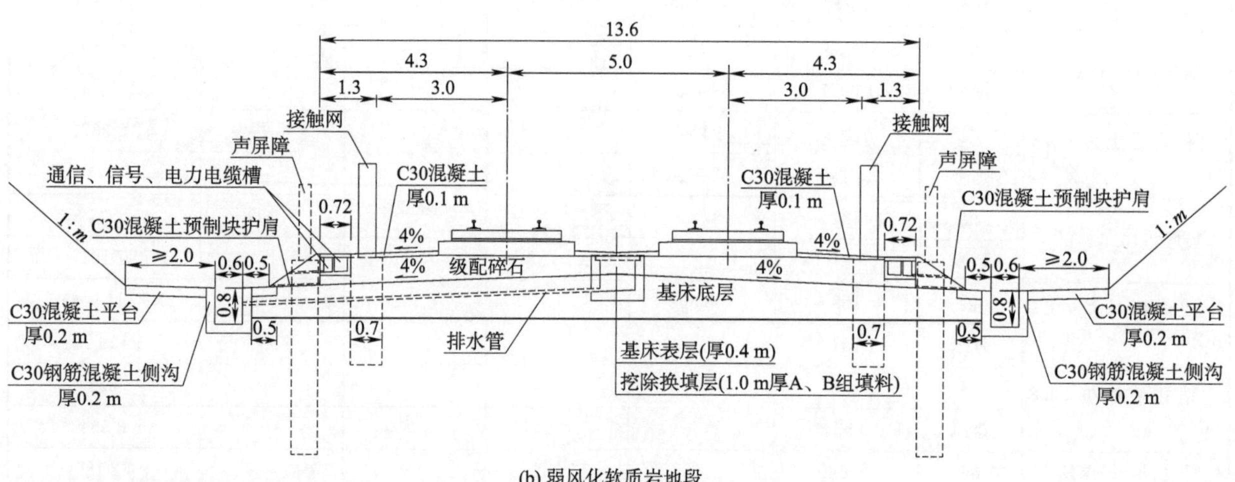

(b) 弱风化软质岩地段

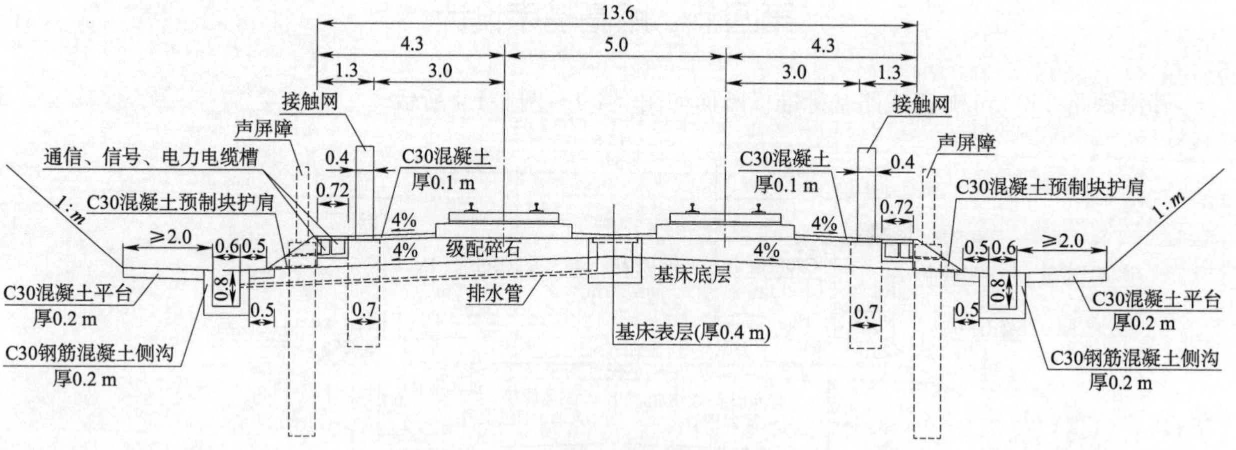

(c) 强风化硬质岩地段

图 3-4-2

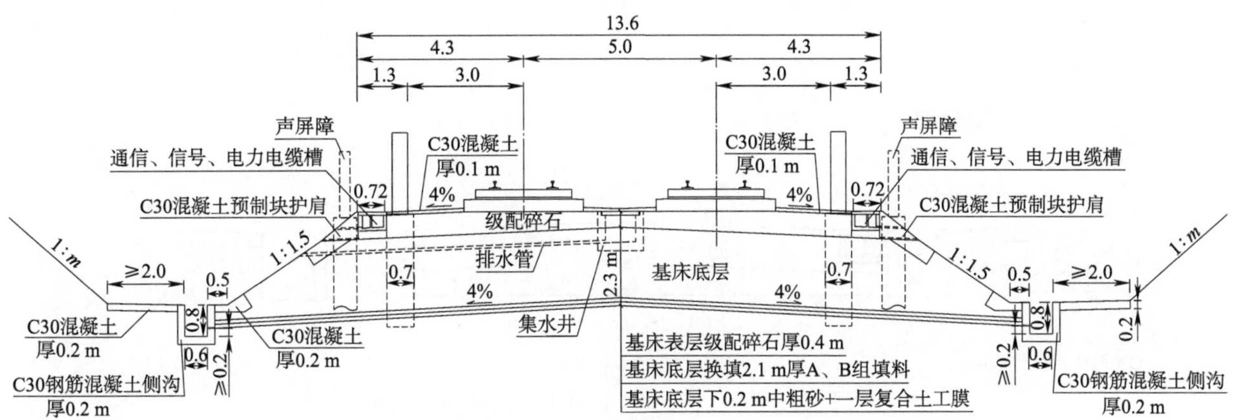

(d) 软土、膨胀土、极软岩以及地下水发育地段

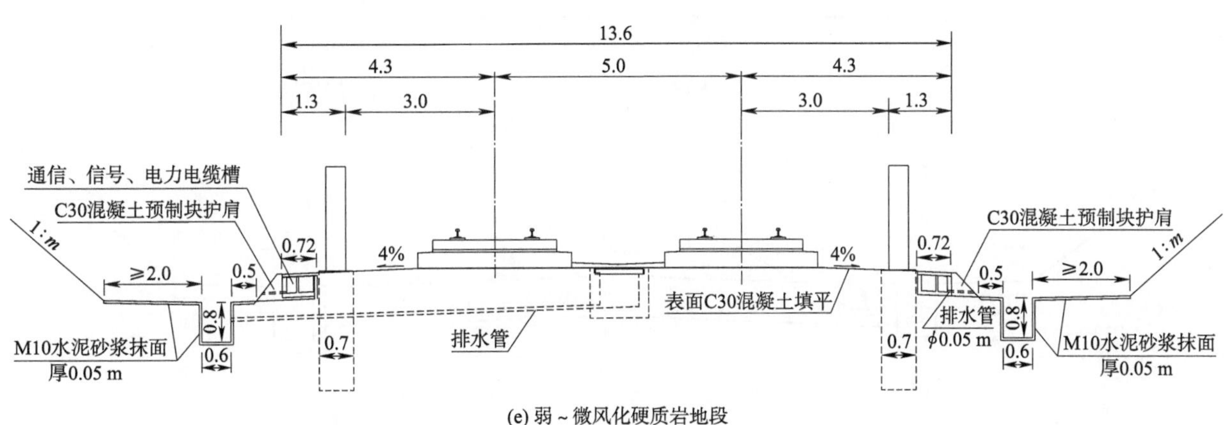

(e) 弱～微风化硬质岩地段

图 3-4-2 350 km/h 双线无砟轨道路堑标准横断面(单位：m)

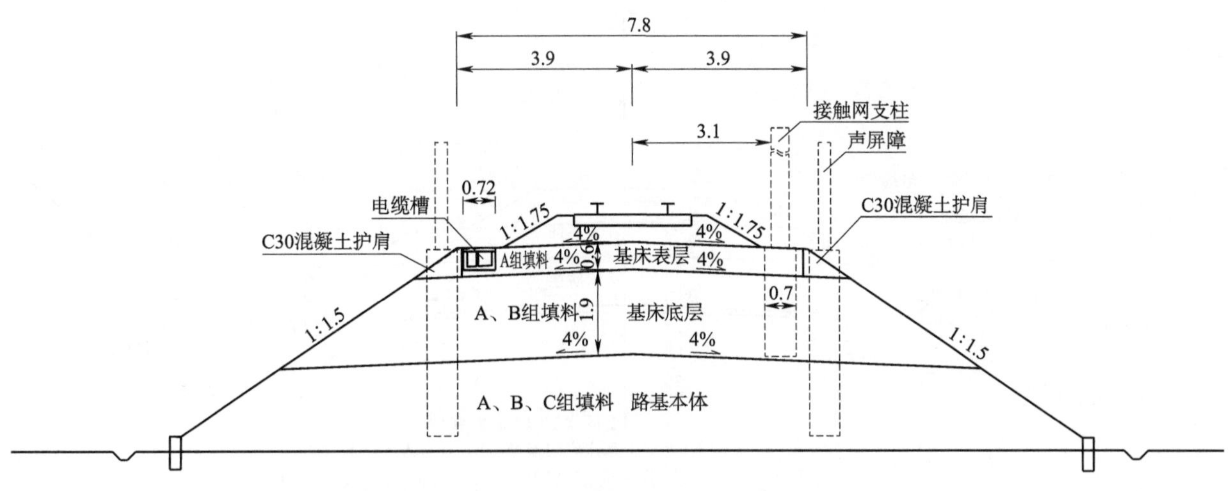

图 3-4-3 单线有砟轨道路堤标准横断面(单位：m)

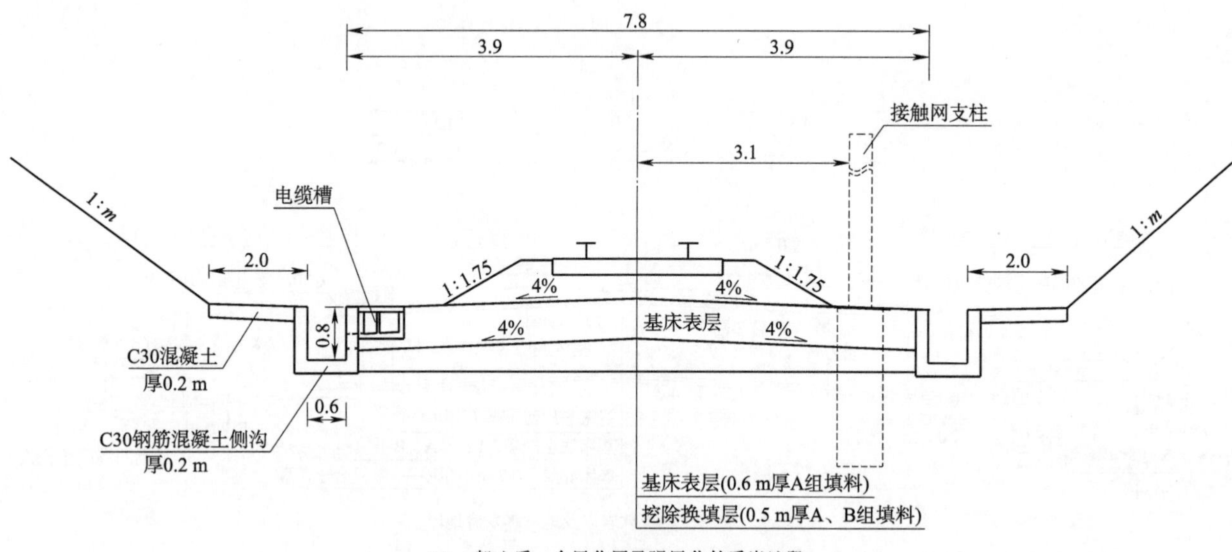

(a) 一般土质、全风化层及强风化软质岩地段

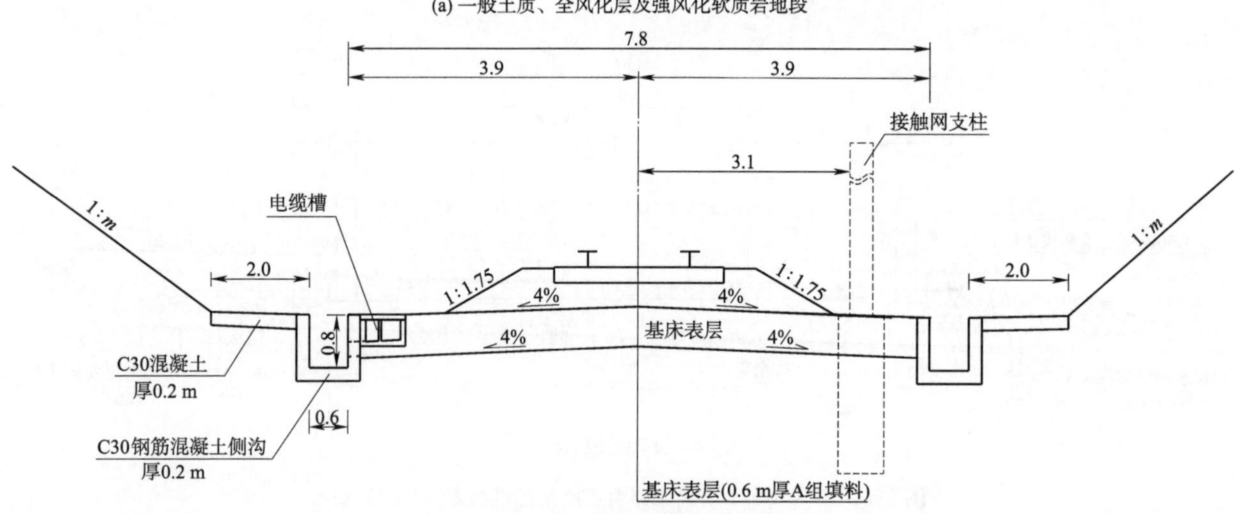

(b) 弱风化软质岩、强风化硬质岩地段

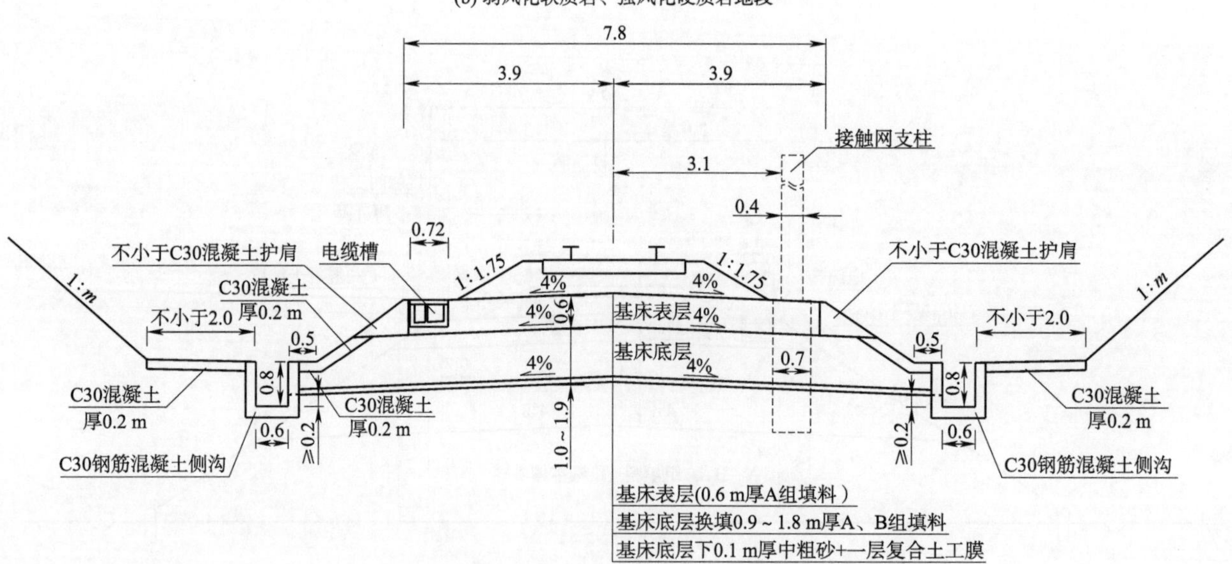

(c) 软土、膨胀土、极软岩及地下水发育地段

图 3-4-4

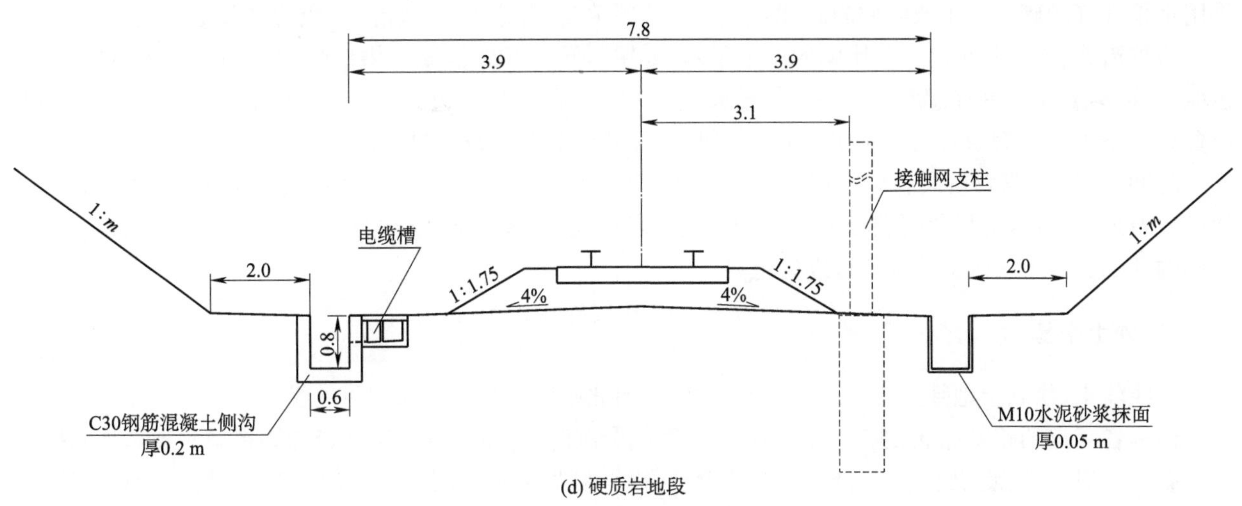

图 3-4-4　单线有砟轨道路堑标准横断面(单位:m)

第五节　一般路基设计

路堤边坡高度超过 1.5 m 时宜设桥通过,当采用路基方案时应按高路堤进行特殊设计。地基条件良好时,一般路基其边坡坡度及边坡高度按表 3-4-3 设计。

表 3-4-3　路基其边坡高度及边坡坡度

填料种类	边坡高度(m)	边坡坡度	边坡形式
C 组细粒土、粉砂、软块石土	0~8.0	1∶1.5	折线型
	8.0~15.0	1∶1.75	
碎石土、卵石土、粗粒土(细砂、粉砂、黏砂除外)及不易风化软块石土、改良土	0~8.0	1∶1.5	折线型
	8.0~15.0	1∶1.75	
	15.0~20.0	1∶2.0	
硬块石土	0~8.0	1∶1.3	直线型
	8.0~15.0	1∶1.5	

第六节　特殊路基设计

赣深铁路特殊路基设计类型主要有浸水、软土、黄土、膨胀土、岩溶、风沙、冻土等路基。

一、浸水路基

本线的浸水路基主要为水塘路基、滨河路堤。

(一)水塘路基

水塘地段应采取围堰、抽水、清淤后填筑。地基不加固时,塘埂高程以下采用渗水土填筑;地基须深层加固时,宜采用永久性围堰,水塘水位以下采用 C 组细粒土回填碾压(其压实系数≥0.9)后进行地基加固。采用临时围堰时,塘埂高程处设不小于 2 m 宽护道,护道以下边坡坡率 1∶1.75,平台及以下边坡采用干浆砌片石防护,厚 0.3 m,其下设置 0.15 m 厚袋装砂夹卵砾石反滤层。

(二)滨河路堤

设防高程:百年水位+波浪侵袭高+壅水高+0.5 m。防护高程处留宽 2.0 m 的边坡平台,平台以下采用水稳性好的碎石类土或硬质岩砟(即渗水土)填料填筑,且边坡坡率较上一级边坡放缓一级。

防护措施:受百年洪涝水位影响的浸水路基,采用不低于 C25 混凝土拱形骨架内铺空心砖防护;河流边滩、临近沟壑等受冲刷的路基,以及常年浸水的水库路基,平台以下边坡采用干砌片石护坡,厚 0.3 m,其下设置 0.15 m 厚袋装砂夹卵砾石垫层。路基坡脚设置防冲刷脚墙或浸水挡墙。

防冲刷脚墙埋置深度应满足如下要求:黏性土、碎石类土及花岗岩全风化层地基,冲刷线以下≥1.0 m;软质岩石地基,嵌入弱风化岩层以下≥1.0 m;硬质岩石地基,嵌入弱风化岩层以下≥0.30 m;花岗岩全风化层的冲刷深度可按附近的冲沟深度确定。

二、软土路基

本线软土、松软土地基主要分布于和平北站、惠州北站以及丘陵汇水沟谷地段。

根据各工点的路基标准、地基条件、填土高度,结合沉降、稳定检算结果选择加固措施。地基加固措施主要有双向搅拌桩、旋喷桩等复合地基,以及管桩、钢筋混凝土桩等刚性桩—网(或桩—筏)结构。表层软土不厚(小于 3~5 m),其下为松软土层时,地基通常采用 CFG 桩+筏板加固,桩顶设 0.2 m 厚碎石垫层,筏板厚 0.4 m。深厚软土地段,采用预应力管桩+筏板加固,桩顶设 0.2 m 厚碎石垫层,筏板厚 0.4 m。

当处理范围内夹较厚卵砾石层或杂填块石等硬层或桩底基岩面陡倾等情况,可采用素混凝土钻孔灌注桩、钢筋混凝土钻孔灌注桩进行地基加固。对各联络线、站场场坪根据检算情况可采用挖除换填、双向搅拌桩等进行加固处理。

三、膨 胀 土

沿线基本不存在膨胀土,局部垄岗地区可能零星存在少量弱膨胀土。

四、岩　　溶

地下水赋存于溶洞或溶蚀裂隙中,地下水发育,透水性好,水量大,主要接受上部孔隙水的垂直补给及侧向含水体的径流补给,向低洼处径流排泄。

第七节　路堑设计

一、一般路堑及深路堑

边坡高≥20 m 为深路堑。土质及风化破碎软质岩地段路堑,边坡高度不宜超过 25 m,硬质岩地段不应超过 30 m,当边坡较高时,应采用隧道或明洞通过,否则应采取放缓边坡坡率、加大边坡平台及加强支挡防护等措施。

二、顺层路堑

本线为山区铁路,顺层现象时有发生。尤其赣粤交界低山区,地层以寒武系、震旦系软硬岩互层地层为主,以及河源境内低山丘陵区,地层以侏罗系的砂岩,下第三系、白垩系的泥质粉砂岩、页岩等软岩为主,易沿岩层软弱面发生顺层滑移。当岩层走向与线路走向的夹角小于 40°,且横断面视倾角在 10°~45°之间时,按顺层路堑设计。顺层路堑设计时应根据不同岩性组合特征、滑动边界条件、边坡坡率等,采用反算、试验、工程地质类比法综合分析确定层面物理力学参数。当路堑边坡高度小于极限高度时(一般不大于 8 m),边坡防护措施,按一般路堑边坡防护设计,边坡坡率放缓一级。当顺层边坡较高,可采用顺层刷坡或锚固坡脚;下滑力较大时,采用抗滑桩、锚索桩板墙、边坡框架锚杆(索)或预应力锚索等支护措施。

当岩层存在双向临空或受节理裂隙、断层构造切割形成楔形块体滑动时,需对楔形体进行稳定检算及安全评估,当稳定性不能满足要求时,应采取相应的加固措施。

第八节 填料设计

一、填料设计原则

正线路基基床表层采用级配碎石，基床底层选用 A、B 组填料；基床以下填料优先选用 A、B 组填料填筑，特殊情况可选用 C1、C2 组填筑。160 km 及以下时速铁路基床表层选用 A 组填料，基床底层选用 A、B 组填料，基床以下路基应选用 A、B、C 组填料，当选用 D 组填料时，应采用加固和土质改良措施，严禁使用有机土(有机质含量大于 5%)作为路基填料。车站场坪采用 C、D 组填料。

沿线花岗岩风化层深厚，尤其定南至和平之间，最大风化层厚达 60 m，路堑挖方一般为 B、C 组填料，B 组填料可用于正线路基基床底层及路基本体填筑，C 组填料可用作车站场坪、维修工区及联络线填料，当用作路基正线填料时须对其进行改良。寒武系、震旦系多为软硬岩互层地层，隧道弃渣须分检，同时需要二次解体破碎以满足填料粒径级配要求。

二、沿线填料分布及处理概况

本线原则上不设集中取土场，路基填料主要利用沿线隧道弃渣以及路堑挖方，具体工点填料来源详见填料调配表。由于线路跨越几个地貌单元，采用填料的分级和来源差异很大。

现场填筑时应作工艺性填筑试验测试，达不到压实标准时应作改良；粉砂岩、页岩、千枚岩可用作车站场坪、联络线、维修工区等有砟轨道路基填筑，当用作正线路基填筑时须作填料改良处理。沿线隧道弃渣解体破碎满足填料粒径级配要求后，可用于路基相应部位填筑。隧道弃渣可利用情况一览表，见表 3-4-4。

表 3-4-4 沿线隧道弃渣可选做填料一览

序号	隧道名称	起始里程	终止里程	隧道长度(m)	主要岩性	可利用弃渣填料分布范围		
						A、B组		C、D组
						起始里程	终点里程	分部范围
1	上廖屋隧道	DK134+296	DK134+561	265	砂岩			全隧道
2	高窝隧道	DK134+673	DK134+853	180	变质砂岩	DK134+730	DK134+795	其余地段
3	枫树夹 1 号隧道	DK135+132	DK135+339	207	变质砂岩	DK134+690	DK134+830	其余地段
4	枫树夹 2 号隧道	DK135+570	DK135+721	151	变质砂岩	DK135+570	DK135+700	其余地段
5	园段 1 号隧道	DK137+055	DK137+605	550	变质砂岩	DK137+080	DK137+580	其余地段
6	园段 2 号隧道	DK137+651	DK137+780	129	变质砂岩			全隧道
7	园段 3 号隧道	DK137+815	DK138+063	248	变质砂岩			全隧道
8	马坵隧道	DK138+497	DK138+699	202	变质砂岩	DK138+510	DK138+670	其余地段
9	云丰隧道	DK139+056	DK139+251	195	变质砂岩			全隧道
10	石门岗隧道	DK139+902	DK145+679	5 777	花岗岩	DK139+750	DK145+650	其余地段
11	松岗山隧道	DK145+748	DK155+628	9 868	花岗岩	DK149+790	DK155+600	其余地段
12	赤岭隧道	DK155+665	DK155+927	230	花岗岩	DK155+680	DK155+900	其余地段
13	老屋隧道	DK156+009	DK156+148	145	砂岩	DK156+030	DK156+130	其余地段
14	高寨隧道	DK157+024	DK157+776	701	砂岩	DK157+050	DK157+750	其余地段
15	叶屋隧道	DK157+853	DK158+208	336	砂岩	DK157+870	DK157+180	其余地段
16	和平隧道	DK164+416	DK168+854	4 407	砂岩	DK164+450	DK168+850	其余地段
17	尖峰顶隧道	DK169+166	DK170+656	1 433	砂岩	DK169+180	DK170+640	其余地段
18	下营隧道	DK170+799	DK170+990	172	砂岩	DK170+810	DK170+950	其余地段

续上表

序号	隧道名称	起始里程	终止里程	隧道长度(m)	主要岩性	可利用弃渣填料分布范围		
						A、B组		C、D组
						起始里程	终点里程	分部范围
19	寨岗隧道	DK171+282	DK171+563	290	砂岩	DK171+300	DK171+540	其余地段
20	柑树下隧道	DK171+617	DK171+854	253	砂岩	DK171+630	DK171+840	其余地段
21	井头排隧道	DK173+938	DK174+308	406	砂岩	DK173+960	DK174+250	其余地段
22	下墩隧道	DK174+393	DK174+690	329	砂岩	DK174+420	DK174+650	其余地段
23	排里隧道	DK175+045	DK175+251	192	砂岩	DK175+060	DK175+240	其余地段
24	桃里窝隧道	DK175+397	DK176+016	607	砂岩	DK175+400	DK176+000	其余地段
25	社排隧道	DK176+382	DK177+114	727	砂岩	DK176+390	DK177+100	其余地段
26	聚兴隧道	DK177+223	DK178+053	813	砂岩	DK177+240	DK178+030	其余地段
27	新聚隧道	DK178+092	DK182+066	3 898	砂岩	DK178+120	DK182+030	其余地段
28	岭排隧道	DK185+258	DK185+658	422	砾岩			全隧道
29	伍屋隧道	DK186+992	DK187+418	448	砾岩			全隧道
30	林寨隧道	DK188+155	DK194+385	6 336	花岗岩、砂岩	DK188+160	DK194+200	其余地段
31	松树头隧道	DK194+770	DK195+025	255	花岗岩			全隧道
32	桃坑隧道	DK195+850	DK196+101	251	花岗岩	DK195+880	DK196+055	其余地段
33	矮径隧道	DK197+390	DK197+607	217	花岗岩			全隧道
34	秆维隧道	DK198+680	DK198+844	165	花岗岩			全隧道
35	骆屋隧道	DK199+602	DK199+785	183	花岗岩	DK199+650	DK199+685	其余地段
36	老石寨隧道	DK200+020	DK202+750	2 730	花岗岩	DK200+100	DK202+700	其余地段
37	长兴隧道	DK202+906	DK203+170	264	花岗岩	DK202+935	DK203+100	其余地段
38	红星隧道	DK205+385	DK205+665	280	花岗岩	DK205+430	DK205+580	其余地段
39	寨里隧道	DK205+774	DK206+074	300	花岗岩	DK205+870	DK206+050	其余地段
40	黄塘嶂隧道	DK206+295	DK208+470	2 175	花岗岩	DK206+390	DK208+320	其余地段
41	燕子英隧道	DK208+619	DK208+905	286	花岗岩	DK208+720	DK208+890	其余地段
42	马尖岗隧道	DK219+164	DK220+184	1 020	砂岩	DK219+315	DK220+170	其余地段
43	石瓦隧道	DK220+922	DK221+453	531	千枚岩			全隧道
44	社坪隧道	DK224+493	DK224+896	403	石英片岩	DK224+520	DK224+850	其余地段
45	赤竹隧道	DK227+403	DK228+336	933	页岩			全隧道
46	下新隧道	DK230+795	DK232+653	1 858	花岗岩、砂岩	DK230+820	DK232+630	其余地段
47	土陂隧道	DK233+029	DK234+372	1 343	石英片岩	DK233+110	DK234+350	其余地段
48	芒垌隧道	DK234+614	DK235+039	425	千枚岩			全隧道
49	高栋隧道	DK236+260	DK237+197	937	石英片岩	DK236+280	DK237+150	其余地段
50	密州隧道	DK237+344	DK240+691	3 347	石英片岩、砂岩	DK237+360	DK240+670	其余地段
51	大围隧道	DK241+129	DK243+045	1 917	砂岩	DK241+150	DK243+020	其余地段
52	黄田地隧道	DK243+777	DK245+062	1 285	花岗岩	DK243+790	DK245+040	其余地段
53	东源隧道	DK250+685	DK255+748	5 063	花岗岩	DK250+700	DK255+730	其余地段
54	大石峡隧道	DK256+460	DK256+615	155	花岗岩	DK256+480	DK256+580	其余地段
55	古寨隧道	DK258+361	DK258+520	158	花岗岩	DK258+400	DK258+480	其余地段
56	高车隧道	DK259+178	DK259+463	284	花岗岩	DK259+280	DK259+380	其余地段
57	新村隧道	DK259+923	DK260+276	353	花岗岩	DK260+020	DK260+250	其余地段
58	义合隧道	DK265+098	DK271+141	6 043	花岗岩	DK265+150	DK271+100	其余地段

续上表

序号	隧道名称	起始里程	终止里程	隧道长度(m)	主要岩性	可利用弃渣填料分布范围		
						A、B组		C、D组
						起始里程	终点里程	分部范围
59	古屋场隧道	DK271+175	DK272+120	945	花岗岩	DK271+280	DK272+040	其余地段
60	横岭隧道	DK272+521	DK280+396	7 875	花岗岩、砂岩夹页岩	DK272+800	DK280+350	其余地段
61	许屋隧道	DK280+461	DK280+712	251	砂岩	DK280+520	DK280+600	其余地段
62	高岭隧道	DK287+624	DK288+114	490	砂岩	DK287+650	DK288+080	其余地段
63	田心隧道	DK288+983	DK290+238	1 255	砂岩	DK288+990	DK290+200	其余地段
64	马鞍山隧道	DK290+370	DK290+737	367	砂岩	DK290+390	DK290+700	其余地段
65	博罗隧道	DK291+020	DK296+794	5 774	砂岩	DK291+100	DK296+700	其余地段
66	大岭古隧道	DK315+690	DK315+962	272	砾岩			全隧道
67	新屋隧道	DK319+184	DK319+425	241	砾岩			全隧道
68	园头山隧道	DK323+767	DK324+964	1 197	页岩、粉砂岩			全隧道
69	下园隧道	DK335+946	DK336+121	174	砂岩			全隧道
70	下埔隧道	DK336+181	DK336+438	256	砂岩	DK336+280	DK336+360	其余地段
71	红花岭隧道	DK336+545	DK337+100	555	砂岩	DK336+560	DK337+000	其余地段
72	风门隧道	DK339+254	DK339+629	375	砂岩	DK339+400	DK339+500	其余地段
73	仗背隧道	DK342+998	DK343+470	472	砂岩	DK343+000	DK343+400	其余地段
74	三才岭隧道	DK347+400	DK348+316	916	砂岩	DK347+430	DK248+250	其余地段
75	旗岭隧道	DK354+512	DK354+858	346	花岗岩			全隧道
76	白面石隧道	DK356+317	DK356+676	359	花岗岩	DK356+350	DK356+650	其余地段
77	牛角窝隧道	DK357+604	DK357+936	332	花岗岩	DK357+630	DK257+900	其余地段
78	高排 1 号隧道	DK359+738	DK360+096	358	砂岩	DK359+750	DK360+050	其余地段
79	高排 2 号隧道	DK360+814	DK361+076	263	砂岩	DK360+890	DK361+000	其余地段
80	长坑 1 号隧道	DK361+503	DK361+680	177	砂岩	DK361+560	DK361+600	其余地段
81	长坑 2 号隧道	DK362+410	DK362+544	134	砂岩			全隧道
82	火头岭 1 号隧道	DK363+650	DK363+776	126	砂岩			全隧道
83	火头岭 2 号隧道	DK363+847	DK363+966	119	砂岩	DK363+900	DK363+950	其余地段
84	火头岭 3 号隧道	DK364+095	DK364+227	132	砂岩	DK364+150	DK364+200	其余地段
85	阿公石 1 号隧道	DK364+436	DK364+806	370	砂岩	DK364+500	DK364+750	其余地段
86	阿公石 2 号隧道	DK365+584	DK367+640	2 056	砂岩	DK365+600	DK367+600	其余地段
87	银瓶山隧道	DK386+509	DK396+124	9 615	凝灰熔岩、石英斑岩	DK386+550	DK396+100	其余地段
88	大岭顶隧道	DK399+915	DK400+246	331	砂岩	DK339+950	DK400+200	其余地段
89	大坑尾隧道	DK404+272	DK404+867	596	黏土岩	DK404+290	DK404+700	其余地段

三、填料改良设计

本线为山区铁路，沿线硬质岩山岭隧道，弃渣填料组别多为 A、B 组填料，经破碎物理级配改良后(级配改良严禁掺入具有膨胀性的细粒土，如具有膨胀性的 Q_2、Q_3 黏性土、石膏矿渣等)，可直接用于正线路基基床底层、本体填筑。

原则上，本线路基不采用化学改良土填筑。若局部地段缺合格填料来源须采用化学改良土填筑时，应按一定比例掺入生石灰或水泥进行改良。根据已有的改良试验资料：当填料塑性指数 $I_p>11$ 时，掺生石灰;当填料塑性指数 I_p<11 或为砂类土时,掺水泥。掺入料达 5%时,填料击实后无侧限抗压强度均大于 350 kPa,可满足正线基床底层及路基本体填料要求。

第九节 过渡段设计

路基过渡段的形式主要有桥路过渡段、隧路过渡段、路堤与横向结构物(涵洞)过渡段、路堤路堑过渡段、正线路基与联络线相连过渡以及半挖半填路基横向过渡等。各种过渡段分别存在地基的沉降过渡、路基本体及基床的过渡问题。过渡段范围内的基床表层及以下的级配碎石填料压实标准及级配应分别满足表 3-4-5、表 3-4-6 的要求。

表 3-4-5 过渡段路基填筑压实标准

设计速度目标值	轨道类型	填料类型	填筑部位	压实标准		
				地基系数 K_{30}(MPa/m)	动态变形模量 E_{vd}(MPa)	压实系数 K
160 km/h 及以下	有砟	A 组填料	基床表层	150	—	0.95
			基床表层以下	130	—	0.93
350 km/h	无砟	级配碎石掺水泥	基床表层	190	≥55	0.97
		级配碎石掺水泥	基床表层以下	150	≥50	0.95

表 3-4-6 碎石级配范围

级配编号	通过筛孔(mm)质量百分率(%)									
	50	40	30	25	20	10	5	2.5	0.5	0.075
1	100	95~100	—	—	60~90	—	30~65	20~50	10~30	2~10
2	—	100	95~100	—	60~90	—	30~65	20~50	10~30	2~10
3	—	—	100	95~100	—	50~80	30~65	20~50	10~30	2~10

注:颗粒中针状、片状碎石含量不大于 20%;质软、易破碎的碎石含量不大于 10%。

一、填方路基与桥台连接处过渡段设计

(一)正线路基与桥梁过渡段连接设计

正线路基(路堤)与桥梁相连接时的桥路过渡段采用倒梯形过渡,如图 3-4-5。基床表层采用级配碎石掺 5%水泥填筑,表层以下倒梯形部分采用级配碎石掺 3%水泥填筑,压实标准应满足相应要求。桥路过渡段长度 $L \geqslant a+(H-h)\times n$,且≥20 m。其中,$H$ 为桥台后路基填筑高度;h 为路基基床表层厚度;a 本线取 5.0 m;n 取 3。

桥台与路基结合部设带排水槽的渗水墙,渗水墙采用无砂混凝土块砌筑,长 30 cm、宽 15 cm、厚 10 cm。渗水墙底部设直径 100 mm 高强度丝状渗排水网管,将渗水横向排出路基外。桥台基坑以 C25 混凝土回填或以碎石、改良土分层填筑,并用小型平板振动机碾压,碎石、改良土填筑应满足 E_{vd}≥30 MPa 的要求。过渡段路基填筑应充分压实,距桥台背 2.0 m 范围内采应用小型机具碾压,并适当减小分层填筑厚度。

(二)160 km/h 及以下路堤与桥梁过渡段连接设计

对于设计速度目标值为 160 km/h 及以下(含站场到发线、动车走行线)路基,于路堤与桥梁连接处设置倒梯形路桥过渡段,如图 3-4-6 所示。基床表层采用 A 组填料或级配碎石填筑,其压实标准与相邻路基基床表层相同;基床表层以下采用 A 组填料,填筑压实标准应满足 K_{30}≥130 MPa/m 和压实系数 K≥0.93 的要求。当浸水时,浸水部分的填料应满足渗水土的要求。桥台后基坑采用 C15 混凝土或碎石、改良土分层填筑。

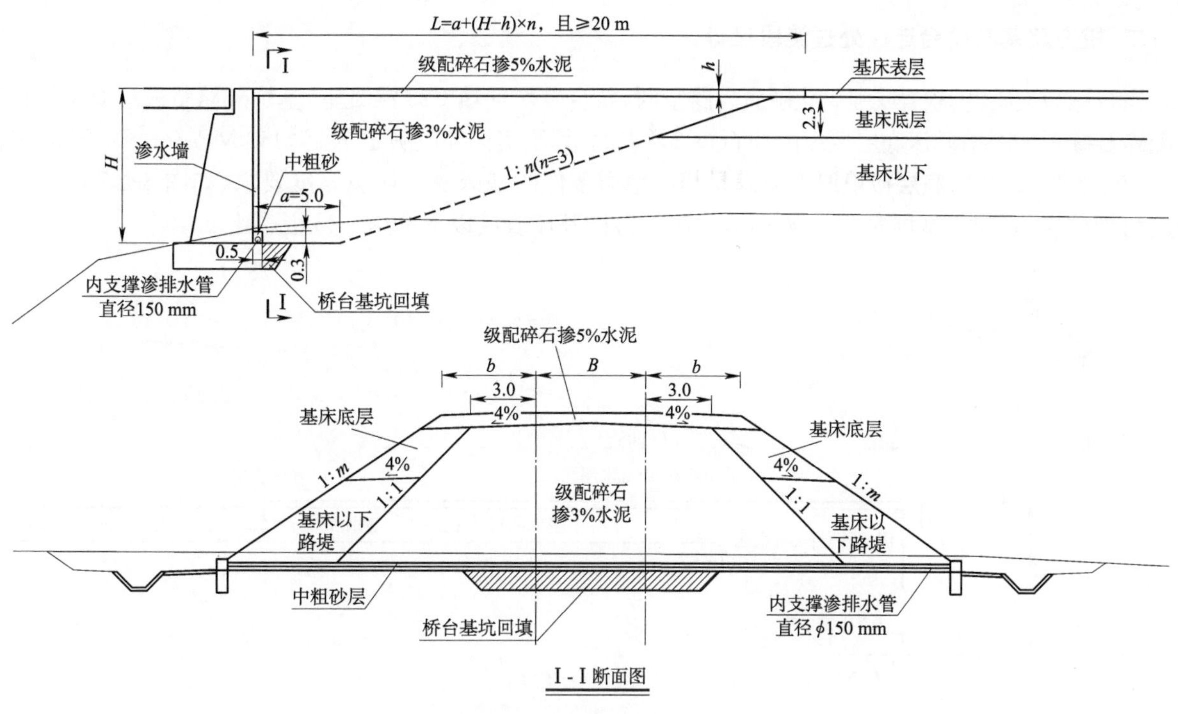

图 3-4-5 正线路堤地段桥路过渡段设置示意(单位：m)

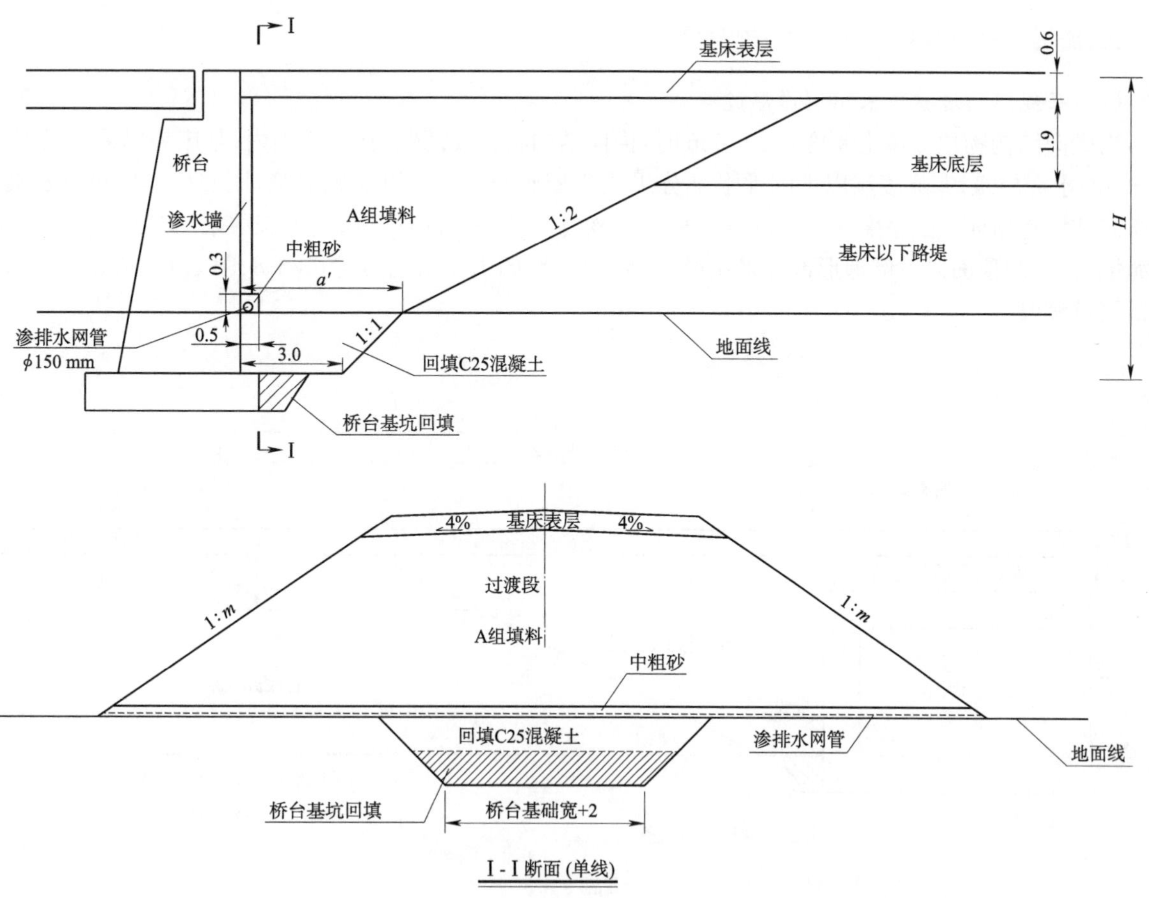

图 3-4-6 160 km/h 及以下路堤地段桥路过渡段设置示意(单位：m)

二、挖方路基与桥台连接处过渡段设计

当台尾为土质、极软岩或强风化硬质岩路堑时,桥台基坑回填 C25 混凝土,基坑外路堑表层 0.4 m 换填级配碎石掺 5%水泥;基床底层填级配碎石掺 3%水泥,其压实标准应满足 $K_{30}\geqslant 150$ MPa/m,$E_{vd}\geqslant 50$ MPa,$K\geqslant 0.95$ 的要求,基床底层换填厚度应满足相应地质条件的基床底层换填厚度要求,如图 3-4-7 所示。当台尾为硬质岩路堑时,基坑底宽 a 取 2 m,过渡段范围基床表层以下采用 C25 混凝土回填。

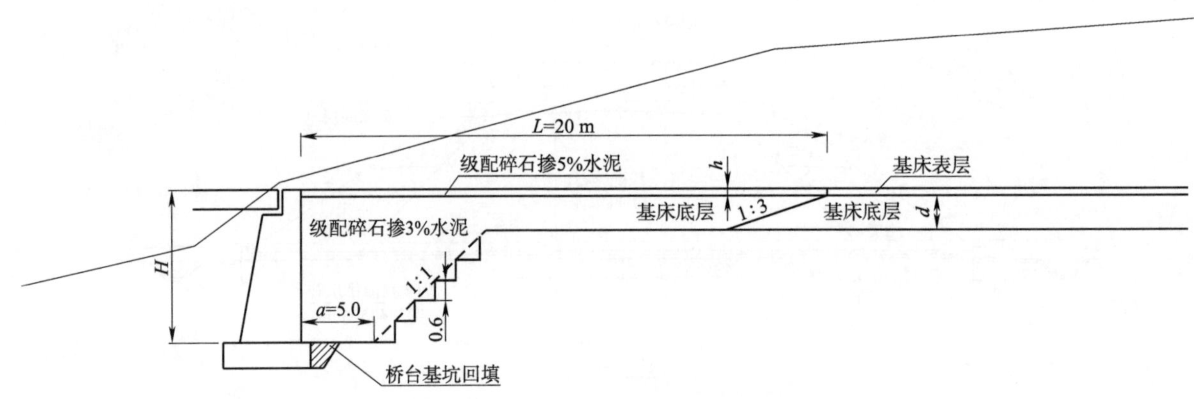

图 3-4-7　路堑地段桥路过渡段设置示意(单位:m)

三、路堤与横向结构物(涵洞等)过渡段

(一)正线涵路过渡段采用倒梯形过渡

当横向结构物顶面填土厚度 $h\leqslant 1.0$ m 时,横向结构物顶及两侧 20 m 范围内,基床表层采用级配碎石掺 5%的水泥填筑;基床表层以下倒梯形部分采用级配碎石掺 3%的水泥填筑,压实标准同桥路过渡段。当横向结构物顶面填土厚度 $h>1.0$ m 时,横向结构物两侧 20 m 范围内,基床表层采用级配碎石掺 5%的水泥填筑;涵洞顶面以下倒梯形部分采用级配碎石掺 3%的水泥填筑,如图 3-4-8、图 3-4-9 所示,压实标准同桥路过渡段。

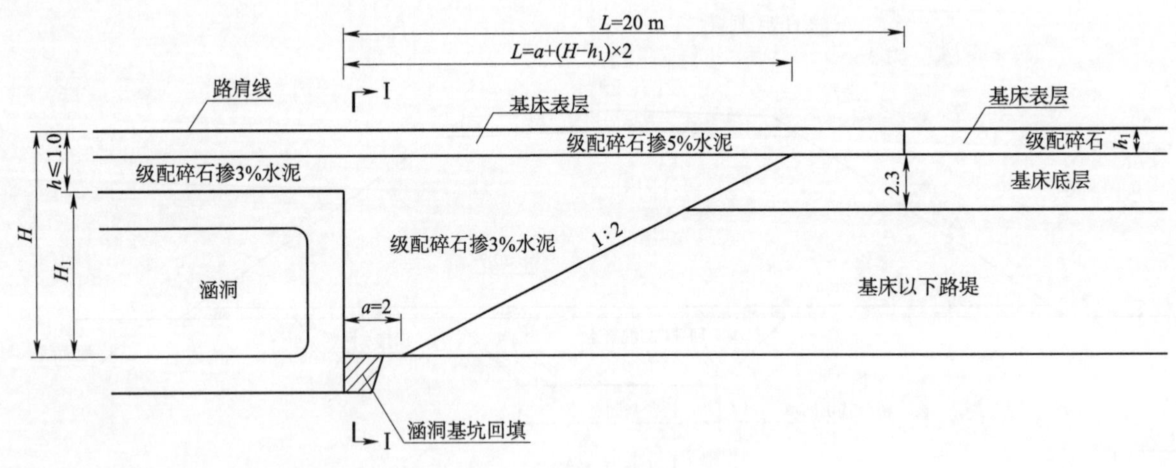

图　3-4-8

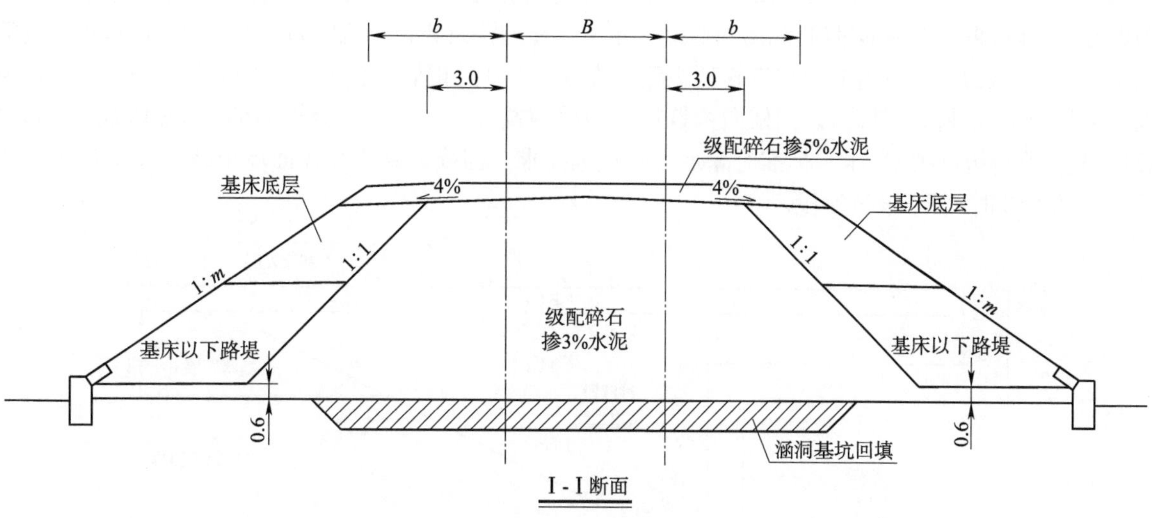

图 3-4-8　当 $h \leqslant 1.0$ m 时正线路堤与横向结构物过渡段设置示意(单位:m)

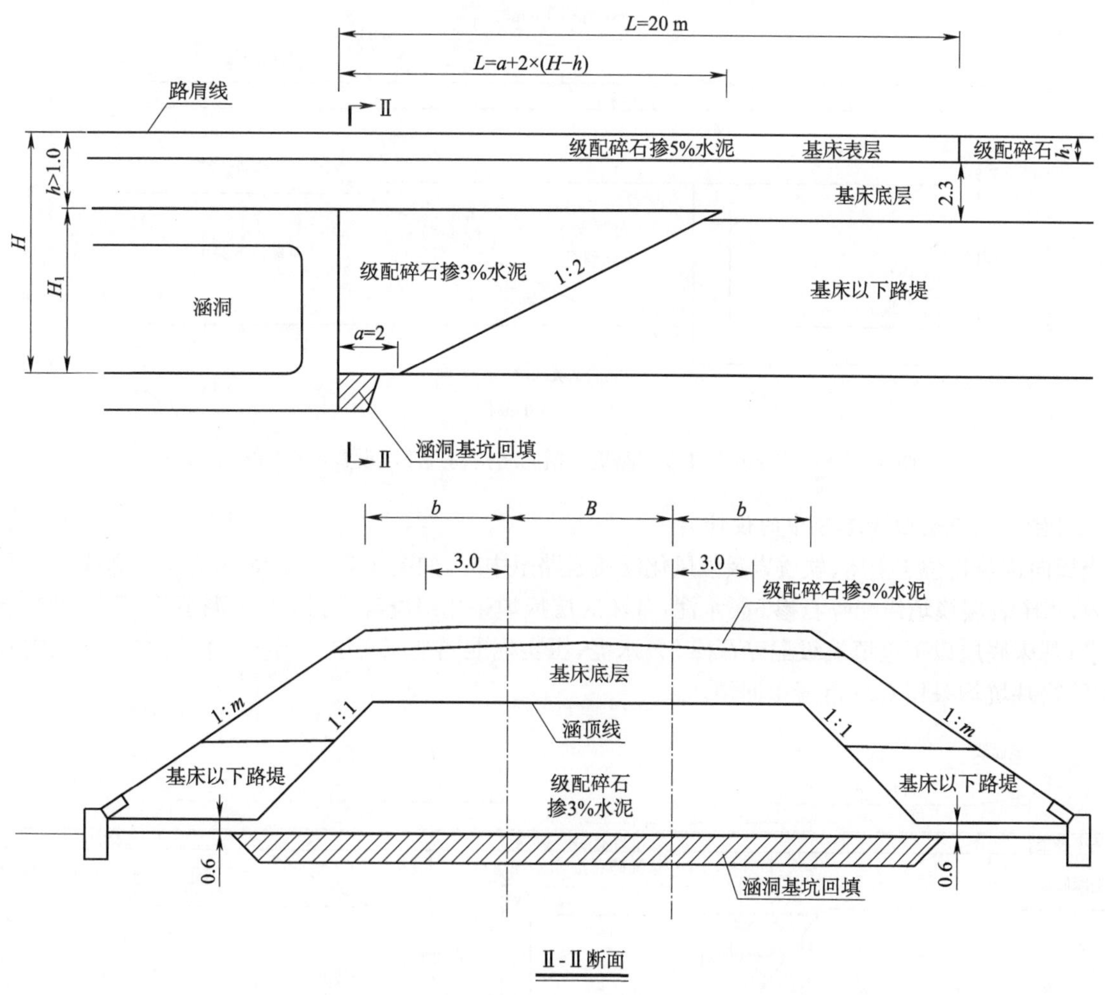

图 3-4-9　当 $h > 1.0$ m 时正线路堤与横向结构物过渡段设置示意(单位:m)

(二)160 km/h 及以下路基和横向构筑物连接设计

当设计速度目标值为 160 km/h 及以下铁路(含车站到发线),路基与所有横向构筑物(立涵洞等)连接处均须设置过渡段,采用倒梯形过渡,如图 3-4-10 所示。当横向构筑物顶距轨底高度 $h \leqslant 1.0$ m 时,单侧过渡段长度 $L=2+2\times(H-h_1)$;当横向构筑物顶距路肩高度 > 1.0 m 时,单侧过渡段长度 $L=2+2\times h$,过渡段范围内采用 A 组填料分层填筑。当横向构筑物顶距路肩高度 ≤ 1.0 m 时,结构物顶部应填筑 A 组填料。过渡段 A 组填料级配要求、压实标准应满足相关规范要求。当横向结构物顶面填土高度大于 3 m,且大于路堤高度的 2/3 时,可不设过渡段。

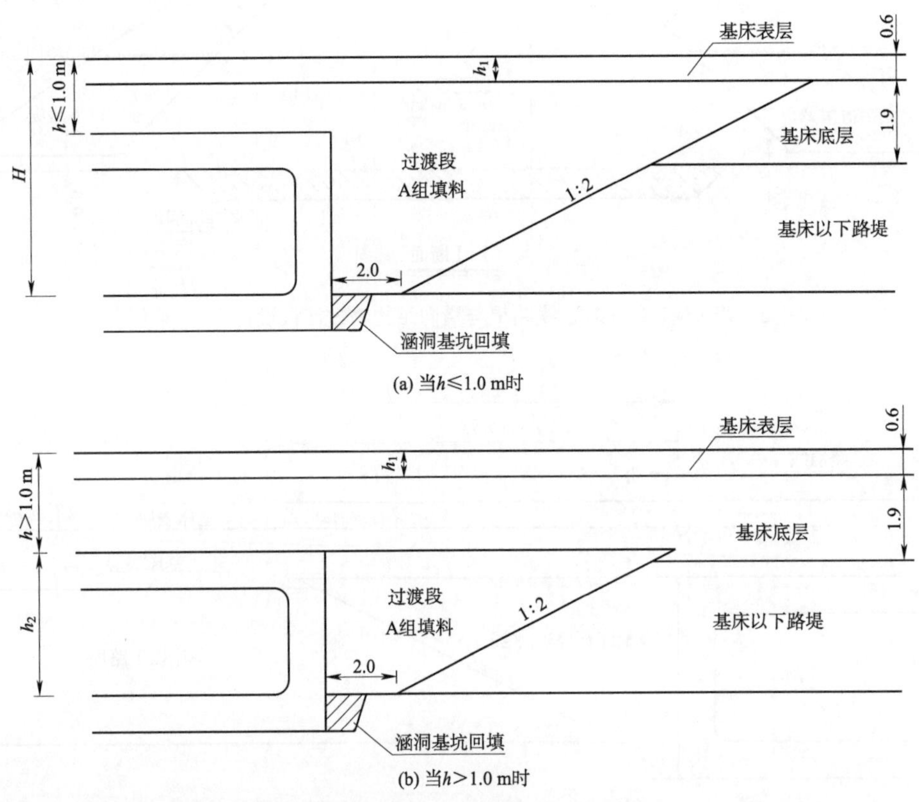

图 3-4-10 160 km/h 及以下路堤与横向结构物过渡段设置示意(单位:m)

(三)横向构筑物位于路堑中的设计

当横向构筑物位于土质、软质岩及强风化硬质岩路堑中时,如图 3-4-11 所示,构筑物两侧各不少于 20 m 范围内,基床表层换填级配碎石掺 5% 水泥,基床底层换填采用级配碎石掺 3% 水泥填筑,且压实标准应满足要求;基床底层以下也填筑级配碎石掺 3% 水泥,压实标准同基床底层。当横向构筑物位于硬质岩路堑时,构筑物基坑均采用 C25 混凝土回填。

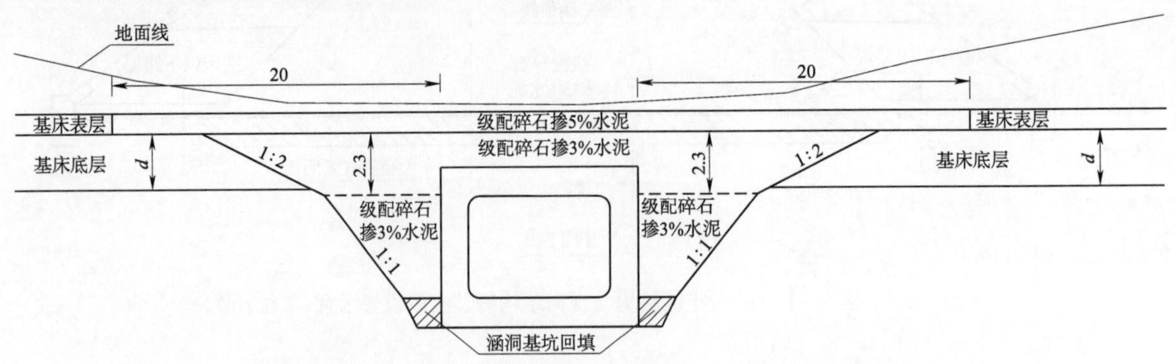

图 3-4-11 正线路堑(土质、软质岩及强风化硬质岩)与横向结构物过渡段设置示意(单位:m)

(四)横向构筑物轴线与线路中线斜交时的设计

当横向构筑物轴线与线路中线斜交时,应使过渡段的设置与线路中心垂直,避免横向的刚度差异,如图 3-4-12 所示。

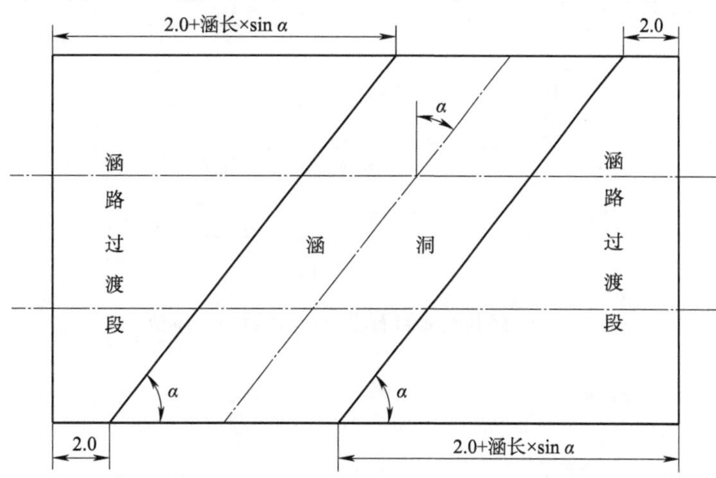

图 3-4-12 斜交涵路过渡段平面示意(单位:m)

四、路堤与路堑过渡段

(一)正线路堤与土质、软质岩及强风化硬质岩路堑过渡段

基床以下部分顺原地面纵向挖成不陡于 1∶2 的坡面,坡面上开挖台阶,每级台阶挖入深度不应小于 1.0 m,台阶高度 0.6 m 左右,如图 3-4-13 所示。

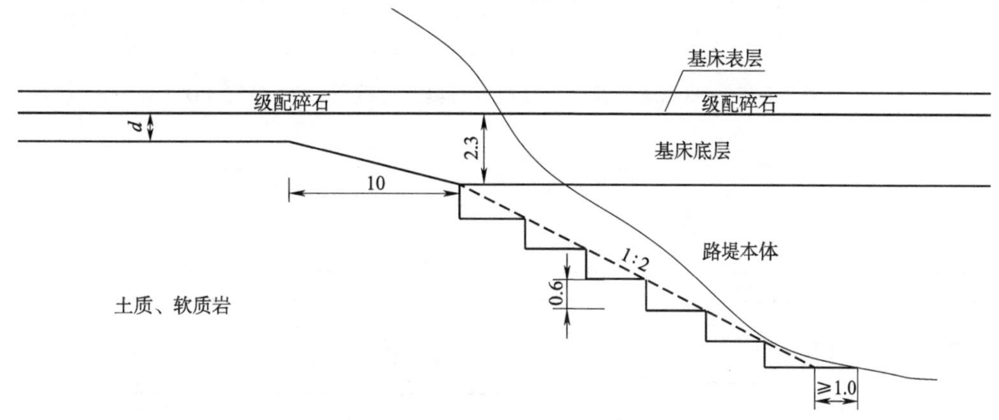

图 3-4-13 软质岩或土质堤堑过渡段示意(单位:m)

正线路堤与硬质岩石路堑过渡段:在路堑一侧顺原地面纵向开挖台阶,台阶高度 0.6 m 左右,每级台阶自原坡面挖入深度不应小于 1.0 m。在路堤一侧设置过渡段,填筑级配碎石掺入 3%水泥,坡率 1∶2。基床表层不小于 20.0 m 范围内采用级配碎石掺 5%水泥填筑,如图 3-4-14 所示。

(二)160 km/h 及以下路基,当路堤与路堑连接处为硬质岩时

于路堑侧沿地面纵向挖台阶,台阶高度为 0.6 m 左右,于路堤侧设置堤堑过渡段,如图 3-4-15 所示。基床表层采用 A 组填料或级配碎石填筑,其压实标准与相邻路基基床表层相同;基床表层以下采用 A 组填料填筑,其压实标准应满足 K_{30}≥130 MPa/m、压实系数 K≥0.93。当浸水时,浸水部分的填料应满足渗水土的要求。

当路堤与路堑连接处为软质岩或土质路堑时,先沿原地面纵向挖不陡于 1∶2 的台阶,台阶高度为 0.6 m 左右,开挖回填部分的填料及压实标准与路堤相同,如图 3-4-16 所示。

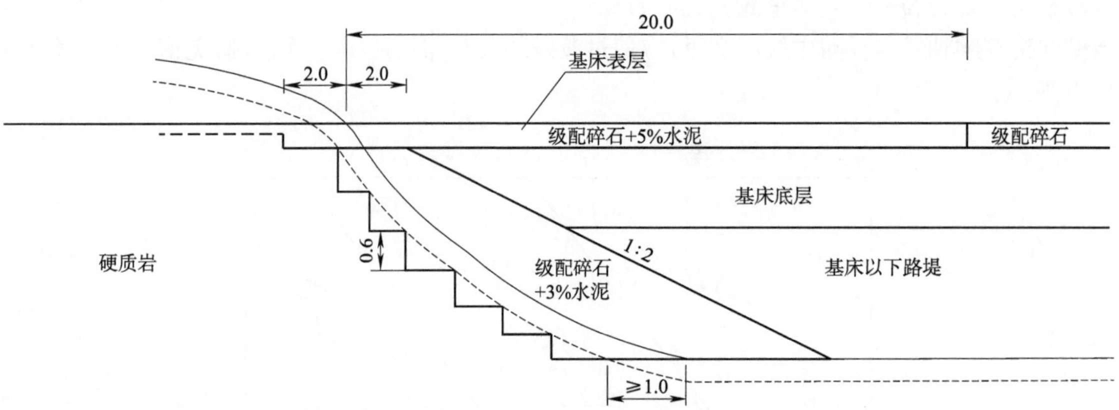

图 3-4-14 路基硬质岩石堤堑过渡段示意(单位:m)

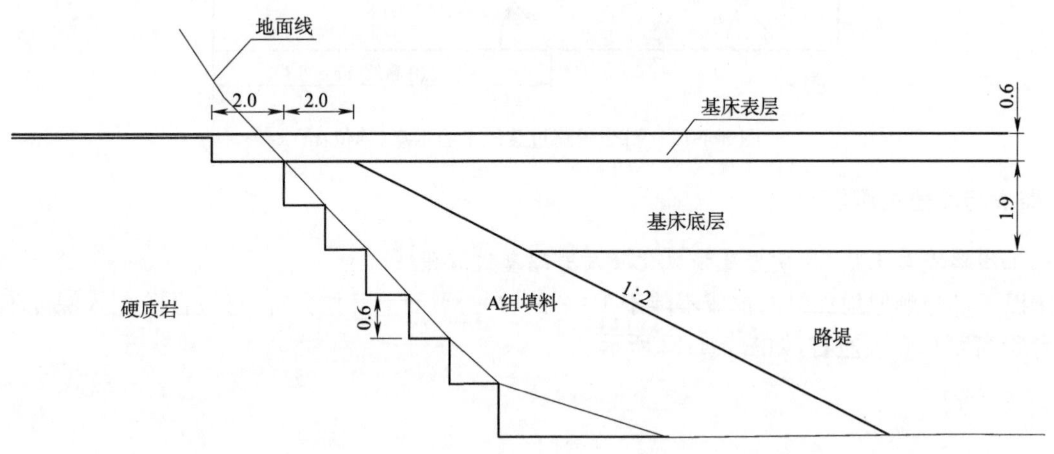

图 3-4-15 160 km/h 及以下硬质岩石堤堑过渡段示意(单位:m)

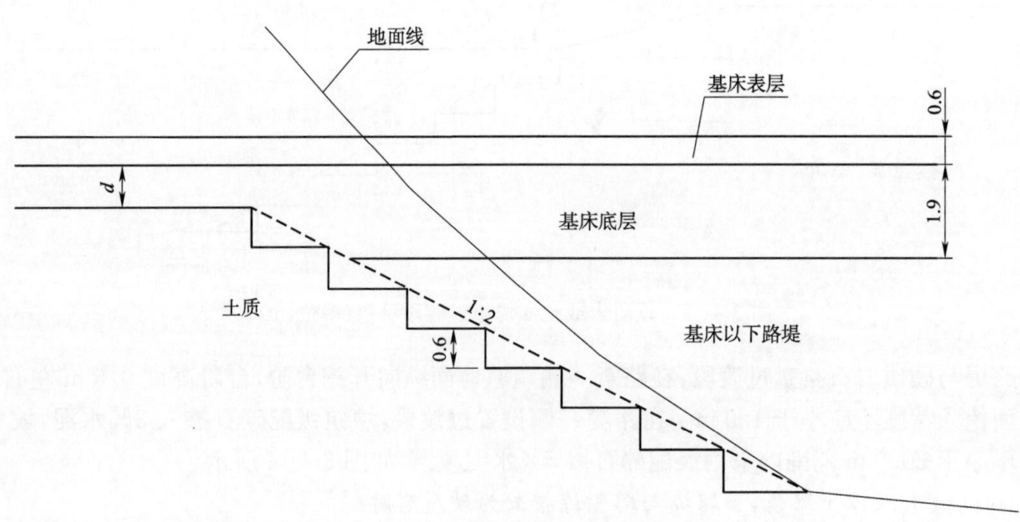

图 3-4-16 160 km/h 及以下软质岩或土质堤堑过渡段示意(单位:m)

五、隧路过渡段

土质、软质岩路堑与隧道连接地段应设置过渡段。隧路过渡段长 $L \geqslant 20$ m,基床表层采用掺 8%水泥的级配碎石填筑;基床底层换填部分($d=1.0 \sim 2.0$ m)掺 5%水泥的级配碎石填筑。级配碎石掺水泥压实

标准满足压实系数 $K \geqslant 0.95$、地基系数 $K_{30} \geqslant 150$ MPa/m、动态变形模量 $E_{vd} \geqslant 50$ MPa 的要求。

当隧路过渡段长 20 m 范围内遇填方路堤时，则基床底层及本体均采用掺 5%水泥的级配碎石填筑，后 1∶3 的坡率交于基床表层 20 m 处。级配碎石掺水泥压实标准满足压实系数 $K \geqslant 0.95$、地基系数 $K_{30} \geqslant 150$ MPa/m、动态变形模量 $E_{vd} \geqslant 50$ MPa 的要求。

六、半填半挖路基横向过渡段

半填半挖路基在靠山侧根据地层情况，基床底层换填厚 1.0～2.3 m。硬质岩半填半挖过渡段采用水泥稳定级配碎石(掺 3%～5%水泥)填筑，碎石的级配及压实标准同桥路过渡段标准；土质及软质岩路堑连接处过渡段采用挖台阶方式过渡，并回填与路堤相同的填料，压实标准同路堤填筑要求。半填半挖设计应同时考虑纵向的堑堤过渡，以保证路基横、纵向刚度的均匀性和过渡效果。在有条件时，地面应尽量挖平，以保证路基横断面的均匀沉降。

七、有砟轨道与无砟轨道连接地段过渡

有砟轨道与无砟轨道连接地段应考虑轨道结构过渡，即在有砟轨道一侧设置长度不小于 10 m 的渐变段。

第十节　路基防排水设计

排水设施应布置合理，与桥涵、隧道、车站等排水设备衔接配合，有足够的过水能力。设计路基排水设施时，应与水土保持及农田水利的综合利用相结合。

一、地面排水系统

路基地面排水设备应布置合理，与桥涵、隧道、车站等排水设施衔接配合，并有足够的过水能力。对于隔断既有天然排水系统和沿线农田灌溉排水设施地段，一般采取增设排灌涵和引排沟处理。为避免地表水对路基的侵蚀，路堤地段坡脚根据需要设置排水沟，路堑地段设置侧沟、天沟、边坡平台截水沟等，如图 3-4-17 所示。天沟、边坡截水沟应与路基排水沟连接，将水排出路基以外，此外必须设吊沟时，应采取防冲刷措施。地面排水系统视地基条件采取加固措施，防止冲刷或渗漏。

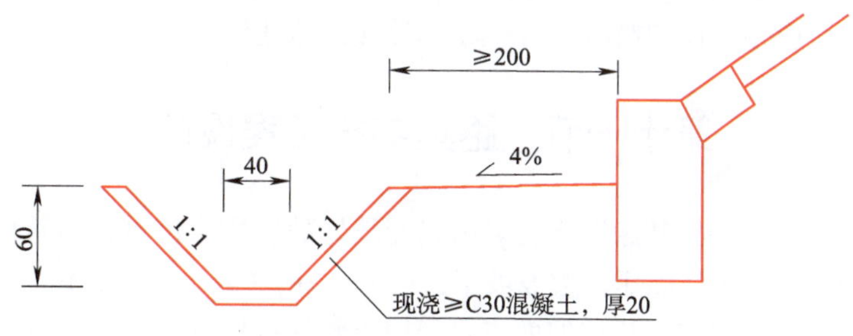

图 3-4-17　排水沟设计(单位：cm)

二、路基面防排水

(一)无砟轨道路基线间排水

无砟轨道路基线间排水采用集水井，再通过埋设于路基内(基床表层下一定深度)的横向排水管将水引出路堤坡脚外或排水沟、路堑侧沟内。集水井和横向排水管的设置间距 50.0 m 左右，横向排水管采用 $\phi 150$ mm 镀锌钢管或高强度耐压复合材料排水管。

(二)基床表面及护肩的防排水

路基基床表层及两侧护肩的防排水目的是防止表水渗入基床,路基基床表层铺设C30混凝土防水层(无砟轨道路基从轨道基座边缘起),厚0.1 m,且路基面做成4%的横向排水坡。路肩上的电缆槽、手孔均应设置泄水孔,将槽水引出经边坡排水槽排出。

三、地下水防排水设施

(一)排除地下水设施选取

对路基有危害的地下水应根据地下水类型、含水层埋藏深度、地层的渗透性等条件及对环境的影响,选用适宜的排除地下水设施。当地下水埋藏浅或无固定含水层时,可采用明沟、排水槽、渗水暗沟、边坡渗沟、支撑渗沟等;当地下水埋藏较深或为固定含水层时,可采用渗水隧洞、渗井、渗管或仰斜式钻孔等。

(二)加强路堑排水

加强路堑基床的排水,当地下水最高水位高对路基基床有不利影响时,通常设置大堤式堑加强基床排水或基床底层换填水稳定性好的级配碎石掺3%水泥填料,也可设置纵向渗水盲沟排水。纵向盲沟内设置高强度丝状内支撑渗排水网管,两侧设置丝状渗排水网,内排水层充填洁净的砂、卵、砾石或碎石。

(三)复合土工膜

路堑基床换填底层一般不铺设复合土工膜;对稀土矿开采区的花岗岩风化残积黏性土,以及粉土、膨胀土、极软岩、富水地段,路堑基床换填一般采用大堤式堑形式,在换填底面铺设复合土工膜,其上下各铺设0.1 m厚中粗砂,路堑侧沟底应低于换填底部≥0.2 m,以保证基床集水顺利排出。

(四)路堑高边坡

路堑高边坡地段,土体易富水,但透水性差或存在较深集中含水层时,设置仰斜排水孔,排除边坡地下水,增强边坡的稳定性。本线主要用于花岗岩高边坡地段。

(五)挡土墙、桩板墙

挡土墙或桩板墙的反滤层采用整体式复合反滤层或袋装砂夹卵砾石。泄水孔应按上下左右间隔2~3 m交错布置,墙背易积水处必须设置。泄水孔应采用PVC管材预埋,其向外的排水坡度应不小于4%,进水口应采用透水土工布包裹。最低一排泄水孔处应设置隔水层。隔水层宜采用混凝土与挡土墙墙身同时浇筑。挡土墙浇筑前应对预埋的泄水孔及反滤层、隔水层设置进行检查,符合设计要求方可进行挡土墙浇筑施工。挡土墙浇筑时应采取保护措施,防止水泥浆污染反滤层。

第十一节　路基防护工程设计

当路堤边坡高度超过15 m时,基床以下应采用级配较好的硬质岩渣进行填筑(A组填料),同时采用冲击碾压技术或重型碾压机械加强碾压。边坡坡率:0~8 m为1∶1.5,8~15 m为1∶1.75,15 m以下为1∶2,并于8 m处设2 m宽边坡平台,边坡坡面主要采用干砌片石护坡。

路堑坡一般采用重力式挡墙、土钉墙、(预应力)锚固桩、锚杆挡墙、预应力锚索、复合式锚索墙等收坡,工程地质条件较差且地下水发育的工点,可采用分级、分层稳定及坡脚预加固措施。

第十二节　路基沉降控制设计

路基工后沉降、沉降速率不得大于表3-4-7中所列控制值。

表 3-4-7　路基工后沉降、沉降速率控制

速度目标值（km/h）	一般地段工后沉降（mm）	桥路过渡段工后沉降（mm）	沉降速率（mm/a）
200	150	80	40
160	200	100	50
货场、工区、场坪及联络线等	300	100	50

第十三节　设计优化与变更

赣深铁路路基工程在设计和施工过程中根据实际情况进行优化设计，在保证安全、稳定的前提下，减少对土地的占用，减少工程投资。

第五章 桥涵设计

第一节 桥涵工程概况与特点

本工程桥梁数量多,规模大,工期紧,结构复杂,应考虑全段统一配置资源,墩台平行流水施工;上部结构全部采用支架现浇顺序施工,优先安排可能影响隧道洞口施工的桥台施工。

根据现场地质、设计桩径、桩长,钻孔桩基础采用冲击钻、回旋钻、旋挖钻成孔,钢筋笼尽量减少分节,长钢筋笼的接头采用机械连接方式。实心低墩采用整体钢模板一次立模,整体浇筑,高墩分段施工、严格控制线型。桩基、承台、墩台身施工合理组织,形成流水作业。所有桥梁混凝土采用集中生产,输送泵灌注。大体积混凝土要采取控制水化热和灌注时间、温度,加强养护等措施,防止混凝土开裂。

一、正线部分

(一)特大、大、中桥

正线特大、大、中桥共 222 座,总长 135.816 km,桥梁占新建线路长度 45.73%。双线特大桥 60 座,共计 103 717.27 延米,双线大桥 106 座共计 27 757.82 延米,双线中桥 56 座共计 4 342.89 延米。其中:

赣粤省界至塘厦段(含东莞南站,不含先期开工段)(DK133+893~DK264+984.91,DK280+758.27~DK404+867.27):新建正线全长 253.365 km,共有特大、大、中桥共 207 座,总桥长 121.882 km,桥梁占新建线路长度 48.1%。其中,双线特大桥 54 座 91 593.63 延米,双线大桥 99 座 26 042.04 延米,双线中桥 54 座 4 246.31 延米。

先期开工段(DK264+984.91~DK280+758.27):新建正线长度 15.773 km。大、中桥共有 2 座 0.227 km,其中,双线大桥 1 座 166.69 延米,双线中桥 1 座 60.52 延米。

东莞南站(不含)至深圳北站(DK404+867.27~DK432+903):新建正线长度 27.888 km,共有特大、大、中桥共 13 座,总桥长 13.707 km,桥梁占新建线路长度 49.15%。其中,双线特大桥 6 座 12 123.64 延米,双线大桥 6 座 1 548.09 延米,双线中桥 1 座 36.06 延米。

(二)小桥涵、框架、公跨铁

赣粤省界至塘厦段(含东莞南站,不含先期开工段):设置框架小桥 4 座 1 805 顶平米,框架中桥 3 座 7 514 顶平米;涵洞 78 座 2 556 横延米。

先期开工段:正线设置框架小桥 1 座 175 顶平米(14.58 横延米);设置涵洞 2 座,共计 46 横延米。

东莞南站(不含)至西丽方向羊台山隧道出口:设置涵洞 3 座 72.16 横延米。

公跨铁:和平县境内 DK160+400 处 1 处公跨铁,梁 4 400 顶平米。

二、联络线、动走线部分

(一)特大、大、中桥

1. 深圳枢纽工程

塘厦南西、西南联络线设置 2 座单线特大桥,3 113.16 延米;塘厦北东、东北联络线设置 2 座单线特大桥,3 193.92 延米。

笋岗动车走行线设置 1 座单线特大桥,2 226.36 延米;单线中桥 1 座,62.51 延米。

深圳北联络线及深圳北站动车走行线设置双线特大桥 1 座 1 756.06 延米,双线大桥 1 座 461.74 延米;单线特大桥 3 座 2 789.64 延米,单线大桥 3 座 939.81 延米。

2. 惠州北至广汕客专的联络线

惠州北第三联络线：特大桥 1 座，桥长 1 557 延米。

惠州北上行联络线(即广汕联络线，双线有砟，线间距 4.6 m)：

特大桥 2 座，总桥长计 1 854.08 延米；大桥 3 座，总桥长计 834.21 延米；中桥 1 座，桥长 110.75 延米。

3. 其他联络线

龙川西预留广梅汕联络线：大桥 2 座，桥长合计 469.68 延米。

4. 其他工区走行线

龙川西站工区走行线：大桥 1 座，桥长 159.97 延米。

河源东站工区走行线：特大桥 1 座，桥长 749.39 延米。

东莞南站工区走行线：特大桥 1 座，桥长 663.28 延米。

(二)小桥涵、框架

1. 深圳枢纽工程

塘厦疏解区及笋岗动走线设置涵洞 9 座，合计 230.41 横延米；框架中桥 1 座，合计 213.8 顶平方米。

深圳北动车运用所新建涵洞 5 座，合计 768 横延米。深圳北站改接长涵洞 4 座，合计 74 横延米；新建(接长)框架中桥 1 座，合计 1 657 顶平方米。

2. 惠州北至广汕客专的联络线

涵洞 2 座，计 63.57 横延米。

3. 其他联络线、工区走行线

河源东工区走行线涵洞 2 座，合计 45.91 横延米。

广河联络线框架中桥 2 座，合计 1 404 顶平米。

笋岗动走线框架中桥 1 座，合计 228.58 顶平米。

笋岗动走线涵洞 1 座，合计 11.26 横延米。

4. 全线桥涵分布汇总

全线桥涵分布汇总见表 3-5-1。

表 3-5-1　全线桥涵分布汇总

区　段	项　目	数　量		
		先期开工段	省界至东莞南站(不含先期开工段)	东莞南站(不含)至深圳北站
正　线	特大桥(座/延米)		54/91593.63	6/12123.64
	大桥(座/延米)	1/166.69	99/26042.04	6/1548.09
	中桥(座/延米)	1/60.52	54/4246.31	1/36.06
	框架小桥(座/顶平米)	1/175	4/1805	
	框架中桥(座/顶平米)		3/7514	
	涵洞(座/横延米)	2/46	78/2556	3/72
	公跨铁(座/横延米)		1/64	
惠州北上行联络线(含第三联络线)	双线特大、大、中桥(座/延米)		6/2723	
	单线特大桥(座/延米)		1/1556	
	涵洞(座/横延米)		2/49	
深圳枢纽塘厦联络线、笋岗动走线	单线特大、大、中桥(座/延米)		6/8596	
	框架中桥(座/顶平米)		1/214	
	涵洞(座/横延米)		9/230	

续上表

区　段	项　目	数　量		
		先期开工段	省界至东莞南站(不含先期开工段)	东莞南站(不含)至深圳北站
深圳北联络线、纾解线(含联络线套线)	双线特大、大桥(座/延米)			1/1756
	单线特大、大桥(座/延米)			6/3729
	框架中桥(座/顶平米)			1/1657
深圳北动车所及动走线(含深圳北站改)	双线大桥(座/延米)			1/462
	新建涵洞(座/横延米)			5/768
	接长涵洞(座/横延米)			4/74
龙川、河源东、东莞南站工区走行线	单线特大、大、中桥(座/延米)		3/1573	
	涵洞(座/横延米)		3/85	
龙川西预留广梅汕联络线、河源预留广河联络线	单线特大、大、中桥(座/延米)		2/470	
	框架中桥(座/顶平米)		2/1404	

第二节　设计原则与采用的主要技术标准

一、技术标准

(1)铁路等级:高速铁路。

(2)正线类型:双线,线间距 5.0 m,无砟轨道。

(3)设计行车速度:正线 350 km/h,联络线及动走线 120 km/h。

(4)设计荷载:ZK—活载。

(5)设计洪水频率:桥梁 1/100,技术复杂、修复困难或重要桥梁按 1/300 检算,涵洞 1/100。

二、设计原则

(一)新建桥涵有关规定

对于常规标准跨度的桥涵,结合地形、地貌、水文、地质条件、跨越功能及施工方法等方面考虑;桥跨一般按等跨布置,尽量减少变跨情况。遇特殊立交(如与公路、铁路、河流的斜交或跨越高等级公路、多股道铁路)及通航要求,采用常规标准梁跨无法跨越通过时,视情况选用大跨度桥梁。

(二)既有桥涵利用、加固及改建的设计原则

既有线改线或增加股道的区段,未涉及大中桥,仅涉及小桥涵,根据新建线与既有线的线间距,接长既有线小桥涵或新建新线小桥涵。既有涵洞接长的一般原则为:既有涵洞孔径或净高小于 0.6 m 者,拆除重建。既有涵孔径或净高大于 0.6 m 者,原式接长,接长部分的净高与接长后的涵洞总长,按《铁路桥涵设计规范》(TB 10002—2017)第 5.5.2 条规定执行。

第三节　基础工程设计

1. 桥梁基础类型采用扩大基础或桩基础

当基坑开挖深度不大于 5 m 时,一般采用桩基础(图 3-5-1),桩基础一般选择承载力较高的岩层、砂卵石层、硬塑黏土等作为持力层。

2. 岩石陡坡地段

基础埋置深度考虑岩石节理、承载力、有无不利的走向、倾角等因素;对于土质陡坡地段,在地质坡面

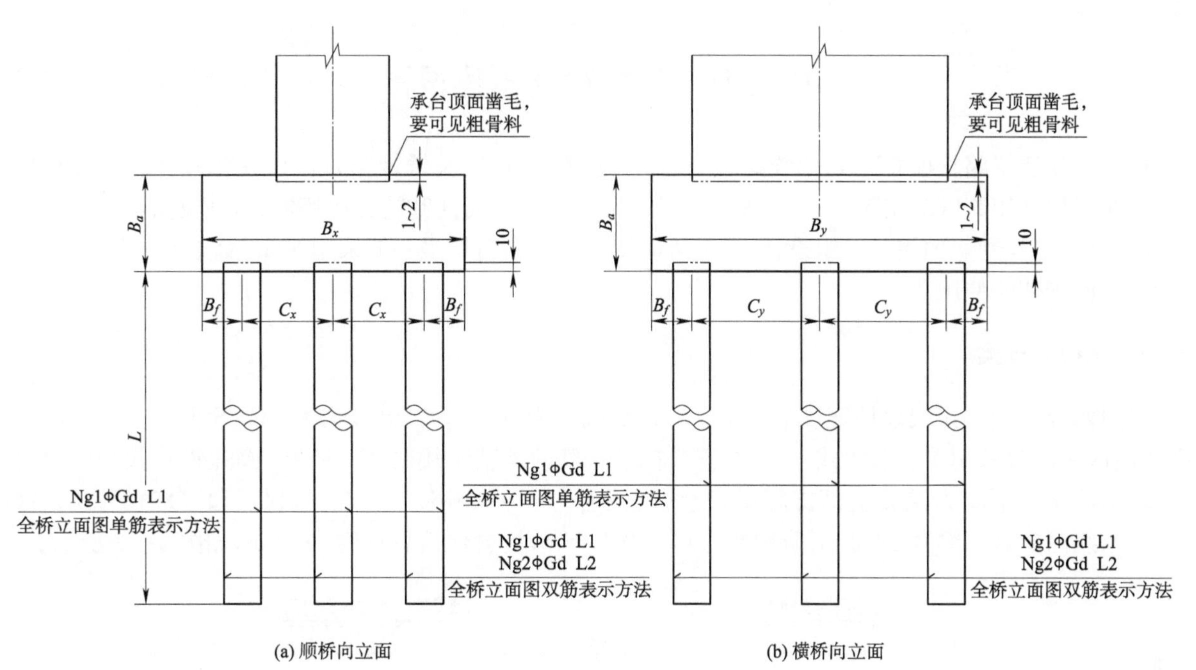

图 3-5-1　桩基础设计示意（单位：cm）

存在可能的不稳定地质坡面时，基础设计采取加强设计。

3. 小桥涵基础

一般采用扩大基础，当地基土承载力不满足要求时，根据不同的情况分别采用换填砂夹碎石或桩基础进行地基处理。

第四节　墩台设计

墩台基础的沉降量按恒载计算，满足《高速铁路设计规范》(TB 10621—2014)第 7.3.10 条的要求。水文桥根据水文、地质资料，计算墩台基础冲刷以确定基础埋置深度及桩基自由长度；岩石冲刷按《桥渡水文》建议值参考采用。墩台变位及刚度限值按照《铁路桥涵设计规范》(TB 10002—2017)第 5.4.3 条以及《高速铁路设计规范》(TB 10621—2014)办理，见表 3-5-2、表 3-5-3。

表 3-5-2　正线简支梁桥墩台顶最小纵向水平线刚度限值（双线）

跨度(m)	≤12	16	20	24	32	40	48	桥台
桥墩线刚度(kN/cm)	100	160	190	270	350	550	720	3 000

表 3-5-3　正线简支梁桥墩台顶的最小纵向水平线刚度限值（单线）

跨度(m)	≤12	16	20	24	32	40	48	桥台
桥墩线刚度(kN/cm)	60	100	120	170	220	340	450	1 500

注：桥墩横向刚度应满足规范对墩顶横向水平位移引起的桥面处梁端水平折角的限值要求。车站到发线范围双线桥按单线墩顶线刚度的 2 倍取值。

本线桥梁墩台内预留综合接地体，其构造及技术参数见《铁路综合接地系统》[通号(2009)9301]。部分桥台进入路堑或桥墩位于陡坡上，墩台范围边坡开挖需设防护。当覆盖层较厚、无浅层大溶洞的岩溶地质，覆盖层稳定，土质较好，无岩溶塌陷、无水流冲刷的简支墩台，当基坑开挖深度不大于 5 m 时采用扩大基础。

按养护和维修的要求，不定期的对桥梁墩台及梁部进行检查，特别对重点部位（墩顶、支承垫石、梁部端部及腹板）要重点检查。在运营过程中桥梁要不定期进行巡查，严禁桥梁沿线保护区范围堆土和开挖，以免引起桥梁墩台沉降和偏移，危害铁路安全。

第五节　常用跨度桥梁设计

桥梁占新建线路长度47.27%，线路跨越河流、道路、山谷以及桥带路时，只要能满足使用要求，桥梁孔跨优先采用常用跨度简支梁，预制架设施工，当受地形条件、交通和施工组织制约，简支梁不能预制架设施工时，结合工经专业的施工组织设计，采用桥位现浇施工。简支梁一般采用32 m简支梁等跨布置，其他跨度主要用于调跨使用。

一、正线简支梁

赣州西至深圳北正线设计速度350 km/h，正线线间距5.0 m，轨道形式为CRTS Ⅲ型板式无砟轨道(高架站区域部分采用Ⅰ型双块式)。本线正线标准跨度简支梁采用时速350 km高速铁路预制(或现浇)无砟轨道后张法预应力混凝土简支箱梁(双线)，图号"通桥(2016)2322A(预制)"和"(2013)2322A(现浇)"。双线简支箱梁梁宽12.6 m，防护墙内侧净宽9.0 m，桥梁建筑总宽度12.9 m，如图3-5-2所示。

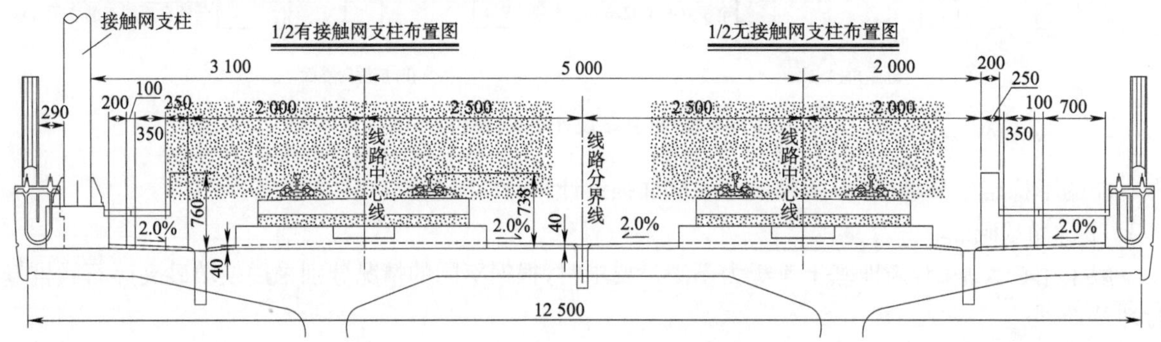

图3-5-2　正线简支箱梁桥面布置(无声屏障)(单位:mm)

二、联络线、工区走行线及动车走行线简支梁

主要在塘厦疏解区联络线及笋岗动车走行线，单线，速度目标值80 km/h≤v≤160 km/h，轨道采用有砟轨道，根据初步设计批复意见，选择时速160 km客货共线铁路预制后张法简支T梁，图号"通桥(2016)2101"(角钢支架方案)或"通桥(2012)2109"(设声屏障)，如图3-5-3、图3-5-4所示。对于小半径曲线采用梁端处理措施。

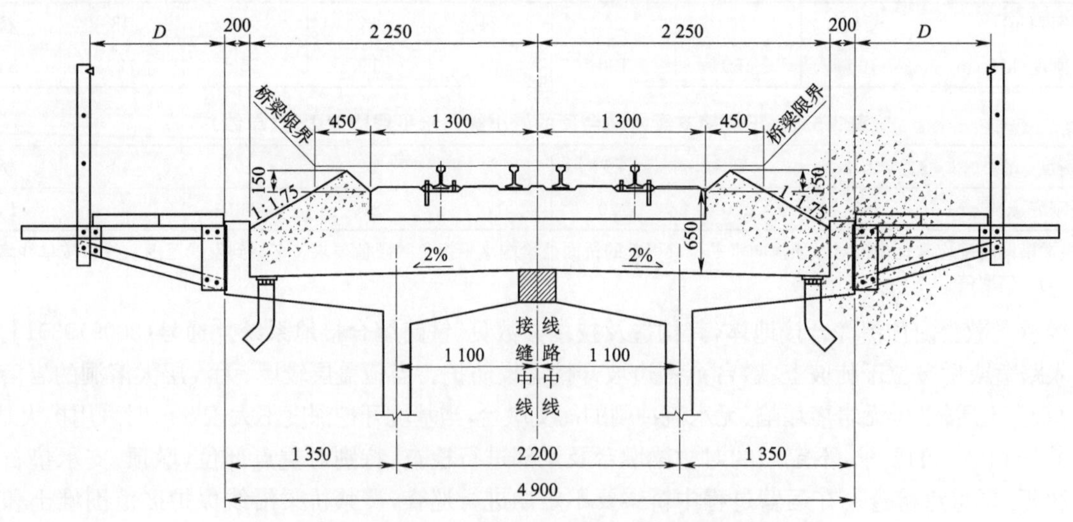

图3-5-3　单线简支T梁桥面布置(无声屏障)(单位:mm)

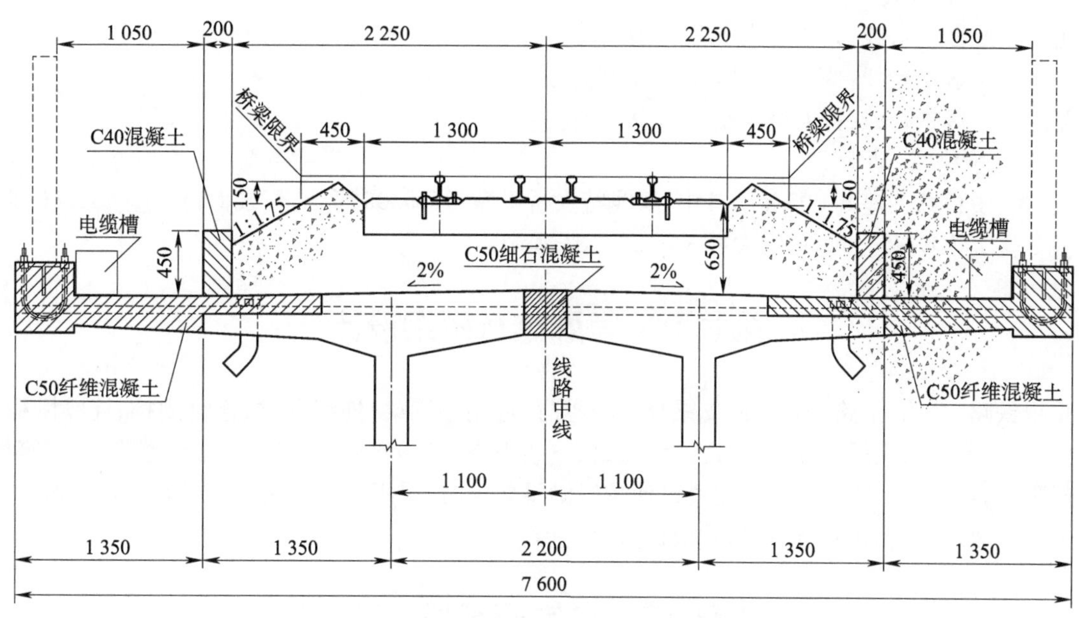

图 3-5-4 单线简支 T 梁桥面布置(设声屏障)(单位:mm)

第六节 大跨度桥梁设计

一、正线部分

(一)特大、大、中桥

赣深铁路广东段(赣粤省界至深圳北)正线共有特大、大、中桥共 222 座,总长 137.107 km,桥梁占新建线路长度 47.27%。其中,双线特大桥 60 座 105 038 延米,双线大桥 105 座 27 617 延米,双线中桥 57 座 4 452 延米。

(二)小桥涵、框架、公跨铁

正线设置框架小桥 2 座 1 462 顶平米,框架中桥 13 座计 32 391 顶平米。

正线涵洞 71 座计 2 186 横延米。

公跨铁:和平县境内 DK160+400 处设 1 处公跨铁框架 1 371.82 顶平米。

二、联络线、动走线部分

1. 深圳枢纽工程(塘厦疏解区及笋岗动走线)

塘厦南西、西南联络线设置单线特大桥 2 座 3 113.16 延米;塘厦北东、东北联络线设置单线特大桥 2 座 3 193.92 延米。

笋岗联络线设置单线特大桥 1 座 2 226.36 延米;单线中桥 1 座 62.51 延米。

2. 惠州北至广汕客专的联络线

惠州北第三联络线:特大桥 1 座 1 556.28 延米。

惠州北上行联络线(即广汕联络线,有砟,线间距 4.6 m,含惠州东江):特大桥 2 座 1 847.36 延米,大桥 3 座 776.99 延米,中桥 1 座 110.75 延米。

3. 其他联络线

龙川西预留广梅汕联络线:大桥 2 座 469.68 延米。

4. 其他工区走行线

龙川西站工区走行线:大桥 1 座 167.98 延米。

河源东站工区走行线:特大桥 1 座 807.28 延米。

东莞南站工区走行线:特大桥 1 座 663.28 延米。

5. 深圳北联络线、动走线

特大、大、中桥共 8 座 6.005 km,其中,双线特大桥 1 座 1 756.06 延米,双线大桥 1 座 462.66 延米,单线特大桥 3 座 2 747.07 延米,单线大桥 3 座 939.81 延米。

第七节 特殊结构桥梁设计

广跨越铁路、公路、道路、河流,简支梁难以跨越时,选用连续梁、连续梁拱、连续刚构、连续刚构拱、系杆拱、门式墩及其他形式桥梁,施工采用悬臂浇筑、支架现浇及其他施工方案。当跨越道路、江河等控制点或受地形限制,按 32 m、24 m 标准简支梁设计难以满足要求时,采用连续梁、拱、索或其组合结构。其桥面布置满足功能要求,结构体系、结构形式根据需要选择。

第八节 公铁两用桥设计

公跨铁桥路分界高度一般不大于 5 m。位于城镇附近时路桥分界高度一般不大于 4 m。当公路与铁路斜交时,公跨铁立交桥一般斜交斜做,如果道路等级较低且改移道路工程量不大时,可以按正交设计。

公跨铁立交桥梁部一般采用预应力钢筋混凝土组合小箱梁,跨铁路部分采用整体式连续箱梁结构,结构高度受控时采用钢筋混凝土连续刚构和框架。桥台一般采用桩柱式、肋式、重力式桥台。桥墩一般采用桩柱式墩、板式墩。基础类型结合地质条件,采用扩大基础或桩基础。

第九节 桥面系工程设计

正线箱梁桥面设置电缆槽竖墙、盖板、接触网立柱基础、栏杆或声屏障等设施。桥面附属设施布置参照《时速 350 km 高速铁路常用跨度梁桥面附属设施》[通桥(2016)8388A]办理。

桥面防水层及保护层:参照《时速 350 km 高速铁路常用跨度梁桥面附属设施》[通桥(2016)8388A],所选用的防水层满足现行行业标准《铁路混凝土桥面防水层技术条件》(TB/T 2965—2011)。

简支 T 梁桥面伸缩缝均按《梁端防排水设施构造图》[通桥(2016)2101、通桥(2012)2109]采用;连续梁及箱型截面梁采用“通桥(2016)8388A”的弹性体伸缩缝。

桥梁墩台顶设围栏、检查梯、吊篮。对于 T 梁还应设置避车台,大中桥上均设护轮轨,不设机械化养路平台。避车台设置按“通桥(2012)8030”办理。

连续梁及箱型梁采用混凝土栏杆,T 梁人行道栏杆采用角钢支架栏杆。

桥面排水。简支箱梁桥面排水、汇水示意图、桥面泄水管构造及安装、直接排水或集中排水示意图等参见《时速 350 km 高速铁路常用跨度梁桥面附属设施》[通桥(2016)8388A]。具体采用直接排水还是集中排水视桥梁所处的环境决定。当桥梁跨越道路、铁路、有环保要求的大江大河、发达城镇区或其他有明确要求不宜直接排水的,应按集中排水设置,其余可采用直接排水方式。连续梁箱梁桥面排水均按集中排水设置。

第十节 涵洞工程设计

正线涵洞 71 座 2 186 横延米。小桥孔径一般选用 8~16 m 钢筋混凝土框架桥,涵洞一般采用钢筋混凝土框架涵。排洪涵洞孔径不小于 1.25 m。小桥涵的设置以尽量不改变原有交通(公、道路与水运)、灌溉及排水系统为原则,适当考虑远期发展。涵洞顶控制路肩高程时,涵洞顶可与路肩齐平。填土高小于 1.5 m 时,斜交涵洞的斜交角不大于 30°,填土高大于等于 1.5 m 时,斜交涵洞的斜交角不大于 45°。既有涵洞接长的一般原则为:既有涵洞孔径或净高小于 0.6 m 时,拆除重建。既有涵孔径或净高大于 0.6 m 时,原式接长,接长部分的净高与接长后的涵洞总长,按《铁路桥涵设计规范》(TB 10002—2017)第 5.5.2 条规定执行。

第十一节　沉降变形设计

墩台基础的沉降量按恒载计算,满足《高速铁路设计规范》(TB 10621—2014)第 7.3.10 条的要求。

桥台计入台后水平附加力对桩的影响并进行稳定性检算。为确保桥台安全,桥台锥体及台前一定范围内地基采用与路基相同的处理措施。进行墩台整体沉降计算,满足规范要求。

在运营过程中桥梁要不定期进行巡查,如发现地质有下沉,要及时对该地段的桥梁进行沉降观测。同时在运营过程中桥梁要不定期进行巡查,严禁桥梁沿线保护区范围堆土和开挖,以免引起桥梁墩台沉降和偏移,危害铁路安全。

第六章 隧道设计

第一节 隧道工程概况与特点

广东段正线工程自赣粤省界至羊台山隧道出口，共计新建隧道98座，总长122.634 km，均为单洞双线隧道，隧线比41.29%，其中，先期开工段工程共计新建隧道4座，总长15.113 km。全线最长隧道为松岗山隧道，全长9 881 m。惠州北联络线新建隧道2座，总长0.636 km；深圳北联络线新建隧道2座，总长4.472 km。赣州西至赣粤省界段正线工程隧道分布见表3-6-1(含先期开工段工程)。

表3-6-1 沿线隧道分布

序号	长度L(m)	正线工程		惠州北联络线		深圳北联络线	
		座数	长度(m)	座数	长度(m)	座数	长度(m)
1	$L\leqslant 1\,000$	72	25 723.52	2	636.327		
2	$1\,000<L\leqslant 2\,000$	10	14 189.965			1	1 979.41
3	$2\,000<L\leqslant 3\,000$	3	6 986			1	2 492.75
4	$3\,000<L\leqslant 4\,000$	4	14 812.37				
5	$4\,000<L\leqslant 5\,000$	1	4 439.37				
6	$5\,000<L\leqslant 10\,000$	8	56 482.66				
合　计		98	122 633.89	2	636.327	2	4 472.16

第二节 设计原则与采用的主要技术标准

一、主要技术标准

(1)铁路等级：高速铁路；
(2)正线类型：双线；
(3)最大坡度：一般地段20‰，困难地段30‰；
(4)设计行车速度：正线350 km/h，联络线及动走线120 km/h；
(5)最小曲线半径：一般7 000 m，困难5 500 m；
(6)牵引种类：电力；
(7)到发线有效长度：650 m；
(8)列车运行控制方式：自动控制；
(9)调度指挥方式：综合调度集中；
(10)铁路建筑限界按不通过双层集装箱列车设计。

二、隧道建筑限界

1. 正线隧道

正线双线隧道建筑限界采用《高速铁路设计规范》(TB 10621—2014)中高速铁路建筑限界轮廓及基本尺寸，隧道衬砌内轮廓采用《时速350公里客运专线铁路双线隧道复合式衬砌》(通隧〔2008〕0301)内轮廓，如图3-6-1所示。

(1)隧道内轨顶面以上净空有效面积为100 m^2。

(2)隧道内设置贯通的双侧救援通道，救援通道宽1.5 m(自同侧线路中线外2.3 m起算)、净高

2.2 m,救援通道走行面高于轨面 30 cm。

(3)隧道内设置安全空间,安全空间设在距线路中线 3.0 m 以外,双侧设置,宽度 0.8 m,高度 2.2 m。

(4)隧道内设置双侧电缆槽,外侧电缆槽结构外缘距同侧线路中线距离为 2.2 m。

(5)曲线地段及接触网下锚段衬砌内轮廓不考虑加宽。

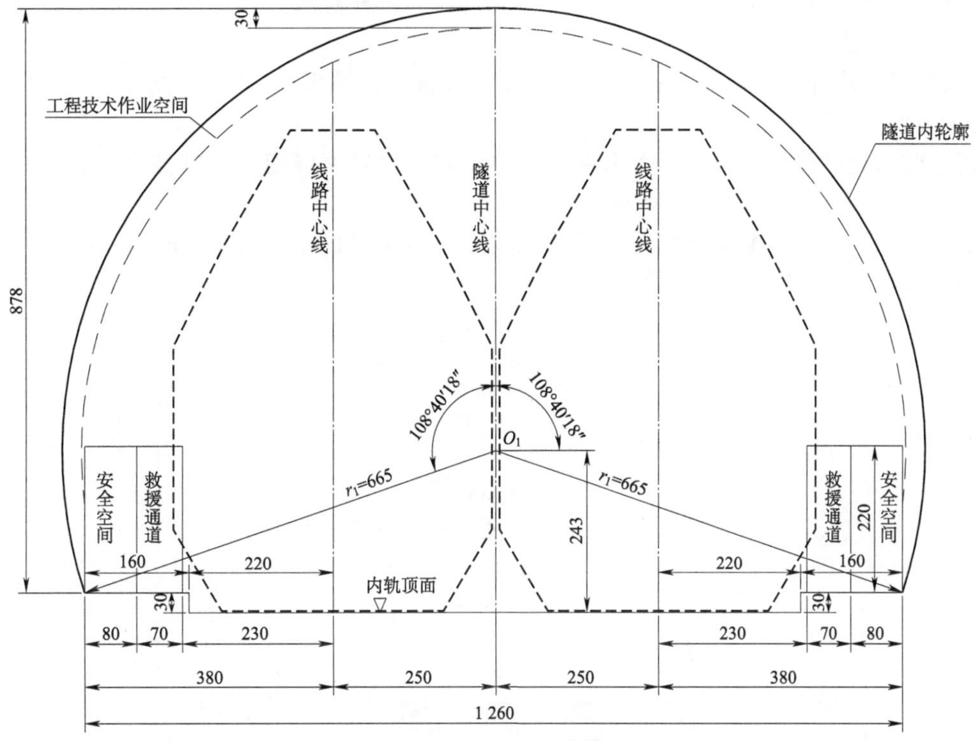

图 3-6-1 时速 350 km 铁路客运专线双线隧道衬砌内轮廓(单位:cm)

2. 惠州北联络线隧道

惠州北联络线双线隧道建筑限界采用《高速铁路设计规范》(TB 10621—2014)高速铁路建筑限界轮廓及基本尺寸,隧道衬砌内轮廓采用《时速 250 公里客运专线铁路双线隧道复合式衬砌》(通隧〔2008〕0201)内轮廓,如图 3-6-2 所示。

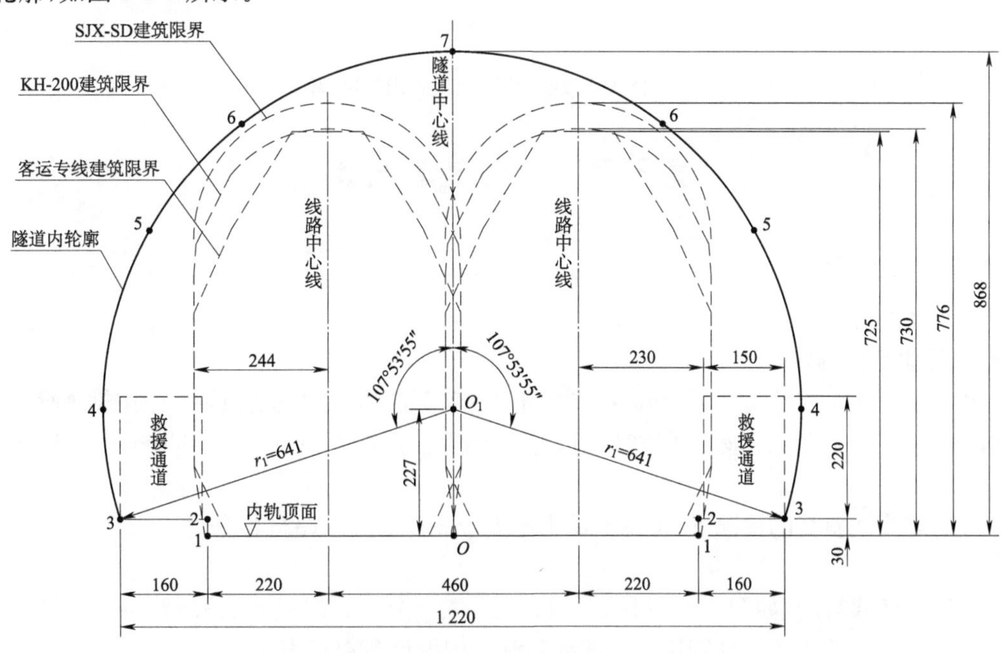

图 3-6-2 惠州北联络线双线隧道衬砌内轮廓(单位:cm)

(1)线间距为 4.6 m 时隧道内轨顶面以上净空有效面积为 92 m^2。

(2)隧道内设置贯通的双侧救援通道，救援通道宽 1.5 m(自同侧线路中线外 2.3 m 起算)、净高 2.2 m，救援通道走行面高于轨面 30 cm。

(3)隧道内设置双侧电缆槽，外侧电缆槽结构外缘距同侧线路中线距离为 2.2 m。

(4)曲线地段衬砌内轮廓不考虑加宽，隧道内仅需考虑线间距加宽。

3. 深圳北联络线隧道

深圳北联络线单线隧道建筑限界采用“隧限-2A”单线隧道建筑限界绘制，如图 3-6-3 所示。隧道衬砌内轮廓主要参数如下：

(1)隧道衬砌内轮廓轨面以上有效面积为 42.06 m^2，满足《铁路隧道设计规范》(TB 10003—2016)对于单线隧道不应小于 42 m^2 的要求。

(2)隧道内两侧均设单沟单槽，线路中线距靠线路侧水沟侧墙的距离为 2.2 m。

(3)曲线地段衬砌内轮廓不考虑加宽。

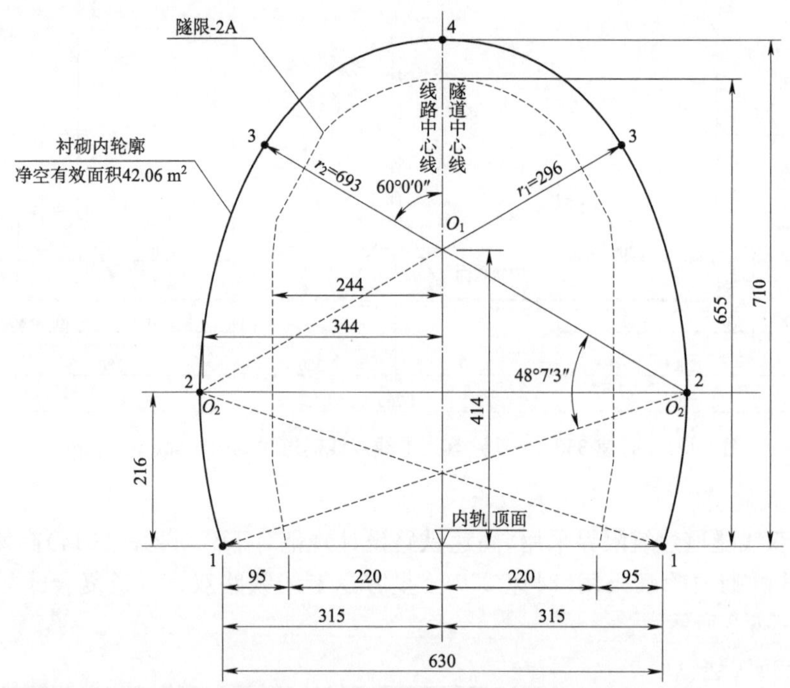

图 3-6-3 深圳北联络线单线隧道衬砌内轮廓(单位：cm)

第三节 一般隧道设计

一、隧道衬砌支护设计

(一)明洞结构设计

1. 明暗分界里程的确定

线路中线与等高线正交的情况下，地面纵坡陡于 1∶2.5 时，根据该段地形，一般按拱顶覆土厚不大于 2.0 m 为明暗分界条件。地面纵坡为缓坡时，根据实际情况按仰坡不超过 5.0～6.0 m 的仰坡起坡点为明暗分界条件。

线路中线与等高线斜交的情况下，按拱腰覆土不大于 3.0 m 为明暗分界条件。

2. 明洞结构

明洞段采用整体式衬砌，如图 3-6-4 所示。明洞设计断面分对称路堑式、偏压路堑式、单压式、双侧耳墙式等，设计根据地形、地质条件分别选用。本线明洞结构设计参数见表 3-6-2。

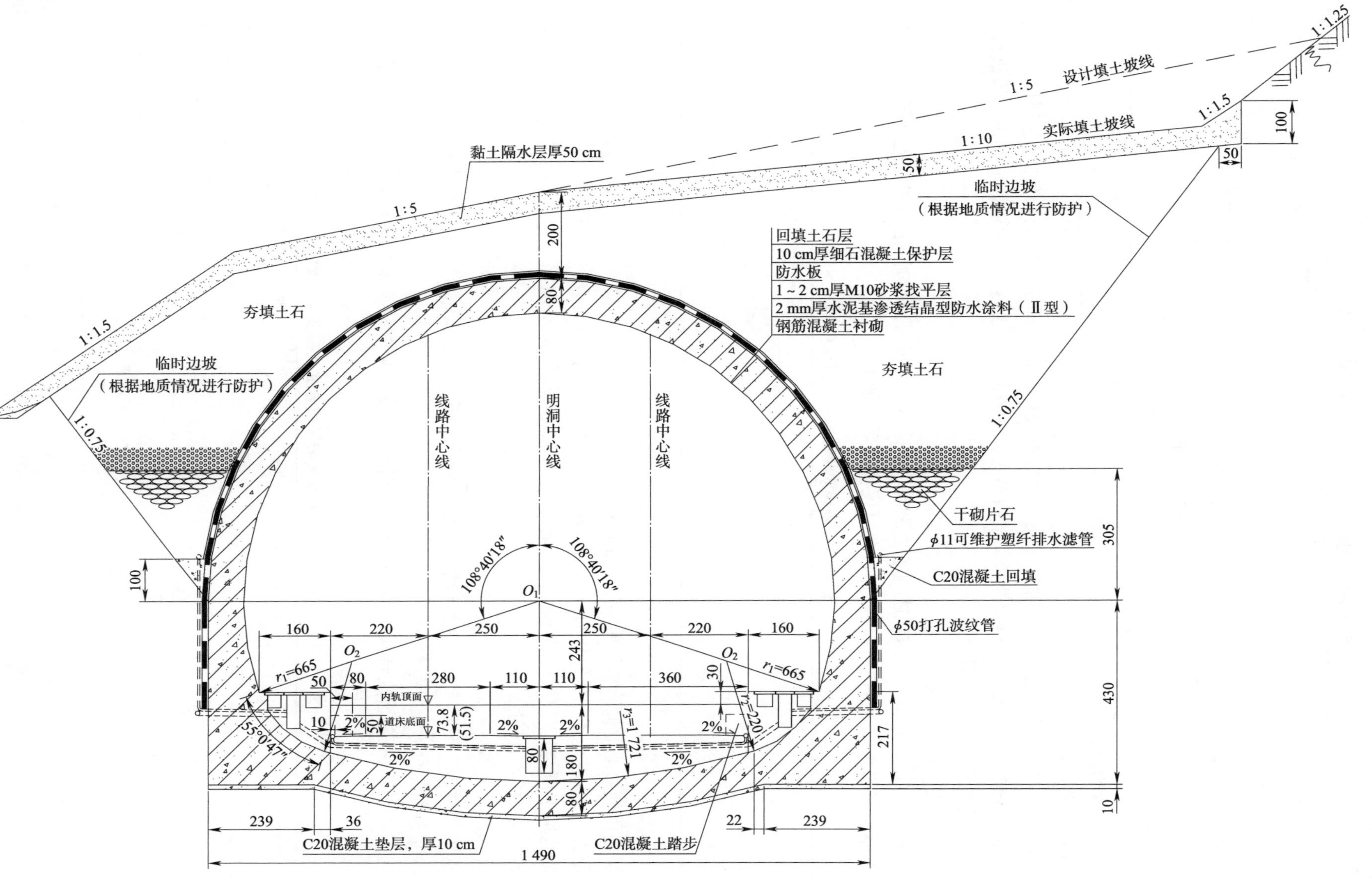

图 3-6-4　明洞段整体式衬砌结构示意（单位：cm）

表 3-6-2　时速 350 km 双线明洞结构设计参数

类　型	拱墙、仰拱	
	材　料	厚　度(cm)
路堑式明洞(填土 4～6 m)	C35 钢筋混凝土	90
偏压路堑式明洞(填土 2～4 m)	C35 钢筋混凝土	80
单压式明洞	C35 钢筋混凝土	85
双侧耳墙式明洞	C35 钢筋混凝土	85

(二)暗洞结构设计

1. 暗挖隧道衬砌结构

暗挖隧道采用曲墙复合式衬砌。Ⅲ～Ⅴ级围岩隧道采用曲墙带仰拱衬砌结构形式,Ⅱ级围岩采用曲墙带钢筋混凝土底板及曲墙带仰拱两种衬砌结构形式。隧道洞口段及浅埋、偏压段、软弱围岩段进行结构加强,桥隧相连段应进行特殊设计。

2. 暗洞衬砌深浅埋确定

当地面水平或接近水平,且双线隧道覆盖深度小于表 3-6-3 所列数值时,按浅埋隧道进行设计。当有不利于山体稳定的地质条件时,浅埋隧道覆盖厚度值应适当加大。

表 3-6-3　浅埋双线隧道覆盖厚度值

围岩级别	深浅埋分界覆盖厚度(m)
Ⅴ	36～40
Ⅳ	18～20
Ⅲ	9～10

3. 暗洞偏压确定

暗洞偏压分为地形偏压和地质构造偏压两种。

地形偏压:隧道是否承受偏压力,视地形、地质条件以及外侧的围岩覆盖厚度而定。

地质构造偏压:对于岩层产状不利、岩体顺层滑动、不良地质体(滑坡、岩堆、高地应力)等地段衬砌结构形式在工点中单独设计。

4. 不良地质地段

堆积体、滑坡体、高地应力、瓦斯、岩溶、高地下水压、岩爆等支护结构设计在工点中单独设计。

(三)复合式支衬砌支护参数

时速 350 km 双线隧道复合式衬砌支护参数及时速 160 km 单线隧道复合式衬砌支护参数见表 3-6-4、表 3-6-5。

表 3-6-4　时速 350 km 双线隧道复合式衬砌支护参数

衬砌类型			Ⅱa 型	Ⅱb 型	Ⅲa 型	Ⅲb 型	Ⅳa 型	Ⅳb 型	Ⅳc 型	Ⅴa 型	Ⅴb 型	Ⅴc 型
预留变形量(cm)			3～5		5～8		8～10			10～15		
二次衬砌	拱墙	材　料	C30	C30	C30	C30	C35 或 C35*	C35*	C35*	C35*	C35*	C35*
		厚度(cm)	35	35	40	40	40	45	45	50	50	55
	底板/仰拱	材　料	C35*/	/C30	/C30	/C30	/C35 或/C35*	/C35*	/C35*	/C35*	/C35*	/C35*
		厚度(cm)	30/	/35	/40	/40	/50	/55	/55	/60	/60	/65
初期支护	C25 喷混凝土	设置部位及厚度(cm)	拱墙:5	拱墙:5	拱墙:15	拱墙:20	拱墙:25	拱墙:25	拱墙:25	拱墙:28	拱墙:28	拱墙:28

续上表

衬砌类型			Ⅱ$_a$型	Ⅱ$_b$型	Ⅲ$_a$型	Ⅲ$_b$型	Ⅳ$_a$型	Ⅳ$_b$型	Ⅳ$_c$型	Ⅴ$_a$型	Ⅴ$_b$型	Ⅴ$_c$型
预留变形量(cm)			3～5		5～8		8～10			10～15		
初期支护	C25喷混凝土	设置部位及厚度(cm)	—	—	—	—	仰拱:10	仰拱:25	仰拱:25	仰拱:28	仰拱:28	仰拱:28
	钢筋网	钢筋规格(HPB300)	—	—	ϕ6 mm	ϕ6 mm	ϕ6 mm	ϕ6 mm	ϕ6 mm	ϕ6 mm	ϕ6 mm	ϕ6 mm
		设置部位	—	—	拱部	拱墙	拱墙	拱墙	拱墙	拱墙	拱墙	拱墙
		网格间距(cm)	—	—	25×25	25×25	20×20	20×20	20×20	20×20	20×20	20×20
	拱部锚杆	长度(m)	2.5	2.5	3	3	3.5	3.5	3.5	4	4	4
		间距(环向×纵向,m)	局部	局部	1.2×1.5	1.2×1.5	1.5×1.5	1.5×1.5	1.5×1.5	1.5×1.5	1.5×1.5	1.5×1.5
	边墙锚杆	长度(m)	—	—	—	3	3.5	3.5	3.5	4	4	4
		间距(环向×纵向,m)	—	—	—	1.2×1.5	1.2×1.2	1.2×1.2	1.2×1.2	1.2×1.0	1.2×1.0	1.2×1.0
	钢架	规　格	—	—	—	ϕ22@140格栅	ϕ22@160格栅	I18型钢	I20a型钢	HW150型钢	I22a型钢	HW175型钢
		设置部位	—	—	—	拱墙	拱墙	全环	全环	全环	全环	全环
		纵向间距(m)	—	—	—	1.2	1	1	0.8	0.8	0.6	0.6

注：①Ⅱ$_a$型衬砌底板设双层钢筋网，钢筋纵向采用 ϕ10 mm，横向采用 ϕ14 mm，间距 200 mm(横向)×250 mm(纵向)。

②表中二次衬砌带＊者表示钢筋混凝土。

③Ⅳ$_a$型衬砌类型的二次衬砌在硬质岩地段可采用 C35 素混凝土，软质岩地段采用 C35 钢筋混凝土。

④各级围岩素混凝土二次衬砌拱部设置单层钢筋网片。

表 3-6-5　时速 160 km 单线隧道复合式衬砌支护参数

衬砌类型			Ⅱ$_a$型	Ⅲ$_a$型	Ⅳ$_a$型	Ⅳ$_b$型	Ⅴ$_a$型	Ⅴ$_b$型	Ⅴ$_c$型
预留变形量(cm)			0～2	1～3	3～5	6～8	8～10		
二次衬砌	拱墙	材　料	C30	C30	C30	C35＊	C35＊	C35＊	C35＊
		厚度(cm)	30	35	40	40	45	45	50
	底板/仰拱	材　料	C35＊/	/C30	/C30	/C35＊	/C35＊	/C35＊	/C35＊
		厚度(cm)	30/	/40	/40	/40	/45	/45	/50
初期支护	C25喷混凝土	设置部位及厚度(cm)	拱墙:5	拱墙:8	拱墙:12	拱墙:23	拱墙:23	拱墙:25	拱墙:25
			—	—	—	仰拱:10	仰拱:10	仰拱:25	仰拱:25
	钢筋网	钢筋规格(HPB300)	—	ϕ6 mm	ϕ6 mm	ϕ6 mm	ϕ6 mm	ϕ6 mm	ϕ6 mm
		设置部位	—	拱部	拱墙	拱墙	拱墙	拱墙	拱墙
		网格间距(cm)	—	25×25	25×25	20×20	20×20	20×20	20×20
	锚杆	部　位	拱部局部	拱部	拱墙	拱墙	拱墙	拱墙	边墙
		长度(m)	2	2.5	3	3	3	3	3.5
		间距(环向×纵向,m)	局部	1.2×1.5	1.2×1.2	1.2×1.2	1.2×1.0	1.2×1.0	1.2×1.0
	钢架	规　格	—	—	—	ϕ22@150格栅	ϕ22@160格栅	ϕ22@180格栅	I 18钢架
		设置部位	—	—	—	拱墙	拱墙	全环	全环
		纵向间距(m)	—	—	—	1.2	1	0.8	0.6

注：①Ⅱ$_a$型衬砌底板设双层钢筋网，钢筋纵向采用 ϕ10 mm，横向采用 ϕ14 mm，间距 200 mm(横向)×250 mm(纵向)。

②各级围岩素混凝土二次衬砌拱部设置单层钢筋网片。

③表中二次衬砌带＊者表示钢筋混凝土。

二、弃渣场地设计

(一)场地容量

隧道弃渣场地容量应不小于隧道弃渣数量,隧道弃渣数量根据开挖围岩性质,按理论开挖方的1.3～1.5倍计。

(二)防护工程

弃渣场均设置永久的防护工程。对弃渣场底面进行平整,位于山坡的弃渣场应作坡面处理,并对弃渣的稳定性进行检算,避免出现压滑现象。对于含有放射性物质超标的弃渣,应设置屏蔽层隔离。避免放射性物质引起的外照射。

(三)挡墙

弃渣场采用C20片石混凝土挡墙防护,挡墙高度不大于6 m,堑顶平台宽度不小于2 m;挡墙基底埋深不小于1.5 m,基底换填不小于0.5 m厚的碎石垫层。挡墙施作时应做好地基处理,基底承载力不小于200 kPa。为防止墙趾被水冲刷,在墙趾外5 m范围内采用35 cm厚M10浆砌片石进行铺砌。挡砟墙背底部设置一层砂夹卵石反滤排水层,墙体上设置泄水孔;挡墙每隔10 m设置一道伸缩缝。

(四)填筑及分层

弃渣填筑边坡坡率不得陡于1∶2.5,填筑分级高度不得大于8 m,分级平台宽度不小于3 m。弃渣应分层进行,分层厚度不大于0.5 m;弃渣场底部填筑硬质岩砟,填筑厚度不小于2 m。

(五)弃渣碾压密实

弃渣挡墙20 m宽度范围内的弃渣应碾压密实,压实度$K \geqslant 0.9$;弃渣场基底应进行清除表层不少于0.5 m的软弱土层;斜坡地段应顺坡面挖台阶,台阶宽度不小于2.0 m。

(六)截水天沟

在弃渣场周围5 m外设一道截水天沟,截留山体坡面汇水,水沟应砌筑在自然边坡稳定土体上。截水沟的排水坡不得缓于1%。

(七)排水系统

弃渣场底部设置完善的排水系统,根据弃渣场汇水流量计算,设置相应管径的排水管排水。弃渣场顶向外作3‰的排水坡,并设纵向排水沟一道。

(八)填土覆盖

隧道竣工后弃渣场表面采用清淤弃土或清除的地表种植土、表土等覆盖,覆土厚度不少于0.5 m,复耕或撒播草籽、乔灌结合绿化,覆土不得采用全风化花岗岩、砂土等雨季易流失的土体。

三、建筑材料

建筑材料应满足《铁路隧道设计规范》(TB 10003)、《高速铁路设计规范》(TB 10621)、《铁路混凝土结构耐久性设计规范》(TB 10005)等。在侵蚀性环境及有害气体环境下,衬砌的材料选择、性能、指标应符合保证衬砌结构耐久性和运营安全的需要,见表3-6-6～表3-6-11。

表3-6-6 主要建筑材料

项目	细目或材料名称	材料指标
初期支护	喷射混凝土	C25,24 h强度≥10 MPa
		C30,24 h强度≥12 MPa
	钢筋网	ϕ6 mm,HPB300钢筋
	组合中空锚杆	ϕ22 mm组合中空锚杆,锚杆材质为HRB400、Q345钢;锚杆体屈服抗拉力≥126 kN,最大力≥170 kN,断后伸长率$A \geqslant 16\%$。锚杆用砂浆强度不低于M20;带Q235钢垫板,其尺寸不小于150 mm×150 mm×6 mm

续上表

项目	细目或材料名称	材料指标
初期支护	普通中空锚杆	ϕ25 mm×7 普通中空锚杆，锚杆材质为 Q345 钢；锚杆体屈服抗拉力≥128 kN，最大力≥193 kN，断后伸长率 A≥21%。锚杆用砂浆强度不低于 M20；带 Q235 钢垫板，其尺寸不得小于 150 mm×150 mm×6 mm
	砂浆锚杆	ϕ22 mm 砂浆锚杆，锚杆材质为 HRB400；杆体极限拉力≥170 kN，断后伸长率 A≥16%。锚杆用砂浆强度不低于 M20；带 Q235 钢垫板，其尺寸不得小于 150 mm×150 mm×6 mm
	自进式锚杆	ϕ25 mm
	型钢钢拱架	Ⅰ18、Ⅰ20a、Ⅰ22a、HW150、HW175 型钢
	格栅钢拱架	HRB400 及 HPB300 钢筋
超前支护	小导管	热轧无缝钢管，ϕ42～ϕ50 mm
	管　棚	热轧无缝钢管，ϕ89～ϕ108 mm
	超前锚杆	ϕ25 mm 中空注浆锚杆
	水泥浆液	R42.5 水泥
注浆	水泥浆液	R42.5 水泥
	水泥一水玻璃双液浆	水泥、水玻璃及缓凝剂等
模筑衬砌	混凝土	C30，抗渗等级≥P10
	钢筋混凝土	C35，抗渗等级≥P10
	钢　筋	HRB400 及 HPB300 钢筋
	衬砌背后回填注浆	水泥单液浆或水泥砂浆
防排水	防水板	见表 3-6-7
	土工布	土工布重量≥400g/m^2，其他见表 3-6-8
	环向可维护塑纤排水滤管	方形(60 mm×40 mm)高强度缠丝状外覆塑纤复合滤布排水滤管，管材环刚度≥6.3 kN/m^2，管材变形10%时压强≥80 kPa，抗压强度≥0.5 MPa；滤布纵向抗拉强度≥0.8 kN/5 cm，横向抗拉强度≥0.6 kN/5 cm，渗透系数≥3.5×10^{-2} cm/s
	纵向可维护塑纤排水滤管	ϕ110 mm 圆环形高强度缠丝状外覆塑纤复合滤布排水滤管，管材环刚度≥6.3 kN/m^2，抗压强度≥0.5 MPa；滤布纵向抗拉强度≥0.8 kN/5 cm、横向抗拉强度≥0.6 kN/5 cm，渗透系数≥3.5×10^{-2} cm/s
	打孔波纹管	HDPE 材质(聚乙烯复合材料)，开孔率不小于 40%，开孔为长条形，孔口的大小可为 10 mm×1.5 mm～30 mm×1.5 mm，在 360°范围内均匀分布，环刚度≥4 kPa
	中埋式自粘橡胶止水带	S 型规格尺寸：400 mm×10 mm(宽×厚)；B 型规格尺寸：400 mm×10 mm×15 mm(宽×厚×半径)，其他见表 3-6-9
	背贴式自粘橡胶止水带	规格尺寸：400 mm×10 mm×40 mm(宽×厚×凸高)，其他见表 3-6-9
	中埋式自粘钢边橡胶止水带	规格尺寸：400 mm×10 mm(宽×厚)，其他见表 3-6-9
	聚硫密封胶	SGJL851M 型新型防水聚硫密封胶，密度(1.6±0.1) g/cm^3，适用期 2～6 h，表干时间≤24 h，下垂度≤1 mm，恢复率≥80%，低温柔性−55 ℃，黏结强度≥0.4 MPa，伸长率≥500%，颜色接近混凝土
	混凝土界面剂	白色乳液，黏度 0.025～0.06 Pa·s，pH 值 7～8.5，固体含量 5.6%～7%，抗拉黏结强度≥0.2 MPa，剪切强度≥0.4 MPa，干燥时间≥2 h
	遇水膨胀止水条	规格 20 mm×20 mm，其他见表 3-6-10
临时支护	喷射混凝土	C25
	型钢钢拱架	Ⅰ18 热轧轻型工字钢
	超前小导管	热轧无缝钢管，ϕ42～ϕ50 mm
	超前锚杆	ϕ25 mm 带排气装置，杆体极限拉力≥180 kN
沟槽	预制钢筋混凝土盖板	C35，工厂化生产
	钢　筋	HPB300
	沟槽身混凝土	C30 混凝土

续上表

项目	细目或材料名称	材料指标
洞门	混凝土	C30 混凝土
	钢筋混凝土	C35 钢筋混凝土
	钢　筋	HRB400 及 HPB300 钢筋
	喷混凝土	C25
边坡防护	喷混凝土	C25
	锚　杆	ϕ22 mm,HRB400
	钢筋网	HPB300
	骨　架	C25 混凝土
	截水天沟	C25 混凝土
	挡　墙	C30 混凝土
弃渣挡护	挡渣墙	C20 片石混凝土
	打孔波纹管	HDPE 材质(聚乙烯复合材料),开孔率不小于 40%,开孔为长条形,孔口的大小可为 10 mm×1.5 mm～30 mm×1.5 mm,在 360°范围内均匀分布,环刚度≥4 kPa
	渣顶水沟	M10 浆砌片石
	截水天沟	C25 混凝土

注:当工程处于侵蚀性环境时,按规范采用相应的耐久性措施。

表 3-6-7　防水板性能指标

项　目		性能指标
材质(原材料不得使用再生料)		EVA
规格尺寸(不允许出现负值)	厚度(mm),极限偏差为−5%	≥1.5
	幅宽(m),极限偏差为−1%	≥2
	长度(m)	>20
拉伸性能	断裂拉伸强度(MPa)	≥18
	扯断伸长率(%)	≥650
撕裂强度(kN/m)		≥100
不透水性(0.3 MPa/24 h)		无渗漏
低温弯折性(−35 ℃)		无裂纹
加热伸缩量(mm)	延　伸	≤2
	收　缩	≤6
热空气老化(80 ℃×168 h)	断裂拉伸强度(MPa)	≥16
	扯断伸长率(%)	≥600
耐碱性[饱和 $Ca(OH)_2$×168 h]	断裂拉伸强度(MPa)	≥17
	扯断伸长率(%)	≥600
人工候化	断裂拉伸强度保持率(%)	≥80
	扯断伸长率保持率(%)	≥70
刺破强度(N)	厚度 1.5 mm	≥300
	厚度 2.0 mm	≥400

表 3-6-8 土工布技术指标

项　目	技术指标	备　注
单位面积质量(g/m^2)	≥400	
厚度(mm)	≥3	
断裂能力(kN/m)	≥15	纵横向
断裂延伸率(%)	≥60	
CBR 顶破强力(kN)	≥2.9	
撕破强力(kN)	≥0.42	纵横向
垂直渗透系数(cm/s)	1.0～9.9	
化学稳定性	强度下降不小于 20%	
生物稳定性	强度下降不小于 5%	

表 3-6-9 橡胶止水带物理力学性能

序号	项　目		要求 B 型	要求 S 型
1	硬度(邵尔 A)(度)		60±5	60±5
2	拉伸强度(MPa)		≥15	≥12
3	扯断伸长率(%)		≥450	≥450
4	压缩永久变形(%)	70 ℃×24 h,25%	≤30	≤30
		23 ℃×168 h,25%	≤20	≤20
5	撕裂强度(kN/m)		≥30	≥30
6	脆性温度(℃)		≤−45	≤−45
7	热空气老化(70 ℃×168 h)	硬度变化(邵尔 A)(度)	≤6	≤6
		拉伸强度(MPa)	≥12	≥10
		扯断伸长率(%)	≥400	≥400
8	耐碱性(饱和 $Ca(OH)_2$ 溶液,23 ℃×168 h)	硬度变化(邵尔 A)(度)	≤6	≤6
		拉伸强度(MPa)	≥12	≥10
		扯断伸长率(%)	≥400	≥400
9	臭氧老化[50×10^{-8},20%,(40±2)℃×48 h]		无龟裂	无龟裂
10[a]	橡胶与金属粘合		橡胶破坏	
11	含胶量(%)		≥35	
12[b]	与后浇混凝土(或水泥砂浆)剥离强度/(N/mm)	无处理	≥3	
		水泥粉污染表面	≥2	
		泥沙污染表面	≥2	
		热老化	≥2	
		浸水后	≥2	
13[c]	与后浇混凝土(或水泥砂浆)剪切强度/(N/mm)	无处理	≥10	
		水泥粉污染表面	≥7.5	
		泥沙污染表面	≥7.5	
		热老化	≥7.5	
		浸水后	≥7.5	

续上表

序号	项　目		要　求	
			B型	S型
14[d]	防窜水性(0.6 MPa)	无处理	不窜水	
		水泥粉污染表面	不窜水	
		泥沙污染表面	不窜水	
		热老化	不窜水	
		浸水后	不窜水	
15[e]	锚固性能		橡胶破坏或拉力值达到 2.5 kN 未拔出	

a——仅钢边橡胶类止水带要求；
b——仅自粘橡胶止水带要求；
c——仅自粘钢边自粘橡胶止水带要求；
d——仅自粘橡胶止水带和自粘钢边自粘橡胶止水带要求；
e——仅中埋式自粘橡胶止水带要求。

表 3-6-10　遇水膨胀止水条主要技术指标

项　目		性能指标
硬度(邵尔 A)(度)		42±10
拉伸强度(MPa)		≥3.5
扯断伸长率(%)		≥450
体积膨胀率(%)		≥250
反复浸水试验	拉伸强度(MPa)	≥3
	扯断伸长率(%)	≥350
	体积膨胀率(%)	≥250
地温弯折(−20 ℃×2 h)		无裂纹
防霉等级		≥2 级

表 3-6-11　水泥基渗透结晶防水涂料性能指标(Ⅱ型)

序号	项　目		指标要求
1	外　观		均匀,无结块
2	含水率(%)		≤1.5
3	细度,0.63 mm 筛余(%)		≤5
4	氯离子含量(%)		≤0.10
5	施工性	加水搅拌后	刮涂无障碍
		20 min	刮涂无障碍
6	抗折强度(MPa,28 d)		≥2.8
7	抗压强度(MPa,28 d)		≥15
8	湿基面黏结强度(MPa,28 d)		≥1.0
9	砂浆抗渗性能	带涂层砂浆的抗渗压力(MPa,28 d)	报告实测值
		抗渗压力比(带涂层)(%,28 d)	≥250
		去除涂层砂浆的抗渗压力(MPa,28 d)	报告实测值
		抗渗压力比(去除涂层)(%,28 d)	≥175
10	混凝土抗渗性能	带涂层砂浆的抗渗压力(MPa,28 d)	报告实测值
		抗渗压力比(带涂层)(%,28 d)	≥250

续上表

序号	项　目		指标要求
10	混凝土抗渗性能	去除涂层砂浆的抗渗压力(MPa,28 d)	报告实测值
		抗渗压力比(去除涂层)(%,28 d)	≥175
		带涂层混凝土的第二次抗渗压力(MPa,56 d)	≥0.8
基准砂浆和基准混凝土 28 d 抗渗压力应为 0.4 MPa±0.0(0.1)MPa,并在产品质量检验报告中列出。			

第四节　长大、重难点隧道设计

以"两路七桥八隧"重难点工程中的石门岗、银瓶山、博罗隧道为例,对赣深铁路长大、重难点隧道设计方案进行说明。

一、石门岗隧道

(一)隧道概况

石门岗隧道位于广东省和平县境内。隧道进口位于竹园村附近,隧道出口位于壹田村附近,局部地段有山间小路可达,交通不便。隧道位于剥蚀低山地貌,地势起伏较大,自然坡度为 10°～80°,地面高程 300～600 m,局部相对高差大于 100 m。地表植被发育且茂密,多为针叶林与灌木林混合林。

隧道采用单洞双线形式,进口里程为 DK139＋920,与郑屋中桥深圳台台尾相连;出口里程为 DK145＋679,全长 5 759 m。隧道最大埋深约 340 m。

隧道内设置单面上坡,坡度为 11.1‰。DK144＋305.98～DK145＋675(隧道出口)段位于半径为 10 000 m 的右偏曲线上,其他地段位于直线上。

(二)工程地质及水文地质特征

1. 地层岩性

隧址区出露的地层有第四系、白垩系上统南雄群、震旦系下组以及喜山晚期侵入岩。

2. 地质构造

构造区域内的主构造方向有:北东向的华夏系、北北东向新华夏式构造。主要发育断层走向与线路近于直交或大角度相交,少量断层与线路方向夹角较小。

3. 水文地质特征

(1)地表水特征

隧道区地表水多为冲沟水,以及丘间谷地沟溪水,地表水弱发育。

(2)地下水类型

调查区根据含水层岩土类别、岩石组合关系、地下水赋存条件及水动力特征,可将本区地下水划分为松散层岩土体孔隙水、基岩裂隙水、构造裂隙水三大类型。

(3)地下水的补给、径流和排泄及与地表水的关系

隧道变质岩区地形陡峻,地表水径流迅捷,降水沿地表快速径流,一般渗入地下的水量有限,但在断层破碎带、节理发育区以及高陡岩层产状地段,地表水将沿裂隙等渗入地下。花岗岩地段,地表冲沟发育,沟谷较为开阔,花岗岩风化层较厚。在隧道局部构造及裂隙发育地段,隧道涌水量较大。

(4)涌水量的预测

经计算,采用地下径流模数法,石门岗隧道洞身最大涌水量为 5 772 m^3/d。

(三)辅助坑道设计

石门岗隧道辅助坑道设计见第二篇第六章第四节。

(四)衬砌支护

(1)隧道除斜切式洞门(含缓冲结构)段采用整体式衬砌外,其他地段均采用复合式衬砌。复合式衬砌

由初期支护、防水隔离层与二次衬砌组成。本隧道Ⅱ级围岩采用曲墙带底板或曲墙带仰拱两种衬砌结构形式，Ⅲ～Ⅴ级围岩采用曲墙带仰拱的衬砌结构形式。初期支护采用喷射混凝土，二次衬砌采用模筑混凝土。

(2)全隧道二次衬砌为素混凝土地段，拱墙纵向施工缝上部二次衬砌混凝土掺加纤维素纤维，掺量为 0.9 kg/m^3；并在设置接触网预埋槽道处，采用三肢钢架与单层钢筋网片进行加强处理，钢筋间距根据槽道位置对应布置。

二、银瓶山隧道

(一)工程概况

银瓶山隧道位于广东省东莞市境内，隧址区属剥蚀低山区，地形起伏较大，山体自然坡度约 20°～45°，植被发育，多为乔木和灌木，相对高差为 30～260 m。隧道进口位于农田区域，可修筑便道至施工场地，交通不便利；隧道出口下方为冷水坑水库，可修便桥至施工场地，交通不便。

隧道采用单洞双线形式，进出口里程分别为：DK386＋320、DK396＋133.37；隧线分界里程分别为：DK389＋400、DK392＋100，全长 9 813.37 m。隧道最大埋深约为 590 m。

隧道内设置人字坡，变坡点里程为 DK391＋200，坡度分别为 5.2‰、－8‰。隧道除 DK386＋807.82～DK390＋751.89 段位于左偏曲线上，其余均位于直线上。

(二)工程地质及水文地质特征

1. 地层岩性

隧道区出露的地层有第四系、侏罗纪上中统高基坪组、燕山早期。

2. 地质构造

根据区域地质资料及测绘资料，测区未见明显地质构造发育。

3. 水文地质特征

(1)地表水

隧道区地表水多为冲沟水，以及山间谷地沟溪水，地表水弱发育。

(2)地下水

根据含水层岩土类别、岩石组合关系、地下水赋存条件及水动力特征，可将本区地下水划分为松散层岩土体孔隙水、基岩裂隙水、构造裂隙水三大类型。

(3)地下水的补给、径流和排泄及与地表水的关系

隧道区地形陡峻，地表水径流迅捷，降水沿地表快速径流，一般渗入地下的水量有限，但在断层破碎带、节理发育区以及高陡岩层产状地段，地表水将沿裂隙等渗入地下。在隧道局部构造及裂隙发育地段，隧道涌水量较大。

(4)环境水对混凝土等建筑材料的侵蚀性

根据《铁路混凝土结构耐久性设计规范》(TB 10005—2010)判定：隧址区地表水、地下水均无化学环境侵蚀性，无盐类结晶破坏作用，无氯盐侵蚀性，碳化环境为 T2。

(5)涌水量的预测

根据降水入渗法计算结果，预测银瓶山隧道全段范围正常涌水量 11 857.721 m^3/d，最大涌水量为 17 572.58 m^3/d，洞身单位长度最大涌水量为 1.83 m^3/d。

(三)辅助坑道设计

银瓶山隧道辅助坑道设计见第二篇第六章第四节。

(四)衬砌支护设计

(1)隧道除斜切式洞门(含缓冲结构)段采用整体式衬砌外，其他地段均采用复合式衬砌。复合式衬砌由初期支护、防水隔离层与二次衬砌组成。本隧道Ⅱ级围岩采用曲墙带底板或曲墙带仰拱两种衬砌结构形式，Ⅲ～Ⅵ级围岩采用曲墙带仰拱的衬砌结构形式。初期支护采用喷射混凝土，二次衬砌采用模筑混凝土。

(2)全隧道二次衬砌为素混凝土地段,拱墙纵向施工缝上部二次衬砌混凝土掺加纤维素纤维,掺量为0.9 kg/m^3;并在设置接触网预埋槽道处,采用三肢钢架与单层钢筋网片进行加强处理,钢筋间距根据槽道位置对应布置。

三、博罗隧道

(一)工程概况

博罗隧道位于广东省河源市博罗临江镇境内。隧址区属丘陵区～剥蚀低山区,地形起伏大,自然坡度30°～60°,植被发育,山坡表层多为树林覆盖。沿线地形高程:60～357.5 m,测区内最高高程357.5 m,最大相对高差约297.5 m。区内交通不便。

隧道采用单洞双线形式,进出口里程分别为:DK291＋005、DK296＋796;隧线分界里程分别为:DK291＋005、DK296＋796,全长5 791 m。

隧道内设置人字坡,变坡点里程为DK293＋600,坡度分别为4.7‰、－3‰;隧道DK291＋215.14～DK296＋782段位于曲线半径为9 000 m的右偏曲线上,其他地段位于直线上。

(二)工程地质及水文地质特征

1. 地层岩性

隧道区出露的地层侏罗系下统蓝塘群沉积岩。

2. 地质构造

测区位处粤北—粤东北—粤中坳陷带,经历了漫长多期的地质演变,岩浆活动频繁,变形变质强烈复杂,断裂构造发育。

3. 水文地质特征

(1)地表水

隧道区地表水系主要为地表水主要为谷地内溪水、和水塘水,较发育,局部发育。沟谷中多有小溪流发育,主要接受大气降水补给,雨季水量丰富。由于沿线地形坡度较大,降水顺地表快速汇入山谷,溪水暴涨暴落,水位、水量动态变化较大。

(2)地下水

根据含水层岩土类别、岩石组合关系、地下水赋存条件及水动力特征,可将本区地下水划分为松散层岩土体孔隙水、基岩裂隙水。

(3)地下水的补给、径流和排泄及与地表水的关系

该隧道地表冲沟发育,沟谷较为开阔,岩体风化层较厚。在隧道局部构造及裂隙发育地段,隧道涌水量较大。

(4)环境水对混凝土等建筑材料的侵蚀性

按照《铁路混凝土结构耐久性设计规范》(TB 10005—2010)判定:隧址区地表水、地下水化学环境作用等级为H1。

(5)涌水量的预测

采用降雨入渗法,博罗隧道洞身正常涌水量1 299 m^3/d,最大涌水量1 947 m^3/d。

(三)辅助坑道设计

博罗隧道辅助坑道设计见第二篇第六章第四节。

(四)衬砌支护设计

(1)隧道除倒切式洞门(含缓冲结构)段采用整体式衬砌外,其他地段均采用复合式衬砌。复合式衬砌由初期支护、防水隔离层与二次衬砌组成。本隧道Ⅱ级围岩采用曲墙带底板或曲墙带仰拱两种衬砌结构形式,Ⅲ～Ⅵ级围岩采用曲墙带仰拱的衬砌结构形式。初期支护采用喷射混凝土,二次衬砌采用模筑混凝土。

(2)全隧道二次衬砌为素混凝土地段，拱墙纵向施工缝上部二次衬砌混凝土掺加纤维素纤维，掺量为0.9 kg/m³；并在设置接触网预埋槽道处，采用三肢钢架与单层钢筋网片进行加强处理，钢筋间距根据槽道位置对应布置。

第五节 特殊不良地质隧道设计

一、松冈山隧道

(一)隧道概况

松岗山隧道位于广东省和平县上陵镇境内，隧址区位于剥蚀低山区，地势起伏较大，自然坡度为10°～80°，地面高程300～600 m，局部相对高差大于100 m。地表植被发育且茂密，多为针叶林与灌木林混合林。交通较为不便。

本隧道采用单洞双线形式，进口里程为DK145＋747，出口里程为DK155＋628，全长9 881 m。隧道最大埋深约为353 m。

隧道内设置单面下坡，坡度分别为－19.5‰、－9.4‰。DK145＋747～DK147＋438.65段位于半径为10 000 m的左偏曲线上，DK155＋570.84～＋628段位于半径为10 000 m的右偏曲线上，其余均位于直线上。

(二)工程地质及水文地质特征

1. 地层岩性

隧道区出露的地层有第四系、白垩系上统南雄群、喜山晚期侵入岩、燕山早期侵入岩。

2. 地质构造

本测段处于我国大地构造单元华南褶皱系(华南准地台)的九连山隆起区(位于赣粤边界，山脉呈东北～西南走向，北部包括龙南、定南，东连和平)。

在DK148＋250～＋750段存在物探异常区，推测为岩体破碎带。

3. 水文地质特征

(1)地表水特征

隧道区地表水多为冲沟水，以及山间谷地沟溪水，地表水弱发育。

(2)地下水类型

根据含水层岩土类别、岩石组合关系、地下水赋存条件及水动力特征，可将本区地下水划分为松散层岩土体孔隙水、基岩裂隙水、构造裂隙水三大类型。

(3)地下水的补给、径流和排泄及与地表水的关系

隧道区地形陡峻，地表水径流迅捷，降水沿地表快速径流，一般渗入地下的水量有限，但在断层破碎带、节理发育区以及高陡岩层产状地段，地表水将沿裂隙等渗入地下。花岗岩地段，地表冲沟发育，沟谷较为开阔，花岗岩风化层较厚。在隧道局部构造及裂隙发育地段，隧道涌水量较大。

(4)涌水量的预测

经计算，采用径流模数法计算，松岗山隧道洞身正常用水量2 224 m³/d，最大涌水量3 945 m³/d。

(三)辅助坑道设计

松岗山隧道辅助坑道设计见第二篇第六章第四节。

二、林寨隧道

(一)隧道概况

林寨隧道位于广东省和平县境内。隧址区属丘陵地貌，地势起伏较大，自然坡度为15°～60°，地面高程130～410 m，局部相对高差大于60 m。线位整体从山体穿过，植被发育且茂密，多为针叶林与灌木林混

合林。地表局部洼地辟为民房和耕地。隧道进口附近为公路,交通较为便利,隧道洞身范围除局部丘间谷地辟为村舍,有水泥路通往外,其余地段多为丘坡,交通不便。

隧道采用单洞双线形式,进口里程为DK188+149,出口里程为DK194+385,全长6 236 m。隧道最大埋深约为250 m。

隧道内设置人字坡,坡度分别为4.2‰、-4.7‰。DK188+124(隧道进口)~DK189+281.81段位于左偏曲线上,左线曲线半径10 000 m;其他地段位于直线上。

(二)工程地质及水文地质

1. 地层岩性

隧道区出露的地层有第四系、下古生界以及燕山早期侵入岩。

2. 地质构造

本测段处于我国大地构造单元华南褶皱系(华南准地台)的九连山隆起区。

3. 水文地质特征

(1)地表水

隧道区地表水多为冲沟水,河流、以及丘间谷底沟溪水,地表水较发育。地下水主要类型:基岩裂隙水及孔隙潜水、构造裂隙水。丘陵区丘坡地下水缺乏,谷地孔隙潜水较发育,主要赋存于覆盖层中,构造裂隙水主要赋存于节理裂隙中。

(2)地下水类型

根据含水层岩土类别、岩石组合关系、地下水赋存条件及水动力特征,可将本区地下水划分为松散层岩土体孔隙水、基岩裂隙水、构造裂隙水三大类型。

(3)地下水的补给、径流和排泄及与地表水的关系

隧道变质岩区地形陡峻,地表水径流迅捷,降水沿地表快速径流,一般渗入地下的水量有限,但在断层破碎带、节理发育区以及高陡岩层产状地段,地表水将沿裂隙等渗入地下。花岗岩地段,地表冲沟发育,沟谷较为开阔,花岗岩风化层较厚。在隧道局部构造及裂隙发育地段,隧道涌水量较大。

(4)环境水对混凝土等建筑材料的侵蚀性

根据勘测阶段现场采集的地表水、地下水样,按照《铁路混凝土结构耐久性设计规范》(TB 10005—2010)判定:隧址区地下水及地表水有无环境侵蚀性。

(5)涌水量的预测

经计算,采用径流模数法计算,林寨隧道洞身正常涌水量为3 264 m^3/d,最大涌水量为3 908 m^3/d。

(三)辅助坑道设计

林寨隧道辅助坑道设计见第二篇第六章第四节。

第六节 洞口设计

洞口设计包括隧道洞口及洞口缓冲结构的设计。

一、洞口位置的选定

隧道洞口位置的确定应充分贯彻“早进晚出、保护环境”的原则,洞门形式综合考虑地形、地貌、洞口地质条件及附近建筑物和周边自然环境等因素,按照“确保安全、因地制宜、保护环境、美观实用”的原则确定,并优先采用斜切式洞门,缓解列车进入隧道产生空气动力学效应对洞口周围环境的影响。

二、洞口及地表防排水设计

隧道洞口排水系统设计遵循截、排水的原则,首先保证洞内水顺畅排出,并避免洞外水冲刷隧道洞门及边仰坡。

隧道洞内侧沟与中心沟与路堑侧沟顺接,洞口地段如沿出洞方向上坡时,在洞外设反向排水沟,沟底坡度不小于 2‰,并且在洞口前方修一道挡水墙,以截排洞外水流,避免其流入洞内。

土质边仰坡开挖后,为降低水对边坡稳定性的影响,边坡在防护时布置 ϕ50 mm 排水孔,排水孔间距 3 m×3 m,排水孔长 10 m,仰斜角度 15°,孔内插入 ϕ50 mm 透水 PVC 管。

洞口边仰坡应根据其支挡结构设置排水设施,并与路堑排水系统衔接。

隧道洞门均应设置截水天沟,采用 C30 混凝土,天沟设于边、仰坡坡顶以外不小于 5 m,其坡度根据地形设置,且不小于 3‰,以免淤积。

洞口防排水设计结构如图 3-6-5 所示。

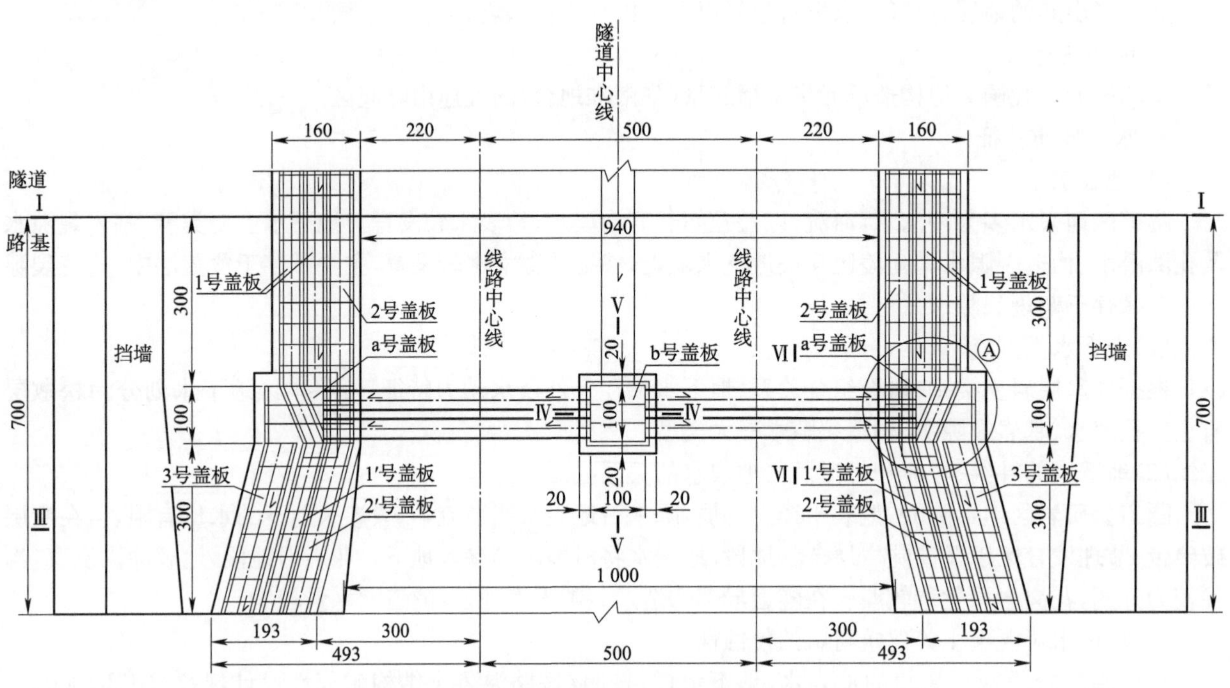

图 3-6-5 洞口防排水设计结构示意(单位:cm)

三、洞口段预加固措施

对隧道浅埋、偏压等地形、地质条件较差的隧道洞口考虑预加固围岩后再开挖,对边仰坡采取拱形截水骨架、喷锚网、框架锚杆、框架锚索及锚固桩等加固及防护措施,并根据具体围岩情况设置一环洞口 ϕ108 mm 长管棚超前支护辅助进洞。

四、洞口缓冲结构

当隧道长度≥500 m 或隧道洞口附近 100 m 存在特殊环境条件(如居民点、学校、医院、县级(含)以上公路等)时,有条件尽量设置缓冲结构降低微气压波峰值,其设置标准见表 3-6-12。

表 3-6-12 洞口缓冲结构设置标准

建筑物至洞口距离	建筑物有无特殊环境要求	基准点	微气压波峰值标准
<50 m	有	建筑物	按要求
	无		≤20 Pa
≥50 m	有	距洞口 20 m 处	<50 Pa

缓冲结构以开孔式为主,并应结合地质条件、周边环境、洞口明洞设置等因素综合确定。缓冲结构开孔包括洞门开孔、明洞开孔等情况,开孔位置一般为拱顶,有危岩落石的洞口可采用侧向开孔。不同隧道

长度的开孔情况见表 3-6-13。

表 3-6-13 单洞口缓冲结构开孔设置

隧道长度	开孔大小(横向×纵向,m)	开孔个数(个)	备 注
500 m 以下	4×8	1	有特殊环境敏感点时设
500～3 000 m	4×8	1	
3 000～6 000 m	4×6,4×4	2	
6 000 m 以上	4×8,4×5,3×3	3	
6 000 m 以上	4×8,4×6,3×4,3×3	4	有条件时增设

具体工点设计时可结合洞门形式、地形地质条件等情况综合考虑缓冲结构开孔个数、开孔尺寸。

第七节 洞内设施设计

一、综合洞室

隧道内考虑设置存放维修工具和其他业务部门需要的综合洞室,综合洞室不得设于衬砌断面变化处或沉降缝处,当位于上述地段时,应将综合洞室前后进行微调。

(1)综合洞室分为余长电缆腔洞室、通信设备专用洞室、电力设备专用洞室。

(2)长度大于 500 m 的隧道,应在洞内设置余长电缆腔,余长电缆腔沿隧道两侧交错布置,每侧间距 500 m。隧道长度 500～1 000 m 时,可在中间只设置一处余长电缆腔。每个综合洞室底部均设置余长电缆腔。

(3)设备专用洞室内根据相关专业要求预留通信及电力等设备安装空间,如通信区间基站、通信直放站、照明变电所等,并与余长电缆腔洞室结合设置。

(4)其他洞室(消防、配电等)的设置应根据有关专业的要求,经协商后确定。

(5)所有设备洞室均应设置防护门,防护门设计见相关专业说明或图纸。

二、沟 槽

正线隧道内设双侧电缆槽。电力电缆槽置于边墙侧,通信、信号电缆槽置于道床侧,电缆槽设盖板。电力电缆沟尺寸为:净宽 300 mm,深 300 mm,槽内用粗砂填实;通信、信号电缆槽尺寸为:净宽 350 mm,深 300 mm,槽道中间以 ϕ16 mm 插筋分隔(纵向间距 50 cm),槽内用粗砂填实。

第八节 运营通风及防灾救援设计

一、运营通风设计

本线隧道均小于 20 km,根据《高速铁路设计规范》(TB 10621—2014),可不设置运营通风。

二、防灾救援设计

(一)设计原则

(1)隧道防灾救援贯彻“以人为本,应急有备,方便自救,安全疏散”的原则,健全防灾救援疏散系统,预防灾害发生,将列车发生灾害事故后所产生的影响减少到最低程度。

(2)依据《铁路隧道防灾疏散救援工程设计规范》(TB 10020—2017)和《铁路工程设计防火规范》(TB 10063—2007),隧道紧急救援疏散设施设置防烟通风系统。

(3)列车在进入隧道群之前应严格自检,在不能确保安全时应停在两端车站内或区间明线上,不得进入隧道。进入隧道列车若发生火灾，立即通知有关部门和前后方两端车站做好消防准备，并进行安全评估，在可控的情况下尽量将列车开出隧道，避免将列车停留在隧道内。

(4)隧道内防灾遵循“以引导旅客疏散为主”的要求，在适宜地段设置定点，集中进行逃生和消防，定点设置应考虑有利于人员逃生和突发事故的处理。

(5)疏散点结合车辆编组及定员考虑人员疏散通道、疏散场坪、与干线公路及市镇衔接等，以保证人员安全、救护及减灾需要。

(6)防灾定点根据需要设置相关消防设施，以便控制火灾规模，为后续消防工作的开展提供必要的支持。

(7)重联动车组出现火灾后疏散着火点车厢乘客，并封闭该节，列车停车后，应由随车机械师进行分离(耗时 3～5 min)，事故动车进行人员疏散，正常联动车撤离。

(8)对定点疏散处的疏散场地、疏散道路应设置可靠的安全设施；接触网下锚段应尽量避开定点区段，如实在不能避开则应在其设备上设置灯光提示等。

(二)设计措施

(1)非正常状态下，列车应尽量行驶出隧道，最好不要停在隧道内，以减轻灾害对司乘人员安全的威胁。

(2)全段双线隧道内两侧设置贯通的救援通道，以满足突然停车后人员安全疏散。救援通道每隔 200 m 应设图像文字标记，指示两个方向分别到下一个洞口或紧急出口的整百米数，并配备灯光显示方向。

(3)隧道内通风、电力、电力牵引、通信、信号设备洞室应设置火灾自动灭火装置。

(4)隧道内和用于疏散、救援的通道内应设置疏散照明，其灯具应有防潮、防风压、防震动功能，安装高度距地面不应大于 2.5 m，地面最低照度 0.5 lx，供电时间 2.0 h；隧道内和用于疏散、救援的通道内应安装灯光或蓄光型疏散标志，疏散标志应沿疏散方向设置，其间距不宜大于 30 m、并应安装在距地面 1.0 m 以下的墙面上，其指示标志应符合现行国家标准《消防安全标志规范》(GB 13495)的有关规定。

(三)防灾救援设施设置情况

本线长度大于 5 km 的石门岗隧道、松岗山隧道、林寨隧道、东源隧道、义合隧道、横岭隧道、博罗隧道、银瓶山隧道按照《铁路隧道防灾疏散救援工程设计规范》(TB 10020—2017)有关要求，结合辅助坑道方案设置了防灾救援避难所或紧急出口，见表 3-6-14。辅助坑道洞口外均设置疏散场坪，以保证遇到紧急情况时能及时疏散人员及救援车辆的停放。疏散场坪应和外界主要道路连接，保证畅通。

表 3-6-14 隧道防灾救援疏散设施设置

序号	隧道名称	全长(m)	防灾救援设施设置情况
1	石门岗隧道	5 759	利用石门岗斜井(282 m，坡度 8.66%)设紧急出口一处
2	松岗山隧道	9 881	利用 1 号斜井(327 m，坡度 10.6%)设紧急出口一处
3	林寨隧道	6 236	利用燕美山斜井(470 m，坡度 9.60%)设紧急出口一处
4	义合隧道	6 043	利用花坑斜井(430 m，坡度 7.05%)设紧急出口一处
5	横岭隧道	7 874.81	利用 1 号斜井(519 m，坡度 5.96%)设紧急出口一处
6	博罗隧道	5 791	利用 1 号斜井(352 m，坡度 8.64%)设紧急出口一处
7	银瓶山隧道	9 813.27	利用上南斜井(1 475 m，坡度 2.27%)设避难所一处

第九节 防排水设计

一、防水等级

满足《地下工程防水技术规范》(GB 50108—2008)规定的一级防水标准，衬砌表面无湿渍。

二、设计原则

本线隧道的防排水设计，采用“防、排、堵、截结合，因地制宜，综合治理”的原则；对于隧道穿过风景名胜区、断裂破碎带，预计地下水较大，当采用以排为主可能影响生态环境，以及排水沟排水能力限制需要限量排放时，根据实际情况采用“以堵为主，限量排放”的原则。在岩溶发育地段，则采用“以排为主，排堵结合”的原则，应尽量维系岩溶暗河的既有通路，严禁随意封堵溶洞、暗河。

三、设计措施

（一）截堵水措施设计

主要针对地下水发育、地下水无控制排放影响生态环境情况，采用开挖前预注浆或开挖后围岩注浆等措施对地下水进行截堵，在隧道开挖线外围一定范围内截断地下水与隧道之间的水流通路，达到限制地下水排放量的目的。根据综合超前地质预测预报成果判定，当在水量丰富、导水性好的断层破碎带等地段围岩无自稳能力，施工中可能产生突水、突泥，可采取超前预注浆措施；当在一般地段裂隙水较发育、围岩涌水量超过允许排放量、施工中围岩可自稳时，宜采用开挖后围岩径向注浆等形式；对围岩自稳能力较好、局部面状淋水或局部渗流、渗水量超过允许排放量等状况，宜采用上述注浆方式进行局部注浆。对于注浆材料，可选择普通水泥、超细水泥等材料。

（二）防水措施设计

隧道防水措施主要通过防水板及模筑衬砌混凝土自身防水的双重作用避免地下水从混凝土表面渗入。

本线隧道一般地段拱墙敷设防水板，防水板厚度 1.5 mm，土工布重量≥400 g/m^2。

一般地段隧道二次衬砌混凝土抗渗等级不小于 P10，地下水发育、有较严重侵蚀性地段二次衬砌混凝土抗渗等级不小于 P12。当衬砌为钢筋混凝土时，钢筋净保护层厚度不应小于 5 cm。

（三）疏排水措施设计

疏排水措施主要针对可以明确的地下水通路位于隧道开挖线以内而被截断时，采用在隧道开挖线附近埋设不小于原通路水量的 PVC 管（外套钢管），连通被截断的出入水口，保证地下水通路的畅通。

排水措施设计的主要目的是使地下水（围岩渗入水或通过注浆堵水措施后的限量排放水）经过防水措施的有效输导，经由排水管路、管沟自行排出洞外。排水措施如下：

(1)隧道内排水均采用双侧侧沟加中心矩形盖板沟的方式。

(2)桥隧相连时，侧沟和中心沟在相连处设置沟槽过渡，为防止相连段反坡排水，在相连段把水槽设置成向洞外的坡度。

(3)隧道衬砌防水板背后环向设置可维护塑纤排水滤管，结合施工缝设置，纵向间距一般 8～10 m 并根据地下水发育情况调整；在隧道两侧边墙墙脚外侧设置纵向 ϕ110 mm 可维护塑纤排水滤管，每 10 m 一段，纵向排水管两端直接与隧道侧沟连通，以便于排水管路的维护。地下水发育地段隧底仰拱初支与二次衬砌间设置纵、环向排水盲管；环向排水盲管采用 ϕ50 mm 单壁打孔波纹管，每隔 5 m 设置一处，通过竖向 ϕ50 mm 波纹管与中心水沟相连。纵向排水盲管采用 ϕ50 mm 单壁打孔波纹管，并与环向排水管联通，纵向分段设置，每段间距不小于 1 m。

(4)应重视初期支护的防水作用。对于初期支护渗漏水地段，采取埋设半圆形排水（盲）管外设置一层防水板，并将渗漏水引入侧沟。

（四）施工缝、变形缝（宽 2 cm）防排水设计

隧道内主要存在施工缝及变形缝，施工缝分为环向及纵向两种。

1. 环向施工缝

拱墙、仰拱环向施工缝采用中埋式自粘橡胶止水带和背贴式自粘橡胶止水带。

2. 纵向施工缝

纵向施工缝处设置中埋式自粘钢边橡胶止水带和混凝土界面剂。

3. 变形缝(宽 2 cm)

变形缝拱墙部位防水采用中埋式自粘橡胶止水带、背贴式自粘橡胶止水带、沥青木丝板塞缝等措施;靠近衬砌内缘处空隙不采用填缝料填塞密实,其余空隙采用填缝料填塞密实;仰拱部位采用中埋式自粘橡胶止水带、背贴式自粘橡胶止水带、沥青木丝板塞缝并环向设置双层抗剪钢筋等措施,双层抗剪钢筋采用 ϕ50 mm 钢筋,环向间距 50 cm。仰拱变形缝内缘 3 cm 范围内以聚硫密封胶封堵,其余空隙采用填缝料填塞密实;变形缝的两侧应平整、清洁、无渗水。

4. 水沟电缆槽槽身横向施工缝

水沟电缆槽槽身横向施工缝设置遇水膨胀止水条,纵向平均间距 30 m 一道,并与纵向排水管出口、ϕ100 mm 横向 PVC 导水管等设置位置避开。

5. 无仰拱衬砌结构底板横向施工缝

无仰拱衬砌结构底板横向施工缝设置中埋式橡胶止水带,纵向平均间距 20 m 一道,并与 ϕ100 mm 横向 PVC 导水管、ϕ50 mm 横向排水管及过轨管等设置位置避开。

(五)明洞防排水设计

(1)钢筋混凝土结构外缘采用 2 mm 厚水泥基渗透结晶型防水涂料、1～2 cm 厚 M10 砂浆找平层、防水板+土工布、10 cm 厚细石混凝土保护层等防水措施。

(2)隔水层应优先选用黏土层,在黏土取材困难时或者地表有绿化(复耕)需要时,选用复合隔水层,以最大限度减少工程对环境的影响。

(3)黏土隔水层与边坡的搭接、防水层与边坡的搭接均应良好,接缝材料的延伸性应良好,以形成弹性连接,防止不均匀沉陷,造成拉剪破坏。

(4)当明洞顶填土面汇水必须排向洞口时,应设置纵向水沟。

(5)墙底开挖时墙脚纵向排水管 10 m 一段,纵向排水管两端均直接接入隧道侧沟;墙顶开挖时设置拱脚纵向排水管及竖向排水管,纵向与竖向排水管采用三通连接,且竖向排水管纵向间距 4 m 并根据地下水发育情况调整。竖向排水管采用可维护塑纤排水滤管,纵向排水管采用 ϕ110 mm 可维护塑纤排水滤管。

(六)洞门斜切段防排水

(1)洞门斜切段拱墙外露部分的钢筋混凝土结构外缘涂刷 2 mm 厚水泥基渗透结晶型防水涂料,其余需回填的洞门及明洞地段钢筋混凝土结构外缘依次涂刷 2 mm 厚水泥基渗透结晶型防水涂料、设置 1～2 cm 厚 M10 水泥砂浆找平层、防水板、土工布、10 cm 厚细石混凝土保护层,然后再回填土石。结构两侧防水板外侧墙脚填土范围内通长设置 ϕ110 mm 可维护塑纤排水滤管(外包土工布)一道。

(2)隧道洞口与桥台相接时,隧道出洞方向为上坡,洞口侧沟端头设置 50 cm 厚 C30 混凝土封堵,中心矩形盖板沟在洞口里程处往洞内 10 m 长度内取消设置;当出口方向为下坡,中心水沟通过横向排水管连通洞外排水管,两侧沟通过硬质 PVC 管引入转向井,由转向井引排至隧道侧面低洼处或桥台锥坡范围排出。

(七)洞室防排水

洞室拱墙敷设防水板加土工布,环墙脚设置 HDPE50 单壁打孔波纹管与隧道纵向盲管连通,如图 3-6-6 所示。

(八)水土保持措施

洞顶及其附近有水塘、水库、河沟时,要考虑因修建隧道而引起地表水流失等影响居民生活及农田灌溉的可能,可采取相应措施防止运营期水源漏失。

隧道边仰坡、明洞洞身填土及其边坡、弃渣场(底部、挡护及渣面覆土绿化)等进行明确设计,达到保持水土、保护环境的目的。

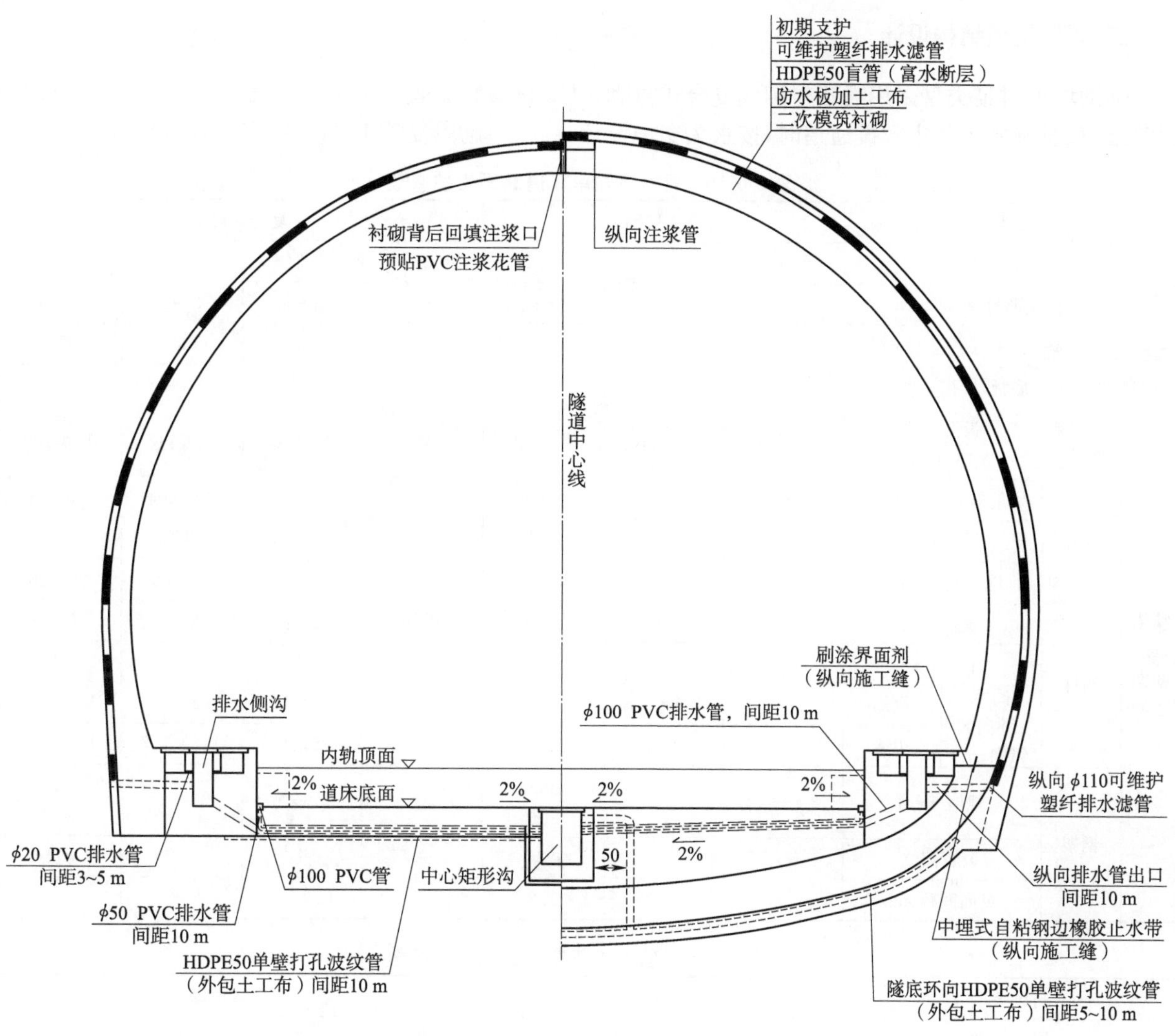

图 3-6-6　洞内防排水结构设计示意(单位:mm)

第十节　辅助坑道设计

一、辅助坑道设置原则

辅助坑道的设置应根据隧道长度、施工工期、地形条件、水文地质等条件，并结合施工期间超前地质预报、通风、排水、弃渣要求，以及运营期间的排水、救灾等多方面需求综合考虑，通过技术、经济比较确定。

二、辅助坑道净空设计

辅助坑道的断面尺寸根据担负的工作量、地质条件、支护类型、施工机械设备尺寸、人行安全及管路布置确定。辅助坑道断面尺寸见表 3-6-15。

表 3-6-15　辅助坑道断面尺寸

坑道类型	宽度(m)	高度(m)	路面以上净空面积(m^2)
无轨运输单车道	5.0	6.0	29.13
无轨运输双车道	7.5	6.2	43.15

三、辅助坑道结构设计

辅助坑道衬砌类型采用喷锚衬砌或复合式衬砌,其支护参数见表 3-6-16、表 3-6-17。当辅助坑道作为紧急出口、避难所等防灾救援通道时,按永久支护设计,锚喷衬砌段复喷 10 cm 厚 C30 喷设混凝土。

表 3-6-16　无轨运输单车道断面支护参数

衬砌类型				喷锚衬砌			复合式衬砌			
围岩级别				Ⅱ	Ⅲ	Ⅳ	Ⅱ	Ⅲ	Ⅳ	Ⅴ
预留变形量(cm)				—	—	—	—	1～3	3～5	5～8
二次衬砌	C25 模筑混凝土	拱墙厚度(cm)		—	—	—	25	25	30	30
		底板/仰拱厚度(cm)		20	20	20	20	20	20	20
喷锚或初期支护	C25 喷混凝土	设置部位及厚度(cm)		拱墙:5	拱墙:10	拱墙:20	拱墙:5	拱墙:8	拱墙:15	拱墙:20
	钢筋网	钢筋规格(HPB300)		—	—	ϕ6 mm	—	—	ϕ6 mm	ϕ6 mm
		设置部位		—	—	拱墙	—	—	拱墙	拱墙
		网格间距(cm)		—	—	25×25	—	—	25×25	20×20
	锚杆	设置部位		局部	拱部	拱墙	局部	拱部	拱墙	拱墙
		长度(m)		2	2	2.5	2	2	2.5	3
		间距(环向×纵向,m)	拱部	—	1.5×1.5	1.5×1.5	—	1.5×1.5	1.2×1.2	1.5×1.5
			边墙	—	1.5×1.5	1.2×1.2	—	1.5×1.5	1.2×1.2	1.2×1.2
	钢架	规格(mm)		—	—	ϕ20 mm@150 格栅	—	—	—	ϕ20 mm@150 格栅
		设置部位		—	—	拱墙	—	—	—	拱墙
		纵向间距(m)		—	—	1.2	—	—	—	1

表 3-6-17　无轨运输双车道断面支护参数

衬砌类型				喷锚衬砌			复合式衬砌			
围岩级别				Ⅱ	Ⅲ	Ⅳ	Ⅱ	Ⅲ	Ⅳ	Ⅴ
预留变形量(cm)				—	—	—	1～3	3～5	5～8	8～10
二次衬砌	C25 模筑混凝土	拱墙厚度(cm)		—	—	—	30	30	30	35
		底板/仰拱厚度(cm)		20	20	20	20	20	30	35
喷锚或初期支护	C25 喷混凝土	设置部位及厚度(cm)		拱墙:5	拱墙:12	拱墙:20	拱墙:5	拱墙:10	拱墙:20	拱墙:23
	钢筋网	钢筋规格(HPB235)		—	ϕ6 mm	ϕ6 mm	—	ϕ6 mm	ϕ6 mm	ϕ6 mm
		设置部位		—	拱部	拱墙	—	拱部	拱墙	拱墙
		网格间距(cm)		—	25×25	20×20	—	25×25	20×20	20×20
	锚杆	设置部位		局部	拱墙	拱墙	局部	拱墙	拱墙	拱墙
		长度(m)		2.5	2.5	3.0	2.5	2.5	3.0	3.5
		间距(环向×纵向,m)	拱　部	—	1.2×1.2	1.5×1.5	—	1.5×1.5	1.5×1.5	1.5×1.5
			边　墙	—	1.2×1.2	1.2×1.2	—	1.5×1.2	1.2×1.2	1.2×1.2
	钢架	规格(mm)		—	—	ϕ22 mm@150 格栅	—	—	ϕ22 mm@150 格栅	ϕ22 mm@150 格栅
		设置部位		—	—	拱墙	—	—	拱墙	拱墙
		纵向间距(m)		—	—	0.8	—	—	1.0	0.8

四、辅助坑道的封堵

辅助坑道作为防灾救援疏散通道使用时，在辅助坑道与正洞交叉连接段设置防护门，洞口设置隔离门；不予利用时，可做封闭或回填进行处理，洞口以及辅助坑道与正洞连接处采用 C25 混凝土封闭，厚 5 m。辅助坑道封闭前应做好排水设施并满足排泄地下水的要求。斜井地下水发育地段应进行注浆堵水，减少地下水进入隧道。

第十一节 沉降变形设计

一、监控量测

实施动态管理。按照《铁路隧道监控量测技术规程》(Q/CR 9218—2015)的有关规定，结合隧道特点开展监控量测工作。施工单位应针对隧道情况编制《监控量测方案》报监理单位批准后组织实施。

隧道拱顶下沉和净空变化的量测间距：Ⅳ、Ⅴ级围岩段分别不得大于 10 m、5 m；隧道浅埋、下穿建筑物地段，地表必须设置监测网点并实施监测，对周边建筑物可能产生严重影响的城市铁路隧道应实施第三方检测；当拱顶下沉、水平收敛率达到 5 mm/d 或位移累计达到 100 mm 时，应暂停掘进，及时分析原因，采取处理措施。

二、沉降检测

隧道仰拱施工结束后应立即进行沉降观测，沉降观测期一般不应少于 3 个月。观测数据不足或工后沉降评估不能满足设计要时，应适当延长观测期，以满足无砟轨道铺设的要求

第十二节 设计阶段的安全风险评估及技术措施

铁路隧道工程发生各类风险的概率较其他工程高，且一旦发生，造成的损失较大。开展隧道风险评估，有利于决策科学化和减少工程事故的发生，有利于提高政府、建设单位、设计单位和施工单位的风险管理意识和风险管理能力，从而达到控制风险、减少损失的目的。因此，针对本段隧道所处的环境、工程地质与水文地质条件，设计开展了风险评估工作，提出了相应的对策。

通过对勘测资料、地勘报告、设计图进行分析，对本隧道进行风险因素识别，并根据风险因素采用相应的对策措施，从而将风险降低至可接收或可忽略的范围。

第七章 轨道设计

第一节 轨道工程概况与特点

赣深铁路广东段(轨道设计范围 DK133+893～DK431+050,其中先期开工段范围 DK264+984.91～DK280+758.27),设计时速 350 km,线路长度 295.803 km,广东段全线采用无砟轨道。

正线一般地段采用 CRTS Ⅲ型板式无砟轨道,长度大于等于 5 km 隧道采用双块式无砟轨道,车站咽喉道岔连接区采用双块式无砟轨道;道岔区采用轨枕埋入式无砟轨道。龙川西、河源东、惠州北、东莞南站到发线采用有砟轨道,其他车站邻近正线的到发线采用 CRTS 双块式无砟轨道,有砟轨道与无砟轨道之间设置过渡段。全线一次铺设跨区间无缝线路。

第二节 设计原则与采用的主要技术标准

一、设计原则

(1)正线按一次铺设跨区间无缝线路设计。

(2)无砟轨道与有砟轨道之间应设置轨道结构过渡段。

(3)无砟轨道主体结构设计使用年限应不小于 60 年。

(4)轨道结构设计考虑减振降噪要求,并设置性能良好的排水系统。

(5)轨道结构部件及所用工程材料应符合国家和行业相关标准的规定。

二、采用的主要技术标准

(1)《铁路线路设计规范》(GB 50090—2006)

(2)《铁路轨道设计规范》(TB 10082—2005)

(3)《新建铁路桥上无缝线路设计暂行规定》(铁建设函〔2005〕285 号)

(4)《无缝线路铺设与养护维修方法》(TB 2098—2007)

(5)《铁路轨道工程施工质量验收规范》(TB 10413—2018)

(6)《客运专线无砟轨道铁路设计指南》(铁建设函〔2005〕754 号)

第三节 有砟轨道结构设计

龙川西、河源东、惠州北站、东莞南站到发线按有砟轨道无缝线路设计。

一、轨道标准

跨线车联络线采用有砟轨道,铺设$Ⅲ_a$型有挡肩混凝土轨枕,桥上和其他需设护轮轨的地段采用新Ⅲ型混凝土有挡肩桥枕,均按 1 667 根/km 铺设,扣件采用弹条Ⅱ型扣件。

二、轨道结构

1. 钢轨

联络线、车站到发线及河源东维修工区走行线按一次铺设无缝线路设计,采用 60 kg/m 无螺栓孔新钢轨；其他站线、次要站线按有缝线路设计，采用 50 kg/m 钢轨；既有线改建地段维持现有标准。

2. 扣件

60 kg/m 钢轨配套扣件采用弹条Ⅱ型扣件。50 kg/m 钢轨配套扣件采用弹条Ⅰ型扣件。

3. 轨枕

T 梁桥上和其他需设护轮轨的地段采用新Ⅲ型混凝土有挡肩桥枕，箱梁桥上布设Ⅲ$_a$型有挡肩混凝土轨枕，均按 1 667 根/km 铺设。

4. 道床

硬质岩石、级配碎石或级配砂砾石路基地段采用单层道床，道床厚度为 35 cm；土质路基并采用 AB 组填料地段采用双层道床，道床厚度为 50 cm(底砟厚 20 cm，面砟厚 30 cm)；桥上和隧道内采用单层道床，道床厚度为 35 cm。道床顶面低于轨枕承轨面 4 cm，且不高于轨枕中部顶面；铺设岔枕地段的道床顶面低于承轨面 3 cm。单线道床顶面宽度为 3.5 m，砟肩堆高 15 cm，道床边坡 1∶1.75，双线道床顶面宽度分别按单线设计。

站线轨道结构符合表 3-7-1 的有关规定。

表 3-7-1 站线轨道采用标准

顺号	项目				单位	动走线及联络线	到发线(有砟)	动车组走行线	其他站线	次要站线(有缝)
1	钢轨	类型			kg/m	60	60	60	50	50
		每节长度			m	无缝线路	无缝线路	无缝线路	25 或 12.5	25 或 12.6
		弹条类型				弹条Ⅱ型扣件	弹条Ⅱ型扣件	弹条Ⅱ型扣件	弹条Ⅱ扣件	弹条Ⅱ扣件
2	混凝土轨枕	型号			—	Ⅲ	Ⅲ	Ⅲ	新Ⅱ	新Ⅱ
		铺轨根数			根/km	1 667	1 667	1 667	1 520	1 520
3	道床厚度	土质路基	双层	面砟		30	35	30	25	20
				底砟		20		20		
		石质路堑	单层	面砟		35	35	35	25	20
4	道床顶宽				m	3.6	3.4	3.4	2.9	2.9
5	道床边坡					1∶1.75	1∶1.75	1∶1.5	1∶1.5	1∶1.5

注：①其他站线系指存车线内的到发停留线、综合维修工区及连接车站与综合维修基地(工区)的线路。次要站线系指到发线和其他站线以外的站线；

②道岔的道床厚度不应小于连接的主要线路的道床厚度；

③面砟采用 10～35 mm 粒径级配碎石道砟；

④有垫层指非渗水土路基采用的双层道床；无垫层指岩石、渗水土路基采用的单层道床；

⑤站线宜采用单层道床；

⑥联络线、到发线、动车组走行线采用Ⅲ$_a$型混凝土枕配弹条Ⅱ型扣件，其余线路采用新Ⅱ型混凝土枕配弹条Ⅱ型扣件；

⑦不同类型的钢轨连接采用异型轨连接，异型轨长度可采用 12.5 m 或 6.25 m。

三、站场路基线路直线地段轨道

有砟站线轨道高度见表 3-7-2。

表 3-7-2 站场路基线路直线地段轨道高度

轨道						道床厚度(mm)	钢轨中心线处轨道最小高度(m)	线路中心线处轨道高度(m)				附注
钢轨		轨枕		垫板				单斜面		双斜面		
类型(kg/m)	高度(mm)	类型	厚度(mm)	类型	厚度(mm)			2%	4%	2%	4%	
60	176	Ⅲ型混凝土枕	230	橡胶垫板	10	350	0.766	0.781	0.796	0.751	0.736	①
						300/200	0.916	0.931	0.946	0.901	0.886	②
						250/200	0.866	0.881	0.896	0.851	0.836	③

续上表

轨道						道床厚度(mm)	钢轨中心线处轨道最小高度(m)	线路中心线处轨道高度(m)				附注
钢轨		轨枕		垫板				单斜面		双斜面		
类型(kg/m)	高度(mm)	类型	厚度(mm)	类型	厚度(mm)			2%	4%	2%	4%	
50	152	新Ⅱ型混凝土枕	206.2	橡胶垫板	10	250	0.618	0.633	0.648	0.603	0.588	④

注:①适用渗水土路基(包括桥、岩石、级配碎石等)的客运专线正线、到发线等轨道标准;
②适用联络线的轨道标准;
③适用动车走行线的轨道标准;
④适用于动车组存车线、综合工区内线路。

四、CRTS Ⅲ型板式无砟轨道结构设计

无砟轨道结构高度 838 mm,CRTS Ⅲ型板式无砟轨道由钢轨、扣件、预制轨道板、配筋的自密实混凝土、限位凹槽、中间隔离层(土工布)和钢筋混凝土底座等部分组成。道岔区无砟轨道结构高度 860 mm,轨道板半宽 1.7 m,详细布置以轨道专业设计图纸为准。

五、异型轨过渡

不同轨型间用长 12.5 m 或 6.25 m 的异型轨过渡。计算长度时计入较高一级轨道类型中,但异型轨的类型及对数应另外注明。

六、道岔型号的选择

跨线列车联络线连接道岔采用 42 号高速道岔,采用“客专线(07)006”型 42 号高速道岔(无砟)或“客专线(07)011”型 42 号高速道岔(有砟)。

客运专线上通行正规列车的道岔采用 18 号,其中正线铺设无砟轨道的地段,18 号道岔采用“客专线(07)009”型,龙川西站广梅汕正线道岔采用“客专线(07)004”型。到发线铺设有砟轨道的地段 18 号道岔采用“GLC(07)02”型,到发线铺设无砟轨道地段 18 号道岔采用 GLC(07)02W 型。

动车、养护维修列车走行线与到发线连接时采用辙岔号不小于 12 号的道岔。存车线采用 12 号道岔,段管线采用 9 号道岔,联络线安全线采用 12 号道岔,工区及工区走行线安全线采用 9 号道岔。具体采用道岔型号见表 3-7-3。

表 3-7-3 道岔型号选用

轨型	辙叉号	图号	道岔前长 a(m)	道岔后长 b(m)	道岔全长 L(m)	附注
60	42	客专线(07)006	60.573	96.627	157.2	无砟
60	42	客专线(07)011	60.573	96.627	157.2	有砟
60	18	客专线(07)009	31.729	37.271	69	无砟(正线)
60	18	GLC(07)02	31.729	37.271	69	有砟
60	18	客专线(07)004	31.729	37.271	69	有砟
60	18	GLC(07)02W	31.729	37.271	69	无砟(到发线)
60	12	客专线(10)017	16.592	26.608	43.2	无砟(塘厦联络线)
60	12	专线 4249	16.592	21.208	37.800	
60	9	CZ577	16.853	21.054	37.907	
50	12	专线 4257	16.853	21.054	37.907	
50	9	CZ2209	13.839	15.009	28.848	

第四节　无砟轨道结构设计

和平北站、东源站、博罗北站、仲恺站、光明城站车站到发线轨道类型为无砟轨道。

一、CRTS Ⅲ型板式无砟轨道结构设计

CRTS Ⅲ型板式无砟轨道结构由钢轨、扣件、预制轨道板、自密实混凝土、限位凹槽、中间隔离层（土工布）和钢筋混凝土底座等部分组成。在路基、桥梁和隧道地段轨道板间采用单元分块式结构。

（一）钢轨

采用 60 N、100 m 定尺长、无螺栓孔 U71MnG 新轨。钢轨质量符合《高速铁路用钢轨》（TB/T 3276—2011）和《钢轨使用规范》（Q/CR 583—2017）的要求。

（二）扣件

采用福斯罗 300-1 型扣件，桥梁地段除经无缝线路检算需要铺设小阻力扣件地段外，其余均采用常阻力扣件。扣件满足《高速铁路扣件》（TB/T 3395.5—2015）的要求。

（三）轨道板

轨道板采用先张法预应力轨道板。采用的标准轨道板型号为 P5600、P4925 和 P4856 三种，板厚均为 200 mm，承轨台高度为 38 mm，混凝土强度等级为 C60。轨道板与自密实混凝土间的连接方式采用门形钢筋的方式。在轨道板下设置门型钢筋，使轨道板与自密实混凝土连接为一整体，如图 3-7-1 所示。

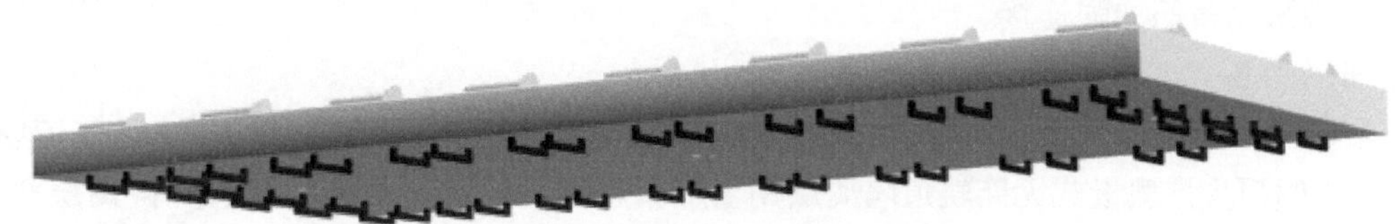

图 3-7-1　轨道板底设置门形钢筋结构

CRTS Ⅲ型无砟轨道模具调整、检测及成品板验收均满足《高速铁路 CRTS Ⅲ型板式无砟轨道先张法预应力混凝土轨道板》（Q/CR 567—2017）的要求。

（四）自密实混凝土及限位凹槽

轨道板下铺设自密实混凝土，强度等级为 C40，设计厚度为 90 mm，长度和宽度与轨道板对齐，采用单层钢筋焊网，直径为 ϕ12 mm。生产钢筋焊接网的 CRB600H 级冷轧带肋钢筋符合《冷轧带肋钢筋》（GB 13788—2017）的要求。

自密实混凝土与混凝土底座采用限位凹槽的方式进行限位和纵横向力的传递，每块轨道板下设置两个限位凹槽，凹槽尺寸为 700 mm×1 022 mm（四角设置 R=100 mm 圆角），限位凹槽处加设配筋，限位凹槽周围（侧面）设置弹性垫层，弹性垫层满足结构受力、变形和材料耐久性要求。

在自密实混凝土和底座之间设置中间隔离层（土工布）。自密实混凝土通过轨道板预留灌注孔进行灌注。中间隔离层采用土工布，中间隔离层具有良好的憎水性能，其技术指标满足《高速铁路 CRTS Ⅲ型板式无砟轨道隔离层用土工布》（Q/CR 658—2018）的要求。弹性垫层技术指标满足《高速铁路 CRTS Ⅲ型板式无砟轨道三元乙丙橡胶弹性缓冲垫层暂行技术条件》（TJ/GW 114—2013）的技术要求。自密实混凝土中设置 2 根 ϕ14 mm 的 HRB400 螺纹钢筋通过绝缘卡固定在轨道板门型钢筋内侧。凹槽钢筋和自密实混凝土钢筋网片通过绑扎形成整体。

（五）底座

底座采用钢筋混凝土结构，双层 CRB600H 级冷轧带肋钢筋焊网，直径为 ϕ11 mm（路基）或者 ϕ10 mm（隧道和桥梁）。底座伸缩缝宽度为 20 mm，采用闭孔聚乙烯塑料泡沫板填缝，其相关性能符合《铁路无砟轨道嵌缝材料》（Q/CR 601—2017）的相关规定。底座两侧与线间纵向伸缩缝、底座横向伸缩缝，线间封闭

层混凝土横向伸缩缝均采用有机硅铜密封，其相关性能符合《铁路无砟轨道嵌缝材料》(Q/CR 601—2017)的相关规定。

1. 路基地段底座

路基地段底座混凝土强度等级为C35，底座宽度较轨道板边缘各宽300 mm，为3 100 mm，底座板厚度为300 mm。每3块轨道板对应长度设置一个底座单元，底座单元之间设置宽度为20 mm伸缩缝，个别地段4块轨道板对应长度设置一个底座单元。在伸缩缝位置设置传力杆，传力杆采用8根ϕ36 mm光面钢筋，长度为500 mm。

2. 桥梁地段底座

(1)桥梁底座设计

桥梁地段底座混凝土强度等级为C40，长度为对应每块轨道板长度。底座宽度较轨道板边缘各宽200 mm，总宽度为2 900 mm，底座板厚度为200 mm。

(2)大梁缝设计

针对无砟轨道大梁缝地段，根据不同梁缝大小，部分无砟轨道底座和轨道板需同时伸出梁端，底座需要加强配筋特殊设计。

(3)隧道地段底座

底座采用钢筋混凝土结构，混凝土强度等级为C35，底座宽度较轨道板边缘各宽200 mm，总宽度为2 900 mm，底座板厚度为200 mm。每3块轨道板对应长度范围设置一个底座单元，底座单元之间设置宽度为20 mm伸缩缝，个别地段4块轨道板对应长度范围设置一个底座单元。隧道洞口100 m范围内，底座板与隧道基础采用植筋加强连接。

(六)中间隔离层

自密实混凝土层与底座间设置厚度为4 mm土工布隔离层，隔离层具有良好的憎水性能，其技术指标满足《高速铁路CRTS Ⅲ型板式无砟轨道隔离层用土工布》(Q/CR 658—2018)的要求，隔离层宽度覆盖自密实混凝土的宽度范围，保证对自密实混凝土层与底座间的良好隔离效果。

(七)轨道超高

曲线地段超高采用外轨抬高方式，在底座上设置，并在缓和曲线地段按线性变化完成过渡。具体超高设置执行《国铁集团工电部关于新建赣州至深圳铁路曲线轨道超高设置方案的函》(工电综技函〔2019〕42号)。

(八)轨道结构高度

轨道结构高度设置见表3-7-4。

表3-7-4 CRTS Ⅲ型板式无砟轨道结构高度设置(mm)

基 础	组 成						
	钢轨	扣件	承轨台	轨道板	自密实混凝土	底座	合计
路 基	176	34	38	200	90	300	838
桥 梁	176	34	38	200	90	200	738
隧 道	176	34	38	200	90	200	738

(九)轨道绝缘

轨道板内钢筋进行绝缘处理，在满足轨道电路要求下，自密实混凝土与底座内钢筋不做绝缘处理。

(十)综合接地

在轨道板内设接地端子，将轨道板在纵向上划分成长度不大于100 m的接地单元，每一单元与贯通地线单点T形连接一次。

(十一)灌浆孔

在自密实混凝土凝固前通过轨道板灌浆孔、检查孔按要求插入自密实混凝土内1个S形钢筋，采用自密实混凝土一次灌注工艺。为加强灌注孔内自密实混凝土的连接质量，对灌注孔 S 形钢筋进行了优化设计，如图 3-7-2 所示。

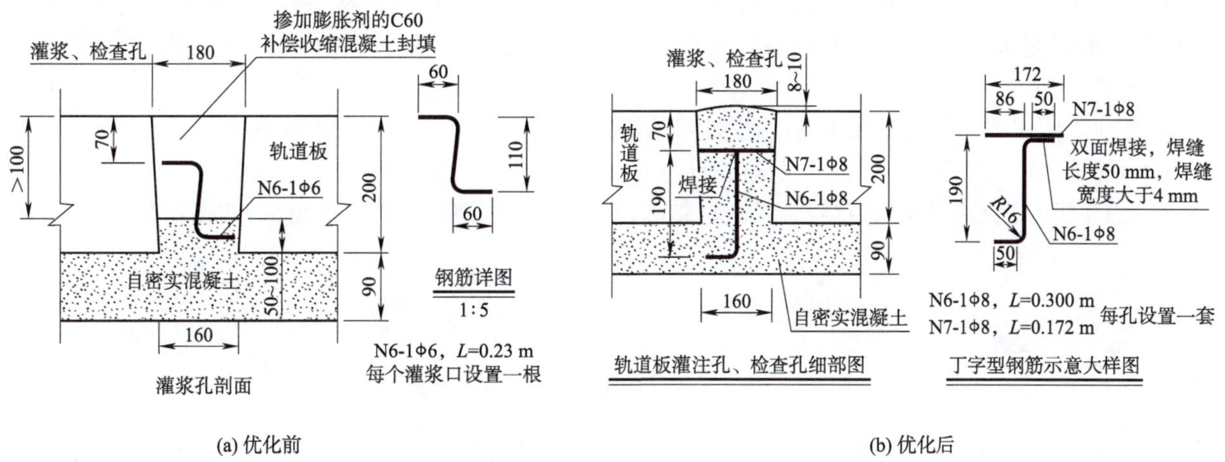

图 3-7-2 灌注孔 S 形钢筋优化(单位：mm)

二、CRTS 双块式无砟轨道

(一)路基地段 CRTS 双块式无砟轨道设计

路基地段采用单元分块式结构，由钢轨、WJ-8B 扣件、SK-2 双块式轨枕、道床板和底座等组成，轨道结构高度 815 mm，如图 3-7-3 所示。主要铺设于车站到发线及咽喉连接区。

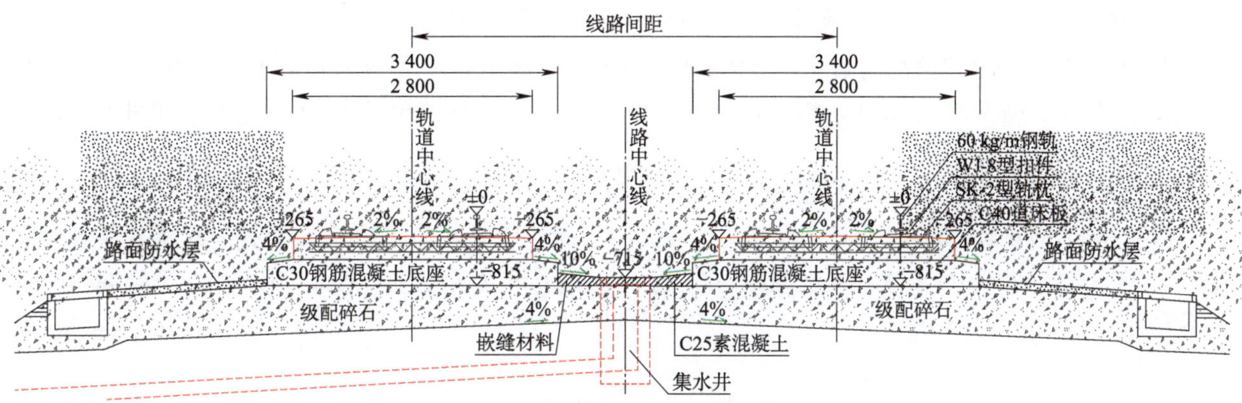

图 3-7-3 路基地段单元式 CRTS 无砟轨道横断面(单位：mm)

1. 钢轨、扣件

钢轨同 CRTS Ⅲ型板式无砟轨道，扣件采用 WJ-8B 扣件。

2. 轨枕

采用 SK-2 型双块式轨枕，图号：通线[2011]2351-Ⅰ。轨枕间距一般不大于 650 mm，不小于 600 mm。轨枕质量符合《CRTS 双块式无砟轨道混凝土轨枕》(TB/T 3397—2015)的要求。

3. 道床板

道床板采用 C40 混凝土分块浇筑，道床板宽度 2 800 mm，厚度为 260 mm，长度为 5～7 m，道床板板缝为 100 mm。每块道床板设两个凸向底座方向的限位凸台，道床板限位凸台与底座限位凹槽相匹配。

4. 底座

道床板下设置钢筋混凝土底座，底座宽度为 3 400 mm，一般地段厚度为 300 mm。底座采用分块浇筑，一般以 3～4 块道床板长度对应设置一个底座单元，局部地段以 1～2 块道床板长度对应设置一个底座单元。底座单元之间设置伸缩缝,伸缩缝宽度为 20 mm。相邻底座单元伸缩缝位置设置传力杆。

5. 无砟轨道排水

正线道床板表面采用双向排水坡,横向排水坡度 2%。紧靠站台到发线,道床板顶面设置单向排水坡,横向排水坡度 0.7%,由站台侧往正线一侧排水,非紧靠站台到发线排水设计与正线一致。

6. 超高设置

路基地段曲线超高设置在底座上,采用外轨抬高方式,并在缓和曲线区段按线性变化完成过渡。

(二)桥梁地段 CRTS 双块式无砟轨道设计

桥上 CRTS 双块式无砟轨道结构由钢轨、扣件、双块式轨枕、道床和底座等组成,如图 3-7-4 所示。

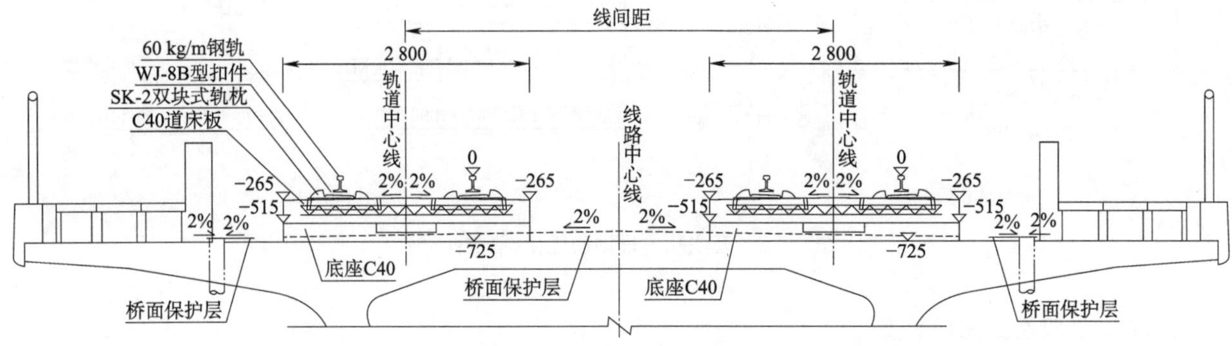

图 3-7-4 桥上直线地段 CRTS 双块式无砟轨道横断面(单位:mm)

1. 钢轨

同路基地段。

2. 扣件

桥上除在通过无缝线路纵向附加力计算需减小线路纵向阻力处采用 WJ-8B 型小阻力扣件外,其他地段均采用 WJ-8B 型常阻力扣件。扣件性能满足《高速铁路扣件 第 5 部分:WJ-8 型扣件》(TB/T 3395.5—2015)的要求。

3. 轨枕

采用 SK-2 型双块式轨枕,图号:通线[2011]2351-I。轨枕质量符合《CRTS 双块式无砟轨道混凝土轨枕》(TB/T 3397—2015)的要求。轨枕间距一般不大于 650 mm,不小于 600 mm。困难情况下梁端扣件间距不大于 687 mm,且不连续设置。

4. 道床

桥梁地段道床板采用分块浇筑,双层配筋,混凝土强度等级 C40。道床板的宽度为 2800 mm,厚度为 260 mm,道床板表面采用双向排水坡,横向排水坡度 2%。

5. 底座

底座直接浇筑在桥面上,并与桥面用预埋钢筋连接。桥上混凝土底座采用分块式结构,混凝土强度等级为 C40,长度及宽度与道床板相同,厚度为 210 mm。桥上每块底座板设置两个凹槽,凹槽四周设圆形倒角,倒角半径为 50 mm,与道床板的限位凸台相匹配。限位凹槽四周设弹性缓冲垫层,其技术性能符合《桥上双块式无砟轨道限位结构弹性垫层》(Q/CR 6—2014)的相关规定。

6. 排水设计

为避免道床板表面积水,道床板表面设置双向横向排水坡,将水排至桥面,桥面设置两列泄水孔。

7. 超高

桥梁地段曲线超高设置在混凝土底座上,超高渐变在缓和曲线全长上完成。

(三)隧道地段 CRTS 双块式无砟轨道设计

赣深铁路大于 5 km 隧道内铺设 CRTS 双块式无砟轨道。隧道内 CRTS 双块式无砟轨道结构由钢轨、扣件、双块式轨枕、道床等组成，如图 3-7-5 所示。

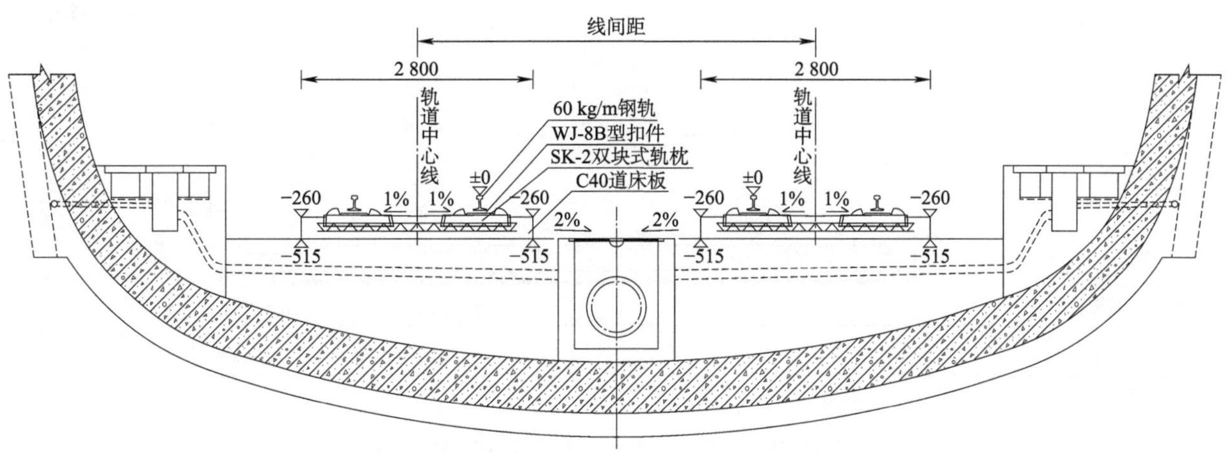

图 3-7-5 隧道内直线地段 CRTS 双块式无砟轨道横断面(单位:mm)

1. 钢轨、扣件、轨枕

同路基地段钢轨、扣件、轨枕。

2. 道床

除在隧道变形缝处外，隧道地段道床板采用连续浇筑，混凝土强度等级 C40。道床板宽度为 2 800 mm，厚度为 260 mm。隧道内道床板采用双层配筋。根据道床板在隧道中的位置分两种配筋方式，即距隧道洞口 200 m 范围内的结构配筋和距隧道洞口大于 200 m 范围内的结构配筋。

隧道内连续道床板浇筑在隧道回填层或钢筋混凝土底板上，回填层或钢筋混凝土底板表面进行拉毛处理；并在隧道进出口距连续浇筑道床板端部 15 m 范围内，道床板与隧道回填层或钢筋混凝土底板间采用植筋加强连接，即在每间隔两轨枕间植入一排长为 400 mm 的 ϕ25 mm 钢筋，每排 4 根。

道床板结构内纵横向钢筋节点采用绝缘卡绝缘，在道床板混凝土浇筑前应进行轨道电路传输距离的测试检查，以满足轨道电路传输距离的要求。

3. 排水设计

道床板表面采用双向排水坡，横向排水坡度 1%。道床表面的水汇集后流入隧道排水系统。

4. 超高

隧道地段曲线超高在道床板上设置，超高渐变在缓和曲线全长上完成。

路基、桥梁和隧道地段 CRTS 双块式无砟轨道结构高度见表 3-7-5。

表 3-7-5 CRTS 双块式无砟轨道结构高度(mm)

基 础	组 成					合 计
	钢 轨	WJ-8B 扣件	承轨台	道床板	底 座	
路 基	176	34	45	260	300	815
桥 梁	176	34	45	260	210	725
隧 道	176	34	45	260	—	515

三、岔区轨枕埋入式无砟轨道

(一)路基上岔区轨枕埋入式无砟轨道

1. 结构组成

路基上道岔区轨枕埋入式无砟轨道采用单元分块式结构，从上到下的组成为道岔钢轨、扣件系统、岔枕、钢筋混凝土道床板和钢筋混凝土底座，设计轨道结构高度为 860 mm，如图 3-7-6 所示。

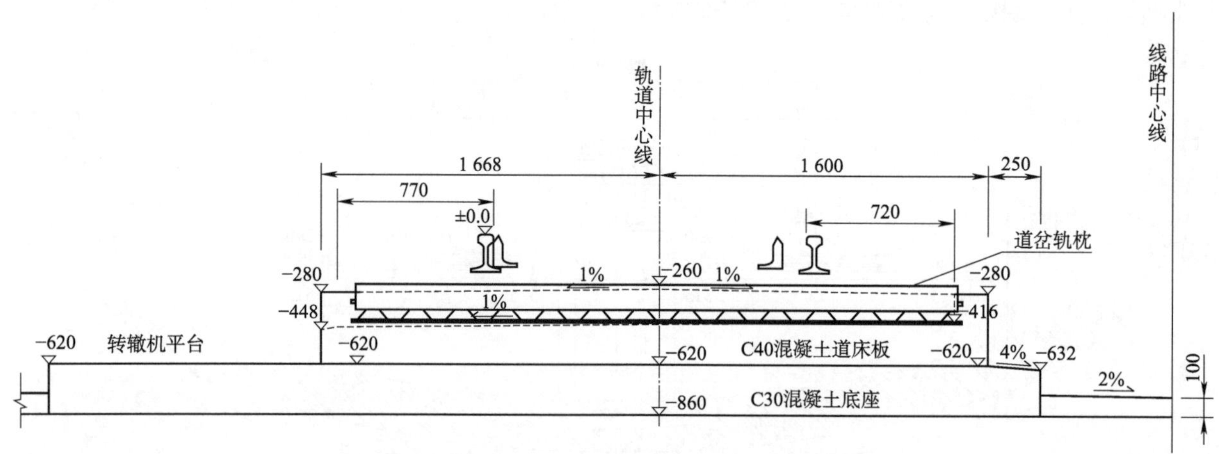

图 3-7-6 路基地段轨枕埋入式道岔横断面(单位:mm)

2. 道床板

道岔区道床板采用 C40 混凝土现场浇筑而成,厚 360 mm。道床板内钢筋按照绝缘设计,除接地钢筋交叉、搭接采用焊接外,其余钢筋交叉、搭接处均设置绝缘卡。

道床板根据道岔轨枕的布置划分为多个单元块,单元块之间设横向伸缩缝,伸缩缝宽 100 mm。

3. 底座

岔区道床板下设置混凝土强度等级为 C30 的钢筋混凝土底座,厚 240 mm。底座分段与道床板单元一致,长度比道床板两端各宽 40 mm,宽度比道床板两侧各宽 250 mm,即底座边缘至外侧轨道中心线的距离为 1 850 mm。底座内钢筋按绝缘设计,钢筋间设置小型绝缘卡。

底座单元之间设置伸缩缝,伸缩缝宽度为 20 mm。采用聚苯乙烯泡沫塑料板填缝,并在伸缩缝顶面和两侧采用嵌缝材料密封。伸缩缝位置设置传力杆。

4. 道床板与底座间连接

道床板与底座间采用长度为 700 mm 的 ϕ25 mm HRB 400 钢筋进行连接。连接钢筋与道床板、底座内钢筋须绝缘处理。

5. 转辙机平台

在转辙机安装位置设计钢筋混凝土转辙机平台,平台顶面距轨顶根据道岔供货商提供的转辙机安装要求确定。

(二)桥上岔区轨枕埋入式无砟轨道

桥上道岔区轨枕埋入式无砟轨道从上到下的组成为道岔钢轨、扣件系统、岔枕、钢筋混凝土道床板、中间分隔层和钢筋混凝土底座,设计轨道结构高度为 850 mm,如图 3-7-7 所示。

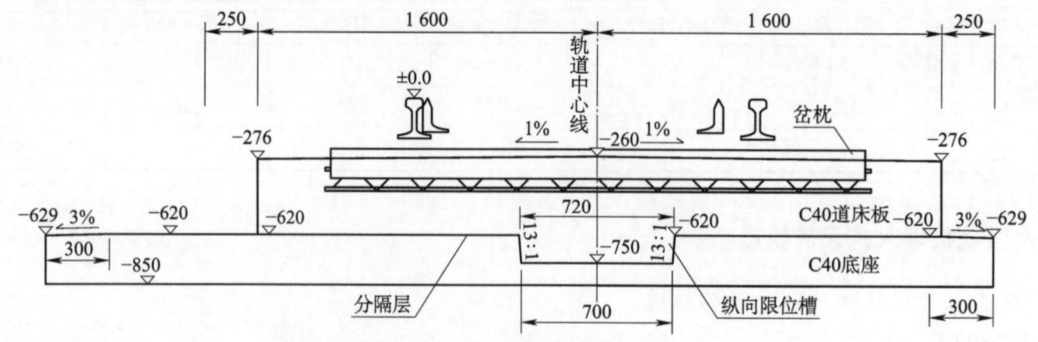

图 3-7-7 桥上轨枕埋入式道岔横断面(单位:mm)

1. 道床板

道岔区道床板采用 C40 混凝土现场浇筑而成，厚 360 mm，道床板边缘至外侧轨道中心线的距离为 1 600 mm，道床板顶面根据具体情况设置一定的横向排水坡。道床板内钢筋按照绝缘设计，除接地钢筋交叉、搭接采用焊接外，其余钢筋交叉、搭接处均设置绝缘卡。

桥上道岔道床板构筑于钢筋混凝土底座上，中间设置分隔层，并通过底座的纵、横向限位凹槽固定道床板位置。道床板根据道岔轨枕的布置划分为多个单元块，长度取 25～48 m。单元块之间设横向伸缩缝，伸缩缝宽 100 mm，伸缩缝根据岔枕铺设情况垂直于直股线路中心线布置，并位于两岔枕正中位置。

转辙机牵引点所在位置的道床板设置横向拉杆槽，槽底距离钢轨底不得小于 240 mm，槽宽按照岔枕间隔控制，槽长根据道岔设备图纸要求确定，槽底由内向外设置 1%的横向排水坡。

2. 底座

桥上道岔区底座采用 C40 混凝土在桥面现场浇筑而成，设计底座厚度为 230 mm，通过预埋连接钢筋与桥面相连。底座分段长度与道床板单元一致，底座比道床板两侧各宽 250 mm，即底座边缘至外侧轨道中心线的距离为 1 850 mm。底座内钢筋按照绝缘设计，所有钢筋搭接及交叉处设置绝缘卡。

道岔区道床板与底座间设置分隔层，隔离层采用 4 mm 聚丙烯非织造土工布。底座顶面设置底宽 700 mm、深 130 mm 的纵、横向限位凹槽，其长度及个数根据分块布置及结构受力要求设计，限位槽四周安装弹性垫板。

3. 转辙机平台

在转辙机安装位置设计钢筋混凝土转辙机平台，平台顶面距轨顶 620 mm。

四、钢轨伸缩调节器区无砟轨道

赣深铁路郭屋村东江桥(77＋160＋77)m 连续梁、剑谭东江特大桥(136＋260＋136)m 斜拉梁端设置钢轨伸缩调节器。

钢轨伸缩调节器区采用轨枕埋入式无砟轨道，结构组成为调节器专用钢轨、扣件、轨枕，道床板、土工布和设有限位结构的钢筋混凝土底座等，如图 3-7-8 所示。

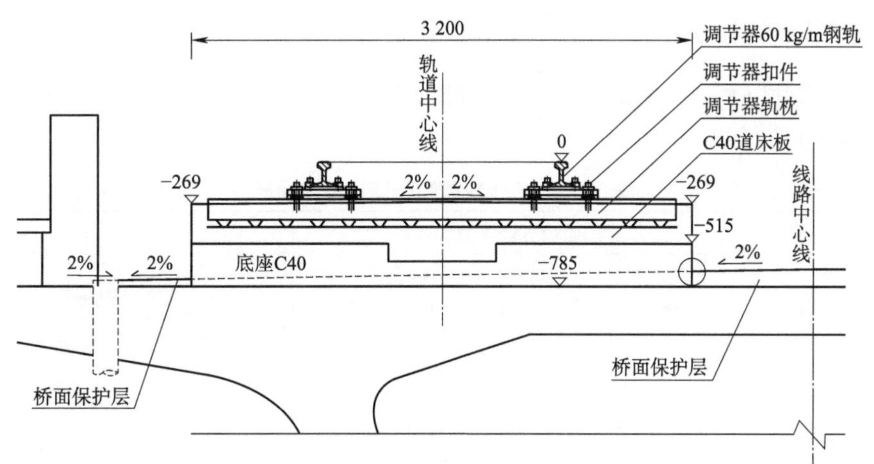

图 3-7-8 钢轨伸缩调节器区轨枕埋入式无砟轨道横断面(单位：mm)

1. 钢轨

采用 60 N、100 m 定尺长钢轨，无螺栓孔 U71MnG 新轨。钢轨质量应符合《高速铁路用钢》(TB/T 3276—2011)。钢轨伸缩调节器的钢轨应符合“研线 0706-1”的相关要求。

2. 扣件及轨枕

钢轨伸缩调节器区域采用专用钢轨、扣件和轨枕。轨枕间距一般为 600 mm，跨越梁缝处轨枕间距应根据施工温度、无缝线路锁定轨温、桥梁徐变等因素在钢轨伸缩调节器设计人员和生产厂家的指导下计算确定。

3. 道床板

道床板采用分块浇筑,宽度为 3 200 mm,厚度为 260 mm,混凝土强度等级为 C40。每块道床板设两个凸向底座方向的限位凸台。

4. 底座

底座为现浇分块式结构,混凝土强度等级为 C40,并采用预埋钢筋连接于桥面。底座板长度、宽度跟道床板的长度、宽度相同,底座板间不充填。底座两侧与梁面保护层纵向间采用有机硅酮嵌缝材料密封,嵌缝材料宽度 20 mm(深)×15 mm(宽),其性能须满足《铁路无砟轨道嵌缝材料》(Q/CR 601—2017)的相关规定。每块底座板上设置两个限位凹槽,与道床板下限位凸台对应。

5. 道床排水

道床板表面采用双向排水坡,横向排水坡度 2%。

6. 道床板内钢筋绝缘与综合接地

道床板及轨道板内应设置接地钢筋和接地端子,轨道板接地端子采用接地钢缆连接,再通过接地电缆连接到不同下部基础的接地端子上,接地单元长度不大于 100 mm,每一单元与贯通地线单点 T 形连接一次。

五、有砟无砟过渡段轨道设计

到发线有砟无砟过渡段不设置辅助轨。正线有砟无砟过渡段通过设置辅助钢轨、调整垫板刚度等方式进行过渡,具体设计如下:

(1)有砟无砟过渡段长 25 m。其中无砟过渡段 5.15 m,采用无砟过渡段轨枕和 WJ-7B 扣件;有砟过渡段 19.85 m,采用有砟过渡段轨枕和 WJ-7A 扣件。

(2)过渡段基本轨之间设置两根 60 kg/m 辅助轨,长度为 25 m,其中有砟轨道内 19.85 m,无砟轨道内 5.15 m。

(3)过渡段轨枕采用通线(2008)2201,无砟过渡段扣件采用 WJ-7B 扣件(研线 0603B),有砟过渡段扣件采用 WJ-7A 扣件(研线 0603A)。辅助轨采用扣板式扣件(研线 0607)。

(4)钢轨接头与过渡段终点(起点)相错量≥2.5 m。

六、轨道静态铺设精调标准

正线轨道、正线道岔以及站线道岔静态平顺度铺设精度标准符合《高速铁路设计规范》(TB 10621—2014)的规定,见表 3-7-6、表 3-7-7。

表 3-7-6 正线轨道静态铺设精度标准

序号	项目	容许偏差	备注
1	轨距	无砟轨道:±1 mm 有砟轨道:±2 mm	相对于标准轨距 1 435 mm
		1/1 500	变化率
2	轨向	2 mm	弦长 10 m
		2 mm/(5 或 8a)m 10 mm/(150 或 240a)m	基线长(30 或 48a)m 基线长(300 或 480a)m
3	高低	2 mm	弦长 10 m
		2 mm/(5 或 8a)m 10 mm/(150 或 240a)m	基线长(30 或 48a)m 基线长(300 或 480a)m
4	水平	2 mm	不包含曲线、缓和曲线上的超高值
5	扭曲	2 mm	基长 3 m,包含缓和曲线上由于超高顺坡所造成的扭曲量

注:表中轨向、高低栏中的 a 为无砟轨道扣件节点间距;容许偏差列中括弧内为矢距法检测测点间距;备注列中括弧内为基线长,其中含 a 表达式适用于无砟轨道,与其对应的具体数值使用于有砟轨道。

表 3-7-7 正线道岔静态铺设精度标准

项目	高低	轨向	水平	扭曲 (基长 3 m)	轨距
幅值(mm)	2	2	2	2	±1,变化率 1/1 500
弦长(m)	10		—		

第五节 跨区间无缝线路设计

一、类型及铺设范围

正线及紧邻正线到发线均一次铺设跨区间无缝线路。

二、单元轨节布置

(1)跨区间无缝线路由若干单元轨节及正线道岔焊接而成,单元轨节的布置根据线路条件、工点情况、施工工艺及养护维修等因素综合研究确定。区间单元轨节长度区间一般为 1 000~2 000 m,最短不小于 200 m。

(2)下列地段单独设计为一个或多个单元轨节:

①无缝道岔、钢轨伸缩调节器及其前后线路;

②长度超过 1 000 m 的隧道;

③小半径曲线地段。

(3)单元轨节始、终端左右股钢轨接头相错量不大于 100 mm。

(4)工地焊接接头不设置在不同轨道结构过渡段以及不同线下基础过段范围内,并距桥台边墙和桥墩大于 2 m。

三、锁定轨温设计

跨区间无缝线路的设计锁定轨温根据线路沿线气象资料、无缝线路的允许温降和允许温升计算确定,并满足桥上无缝线路的断缝检算要求,同时满足相邻单元轨节间的锁定轨温差不大于 5 ℃,左右股锁定轨温差不大于 3 ℃,同一区间内单元轨节的最高与最低锁定轨温差不大于 10 ℃的要求。

本线根据广东地区历史最高轨温、最低轨温来确定设计锁定轨温,见表 3-7-8。

表 3-7-8 历史最高、最低轨温及无砟轨道锁定轨温(℃)

地段	最高轨温	最低轨温	中间轨温	无砟轨道设计锁定轨温	锁定轨温范围
深圳	58.7	0.2	29.5	30	±5

注:区间无砟设计锁定轨温范围(30±5) ℃;道岔范围设计锁定轨温范围(30±3) ℃。

四、桥上无缝线路

桥上无缝线路按《铁路无缝线路设计规范》(TB 10015—2012)设计,连续梁及与之相邻的 3 孔简支梁地段采用福斯罗 300-1 型弹性分开式小阻力扣件,其余地段常采用福斯罗 300-1 型弹性分开式常阻力扣件。小阻力扣件的具体设置地段见表 3-7-9。

表 3-7-9 小阻力扣件铺设地段

桥名	桥跨布置(m)	温度跨度(m)	起始里程	终点里程	铺设长度(m)	标段
芦屋跨 339 省道大桥	48+80+48	128	168 860.1	169 160.66	300.56	GSSG-02

续上表

桥　　名	桥跨布置(m)	温度跨度(m)	起始里程	终点里程	铺设长度(m)	标　　段
柳城东江铁路大桥(跨京九)	64+108+64/88+160+88连续刚构	172/168	222 073.3	223 227.4	1 154.1	GSSG-04
郭屋村东江铁路大桥	76+160+76	236	设置钢轨伸缩调节器			GSSG-06
汕湛高速特大桥	64+108+64	172	305 803.72	306 213.62	409.9	GSSG-06
黄坭塘特大桥	60+100+60	160	337 412.3	337 822.2	409.9	GSSG-06
跨京九铁路特大桥	64+116+64	180	345 231.72	345 649.795	418.075	GSSG-06
小金口特大桥	75+125+75	210	348 534.305	348 950.57	416.265	GSSG-07
惠州东江铁路大桥	136+260+136	266	设置钢轨伸缩调节器			GSSG-07
梅湖跨长深高速特大桥	72+128+72	200	358 197.1	358 667.09	469.99	GSSG-07
潼湖特大桥	40+3×64+40	168	375 267.65	375 729.55	461.9	GSSG-08
潼湖特大桥	48+80+48	128	377 102.95	377 460.88	357.93	GSSG-08
潼湖特大桥	75+125+75	210	378 148.92	378 606.025	457.105	GSSG-08
潼湖特大桥	75+125+75	210	378 966.165	379 373.85	407.685	GSSG-08
潼湖特大桥	88+160+88	168	381 992.46	382 502.755	510.295	GSSG-08
潼湖特大桥	64+116+64	180	383 714.815	384 156.95	442.135	GSSG-08
石马河特大桥	48+80+80+80+48	208	397 696.365	398 230.45	534.085	GSSG-08
凤凰互通特大桥	128 m系杆拱/48+80+80+48	128/128	423 082.2	423 730.19	647.99	GSSG-10
水田特大桥	60+100+60	160	427 537.085	427 946.985	409.9	GSSG-10

五、隧道内无缝线路

隧道洞口200 m范围设计锁定轨温与区间一致，200 m范围以外相邻单元轨节锁定轨温按照不大于5 ℃递减，逐渐过渡至洞内稳定的实际轨温锁定。

六、钢轨焊接

1. 焊接类型

基地(或工厂)焊接采用闪光焊，道岔内及道岔两端与区间线路连接的钢轨锁定焊可采用铝热焊。

2. 焊接要求

焊接接头质量符合《铁路钢轨焊接》(TB 1632.1—2014)的有关技术条件。焊接接头平直度标准满足表3-7-10的要求。

表3-7-10　焊接接头平直度标准(mm)

部　　位	平直度标准	
	200 km/h	200(不含)～350 km/h
顶　面	+0.3,0	+0.2,0
内侧工作面	+0.3,−0.3	+0.3,0
底面(焊筋)	+0.5,0	+0.5,0

3. 焊接接头位置

(1)左右股单元轨节锁定焊接头相错量不超过100 mm。

(2)由道岔前端和辙叉跟端接头焊缝决定的道岔全长偏差限值为±20 mm。

(3)钢轨铝热焊焊缝距轨枕边缘不小于100 mm。

(4)单元轨节起止点不应设置在不同轨道结构过渡段以及不同线下基础过渡段范围。

七、胶接绝缘接头

(1)绝缘接头采用现场胶接绝缘接头,采用工厂化制作,其性能指标符合《铁路胶接绝缘钢轨技术条件》(TB/T2975—2010)的相关技术要求,并具有型式检验合格证书。

(2)胶接绝缘接头位置距离道岔岔头、岔尾不小于6.25 m。

(3)左右两股钢轨的绝缘接头相对铺设,且绝缘接头轨缝绝缘端板距轨枕边缘不小于100 mm。

(4)胶接绝缘钢轨长度不小于12.5 m,钢轨的钢厂、钢种、轨型与线路钢轨相同。

(5)用于制作胶接绝缘接头的钢轨,必须经过探伤检查,并采用同一根钢轨锯开胶接。

八、位移观测桩

(1)跨区间无缝线路、区间无缝线路按单元轨节等距离设置位移观测桩,且桩间距离不大于500 m。单元轨节位移观测桩设置如图3-7-9所示,单元轨节长度不足500 m整倍数时,可适当调整桩间距离。

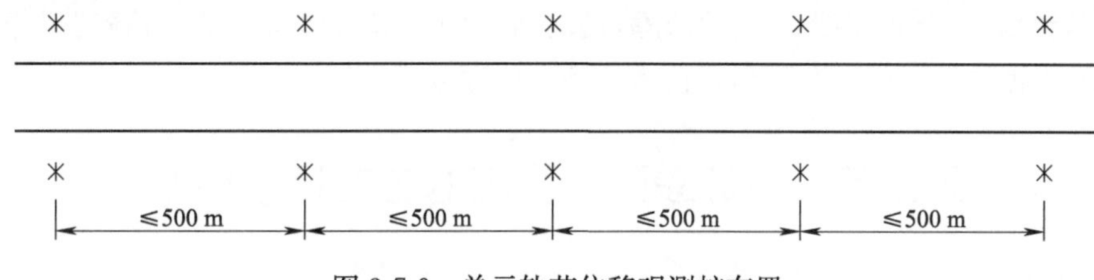

图3-7-9 单元轨节位移观测桩布置

(2)跨区间无缝线路、区间无缝线路距长轨条起、终点100 m处分别设置一组位移观测桩。

(3)无缝道岔及其前后设置7对钢轨位移观测桩:岔头、限位器(或间隔铁)、岔尾、道岔前后50 m和200 m处分别设置一组钢轨位移观测桩,如图3-7-10所示。

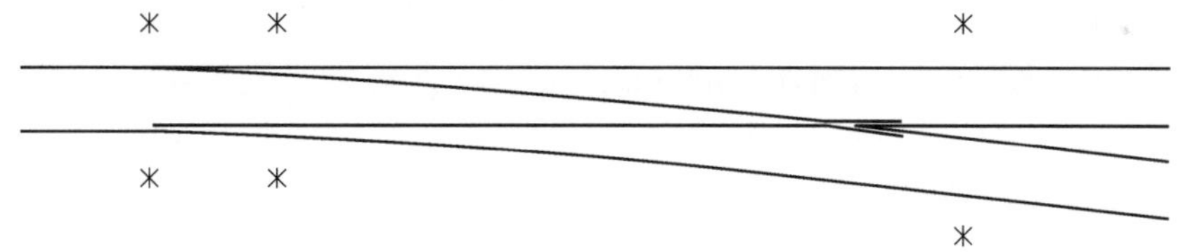

图3-7-10 无缝道岔位移观测桩布置

(4)长大桥梁两端、长大隧道的洞口设置1组位移观测桩。

(5)新建铁路位移观测桩设置在线路一侧或两侧。

(6)位移观测桩材料、规格及埋设位置。

①路基上使用准直仪进行位移观测,桥、隧地段使用拉线法进行。

②在每单元轨节和每组道岔对应位移观测桩位置的两侧钢轨上贴观测标尺,观测桩成对布置在线路两侧。标尺贴在钢轨轨腰上或轨头外侧。

第六节 道岔设计

赣深铁路正线无砟道岔有客专线42号道岔(07)006、18号道岔(07)009及(07)02W、12号道岔(10)017型号,均采用无缝道岔。无缝道岔中单组或相邻多组一次锁定的道岔(含其间线路)及其前后一定范围的线路组成一单元轨节。岔区无缝道岔设计锁定轨温与两端区间无缝线路设计锁定轨温按一致设计,并在设计锁定轨温±3 ℃范围内锁定。

桥上无缝道岔按照《铁路无缝线路设计规范》(TB 10015—2012)进行设计,正线桥上道岔不跨越梁缝,道岔始端、终端至梁缝距离不小于18 m。

第八章　站场及运营设备设计

第一节　站场工程概况与特点

赣深铁路广东段车站10座,引入既有车站1座为深圳北站,新设车站9座分别为和平北站、龙川西站、河源北站、河源东站、博罗北站、惠州北站、仲恺站、东莞南站、光明城站。设综合维修工区的车站有和平北站、河源东站、和东莞南站,设综合维修车间的车站有龙川西站、惠州北站。惠州北设存车场1处,其中新建4条,预留6条存车线,存车线外侧预留高铁物流用地。新建深圳北第二动车所,其中新建32条存车线、8线检修库,预留16条存车线、4线检修库,动车所外侧预留高铁物流基地;新建动车所外侧新建供电工区1处;原深圳北动车所一场维修车间新增2条大机存放线。

第二节　设计原则与采用的主要技术标准

一、主要技术标准

(1)铁路等级:客运专线。

(2)正线数目:双线。

(3)设计速度目标值:350 km/h。

(4)线间距:5.0 m。

(5)最小曲线半径:一般7 000 m,困难5 500 m。

(6)最大坡度:20‰。

(7)到发线有效长度:650 m。

(8)牵引种类:电力。

(9)机车类型:动车组。

(10)列车运行方式:自动控制。

(11)行车指挥方式:调度集中。

二、平　面

(一)正线上夹直线

1. 正线圆曲线和曲线间夹直线最小长度

一般条件下:$L \geqslant 0.8v$,困难条件下:$L \geqslant 0.6v$,L为夹直线及圆曲线长度(m),v为设计速度数值(km/h)。

2. 正线上缓和曲线与道岔间直线段长度

一般条件下:$L \geqslant 0.6v$,困难条件下:$L \geqslant 0.5v$,L为直线段长度(m),v为设计速度数值(km/h)。

即一般条件下正线上缓和曲线与道岔间直线段最小长度为210 m,困难条件下170 m。

3. 夹直线长度

大跨度桥梁地段的夹直线长度还需考虑钢轨伸缩调节器不能设于曲线上和竖曲线上的要求。

(二)到发线曲线和夹直线

列车到发进路上的曲线应设缓和曲线。缓和曲线长度应根据列车通过速度、曲线设计超高、超高或欠超高时变率、超高顺坡率计算确定，且不应小于 20 m。车站咽喉采用 12 号道岔时，曲线半径大于等于 400 m 可不设缓和曲线；车站咽喉采用 18 号道岔时，曲线半径大于等于 1 200 m 可不设缓和曲线。列车到发进路上的曲线设缓和曲线时，圆曲线长度和两曲线间夹直线长度不应小于 25 m；不设缓和曲线时，两曲线间无超高直线段长度不应小于 20 m；采用 12 号道岔时，困难条件下不应小于 10 m，超高顺坡率不应大于 2‰。

（三）曲线超高

列车到发进路上的道岔至其连接曲线超高顺坡终点之间的直线段长度不小于 20 m，并大于道岔根端至末根岔枕的长度与超高顺坡长度之和。正线道岔两端与竖曲线起、终点或变坡点的距离不宜小于 20 m。

（四）车站形式

车站形式根据本线旅客列车和跨线旅客列车共线运行的运输组织模式选择。全线车站采用横列式布置形式。邻靠正线的两侧不设置站台，车站位置与当地城市总体规划相互配合和协调。动车段（所）结合地形、地质条件，按取送方便和留有发展余地等因素并根据城市规划综合确定。动车组走行线数量和接轨方式根据列车出、入段次数计算确定。

综合维修工区根据车站地形、地质等条件，采用与车站横列或纵列布置。当横列布置时，设置牵出线，牵出线长度根据维修作业要求确定，以不短于维修作业最长一次出车长度为原则。

（五）段、所平面

动车段（所）、综合维修段（工区）、大型养路机械段内线路，最小曲线半径不小于 300 m，不落轮镟轮线、临修线作业区段两端的曲线半径不小于 400 m。道岔至曲线的直线段长度，岔前不应小于 7.5 m；岔后不应小于道岔跟端至末根岔枕的距离与设置曲线轨距加宽递减或曲线超高所需的直线段长度之和。

（六）到发线

到发线有效长采用 650 m，正线及到发线均按双进路设计。进站信号机（含维修工区）采用矮型双机构，出站信号机采用矮型单机构。

（七）车站建筑物及设备

车站内线路的直线地段，主要建筑物和设备至线路中心线的距离见表 3-8-1。

表 3-8-1　主要建筑物和设备至线路中心线的距离

序号	建筑物和设备名称			至线路中心线的距离（mm）
1	跨线桥柱、天桥柱、电力照明和雨棚等杆柱边缘	位于正线一侧		≥2 440
		位于站线一侧		≥2 150
		位于站场最外站线的外侧		≥3 100
2	旅客站台边缘	位于站线一侧		1 750
3	连续墙体、栅栏、声屏障边缘	位于正线或站线外侧（无人员通行）		路基面外
4	接触网柱边缘	位于正线一侧	无　砟	≥3 000
			有　砟	≥3 100
		位于站线一侧		≥2 500
		位于站场最外站线的外侧		≥3 100

中间站旅客站台端部可设在曲线上，临近站台时其半径应不小于 1 000 m，困难条件下不小于 600 m，站台端部最小宽度不宜小于 5.0 m。

（八）线间距

站内正线线间距与区间一致，采用 5.0 m。

车站到发线与客运专线正线线间考虑设置接触网杆柱，线间距采用 6.5m。设置有雨棚柱或接触网支柱的两到发线线间距为6.5 m。正线、联络线与既有铁路并行地段线间距不小于5.3 m。车站正线、到发线与维修段(工区)线路之间的距离,应根据两线路基宽度,两线高差,两线间围墙、水沟、接触网柱等计算确定。

(九)安全线

联络线、岔线、段管线与到发线、正线接轨时,若有平行进路及隔开道岔并有联锁装置时,可不设安全线,其余均应设置安全线。

(1)安全线的有效长度采用50 m(不含挡车器等安装长度约5 m)。

(2)安全线的纵坡需设计为平道或面向车挡的上坡道。

(3)安全线末端均应设置挡车器。

(4)安全线应设置双侧护轨。

(5)当安全线位于路基上时,应设置止轮土基。

(6)曲线型安全线末端与相邻线的间距应能确保机车、车辆侧翻时不影响相邻线的安全。

(7)安全线车挡不宜设置在桥上。

(十)渡线

全线均不设区间渡线。在满足作业要求和反向行车的前提下,一般在车站两端各设一条单渡线组成八字渡线。有立即折返作业的车站在车站一端或两端设置小八字渡线。连续两站八字渡线的朝向结合基本站台反向接发作业条件进行布置。个别与相邻站间距较近的车站,可不设渡线。设有工区的车站,两端咽喉正线间各设一条单渡线,其工区首选在顺行车方向到发线一侧。

(十一)道岔

1. 相邻道岔间插入钢轨长度

相邻道岔间插入钢轨长度应符合下列规定:正线上道岔对向设置,有列车同时通过两侧线时,插入不小于50 m长度的钢轨;受站坪长度限制时,可插入不小于33 m长度的钢轨。无列车同时通过两侧线时或道岔顺向布置时,可插入不小于25 m长度的钢轨。到发线上两道岔间,有列车同时通过两侧线时,可插入不小于25 m长度的钢轨;特殊困难条件下,插入不小于12.5 m长度的钢轨。无列车同时通过两侧线时,可插入不小于12.5 m长度的钢轨。其他站线上道岔之间连接按《铁路车站及枢纽设计规范》(TB 10099)有关规定办理。

上述插入短轨长度尚应满足无缝线路应力检算及混凝土岔枕的要求,高速车站两端道岔的布置还应满足设置接触网开关的要求。

2. 道岔设置规定

道岔不宜设置在路堤与桥台连接处,尽量避免设置在涵洞上或路堤与涵洞、路堑连接处的过渡段上。道岔距过渡段边缘的距离控制在20 m以上。在困难条件下,如道岔必须设置在上述过渡带的位置时,则提高路基标准,控制沉降。

(十二)消防、防护措施

为保证车站安全,车站内考虑设消防通道。根据《高速铁路反恐怖和治安防范标准》,高铁车站两端进站信号机以内周界以及站区重要行车设备、设施处所应采用砖混实体结构围墙封闭,围墙净高不低于2.5 m,厚度不小于0.24 m,非旅客服务区应加上50 cm刺丝滚笼或周界警报等防攀爬设施,对外设置醒目的禁止翻越警告标示牌,且保证设施倾覆时不侵入铁路限界。

三、纵断面

纵断面设计要求如下:

(1)站坪宜设在平道上,困难条件下,可设在不大于1‰的坡道上;越行站可设在不大于6‰的坡道上。到发线有效长度范围内宜采用一个坡段。

车站咽喉区的正线坡度宜与站坪坡度一致,困难条件下不宜大于2.5‰,中间站不宜大于6‰。

(2)动车段(所)、综合工区(保养点)、大型养路机械段内的线路宜设在平道上,困难条件下可设在不大于1‰的坡道上。咽喉区可设在不大于2.5‰的坡道上,困难条件下,可设在不大于6‰的坡道上。

养护维修列车走行线的坡度,困难条件下不应大于35‰;牵出线的坡度不宜大于6‰;跨线列车联络线最大坡度一般不大于20‰;动车组走行线最大坡度不应大于30‰。折返线宜设在平道上,困难条件下可设在不大于6‰的坡道上;折返线用于走行部分线路的坡度不宜大于30‰,困难条件下不应大于35‰。

(3)车站到发线有效长范围内宜设计为一个坡段,困难条件下站台范围内的坡段长度不应小于450 m。高速联络线的最小坡段长度,根据其设计速度,按相应速度标准的设计规范或规定执行,且不小于400 m,困难条件下不小于300 m,但不得连续使用。动车组走行线最小坡段长度一般不小于200 m。

(4)当跨线车联络线设计速度为160 km/h,相邻坡段的坡度差大于1‰时,以圆曲线型竖曲线连接,竖曲线半径采用15 000 m;当联络线设计速度为80 km/h,相邻坡段的坡度差大于3‰时,竖曲线半径采用5 000 m。

动车组走行线相邻坡段的坡度差大于3‰时,以圆曲线型竖曲线连接,竖曲线半径一般采用5 000 m,困难条件下采用3 000 m。

(5)车站道岔不应与竖曲线和变坡点重叠;正线道岔两端距竖曲线起、终点或变坡点不宜小于20 m。

(6)正线与到发线、到发线与到发线的轨顶宜按等高设计。咽喉区轨面有高差时,其轨面高差的顺接,应根据路基面横向坡度和道床厚度等因素设计。到发线的顺接坡道范围应为道岔终端后普通轨枕至停车标起点。顺接坡道的坡度不宜大于6‰,且相邻坡段的坡度差不宜大于3‰,坡段长度不应小于50 m。

其他站线上的顺接坡道按《铁路车站及枢纽设计规范》(GB 50091)的有关规定办理。

四、用地及征拆

(一)设计用地及拆迁

1. 设计用地

(1)一般路基用地宽度:路堑堑顶边缘至用地界的距离不应小于5 m(有天沟时为天沟外2 m);路堤以排水沟外3 m为用地界。根据车站的具体情况,将用地范围以内作为绿化控制用地,防护栅栏应设在用地界内侧0.5 m处。

(2)桥梁用地宽度:一般结构桥梁范围内的用地宽度为桥下设检查通道一侧距线路中心线为7.2 m,另一侧距线路中心线为5.8 m;特设结构的大跨度桥梁用地宽度应根据基础类型计算确定。

(3)站场用地:站场范围以外距线路较远的综合维修工区、牵引变电所及其岔线等最外边缘以内为用地范围,如其路基外设有排水沟,则其外边缘至用地界的距离不应小于1 m,并根据具体情况,将用地范围以内作为绿化控制用地。

(4)取弃土用地单独计列,不列入铁路用地界范围。远离线路的集中取、弃土场地为铁路临时用地。附属工程用地应按设计计列。跨越三级(含)以上航道和高速公路、国道、省道的铁路桥梁不计用地(指水面和公路部分)。

(5)用地类型:用地按水田、旱地、荒地、菜地、果园、水塘、鱼塘等分类计算。

(6)用地界桩:一般直线上每100 m、曲线上每40 m线路两侧用地界上各设置一个,并应设置于用地界之转角处及缓和曲线起讫点之相应处。

2. 铁路用地拆迁

铁路用地范围内的建筑物均考虑拆迁。同一住户主房拆迁,应同时考虑其偏房的拆迁。对因修建铁路而影响的管线须考虑迁改。铁路30 m范围内,均须考虑环保拆迁,考虑环评相关措施的除外。

(二)绿色防护

(1)站场专业负责车站范围路基侧沟外侧及场、段、所围墙外至用地界内的绿化设计。

(2)绿化设计根据环评专业提供的绿化设计原则执行。

第三节　车站工程设计

一、和平北站

和平北站位于和平县城东北方向的阳明镇均联村，地处大岭山山脚，丘坡地带，自然坡度约 10°～15°，相对高差约为 15.0 m，多植被覆盖。此处赣深铁路基本与京九铁路平行，间距 1.3 km。

和平北站站中心里程 K2090＋736.209(DK161＋420)，北距定南南站 32.71 km，南距龙川西站 55.76 km，站房位于线路右侧线侧下式，设到发线 2 条，按 2 台夹 4 线布置，设 450 m×8 m×1.25 m 基本站台和侧式站台各 1 座，雨棚与站台等长，旅客地道 1 处宽 8 m。车站站对左设有综合维修工区一处，工区内设大机停放线 1 条有效长 260 m，维修轨道停放线 2 条有效长 120 m。车站站坪范围内为平坡，站坪位于平坡地段，站中心轨顶高程 194.979 m，站房场坪高程 188.34 m，车站进站为 15.8‰下坡，出站为 3.0‰上坡。和平北站平面布置如图 3-8-1 所示。

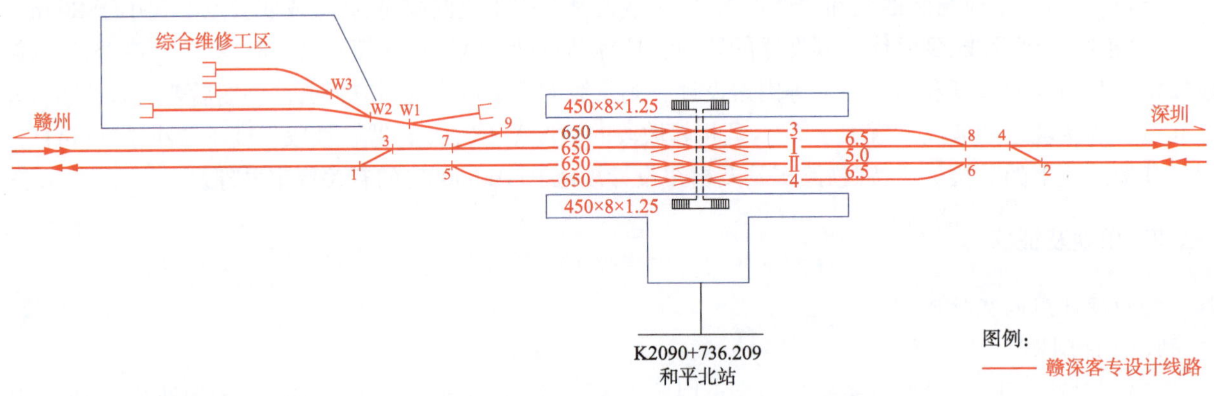

图 3-8-1　和平北站平面布置示意(单位:m)

二、龙川西站

根据现场地形条件及城市规划，龙川西站选址于龙川县西南侧，位于京九铁路陀城镇与在建的汕昆高速公路之间，距既有龙川站 6.0 km，距龙川县中心 13.6 km。车站以东约 1 500 m 处有 G205 国道与线路平行，道路交通条件较好。

龙川西站中心里程 K2146＋491.365(DK216＋381)，距离和平北站 55.75 km，距离东源站 29.08 km，站坪位于平坡地段，站中心轨顶高程 98.692 m，车站进站为 16.3‰下坡，出站为 3.0‰上坡。

龙川西站设正线 4 条，到发线 8 条，有效长 650 m，线正下式站房，部分需阳光直射的生产生活房屋设于线路左侧。设 450 m×12 m×1.25 m 中间站台 4 座，与站台等长雨棚 4 座。车站采用横列式布置，综合工区设于车站赣州端站同侧，工区内设岔线 5 条，其中 260 m 长的大机停放线 1 条，120 m 长的轨道车停放线 3 条，60 m 长的热备机车停放线 1 条。龙川西站平面布置如图 3-8-2 所示。

三、河源北站

河源北站位于京九铁路以东、河源市东源县黄田镇东北 2.5 km 处的山区地带，长深高速和东江均在车站西侧 1.6 km 处与赣深高铁并行。

河源北站站中心里程 K2175＋570.231(DK246＋275)，北距龙川西站 29.08 km，南距河源东站 35.84 km。车站房位于线路右侧，设到发线 2 条，按 2 台夹 4 线布置，两端咽喉位于桥上；设 450 m×8 m×1.25 m 基本站台和侧式站台各 1 座，雨棚与站台等长，设旅客地道 1 处，宽 8 m。车站站坪范围内为

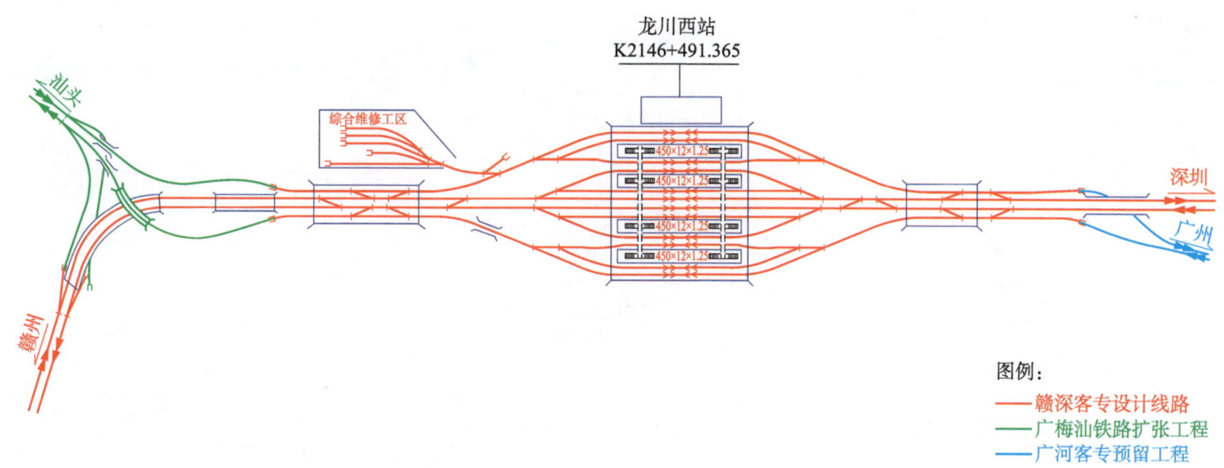

图 3-8-2 龙川西站平面布置示意(单位:m)

平坡,站坪位于平坡地段,站中心轨顶高程 102.992 m,车站进站为 4.6‰上坡,出站为 20.0‰下坡。河源北站平面布置如图 3-8-3 所示。

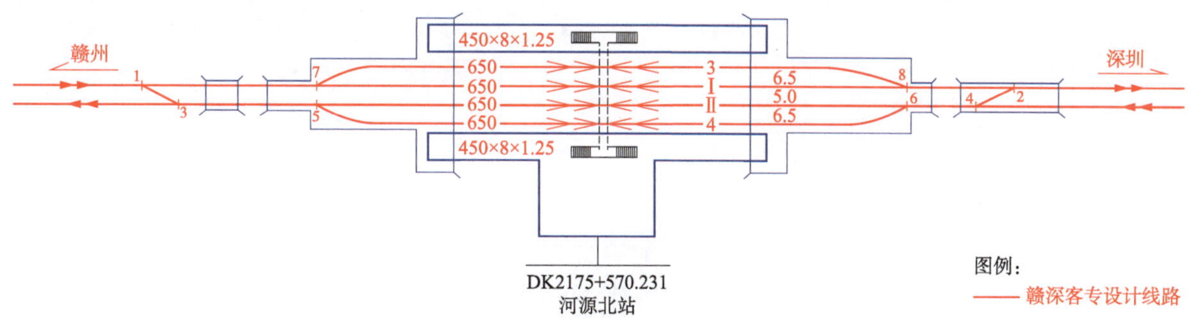

图 3-8-3 河源北站站平面布置示意(单位:m)

四、河源东站

河源东站位于河源市南侧约 10 km、紫金县临江镇茂埔村西侧 0.2 km 处,靠近 242 省道,长深高速和 205 国道在车站西侧 4.7 km 处平行赣深铁路走行,城市在邻靠车站东侧规划有东环高速公路。

河源东站站中心里程 K2211+405.236(DK282+110),北距河源北站 35.84 km,南距博罗北站 29.43 km。站房位于线路右侧,设到发线 4 条,设 450 m×12 m×1.25 m 岛式中间站台两座,雨棚与站台等长。车站站房左设有综合维修工区一处,工区内设大机停放线 1 条,有效长 260 m;设维修轨道停放线 2 条,有效长 120 m。综合维修工区外侧新增 2 条存车线,存车线河源东站工区走行线 GQDK1+158 处出岔,设存车线 2 条,有效长 535 m,按照满足存放 1 列 16 辆长编组列车要求,线间距 5 m,存车线部分位于隧道内,隧道长 145 m,轨面高程 72 m,与工区轨道等高。预留广河客专与赣深铁路远期在河源东站共站分场布置,预留广河客专场规模为 2 台 6 线。赣深场新建地下通道需考虑远期广河客专场的沟通条件。河源东站平面布置如图 3-8-4 所示。

五、博罗北站

博罗北站位于京九铁路以东、博罗县麻陂镇东侧约 3.0 km 处,距既有麻陂站约 1.8 km,205 国道和长深高速在车站西侧 3.8 km 处平行于赣深铁路通过。

博罗北站站中心里程 K2240+839.252(DK311+520),北距河源东站 29.43 km,南距惠州北站 38.83 km。站房位于线路右侧,设到发线 2 条,按 2 台夹 4 线布置,设 450 m×8 m×1.25 m 基本站台和侧式站台各

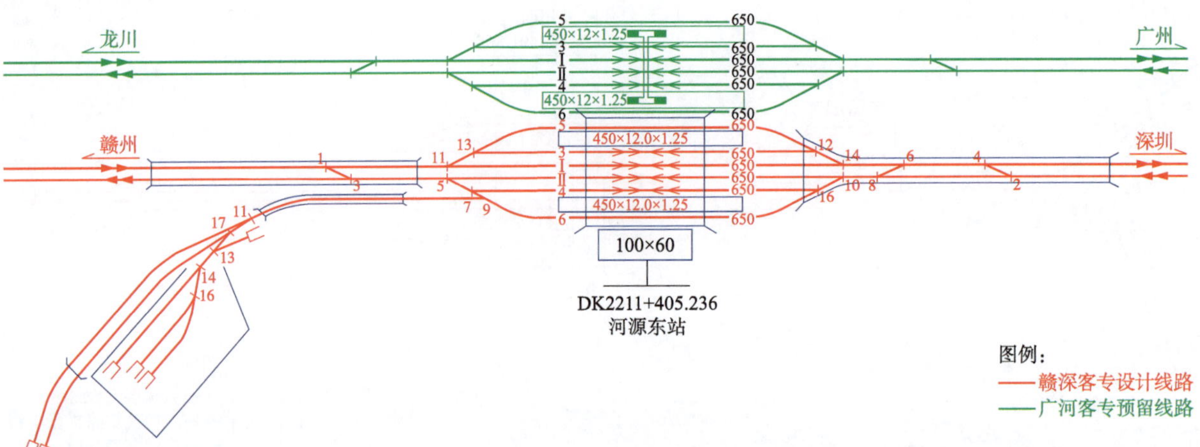

图 3-8-4 河源东站平面布置示意(单位:m)

1 座,雨棚与站台等长,旅客地道 1 处宽 8 m。车站站坪范围内为平坡,站中心轨顶高程 37.05 m,车站进站为 3.3‰下坡,出站为 5.5‰上坡。博罗北站平面布置如图 3-8-5 所示。

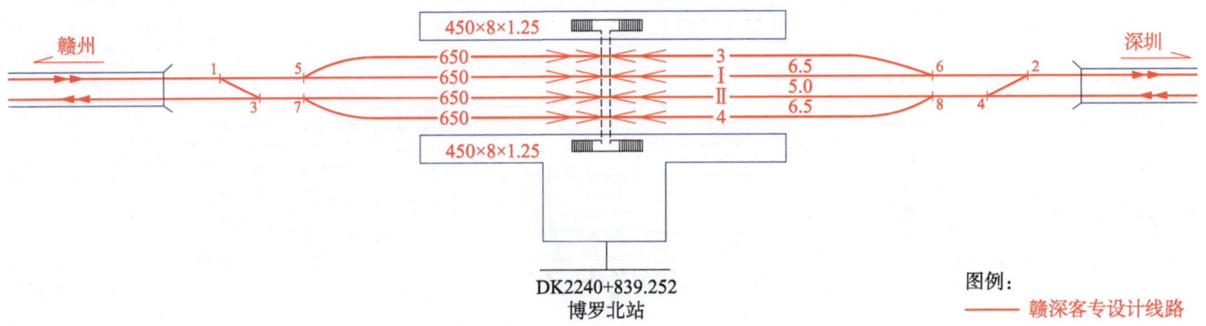

图 3-8-5 博罗北站平面布置示意(单位:m)

六、惠州北站

惠州北站设于惠州市小金口区惠州大道与惠博大道之间,G25 惠河高速公路东侧,车站南侧赣深正线横跨东江。惠州北站距既有惠州站西侧约 6 km,距离市中心约 10.4 km。惠州北站平面布置如图 3-8-6 所示。

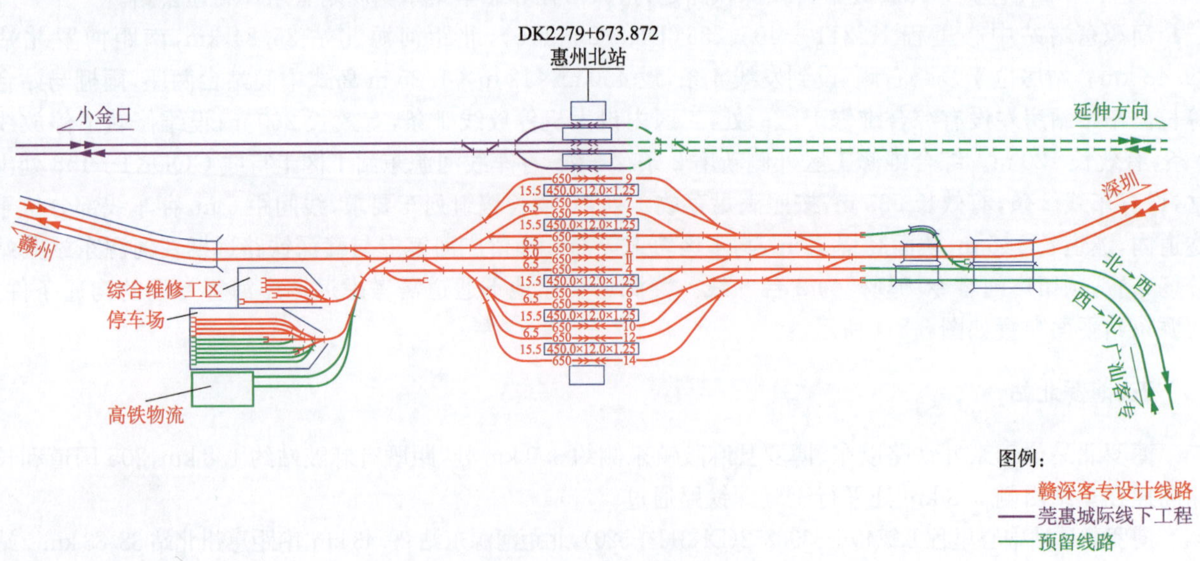

图 3-8-6 惠州北站平面布置示意(单位:m)

惠州北站站中心里程 K2279＋673.872(DK351＋760)，距博罗北站 38.83 km，距仲恺站 21.11 km，车站设正线 2 条，到发线 10 条，线侧平式站房设于线路左侧，设 450 m×12 m×1.25 m 岛式站台 5 座，与站台等长雨棚 5 座。车站采用横列式布置，第二站台与第三站台按两台夹四线布置，其余站台按两台夹两线布置，站台之间设 8 m 宽旅客地道 2 处。车站范围内为平坡，车站中心轨面高程为 17.36 m。车站进站为 19.993‰下坡，出站为 16.067‰上坡。

综合车间设于车站赣州端站对侧于惠河高速公路夹心地内，工区内生产生活房屋与工区股道纵列式紧贴赣深正线布置，工区内设岔线 5 条，其中大机停放线 1 条有效长 260 m，维修轨道车存放线 3 条有效长 120 m，热备机车停放线 1 条有效长 60 m。

七、仲 恺 站

仲恺站位于惠城区宾山岭村附近，车站规模为 2 台 4 线。仲恺站中心里程为 K2300＋784.389(DK373＋305)，距离惠州北站站间距 21.11 km，距离东莞南站 29.86 km，车站范围内为平坡，受线路平纵面条件限制，仲恺站为高架车站。车站中心轨面高程为 22.4 m，车站设线下式站房，车站进站为 8.3‰下坡，出站为 1.5‰上坡。仲恺站平面布置如图 3-8-7 所示。

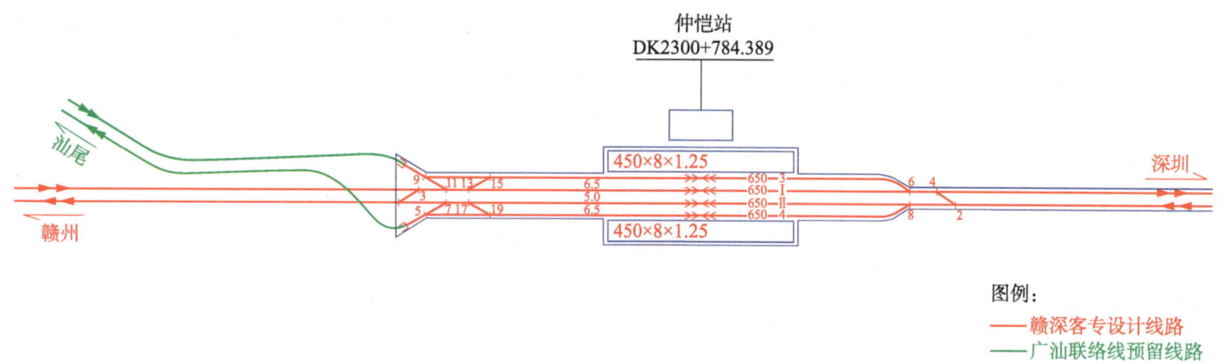

图 3-8-7　仲恺站平面布置示意(单位：m)

八、东莞南站及联络线

东莞南站位于塘厦镇西北角东方红移民村，距离塘厦镇中心约 3.5 km，距离樟木头镇约 7.5 km，紧邻龙林高速和樟木头大道，距省道 S255 樟深大道 2.6 km，距离广深线约 1.5 km。

东莞南站站中心里程 K2330＋647.039(DK403＋167.65)，北距仲恺站 29.86 km，南距光明城站 18.95 km。车站受控于广深线高程控制，东莞南站为高架站，站房位于线路正下方。车站设到发线 6 条，450 m×12 m×1.25 m 中间岛式站台 2 座，雨棚与站台等长。综合维修工区从站房对侧进入车站北咽喉的联络线上出岔，设轨道车辆停放线 2 条、大型维修机组停放线 1 条，工区走行线采用 25‰下坡，工区场坪高程 40.55 m。车站东端设有赣深铁路与广深准高速间的联络线。车站站坪范围内为平坡，站中心轨顶高程 54.3 m，车站进站为 9.2‰下坡，出站为 15.4‰上坡。东莞南站及联络线平面布置如图 3-8-8 所示。

九、光明城站

既有光明城站位于光明区观光路东侧，汇业路尽头北侧。赣深正线在东莞塘厦至深圳北段大部分沿既有广深港正线走行，为方便沿途居民出行，带动既有光明城站城市片区经济发展，在既有光明城站北侧新设赣深场。

新建光明城站规模为 2 台 4 线，车站中心里程为 K2349＋595.380(DK422＋264.45)，距离东莞南站站间距 18.95 km，距离深圳北站站间距 16.33 km，站房为线下式，设到发线 2 条，按 2 台夹 4 线布置，设 450 m×8 m×

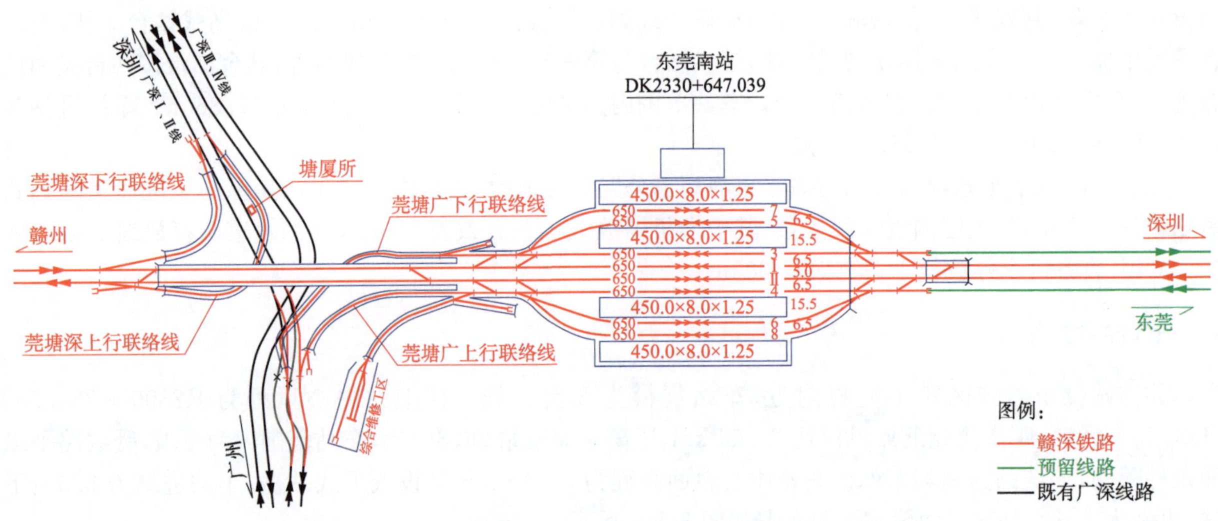

图 3-8-8 东莞南站及联络线平面布置示意(单位:m)

1.25 m 基本站台和侧式站台各 1 座,雨棚与站台等长,旅客桥下通道一处。车站位于平坡上,新建车站轨面高程 60.152 m,车站进站为 2.4‰上坡,出站为 19.0‰上坡。光明城站平面布置如图 3-8-9 所示。

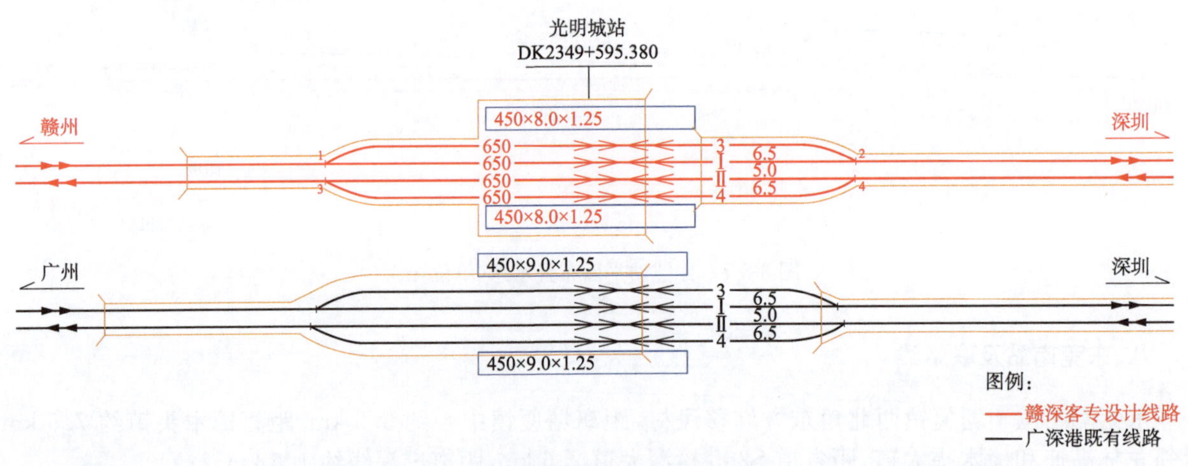

图 3-8-9 光明城站平面布置示意(单位:m)

第四节 引入枢纽工程设计

赣深铁路中引入既有车站为深圳北站及联络线。

一、深圳北站

(一)车站设计概述

深圳北站为枢纽主客站之一,规模为 10 台 20 线,站房高架于股道正上方,分别设有东、西广场,与既有线衔接广深港高铁和厦深铁路,车站西北侧设有深圳北动车运用所。深圳北站是深圳市的综合交通枢纽之一,汇聚了高铁、地铁(4 号线、5 号线)、长途汽车、社会车辆及出租车等多种交通方式。2018 年 7 月 1 日调图后,深圳北站每天办理始发终到车 177 对、中转列车 50 对,动检确认车 5.5 对,回空车底 12 对,合计 244.5 对,均为动车组。

赣深铁路采用线路别结合方向别自北向南引入深圳北站，对车站北端咽喉进行改造，车站规模不改动，同时增设深圳北第二动车所；考虑到增加运输的灵活性，在深圳北站南咽喉增设一条径路，预留深圳北站与深汕铁路西丽方向间的联络线，沟通西丽站至深圳北站和深圳北动车运用所的径路。北咽喉西侧改造，赣深至深圳北上下行联络线本次同时接入深圳北站，下行联络线接入既有动走A线，上行联络线平行接入深圳北站，与下行联络线线间距6.5 m，改建动走A线及新建动走双线，接入由赣深至深圳北上行联络线接入深圳北站，动走线与联络线正线接轨处设置安全线，同时19、20道到发线接通广深港正线，改造17～20股道接入车站咽喉。北咽喉东侧改建动走B线接轨联络线，同时新建动走线接通1、2股道，动走线通过赣深至深圳北下行疏解线接入3～6股道，改造1～6股道及咽喉，本方案接发车进路采用18号道岔，动走线接入1、2股道进路采用1组12号道岔。深圳北站平面布置如图3-8-10所示。

(二)联络线设计说明

本段在赣深铁路正线DK430＋208.61、DK430＋850.00处设置线路所分别设置阳深联络线上下行及阳深疏解线接入既有深圳北站，设计时速为160 km，引入车站前限速80 km/h设计，预留深江铁路联络线出岔条件，深江铁路联络线设计时速200 km。

阳深下行线联络自羊台山所L3号道岔尖轨尖端为起点至深圳北站43号道岔尖轨尖端为终点，里程为K0＋000.00～K7＋241.27，设计长度7.241 km。阳深上行线联络自羊台山所L1号道岔尖轨尖端为起点至深圳北站119号道岔尖轨尖端为终点，里程为K0＋000.00～K7＋954.01，设计长度7.955 km。阳深疏解线自羊台山所L4号道岔尖轨尖端为起点至深圳北站39号道岔尖轨尖端为终点，里程为K0＋000.00～K4＋442.82，设计长度4.443 km。赣深引入深圳北站联络线平面布置如图3-8-11所示。

阳深上行线联络线自赣深正线DK430＋208.61处隧道内出岔设置线路所，出隧道后跨高峰水库，沿广深港正线前行，上跨福龙路及人民路后接入深圳北站，设计时速160 km，站前限速80 km/h设计，最小曲线半径1 400 m，设计最大坡度15.89‰，线路长度7.955 km；阳深下行线联络自赣深正线DK430＋850.00处隧道内出岔设置线路所，出隧道后跨高峰水库，沿广深港正线前行，上跨福龙路及人民路后接入深圳北站，设计时速160 km，站前限速80 km/h设计，最小曲线半径1 400 m，设计最大坡度15.89‰，线路长度7.241 km；阳深疏解线自阳深下行线联络出岔，上跨广深港正线、福龙路、人民路后接入深圳北站，设计时速160 km，站前限速80 km/h设计，线路长度4.443 km。

二、深圳北第二动车运用所

新建深圳北第二动车所紧靠并行既有动车所，与既有动车所合设，新建动车所4条存车线在既有动车所咽喉接轨设计，两所高程等高，轨面高程96 m。新建深圳北第二动车所规模为近期新建32条存车线，8线检查库，3条人工补洗线，3条不落轮镟临修线，远期预留16条存车线，4线检查库，进所端咽喉采用12号道岔，其他咽喉采用9号道岔。本次工程新增供电车间1处，既有综合维修工区新增检修线2条，有效长分别为120 m、160 m。新建动车所与既有动车所共用所内环形道路，既有动车所与新建动车所4条存车线的连接使用9号道岔，与既有标准一致；需迁改既有不落轮镟库变电所1处。轮对踏面检测棚设置在桥梁地段。深圳北新建第二动车运用所平面布置如图3-8-12所示。

预留的综合维修工区及高铁物流基地位于远期预留存车线西侧，结合地形布置高铁物流基地生产生活房屋，预留2条货物线，货物站台550 m，按2台夹1线布置。预留综合维修工区及高铁物流基地轨面高程与动车所轨面高程一致。

本次设计路基工程按近期实施，征地拆迁按规划一次完成，土石方调配近远结合，按近期平衡，利用预留场地取弃土，永久工程的较大挡护工程按远期布置实施。

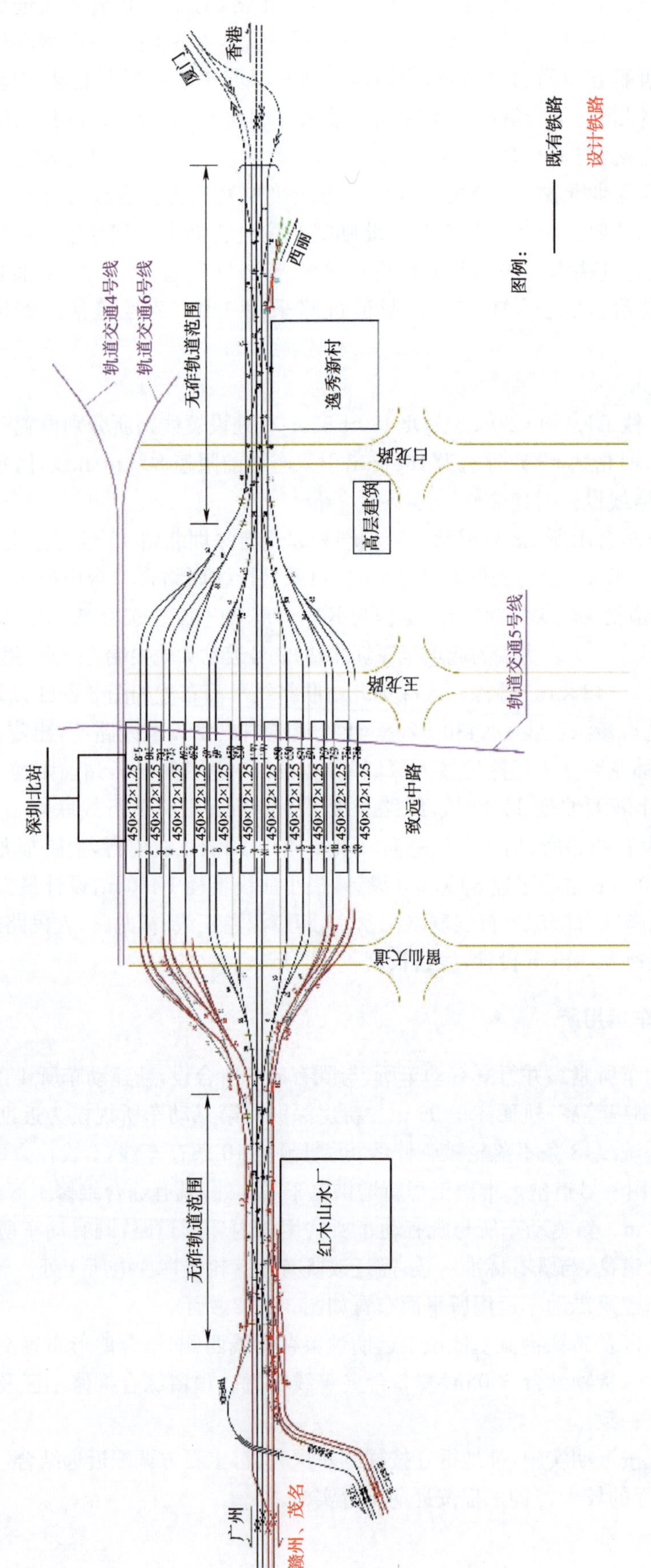

图3-8-10 深圳北站平面示意(单位:m)

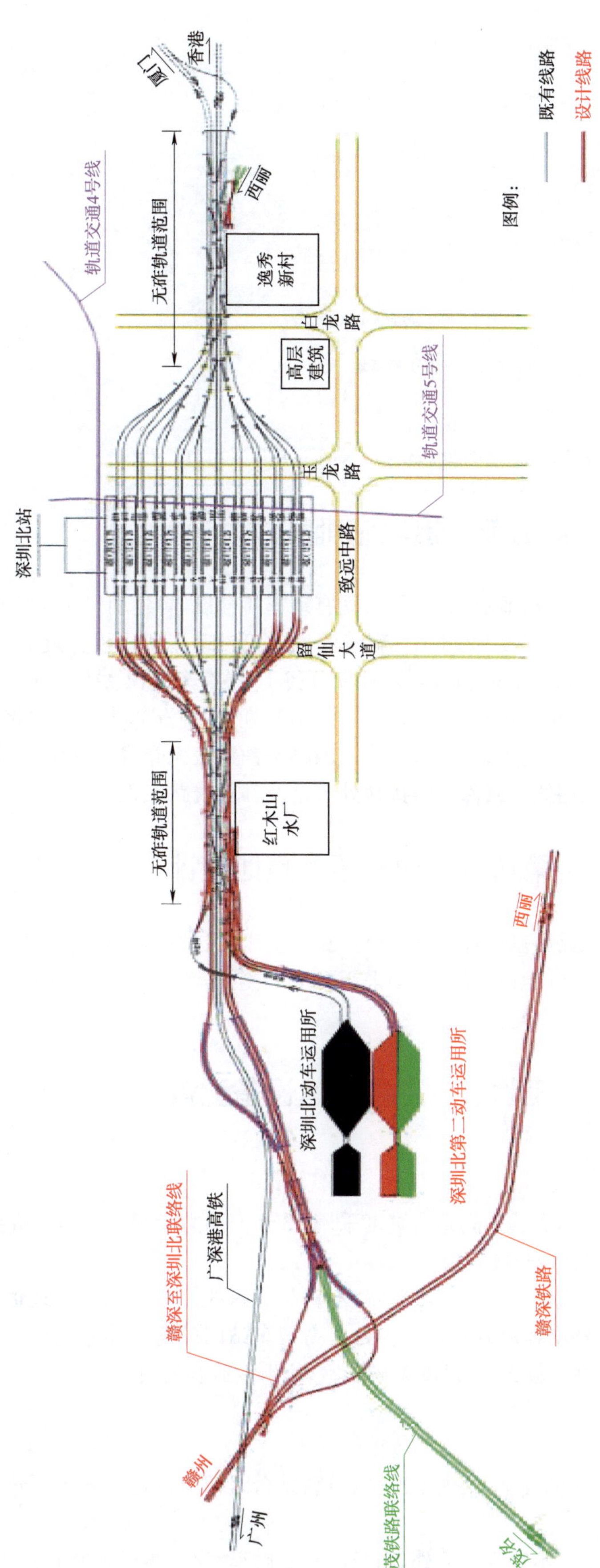

图3-8-11 赣深铁路深圳北站联络线平面布置示意(单位:m)

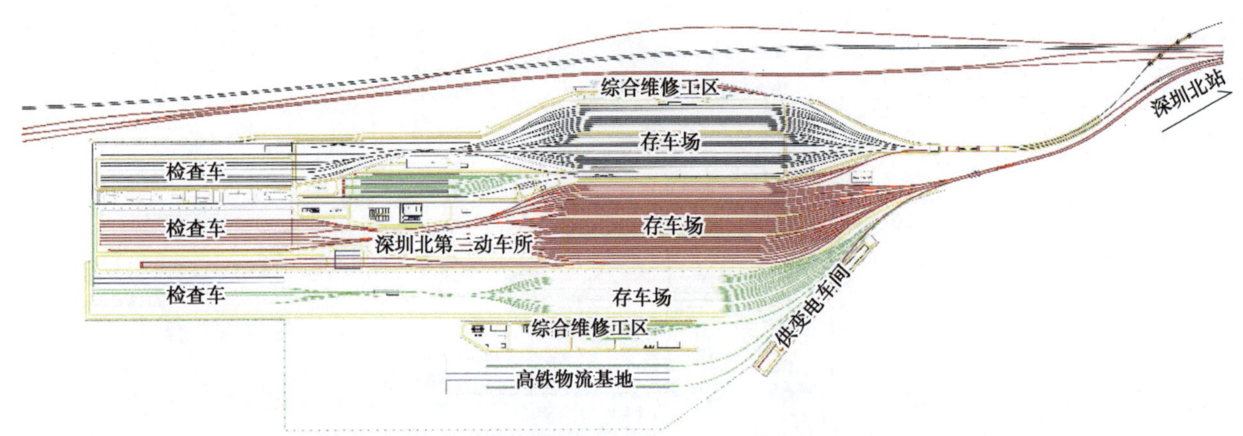

图 3-8-12　深圳北新建第二动车运用所平面布置示意

第五节　接轨站施工过渡设计

新建深圳北第二动车所紧靠并行既有动车所，与既有动车所合设，新建动车所 4 条存车线在既有动车所咽喉接轨设计，两所高程等高，轨面高程 96 m。新建深圳北第二动车所规模为近期新建 32 条存车线，8 线检查库，3 条人工补洗线，3 条不落轮镟临修线，远期预留 16 条存车线，4 线检查库。

考虑到赣州～汕头方向动车组对数较多（近期 20 对/d，远期 26 对/d），为沟通此跨线车径路，车站北侧预留赣深铁路与广梅汕新双线间的上、下行联络线。因赣深铁路按无砟线路设计，为了预留此联络线将来实施条件，本次设计需新建联络线与赣深铁路接轨处道岔及部分线路工程。

第六节　动车整备基地设计

动车段（所）路基按现行《铁路路基设计规范》办理，路基基床表层为 0.3 m，底层为 0.9 m。

动车运用所线间距大于 5.0 m 地段，段管线均采用 C30 混凝土，动车运用所线间距为 4.6 m 地段采用 C30 钢筋混凝土，盖板均采用高强度复合盖板。

第七节　主要客运设备配置

一、旅客站台

旅客站台长度按 450 m 设计，岛式中间站台宽度采用 12 m，侧式站台宽度 8 m。站台高度按高出轨面 1.25 m 设置。车站雨棚长度与站台长度等长。

站内均不设平过道，根据客流情况设置旅客跨线设备，旅客跨线设备一般采用地道，跨线设备宽度不小于 8.0 m。车站均设 8.0 m 宽旅客地道或天桥 1 处。高架车站因站房具体布置形式未定，龙南东轨面高度距离地面高差大于 18 m，高差较大，不设高架候车室，桥下设旅客通道。

二、旅客地道、天桥

为保证旅客和车站工作人员的安全，站内不设平过道，站台之间应以地道或天桥连接，站台两端应设置防护栅栏。

地道、天桥的数量：大、中型站不宜少于 2 处，当设有高架候车室时，亦不应少于 1 处；小型站不应少于 1 处。

地道、天桥的宽度：大型站不应小于 8.0 m；中型站不应小于 6.0 m；小型站不应小于 4 m。利用既有地道时，可维持原标准。

地道、天桥通向各站台有条件时宜设双侧出入口，其宽度应符合表 3-8-2 的规定。

表 3-8-2 旅客地道、天桥出入口宽度（m）

名 称	大型站	中型站	小型站
基本站台、式中间站台	5.0～5.5	4.0～5.0	3.5～4.0
侧式中间站台	5.0	4.0	3.5～4.0

三、旅客站台距离

靠线路侧旅客站台边缘至站台出入口或建筑物边缘的距离，大型站不应小于 3.0 m，中、小型站不应小于 2.5 m。

四、旅客站台雨棚

大中型站的雨棚长度与站台长度等长，小型站的雨棚长度应根据客流大小确定。

第九章　房屋建筑及给排水设计

第一节　站房工程概况

赣深铁路广东段沿线依次分布和平东、龙川西、东源、河源东、博罗北、惠州北、仲恺、塘厦、光明城、深圳北等10座车站;设置深圳北第二动车所;设置和平东、龙川西、惠州北、河源东、塘厦、深圳北动车所共6处公安派出所,10处警务区;设置龙川西、惠州北2处综合维修车间,和平东、河源东、塘厦3处综合维修工区;设置和平东、龙川西、东源、河源东、博罗北、惠州北、仲恺、塘厦、深圳北动车所9处信号楼,以及龙川西、赣深、深圳北、广深4处线路所。

第二节　设计原则与采用的主要技术标准

一、线路主要技术标准

(1)《民用建筑设计通则》(GB 50352—2005)。

(2)《建筑设计防火规范》(GB 50016—2014)。

(3)《铁路工程设计防火规范》(TB 10063—2007),2012年版。

(4)《铁路旅客车站设计规范》(TB 10100—2018)。

(5)《无障碍设计规范》(GB 50763—2012)。

(6)《建筑内部装修设计防火规范》(GB 50222—2017)。

(7)《建筑地面设计规范》(GB 50037—2013)。

(8)《玻璃幕墙工程技术规范》(JGJ 102—2003)。

(9)《屋面工程技术规范》(GB 50345—2012)。

(10)《公共建筑节能设计标准》(GB 50189—2015)。

(11)《工程建设标准强制性条文房屋建筑部分》(2013年版)。

(12)《地下工程防水技术规范》(GB 50108—2008)。

(13)《全国民用建筑工程设计技术措施》(2014－规划:建筑・景观)。

(14)《民用建筑外保温系统及外墙装饰防火暂规》(公通字〔2009〕46号)。

(15)《建筑防烟排烟系统技术标准》(GB 51251—2017)。

(16)《浙江省消防技术规范难点问题操作技术指南》(浙公通字〔2017〕89号)。

(17)《关于民用建筑外保温材料消防监督管理有关事项的通知》(公消〔2012〕350号)。

(18)《铁路旅客车站细部设计》。

(19)其他相关国家、地方法规规范。

二、运营管理与调度区划分

本线行车调度指挥纳入广州局调度所新设赣深客专行车调度台。

第三节　一般站房设计

一、站　　房

赣深铁路广东段沿线依次分布和平东、龙川西、东源、河源东、博罗北、惠州北、仲恺、塘厦、光明城、深圳北等10座车站，其中深圳北站为既有车站，光明城为原初设批复的预留车站。本线各新建车站基本情况见表3-9-1。

表3-9-1　新建车站情况

车站名称	最高聚集人数/(人)	站房面积(m^2)	站房类型
和平东	800	10 000	线侧平
龙川西	1 000	20 000	高架站
东　源	300	10 000	线侧平
河源东	2 500	20 000	线侧平
博罗北	300	8 000	线侧平
惠州北	2 500	50 000	高架站
仲　恺	800	8 000	线侧平
塘　厦	1 000	30 000	高架站

二、站台雨棚

(一)装修标准

钢筋混凝土雨棚装修标准原则上为雨棚板底及梁柱采用白色清水混凝土漆涂料，柱底0.15 m高深色涂料踢脚。

(二)站台雨棚侧封

站台外侧雨棚根据旅客使用需要，增加玻璃幕墙侧封，防止飘雨。侧封材料选用钢化夹胶玻璃，规格为8 mm+1.14 mmPVB+8 mm钢化夹胶玻璃。

(三)雨棚屋面排水

雨棚采用混凝土重力排水屋面，屋面坡度建筑找坡时坡度不小于2%，结构找坡时坡度不小于3%。

重力流雨水排水系统采用DN100镀锌钢管，雨水斗选用87型成品雨水斗，雨水立管采用明装敷设，与站台雨棚柱结合布置。站台排水管采用DN400镀锌钢管，雨水管在站台端部引入站场排水沟。雨水管对应的落砂井，结合站台铺装的块材进行设置，兼顾实用、美观。

三、站台铺面

站台铺面的标准块材尺寸应根据站台的宽度、帽石、安全线、盲道等综合确定。站台铺面的块材大小不小于600 mm×600 mm。

站台铺面采用花岗岩铺面，花岗岩表面应采用水洗火烧面工艺，应具有防护处理。基本站台上车时花岗岩铺面板厚不小于50 mm，其他站台花岗岩铺面板厚不小于30 mm。花岗岩帽石铺面的机刨缝应平行于轨道，铺面板厚不小于50 mm。

四、地道装修

地道内墙面采用干挂石材，干挂石材先预埋连接件，地面采用花岗岩铺面，石材分隔应规整、均匀，地面与墙面分缝应对齐。地道地面设60 cm厚LC7.5轻骨料混凝土，以便设置排水沟。

地道顶板伸缩缝下做引流槽，地面花岗岩采用防滑处理。

旅客地道不设吊顶，地道照明采用顶棚两侧设置灯槽光带方式，灯槽光带贯通整座地道的主洞身，与人流方向平行。

广告灯箱应与墙面平齐安装，突出墙面小于 20 mm，且接线不得外露。

五、铁路停车设施

停车场位于站房外出站厅一侧，为铁路社会车辆停车场。停车场主要道路宽度 7 m，道路转弯内侧路缘石半径为 5 m；场内道路横坡坡度 1%，道路设排水暗管，排水暗管纵坡坡度 0.5%，每 10 m 设置雨水井，通过入口处雨水井汇入站场排水沟。甲、乙类物品运输车严禁驶入及停泊于本停车场内。

第四节　区域性枢纽站房设计

在本次设计中，把深圳北站作为枢纽工程，在前面站场设计有所表述，站线上的顺接坡道按《铁路车站及枢纽设计规范》(GB 50091)的有关规定办理。

第五节　采暖与通风设计

一、空气调节

各旅客车站公共区设集中空调，其中惠州北站集中空调冷源采用水冷冷水机组，光明城站集中空调冷源采用蒸发冷却一体式冷水机组，办公管理用房设多联机空调系统或分体式空调器。沿线其余建筑内各类办公、宿舍、公寓、餐厅等场所均采用分体式空调器。

二、通　　风

卫生间、冷水机房、消防泵房等场所设机械通风，气体灭火防护区设灾后排风设施。生产过程产生有害气体或爆炸气体、粉尘的场所均设置机械通风设施或事故通风设备，其中酸性蓄电池充电间、餐饮类油烟、电焊间等场所均设置独立的局部排风系统或净化设备，废气排放浓度应处理达标后再高空排放。给水加压站消毒间、危险品库设置防爆风机机械排风。空压机间、变配电室等热加工车间设置温控风机机械通风，电力远动房屋同时增设冷风降温设施。轨道车库、动车检查库、不落轮镟及临修库等大型检修车间充分利用有组织的自然通风排除余热，动车检查库内同时设置岗位空调设施，轨道车库、不落轮镟及临修库内设置局部通风设施。

第六节　给排水工程设计

一、主要技术标准

(一)用水量标准

(1)工作人员生活用水量：50 L/(人・班)，小时变化系数为 2.0。

(2)住宅、宿舍区生活用水量：250 L/(人・d)，小时变化系数为 2.5。

(3)职工淋浴用水：40 L/(人・班)。

(4)车站冲洗用水按 2～4 L/(m^2・次)计算。

(5)生产用水按工艺要求确定。

(6)室外消防用水量：根据建筑物性质及封闭体积的大小确定室外消防用水量。

（二）水压

生活用水设备及卫生器具的水压应符合《建筑给水排水设计规范》（GB 50015）的规定。消防给水系统的水压根据消防规范的规定执行，消火栓充实水柱不小于 10 m。

（三）水质

生活用水的水质应符合国家现行的《生活饮用水卫生标准》（GB 5749）的规定。

生产及冷却用水水质按工艺要求确定。

（四）排水量标准

生活污水排水量按用水量的 90%计算。

冲洗及消防废水量与相应给水量相同。

二、主要工程内容及设计说明

本段新建车站 8 个：和平东、龙川西、东源、河源东、博罗北、惠州北、仲恺、东莞南站，均按生活供水站设计；既有供水站 1 个：光明城站。区间新建警务区 1 处，牵引变电所 6 处，线路所 4 处，均按生活供水点设计。

塘厦至深圳段新建深圳北第二动车所 1 处，按给水站设计。

除龙川西变电所和龙川西线路所采用地下水外，其余各站点均接用自来水。

第十章 通信设计

第一节 概 述

本工程通信系统构成包括传输系统、电话交换及接入系统、数据通信网系统、GSM-R 移动通信系统、调度通信系统、会议电视系统、应急通信系统、隧道紧急救援电话系统、时钟同步及时间分配系统、通信综合网管系统、综合视频监控系统、通信电源、电源及环境监控系统、防雷接地系统以及段(所)综合布线系统等。

第二节 通信系统设计方案

一、传输系统

(一)网络构成方案

本工程传输系统采用骨干及本地(车站)汇聚层、接入层两层网络结构。骨干层采用 SDH 10 Gbit/s ADM 设备组建多业务传输平台(MSTP),本地(车站)汇聚层采用 SDH 2.5 Gb/s ADM(图 3-10-1)、区间、站内接入层采用 SDH 622 Mb/s ADM 设备组建多业务传输平台(MSTP)。

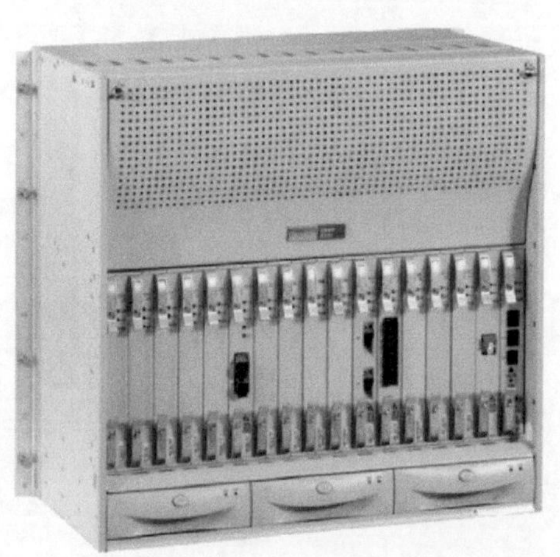

图 3-10-1 SDH 2.5 Gb/s ADM 设备

在龙川西～深圳段新建局干 OTN(图 3-10-2),接入广州局集团公司既有局干粤东 OTN 环。

1. 局干、骨干及本地(车站)汇聚层

在龙川西、河源东、惠州北、塘厦新设 4 个光传送网节点,扩容深圳北既有 OADM 设备,采用 40 波×10 Gb/s OTN OADM 设备,接入粤东 OTN 环中。本线新建骨干汇聚层 SDH 10 Gbit/s 系统利用新建 OTN 传输系统提供的龙川西至深圳北的 2 个波道组建 4 纤复用段保护环。

本工程新设基于 SDH 10 Gbit/s ADM 骨干及基于 SDH 2.5 Gb/s ADM 设备本地汇聚层传输系统,分别利用敷设于铁路两侧的不同物理径路的 2 条 48 芯光缆中的各两芯光纤,构成链型 1+1 MSP 传输系统。

在和平东、龙川西、东源、河源东、博罗北、惠州北、仲恺、塘厦、光明城、深圳北新设 SDH 10 Gbit/s

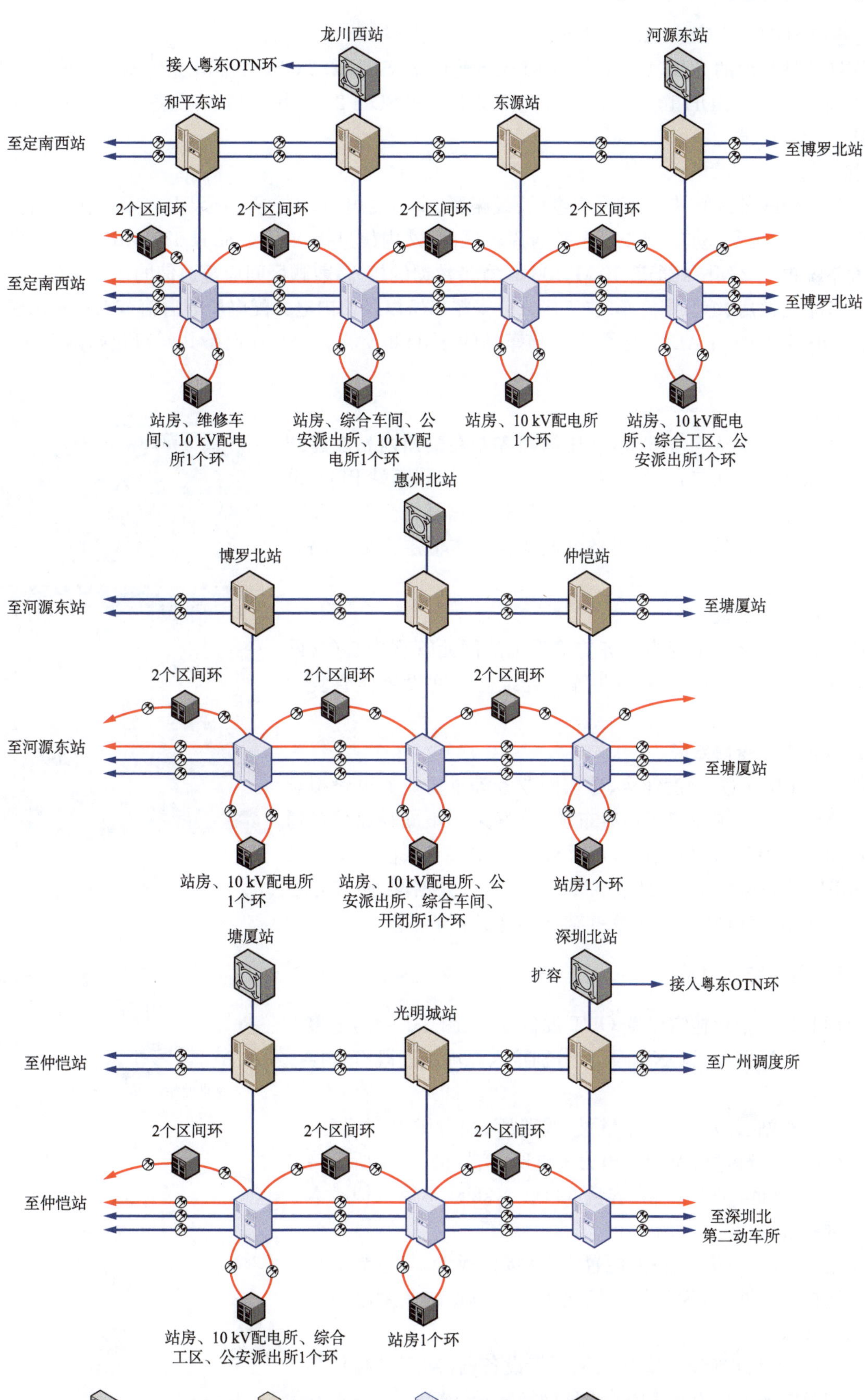

图 3-10-2　10 Gb/s OTN OADM 设备

ADM 设备和 SDH 2.5 Gb/s ADM 设备。

在深圳北站新设的 SDH 10 Gb/s ADM 光传输设备、SDH 2.5 Gb/s ADM 光传输设备分别与广深港高铁在深圳北站既有 SDH 10 Gb/s ADM 光传输设备和 SDH 2.5 Gb/s ADM 设备之间通过 10 G、2.5 G 光口互连。

2. 接入层

本工程在沿线各区间基站、信号中继站、线路所、牵引变电所、AT 所、分区所、变配电所、综合维修车间(工区)、公安派出所、动车所综合楼、检查库等区间、站内信息接入点设 SDH 622 Mb/s ADM 设备。接入层传输系统提供 2 Mb/s 通道、10 M/100 M 宽带数据的接入，兼顾区间应急通信的接入条件。

站内各车站站房、综合维修车间(工区)、公安派出所以及站内电力配电所等通信节点单独组建传输系统，设置 SDH 622 Mb/s ADM 设备，与相应车站的 SDH 2.5 Gb/s ADM 设备共同组建站内 1+0 二纤保护环。

(二)时钟同步

传输系统采用主从同步方式，利用昌赣客专在赣州西站在建和广深港高铁深圳北站既有 BITS 设备(图 3-10-3)。赣州西站 BITS 设备的时钟信号作为骨干层、汇聚层设备备用时钟信号，深圳北 BITS 设备作为主用定时信号，接入层设备分段从骨干传输层提取线路时钟信号。

图 3-10-3 BITS 设备

(三)网络管理方案

在广州调度所新设 1 套多业务传输系统的网元管理中心(含网管终端)，在和平东、龙川西、惠州北等 3 处维修车间设置网管复示终端。

(四)与既有传输网互联

本线 GSM-R 业务、调度业务、数据网业务等重要业务电路拟利用广深港高铁传输系统和广州局粤东环 OTN 采用不同径路传输通道引入广州调度所调度系统、CTC 系统、SCADA 系统、信息系统及广州 GSM-R 核心网机房等，调度、CTC、GSM-R、数据网、防灾等各类通道需采用不同迂回路由。相关扩容内容详见各子系统。

二、接入网系统

在深圳北站通信机械室设置 OLT 设备 1 套(图 3-10-4)，汇聚本线河源、惠州、深圳地区 ONU 设备，分别接入深圳铁通既有程控交换机。

在沿线各车站、站房、信号中继站、线路所、综合维修车间(工区)、牵引变电所、分区所、AT 所、电力配电所、信号楼、动车所等接入点设置站内、区间 ONU 设备(容量 32 线～128 线不等)，构成本线的接入网系统。

在车站节点的 ONU 设备上配置 FXO 接口板卡，与本节点车站调度交换机设备互联，为区间电气化所(亭)节点的调度电话分机提供远程接入。

本工程在深圳北新设 1 套接入网网管设备(含网管终端)，在各维修车间及广州通信段网管中心设置网管复示终端。

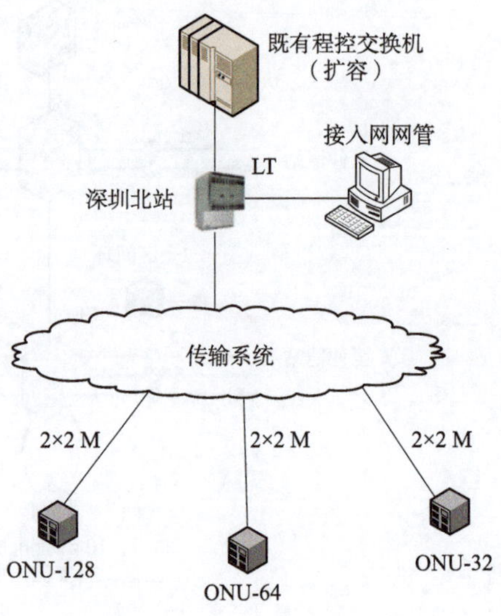

图 3-10-4 OLT 设备

三、数据通信网

本工程数据通信系统属于铁路数据通信网的区域网络，由核心节点、汇聚节点、接入节点组成。

本线核心节点利用广州调度所既有设备，实现区域网络与骨干网络间数据的快速转发。利用既有设备包括核心路由器、反射路由器、网管系统等。

本工程在龙川西和深圳北各新设 2 台汇聚路由器作为汇聚节点，提供数据流量高速汇聚与转发。

在沿线各新建车站、动车所设置接入节点路由器设备，负责各站用户的数据上传。每个接入节点设置 2 套接入路由器和 2 台三层以太网交换机，构建双平面。在和平东、龙川西、博罗北、深圳北设置高端接入层路由器，在河源东、东源、惠州北、仲恺、塘厦、光明城设置低端接入层路由器，各相邻车站接入路由器间以 GE 光口裸光纤互联组网。各高端接入层路由器采用 GE 光通道链型双归连接至本地汇聚路由器，采用传输系统提供的 GE 通道连接至异地汇聚路由器。在沿线各新建车站设置 2 台三层以太网交换机。在沿线各区间基站、直放站(隧道外)、信号中继站、线路所、牵引变电所、AT 所、分区所、开闭所等通信接入节点设置 1 台三层交换机设备，采用光纤直连方式，组建区间千兆数据通信环。

利用站内光缆将站房、综合维修车间(工区)、公安派出所、动车所综合楼、检查库以及站内电力配电所等站内通信节点单独组建千兆数据通信系统，设置三层交换机设备，采用光纤直连方式，与相应车站的三层交换机设备共同组建站内数据通信系统，满足站内业务接入点处的不同带宽通道需求。

四、电话交换系统

利用并扩容河源、惠州、深圳铁通既有程控交换机，全线自动电话用户统一通过接入网系统分段分别接入上述交换机。根据本线需求的具体情况，对河源、惠州、深圳既有电话交换机扩容相应数量的 V5.2 接口板等板卡。

五、调度通信系统

本线在广州客专调度所设置调度台，实现全线的调度业务。调度所型调度交换机利旧扩容其他工程在广州客专调度所设置的主备用调度所型调度交换机，具体方案为：广州调度所新调度楼主用调度交换机和广州调度所老调度楼备用调度交换机各扩容 4 路 2 M 接口数字中继板和 8 路 2 M 接口调度台接口板各 1 块。广州调度所既有调度通信网管需新增工作站网管(双电源)、瘦客户机 1 套。

全线新建车站、4 个线路所及深圳北动车所新设车站型调度交换机，按和平东～东源、河源东～仲恺、赣深线路所～光明城、深圳北线路所～深北动车所组建 4 个 2 M 数字环接入广州调度所的调度交换机。

沿线新设车站调度交换机纳入广州客专调度所既有调度系统的网络管理系统。

六、移动通信系统

(一)交换子系统

赣深铁路广东段交换子系统(SSS)利用广州节点核心网的 MSC、GPRS、接口服务器、SIM 卡管理系统等设备并扩容，满足本线无线子系统以及用户的接入需求。广州核心网设备硬件接口及软件 License 需满足本线新设 BSC/PCU 设备的接入需求。

本工程 A 接口共需要 24×2 M 中继电路(接入主、备 MSC，每处 16×2 M)；Gb 接口需要 2×FE 中继电路；PRI 接口需要 15×2 M 中继电路。广州核心网设备硬件接口及软件 License 需满足本线新设 BSC/PCU 设备的接入需求。

(二)基站子系统(BSS)

赣深铁路广东段基站子系统(BSS)网络总体上采用单层交织冗余方案，在深圳北站新设 1 套基站控制器 BSC 设备，在广州核心网机房新设 1 套 TRAU 设备，接入广州交换中心。广州局集团公司管辖范围内基站接入此 BSC 设备。

本线在铁路沿线各新建车站设置基站，根据线路情况在区间设置基站或数字直放站设备。车站基站按 3 载频配置，区间基站均按 2 载频配置。新设基站分奇偶数站分开组环，每一路按照每 3～5 个基站构成 1 个 2 M 环接入本工程新设的 BSC 设备。

区间复杂地形弱场地带采用数字光纤直放站结合漏泄电缆和天线的方式解决 GSM-R 系统无线信号覆盖。隧道内直放站远端机的间距在 1～1.5 km，结合各隧道具体情况进行设置。

弱场覆盖方案按采用数字光纤直放站设备设计，近端机与远端机之间主用信号一路可采用环形组网，备用信号一路采用环形或链型组网，具体组网方案在设备招标后可根据实际采购设备性能调整。

(三)通用分组无线业务子系统(GPRS)

本工程利用广州局既有网关业务支持节点(GGSN)设备和业务支持节点(SGSN)设备，在深圳北新设分组控制单元(PCU)设备。因广州核心网 Gb 接口已经 ip 化，本工程 Gb 接口需扩容 2×FE。

(四)运行与维护子系统(OSS)

在深圳北站新设 OMC-R 网管服务器及本地终端，在广州核心网机房以及龙川西、惠州北通信车间设置 OMC-R 远程复示终端。

在深圳北站新设数字光纤直放站网管服务器(OMC-T)及本地终端，在广州核心网机房以及龙川西、惠州北通信车间设置 OMC-T 远程复示终端。直放站网管同时具备电源及环境监控以及漏缆监测功能。

(五)接口监测系统

GSM-R 网络监测系统主要由 Abis 接口、A 接口、Gb 接口、PRI 接口监测系统等组成。本工程新设 Abis/A/Gb/PRI 接口采集设备，接入广州局既有 Abis/A/Gb/PRI 接口监测系统。在广州核心网机房设置 A/Gb/PRI 接口监测采集设备，在深圳北站新设 Abis 接口监测采集设备。

(六)漏缆监测系统

本次设计在长度在 3 km 及以上的漏缆区段新设漏缆监测系统，漏缆监测定位精度不大于 5 m，在广州网管中心设置漏缆监测网管，在龙川西、惠州北、和平东通信车间设置漏缆监测系统复示终端。漏缆监测系统网管终端可与直放站系统网管终端合设。

本线设置漏缆监测系统的有 13 段漏缆，共监测漏缆 101.31 km，涉及 42 个隧道。

(七)铁塔

本工程基站和隧道外直放站均采用四柱钢管塔。所有铁塔设计寿命不小于 50 年。铁塔原则上立于距离线路中心 10 m 以外。

按照《关于发布设计时速 200 公里及以上铁路区间线路视频监控设置有关补充标准的通知》(铁总建设〔2016〕18 号)要求，参照《中国铁路总公司关于既有通信铁塔附挂摄像机等设备设施的指导意见》(铁总运〔2016〕246 号)，在铁塔上需预留安装的 2 套视频摄像机、1 套球形摄像机，并设置检修作业平台及必要的安全防护设施。12 m 钢杆设一层工作平台，15～30 m 设两层工作平台，所有 35 m 及以上铁塔设三层平台，其中二层工作平台、一层检修作业平台(满足 2 台激光摄像机、1 台红外线摄像机设备的安装负荷)。工作平台分别距离铁塔顶部 2 m 和 7 m，检修作业平台距离铁塔顶部 9～10 m。对于 15～30 m 铁塔，视频摄像机安装在第二层平台位置，对于 35 m 及以上铁塔，视频摄像机安装在检修作业平台位置，铁塔预留相应的负荷。铁塔基础负荷应考虑整体性，外观应具备良好的美观效果。

(八)同轴漏泄电缆

本工程采用 900 MHz 频段漏泄同轴电缆，在铁路隧道内、外架设，挂设距轨面高度 4.5～4.8 m。隧道内漏缆直接固定在隧道壁上，隧道外漏缆挂设在通信漏缆支柱上。其敷设方式及自身强度在列车运行及当地风速影响下安全可靠。漏缆挂设与接触网回流线、保护地线和照明线等非高压带电体同侧时，间距不应小于 0.6 m。隧道内漏缆采用卡具方式固定，卡具间隔为 1～1.3 m，其中每隔 10～15 m 设置一个防火卡具。

隧道外通信漏缆使用漏缆支柱(H 型钢柱)架设，漏缆支柱基础只在线路单侧设置，与接触网杆处于同一线位。桥梁区段通信辅助杆基础要求同接触网专业 QJ-A 型支柱基础，基础预留钢板应利用与梁体内纵向接地钢筋焊接。

(九)防雷与接地

通信设备的接地，应满足人身安全要求和通信设备的正常运行。其他未尽事宜遵照《铁路防雷及接地工程技术规范》(TB 10180—2016)执行。

(十)其他

根据各专业移动人员作业模式及通话要求，本工程为车站、站场、沿线区间及其他铁路作业区的各工种地面工作人员配置作业手持台(OPH)，OPH 每公里配置 1 套；为铁路公务人员、与铁路业务相关的人员配置通用手持台(GPH)，GPH 每公里配置 0.5 套。

(十一)交叉并线区段无线覆盖方案

赣深铁路广东段与既有京九铁路、广深铁路、广深港高铁并行交叉区段，为避免因频率资源不足造成并线、交叉区段两套或多套 GSM-R 系统之间产生的相互干扰，原则上尽可能利用高等级线路基站兼覆盖低等级铁路，同等级线路尽量利用既有设备，同时尽量减少对既有线设施的改动。根据本线新设基站与既有基站覆盖情况，对本线以及京九铁路进行专项网络规划设计工作，对既有 GSM-R 基站子系统设备适当进行关闭或更换设备，避免两线 GSM-R 系统相互干扰，并满足本工程 C3 线路网络覆盖要求。

七、会议电视系统

本工程不新设会议电视中心设备，利用并扩容广州客专调度所既有高清会议电视系统中心设备，采用数据通信网系统进行承载，提供本线各会议电视终端接入。在沿线车站、综合维修车间、动车所等分别配置分会场设备 1 套高清会议电视终端设备。

各站会议电视分会场设备纳入广州调度所既有的会议电视系统网管管理。系统网管完成安全管理、配置管理、故障管理和性能管理。

八、综合视频监控系统

(一)网络构成方案

综合视频监控系统由视频区域节点、视频接入节点、视频采集点、用户终端以及视频网络组成。

本次综合视频系统应满足铁总相关技术规范要求。系统采用云存储方式，在各个车站信号楼通信机械室站房通信机械室分别设置相应的服务器和磁盘阵列。

1. 视频区域节点

本工程对广州调度所既有视频区域节点的互联互通平台进行扩容，在区域节点增设分转发服务器 1 台等。区域节点应具备对本线视频图像质量进行诊断功能。

2. 视频接入节点

本工程在深圳北站设置Ⅰ类视频接入节点，其他新建车站设置Ⅱ类视频接入节点。Ⅰ类视频接入节点具有接入并管理Ⅱ类视频接入节点的能力。

Ⅰ类视频接入节点配置视频管理服务器、视频分转发服务器、云存储服务器、行为分析服务器、存储设备、视频监控终端及网络设备等。当区域节点故障或区域节点与接入节点间存在连接故障时，Ⅰ类视频接入节点内的用户可正常调看本节点视频。Ⅱ类视频接入节点配置视频分转发服务器、云存储服务器、存储设备、视频监控终端及网络设备等。

3. 视频采集点

在车站、站房、维修车间(工区)、区间基站、信号中继站、电力电气化节点、动车所等节点通信、信号机房设置视频前端采集设备，在通信及信号区间机房院落、牵引供电及电力供电机房院落、桥梁救援疏散通道、隧道口、车站咽喉区等处新设高清视频采集点；利用 GSM-R 基站和部分直放站铁塔设置线路监控高清视频采集点，实现对线路路基、路基与桥梁结合部及长度 6 km 以上桥梁等区段的视频监控。

根据专业分工要求，涉及车站客运相关的综合视频系统前端监控设备由信息专业负责设计，通信专业根据信息专业要求在各个视频接入节点提供接入条件。

新设摄像机均采用交流电源设备进行供电,其中室外摄像机采用交流远供方式,利用就近通信机房的UPS设备进行供电,满足本线远距离(2 km)摄像机的供电。室外摄像机配置电源线防雷浪涌保护器,以进行设备防雷。

(二)视频编码方案

各高清摄像机均采用H.265/H.264格式进行压缩编码,分辨率为1 080P。

(三)视频存储方案

在本线视频Ⅰ类视频接入节点、Ⅱ类视频接入节点均设置存储设备,分别负责管辖范围内的告警视频信息及辖区内视频图像信息。所有图像压缩编码采用H.265/H.264格式,分辨率为1 080P。存储方式皆采用云存储方式,本工程存储容量为有效存储容量。同时,对关键设备采用冗余备份措施,其中包括:服务器及磁盘阵列双电源备份、磁盘备份、管理服务器N+1备份、接入节点各类服务器N+1备份。

本工程视频系统存储原则为:

(1)普通视频:室内外视频按1 080P存储,存储时间为7 d。

(2)重要地点视频:车站咽喉区、隧道口、桥梁救援疏散通道等重点目标及重点治安防范区域等,按1 080P存储,存储时间为15 d。

(3)客服系统视频:普通图像按1 080P存储,存储时间为15 d。

(4)告警图像及含告警信息图像:按1 080P存储,存储时间为30 d。

1 080P视频图像平均码流速率按6 Mbps/路进行计算。

(四)网络组成

本系统采用数据网和MSTP传输系统进行组网。沿线车站、区间节点、段所的视频业务通过本线IP数据网进行承载,对于没有数据网设备的警务区,利用传输系统MSTP数据透传功能提供传输通道。

各机房内的视频前端采集设备采用视频电缆接入机房三层交换机;机房室外、车站咽喉区、铁塔上、桥梁救援疏散通道、区间公跨铁、隧道口等视频前端采集设备,采用光缆方式就近接入所属的视频接入节点三层交换机中。

(五)与其他系统的互联

本系统与通信电源及环境监控系统联动,并通过通信电源及环境监控系统与照明系统实现联动。

(六)系统同步

视频区域节点通过数据网与时钟同步和时间分配系统相连,视频监控管理服务器作为NTP服务器的客户端,接收时间同步信号。同时管理服务器在视频系统中又作为NTP Server,系统通过NTP的方式接收时间同步信息,保证系统内所有设备时间同步。

(七)电源、防雷和接地方案

根据《铁路防雷及接地工程技术规范》(TB 10180—2016),综合视频监控系统设备均采用220 V交流不间断UPS电源进行供电,并采用防雷保护措施。室外电源线进入机房,接入其他设备前采用电源线浪涌保护器进行防护,防止感应电流对室内设备带来影响。室外高清摄像机采用防浪涌保护器对设备进行感应雷防护。

(八)视频网络安全平台

根据《铁路综合视频监控系统技术规范》(Q/CR 575—2017)中相关要求,本工程设置独立于综合视频监控系统的视频网络安全防护系统,满足《信息安全技术网络安全等级保护基本要求》(GB/T 22239—2019)中第三级的安全要求。

视频网络安全防护系统为综合视频监控系统网络安全提供保障,实现对用户准入控制、视频终端管理、强制身份认证、网络病毒防护、系统漏洞扫描及修补、设备配置核查、系统日志管理及审计、入侵检测、防火墙安全监测,保障视频内部网络、设备的安全,对网络设备及用户设备的运行状况及监视、网络流量、网络行为分析及阻断,从对网络和通信安全、网络边界安全、用户访问安全、应用和访问安全、应用和数据安全等进行全方位的安全防护。

九、应急通信系统

(一)应急救援指挥通信系统

利旧并扩容广州客专调度所既有应急通信系统中心设备,中心设备扩容3块数字接口板。在本线龙川西、惠州北综合维修车间配置1套应急通信现场接入设备,以便在事故发生后及时、准确地把事故现场的语音、数据、图像传递到应急指挥中心。

(二)隧道紧急救援电话系统网络构成方案

长度大于5 km的隧道(石门岗隧道5.777 km、松岗山隧道9.872 km、林寨隧道6.23 km、东源隧道5.062 km、义合隧道6.043 km、横岭隧道7.875 km、博罗隧道5.774 km、银瓶山隧道9.618 km)新设隧道紧急救援电话系统(图3-10-5)。在隧道综合洞室内设置救援电话终端,隧道口邻近区间通信传输机房设置紧急救援电话主机。主机至终端间通信电缆敷设于铁路两侧预留槽道内。

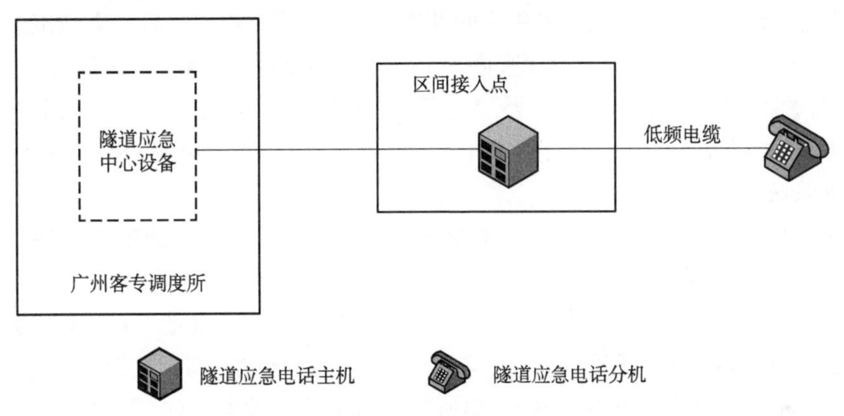

图3-10-5 隧道紧急救援电话系统示意

紧急救援电话主机采用本线传输网或数据网通道接入广州客专调度所中心控制台,并与数调FAS系统互联互通。实现紧急情况下与广州调度所调度员的电话报警和定位报警功能。

十、时钟同步系统

本工程采用主从同步方式,利用昌赣客专在赣州西站拟建和广深港高铁在深圳北站既有BITS设备。将深圳北BITS设备的时钟信号作为骨干层、汇聚层设备主用时钟信号,赣州西站BITS设备作为备用定时信号,接入层设备分段从骨干传输层提取线路时钟信号。

十一、时间同步系统

扩容广州局集团公司既有时间同步系统设备,为本工程通信系统提供时间同步信号。

十二、综合网络管理系统

本工程利旧并扩容广州调度所既有综合网管系统,根据需要进行扩容、更新网元信息。

本工程新设的各通信子系统网管有传输系统、电话交换及接入系统、数据通信网系统、GSM-R专用移动通信系统、综合视频监控系统、动环监控系统等,调度通信、会议电视系统利用既有网元管理系统。新设的传输系统、电话交换及接入系统、数据通信网系统、GSM-R专用移动通信系统、综合视频监控系统、动环监控系统网管接入广州调度所通信综合网管系统,利旧既有网元管理系统已接入广州调度所通信综合网管系统,仅需扩容纳入相关新建网元信息。

十三、通信电源

(一)外供电源需求

各车站、站房、信号中继站、线路所、区间基站、光纤直放站、综合维修车间(工区)、电力配电所、动车所综合楼、检查库通信机械室等由电力专业提供二路可靠电源至通信机械室,并设置电力配电箱(不带自动切换装置)。除光纤直放站为1路AC 220 V外供交流电源(2路外电经电力专业切换为1路),通信机房均为2路AC 380 V外供交流电源。

牵引变电所、分区所、AT所、开闭所由电力专业提供二路可靠电源至通信机械室,采用2路AC 220 V外供交流电源,并设置电力配电箱(不带自动切换装置)。

(二)交流供电系统

除直放站UPS系统由电力专业提供交流端子引接交流电源输入外,其他通信节点设置的UPS系统均自开关电源交流配电引接交流电源输入。

各车站、区间传输节点通信交流电源采用不间断电源UPS系统和1组后备电池组进行供电。

各车站配置20 kVA UPS不停电电源;区间基站、信号中继站、线路所、综合维修车间(工区)配置5 kVA UPS不停电电源;牵引变电所、分区所、AT所、开闭所、电力配电所、动车所综合楼、检查库、公安派出所等其余节点配置3 kVA UPS不停电电源,隧道外直放站、警务区设置2 kVA UPS不停电电源。

(三)直流供电系统

直流电源系统采用组合开关电源设备和阀控式密封铅酸蓄电池组,电源整流模块采用N+1方式备份,配置2组后备蓄电池组。蓄电池后备时间车站为1 h,区间为3 h。

新设车站采用开关电源(48 V/250 A),配备300 Ah阀控式铅酸蓄电池2组;区间基站、信号中继站、线路所、综合维修车间(工区)采用开关电源(48 V/90 A),配备100 Ah阀控式铅酸蓄电池2组;牵引变电所、分区所、AT所、开闭所、电力配电所、公安派出所等节点采用开关电源(48 V/60 A),配备100 Ah阀控式铅酸蓄电池2组。

十四、防雷及接地

(一)防雷

为确保通信设备和人员安全以及通信设备的正常工作,防止通过电源、天馈系统以及通信线路等引入雷害,客运专线通信系统必须设置防雷设施。

1. 无线GSM-R铁塔及天馈线系统防雷

铁塔顶部安装避雷器,利用镀锌扁钢引下至接地(40 mm×4 mm);避雷针高度应保证天线及铁塔在避雷范围以内。GSM-R天线馈线为同轴电缆,加装保护装置馈线感应雷保护器,防止感应雷通过馈线传播损坏设备。

2. 电源系统防雷

根据分级防护原理,交流电源引入高频开关电源前加装电源防雷装置,对通信电源设备进行保护。

3. 综合视频监控系统防雷

综合视频监控系统室外摄像机电源线进入机房,采用电源线浪涌保护器进行防护,防止感应电流对室内设备带来影响。室外摄像机采用防浪涌保护器对设备进行感应雷防护。

本次设计在区间视频线缆引入通信机械室内时,在通信机械设备接口或配线架处设置浪涌保护器。

4. 室内设备防雷

在通信机械室内通信设备侧设置浪涌保护器,对超过50 m的室内数据线进行防雷保护。其他专业设备侧的浪涌保护器由相关专业考虑。

5. 长途光缆防雷

长途光缆接头处同侧金属护套和加强芯不相互连通，两侧金属护套和金属加强芯也不作电气连通，不接地。长途光缆引入室内时，将其金属部件与室内设备绝缘，避免影响室内设备。

6. 防雷系统

本工程设置防雷监控分系统，具备接入电源及环境监控系统的条件，并实现对通信电源防雷箱、通信线缆浪涌保护器等进行有效的监控，并对监控采集的防雷数据进行上传。

本次设计在沿线通信机房设置防雷监控单元，实时监测防雷设备的工作状态和运行状况，确保通信设备安全可靠，实现远程监控，以达到对铁路通信专业雷电防护进行监控的目的。

(二)接地方式和接地装置

通信工程防雷和接地应满足《通信局(站)防雷与接地工程设计规范》(GB 50689—2011)、《铁路防雷及接地工程技术规范》(TB 10180—2016)等相关要求。

1. 通信机房接地

本线车站、区间各通信机械室采用综合接地方式。各车站通信机械室、区间通信机械室的通信设备，以及区间的通信线路、铁塔等设施及区间通信线路均应设地线。

沿线车站及区间节点通信机房不单独设通信接地体，采用综合接地方式，由房建专业在房屋建筑地网中统一考虑，接地电阻不大于 1 Ω。站内综合工区等没有贯通地线引入的地点，由房建专业在房屋建筑地网中预留通信接地条件。

2. 通信铁塔、视频杆及场坪接地

无线通信系统铁塔单独设置接地地网，并与铁塔塔脚基础内的金属构件焊接联通。沿线区间铁塔接地装置应与基站、直放站场坪接地系统连接。在对于设置在车站站房附近的铁塔接地装置，当铁塔接地地网与机房地网距离在 15 m 以内时，应与机房外环形接地体连接，连接点不少于两处，两处连接点至少相距 5 m 以上。当铁塔接地地网与机房地网距离大于 15 m 时，不与机房外环形接地体连接。

与机房地网相连的铁塔接地电阻应不大于 1 Ω；不与机房地网相连的铁塔、电杆单独设置防雷接地体的接地电阻应不大于 10 Ω。当铁塔、电杆接地装置距离综合接地系统的贯通地线 20 m 以内时，接入综合接地系统(两处，相距 5 m 以上)。当距离大于 20 m 时，可不与贯通地线相连。沿线未设置箱变的光纤直放站等处设置室外场坪接地体，其接地电阻值≤1 Ω，场坪接地装置距离综合接地系统的贯通地线 20 m 以内时，接入综合接地系统。其他区间节点(牵引变电所、AT 所、开闭所、电力配电所等)的室外接地体由相关专业设置。

未设置箱变的光纤直放站室外场坪接地体需与场坪内基站房屋、电力箱式变压器、铁塔等单独设置的接地装置进行连接。无线通信系统铁塔单独设置接地装置。接地装置距离综合接地系统的贯通地线 20 m 以内时，接入综合接地系统。

十五、电源及设备房屋环境监控系统

新设通信电源及环境监控系统。在深圳北站新设监控中心设备，包括中心服务器、数据库服务器、操作终端、网络设备等设备。沿线各通信、信号机房设置监测分站 RTU 设备，实现对通信交、直流开关电源设备、通信、信号、信息机房空调的工作运行状况、照明以及机房环境的监控。

各车站通信、信号机房的远端监控设备至监控中心采用 FE 方式接入数据网。

在通信、信号各维修车间设置网管复示终端。本工程新设蓄电池在线均衡系统；在深圳北新设蓄电池在线均衡监测系统中心设备；在各综合维修车间设置系统网管复示终端。在沿线设有 48 V 蓄电池组或 UPS 蓄电池组的通信机械室设置蓄电池均衡系统采集单元；根据需要，在各车站信号楼、站房、综合维修车间(工区)、电力电气化节点、信号中继站、区间基站、公安派出所、隧道外直放站设置采集单元。

沿线各采集点通过本线传输网/数据网接入深圳北的系统中心设备。

十六、通信线路

(一)通信线路类型、径路及防护措施、维护措施

1. 长途通信光缆线路类型及容量

本次设计长途光缆型号采用 GYTZA53 型无卤阻燃、层绞式松套管铠装充油光缆,光纤符合 ITU-T G.652 和 GB 9771—88 的有关规定,光缆双窗口性能(1 310 nm 和 1 550 nm)。

本工程自赣粤省界至深圳北在铁路两侧电缆槽道内分别敷设 1 条 GYTZA53 型 48 芯干线光缆,构成不同物理径路的光缆,提高通信系统的可靠性。

全线沿客运专线一侧敷设 1 条 48 芯光缆,作为区间贯通短段光缆使用,并在直放站区段区间贯通短段光缆的对侧再设置 1 条 12 芯短段光缆。

2. 区间短段通信光缆

新设光缆采用 GYTZA53 阻燃型层绞式光缆,如图 3-10-6 所示。

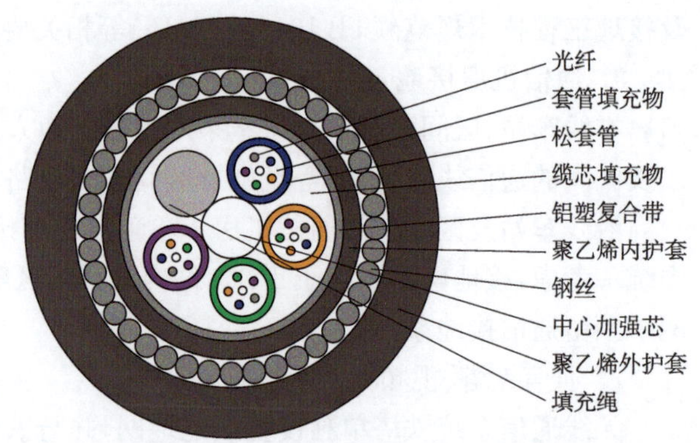

图 3-10-6 GYTZA53 阻燃型层绞式光缆

沿线区间直放站光缆、视频光缆等短段光缆尽量合设,敷设在预留槽道内。但短段光缆与长途光缆分设,不与长途光缆共缆。区间短段光缆根据需求设 24 芯或 12 芯或 8 芯单模光缆。

3. 光缆引入方式

干线光缆在车站采用本缆引入方式,确保上行方向二条光缆由不同引入口引入通信机械室,其中站房侧光缆利用就近分支电缆槽引入通信机械室,站房对侧光缆利用远端分支电缆槽引入通信机械室。将本站使用光纤、备用和预留光纤成端于 ODF 架。区间不同方向分歧光缆应采取不同径路或分别防护敷设。

4. 光缆敷设方式

本工程光缆线路应利用预留电缆槽敷设,无预留电缆槽时采取直埋、管道或槽道方式(根据需要采取水泥槽、钢管等机械防护措施)。

5. 通信线路径路、防护及维护措施

由于本工程在铁路两侧的线路预留了光电缆槽道,本工程干线光缆主要敷设于预留的槽道内。至区间节点的短段分歧光缆采用预留分支电缆槽道及直埋方式。

对短段直埋光缆按照相关规定要求进行机械防护,防护措施有塑料管、钢管、水泥槽、水泥盖板等。

(二)地区及站场通信线路类型、引入配线及维护措施

1. 地区及站场通信线路类型

站场通信线路采用 HYAT53 市话电缆、隧道内应急通信线路采用 HEYFLT23 型油膏填充式低频对称电缆;站场内各接入点间敷设 GYTZA53 型 8 芯或 GYTZA53 型 12 芯层绞式松套管充油光缆,构成站场内环型光网络。

地区(站场)通信光电缆径路一般设在铁路两侧路肩外及道路附近并尽量少穿越道路、铁路及其他管线,敷设方式为直埋、管道和槽道。光/电缆在建筑物内敷设原则上利用综合布线系统设置的桥架进行敷设,楼外利用槽道或直埋敷设。

2. 引入配线方式及维护方式

地区及站场光、电缆通过新设综合配线柜、电缆交接箱、分线盒或光缆终端盒引入。地区通信线路一般采用直接配线或间接配线方式。

地区及站场通信线路主要通过设光电缆标桩等示出其径路,结合台账等文件资料,为维护提供指导。

（三）电气化影响分析

本次不设长途通信电缆，电气化对长途光缆、地区及站场通信线路的影响仅做定性分析说明。

本线在5 km以上隧道设置隧道应急电话系统，在隧道内敷设的低频对称电缆。针对该电缆受电气化影响情况，采取以下措施：在电缆两端以及每隔0.5 km对金属外护套进行屏蔽接地，引入隧道应急电话系统主机设备和紧急电话分机时，主干电缆采用电缆绝缘节，将电气化危险影响隔离在外部。电缆芯线经过隧道应急电话系统主机设备和紧急电话分机自带的防雷保安器后，引入隧道应急电话系统主机设备和紧急电话分机。

长途光缆采取以下措施防止电气化危险影响：在接头处将所有光缆接头处同侧金属护套和加强芯不相互连通，两侧金属护套和金属加强芯也不作电气连通，不接地。将电气化影响限制在光缆单盘长度以内。长途光缆引入室内前需做绝缘处理，将室内外金属部件断开，避免室外强电影响进入室内。

地区及站场通信线路与电气化铁路平行距离较短，电气化危险影响和干扰影响较小，引入室内时其金属护套等与室内绝缘，电缆芯线经过保安器或保安单元引入室内，将电气化危险影响隔离在室外。

十七、综合布线系统

本工程在乘务员公寓、司机公寓、综合维修车间/工区综合楼、单身宿舍等新设综合布线系统。车站站房、动车所生产生活房屋综合布线由信息化专业统一设计。

通信专业负责的综合布线楼宇均为小型建筑物。根据《高速铁路设计规范(试行)》(TB 10621—2014)的要求，综合布线系统水平布线应采用6类及以上双绞线缆。在通信信息配线间或通信机械室设置音频和RJ45配线架，自配线间和通信机械室布放6类8芯UTP双绞线至各宿舍和办公室，每宿舍两个信息点，语音、数据接口各一。办公房屋根据具体建筑使用功能，按照每个工作区设置1个信息点的原则配置信息插座，并安装在相应办公区域的墙面或地面上，采用双口墙面型面板和6类模块，支持100 M以上的带宽。每个信息点能够灵活应用，可随时转换接插电话、微机或数据终端。

办公区域通信专业仅负责布线，路由器或交换机设备由信息专业或潜在的用户自行配置。

十八、备品备件及仪器仪表、交通工具

（一）备品备件

参照《关于印发〈高速铁路轨道及站后四电工程备品备件配置指导意见〉的通知》(铁建设〔2012〕158号)关于通信工程备品备件要求，配置本线备品备件，本工程计列整机设备部分和通信光电缆的备品备件数量。设备板卡级数量及费用已含在各系统设备费内。设备招标选型确定后，集成商根据产品资料遵照铁建设〔2012〕158号文要求计算并确定板卡及备品备件的最终数量。

（二）仪器仪表及交通工具

本工程不做详细设计，根据实际运维需求及本线维护管理体制，由建设单位与广州局集团公司协商处理。

十九、机构设置、房屋及定员

（一）维修机构设置、管辖范围及定员

本线原则上通信专业维修范围与综合维修段、综合维修工区的设置一致；按机械提供资料，通信专业在各设的综合工区分别设置通信工区。在和平东、龙川西、河源东、惠州北、塘厦设5处综合维修车间(工区)，在和平东、龙川西、惠州北设3处综合维修车间(含工区)。各综合维修车间通信设置定员10人，各综合维修工区通信设置定员按每个工区7人。

在深圳北动车所设CIR维修工区，设置定员7人。

（二）通信机房设置

各通信房屋面积见表3-10-1。

表 3-10-1 各通信房屋面积(m^2)

序号	名称	面积
1	车站信号楼	85
2	综合维修车间	30
3	综合工区	30
4	基站	25
5	直放站(隧道外)	15
6	牵引变电所	25
7	分区所/AT所/开闭所	20
8	电力配电所	25
9	公安派出所	30
10	站房	30
11	警务区	10
12	线路所	25
13	信号中继站	25

二十、相关产品认证

根据《国家铁路局关于公布〈铁路产品认证目录〉的通知》(国铁科法〔2014〕30号)、《关于印发〈中国铁路总公司铁路专用产品认证管理办法〉的通知》(铁总科技〔2014〕135号)、《中国铁路总公司铁路专用产品认证采信目录》(铁总科信〔2018〕196号)的规定,本工程所选用的通信系统产品应属于铁路认定范围的设备,应符合铁路相关技术标准的规定,并取得认证许可。

二十一、环境保护措施

通信工程长途通信线路采用光缆,地区及站场通信线路也较多的采用光缆,减少铜芯电缆的使用。

要求通信工程所采用材料无腐蚀性、不污染环境,光电缆尽量敷设在预留的电缆槽内,减少开挖土石方工程量,有利于水土保持。

本工程中GSM-R铁路移动通信系统的基站布置在城区内间距大约为3 km,在郊区和野外大约为5 km;基站铁塔高度在30~50 m之间;在车站用户密集地区单基站配置3载波,其他地区单基站配置2载波,基站发射功率单载波小于20 W。

根据电磁辐射防护规定,电磁辐射的限值:公众照射,24 h内,环境电磁辐射的场量参数在任意连续6 min内的平均值应满足功率密度小于0.4 W/m^2(频率为30~3 000 MHz)。职业照射,8 h工作时间内电磁辐射功率密度在任意连续6 min内的平均值应满足小于2 W/m^2(频率为30~3 000 MHz)。因此,本工程所选各基站的电磁辐射值均在国家要求的标准值以下,对人体不会产生有害影响。

其余通信设备也均要求满足国家标准对电磁辐射的要求。

二十二、节约能源措施

(1)本工程通信设备主要采用数字化产品,耗电量小。通信设备供电电源馈线的截面经耗电量计算后确定,配电设备至通信设备间的电源馈线敷设尽量顺直保证距离最短。

(2)通信电源设备用智能化电源系列;换流设备用高频开关型模块化电源。整流模块效率≥90%,功率因数≥0.99。

第十一章 信号设计

本线信号系统主要由调度集中系统(CTC)、闭塞及列车运行控制系统、车站联锁系统、信号集中监测系统、电源系统等构成。

一、采用的主要技术规范及标准

信号设计采用技术规范标准如表3-11-1所示。

表3-11-1 信号设计采用技术规范标准

类别	序号	标准编号/发布文号	名称
综合性	1	铁总科技〔2014〕172号	《铁路技术管理规程(普速铁路部分)》
	2	TB 10621—2014	《高速铁路设计规范》
	3	TB 10007—2017	《铁路信号设计规范》
	4	Q/CR 9152—2018	《铁路自然灾害及异物侵限监测系统工程技术规范》
CTC	1	Q/CR 572—2017	《调度集中系统设备》
	2	Q/CR 518—2016	《调度集中系统技术条件》
	3	TB/T 3496—2017	《调度集中与计算机联锁接口规范》
	4	Q/CR 574—2017	《列车调度指挥系统(TDCS)/调度集中系统(CTC)综合维护平台技术规范》
	5	铁总工电〔2018〕69号	《调度集中操作显示规范》
	6	工电函〔2018〕24号	《关于印发〈关于调度集中场联进路办理等三个事项的细化规定的通知〉》
列控	1	TB/T 2465—2010	《铁路车站电码化技术条件》
	2	TB/T 3112.1～5—2017	《铁路车站电码化设备》
	3	TB/T 2853—1997	《25 Hz相敏轨道电路技术条件》
	4	TB/T 3060—2016	《机车信号信息定义及分配》
	5	TB/T 2668—2004	《铁路自动站间闭塞技术条件》
	6	TB/T 2296—2011	《铁路信号计轴设备通用技术条件》
	7	TB/T 3189—2007	《铁路信号计轴应用系统技术条件》
	8	TB/T 2852—2015	《轨道电路通用技术条件》
	9	TB/T 2853—2018	《轨道电路系统 25 Hz相敏轨道电路》
	10	TB/T 2026—2018	《轨道电路防护盒》
	11	铁运〔2012〕311号	《不对称高压脉冲轨道电路暂行技术条件》
联锁	1	TB 10071—2000	《铁路信号站内联锁设计规范》
	2	TJ/DW—2016	《车站计算机联锁操作显示技术规范》
	3	TB/T 3482—2017	《铁路车站计算机联锁安全原则》
	4	Q/CR 654—2018	《计算机联锁车站联锁图表编制原则》
	5	TB/T 3027—2015	《铁路车站计算机联锁技术条件》
	6	铁总运〔2016〕69号	《车站计算机联锁间通信接口暂行技术规范》
	7	TB 2307—2017	《集中联锁结合电路一般原则》
	8	铁运〔2010〕149号	《铁路信号联锁试验暂行办法》
	9	TB/T 2119—1990	《电气集中联锁试验技术条件》

续上表

类别	序号	标准编号/发布文号	名称
监测	1	Q/CR 573—2017	《铁路信号集中监测设备》
	2	Q/CR 442—2017	《信号集中监测系统技术条件》
	3	运基信号〔2010〕709 号	《铁路信号集中监测系统技术条件》
	4	运基信号〔2011〕377 号	《铁路信号集中监测系统安全要求》
其他	1	铁总工电〔2018〕220 号	《铁道信号电源系统设备暂行技术规范》
	2	运基信号〔2005〕458 号	《铁路信号智能电源屏技术条件(暂行)》
	3	TB/T 3074—2017	《铁道信号设备雷电电磁脉冲防护技术条件》
	4	TB 10180—2016	《铁路防雷及接地工程技术规范》
	5	铁运〔2006〕26 号	《铁路信号设备雷电及电磁兼容综合防护指导意见》
	6	运基信号〔2007〕535 号	《铁路信号设备雷电及电磁兼容综合防护举例设计》

二、运输调度指挥系统

本线运输调度指挥系统采用调度集中系统(CTC3.0),CTC 系统应按管理需要分级设置,并应符合下列规定:

(1)应设车站系统、调度所系统;

(2)车站系统应设置车站自律机、车站服务器操作终端、维护终端等;

(3)调度所系统应设置数据库服务器、应用服务器、通信前置服务器、接口服务器对外时钟服务器操作终端维护终端等。

新建各站 CTC 分机设置网络安全设备。CTC 车站安全计算环境的建设主要通过对终端、服务器的安全加固来实现;同时在车站交换机到路由器之间部署安全区域边界。

三、闭塞及列车运行控制系统

CTC 区段采用自动闭塞或自动站间闭塞,自动闭塞制式选择应符合设计速度 120 m/h 及以下的区段,宜采用四显示自动闭塞,也可采用三显示自动闭塞;设计速度 120 km/h 以上以地面信号作为列车行车凭证的区段,宜采用四显示自动闭塞。自动站间闭塞的区间必须设置轨道占用检查装置。区间空闲、发车进路建立后,区间应自动构成闭塞状态。

动车运用所与邻站间的动车走行作业宜采用列车作业方式,也可采用调车作业方式。采用列车作业方式时宜按 CTCS-2 级设计。

四、车站联锁系统

车站采用硬件安全冗余结构的计算机联锁系统,站内(包括维修工区和货物线)所有道岔均纳入联锁。

正线车站除部分区段采用不对称高压脉冲轨道电路外,其余区段均采用 97 型 25 Hz 相敏轨道电路。

进站信号机接近区段、接车进路及股道设置 ZPW—2000G 电码化,发送器采用 N+1 冗余方式,电码化采用继电编码,按电码化要求设补偿电容。

解决轨道电路分路不良措施:综合工区、货物线等轨道区段采用高压脉冲轨道电路。

根据站场专业道岔专线号配置相应转辙设备。道岔转辙机设防护罩及三杆罩。

五、信号集中监测系统

本线各新建车站分别设置 1 套车站信号集中监测分机设备。CSM 系统应直接采集不具备自监测功能的信号设备及其结合部的模拟量和开关量信息,主要包括外电网、电源屏,轨道电路,转辙,进站信号机、进路信号机、出站信号机、通过信号机。道岔，移频设备，半自动闭塞设备，异物侵限与信号系统接口继电器站间联系电路，电缆对地绝缘，电源对地漏泄电流。按钮状态、控制台表示状态关键继电器状态及关键断路器状态等。

各车站均新设道岔缺口监测设备，纳入信号集中监测系统。

六、信号电源

新建车站新设铁路信号综合智能电源屏及 UPS 电源。信号设备(道融雪装置的电加热元件除外)宜采用智能电源屏供电，电源屏应符合《铁路信号电源屏》(TB/T 1528)的有关规定。

信号电源屏输出的电源类型应根据信号设备的用电类型确定。信号电源屏的容量应根据信号设备用电量经计算确定，并应根据信号设备的用途和站场线路的区域划分合理设计信号电源屏的供电回路。

信号电源屏采用三相电源向交流用电设备供电时，应平衡分配三相负荷。采用三相交流电源供电时，应设计电源错序、断相监督报警。外电源停电后，蓄电池组应该给除交流转辙机动作电源外的其他信号设备供电，供电时间不小于 30 min。

七、钢轨断轨监测

站间没有轨道电路的区段设有钢轨断轨监测设备，断轨监测报警信息通过无线公网发送到服务器的报警器。

第十二章　信息设计

第一节　概　　述

赣深铁路广东段沿线依次分布和平北(原和平东)、龙川西、河源北(原东源)、河源东、博罗北、惠州北、仲恺、东莞南(原塘厦)、光明城、深圳北等10座站,其中深圳北站为既有车站,光明城站房为既有站改扩建。

赣深铁路广东段设置深圳北第二动车所;和平北(原和平东)、龙川西、惠州北、河源东、塘厦、深圳北动车所共6处公安派出所;10处警务区;龙川西、惠州北2处综合维修车间,和平东、河源东、塘厦3处综合维修工区;和平北(原和平东)、龙川西、河源北(原东源)、河源东、博罗北、惠州北、仲恺、东莞南(原塘厦)、光明城、深圳北动车所10处信号楼;以及龙川西、赣深、深圳北、广深4处线路所。

第二节　信息设计方案

一、运输调度管理系统

广州局集团公司既有已设置局级运输调度管理系统,本段行车调度指挥在广州调度所新设赣深行车调度台,同时考虑TDMS系统的软件修改及数据配置费用(含调度管理系统服务器软件、计划调度修改、T/D接口修改、终端设备、旅服修改费用等)。

二、动车组管理信息系统

扩容深圳北动车所既有车组管理信息系统数据处理平台,包括2台数据库/应用服务器,1套存储磁盘阵列;在新建8线检查库库内设置72个工位信息点,实配48台工位终端;设置无线接入设备40台,配置48台手持终端;在库两端各设置4块双基色LED显示屏;边跨办公区域内根据需要设置业务办公终端30台。

动车运用检修管理系统接入既有深圳北动车运用所动车运用检修管理系统。

三、办公管理信息系统

(一)车站办公管理信息系统

车站办公管理信息系统局域网与车站旅服系统共同组网,路由器、防火墙、核心交换机共用,接入层交换机分设。在站房内信息机房、信息配线设备间各设置办公网接入交换机1台。

办公管理信息系统局域网通道利用综合布线系统,广域网通道采用通信专业数据网通道。

车站办公管理信息系统配置办公微机、打印机等设备,安装在车站办公用房。

(二)维修车间、工区办公管理信息系统

维修车间、工区办公管理信息系统配置路由器、防火墙、核心交换机、接入层交换机等。

办公管理信息系统局域网通道利用综合布线系统,维修车间、工区内综合布线系统由通信专业设计。

(三)信号楼、线路所办公管理信息系统

信号楼、线路所办公管理信息系统配置接入层交换机等,利用通信光缆或通道就近接入维修车间、工区或车站办公自动化网络,再利用通信专业提供的数据网通道接入南昌局办公自动化网络。

信号楼、线路所办公管理信息系统配置办公微机、打印机等设备，安装在信号楼、线路所楼内。

四、公安管理信息系统

(一)车站公安警务室公安管理信息系统

车站公安警务室公安管理信息系统由交换机、公安业务微机、打印传真一体机组成。公安业务微机设置在车站公安值班室，网络设备采用独立机柜安装在车站信息机房或信息配线设备间。

车站公安警务室公安管理信息系统采用 FE 专线上联至所属派出所。

在车站公安警务室设置视频监控系统，采用本地存储。

(二)警务区公安管理信息系统

警务区公安管理信息系统由交换机、公安业务微机、打印传真一体机组成。

警务区公安管理信息系统采用 FE 专线上联至所属派出所。

(三)公安派出所公安管理信息系统

和平北(原和平东)、龙川西、惠州北、河源东、塘厦、深圳北动车所公安派出所设置公安管理信息系统、小指挥中心设备、音视频监控系统、入侵报警系统、门禁系统及配套电源系统、综合布线系统等。

五、门禁系统

在各新建/扩建客运车站设置门禁系统，实现对售票室、票据室、补票室、信息机房、信息配线设备间等重要场所的人员进出控制；在动车所边跨设置门禁系统，实现对边跨信息机房、办公室等重要场所的人员进出控制。

系统由主控微机、门禁控制器、读卡器、电磁锁具、出门按钮等组成，感应卡采用非接触式 IC 卡。

六、电源及设备房屋环境监控系统

在各车站信息机房、信息配线设备间、动车所边跨信息机房设置电源及设备房屋环境监控系统分站设备。电源及环境监控系统接入车站办公网，利用车站办公网与局域网设备，并利用办公网广域网通道接入深北信息所动环主系统。

车站电源与环境监控系统应符合《铁路信息机房电源及环境集中监控系统技术条件》(Q/CR 578—2017)的要求，能实现对每块电池的状态进行监控。

七、综合布线系统

本次设计在各新建客运站站房、光明城站改扩建区域、独立公安派出所、动车所边跨设置综合布线系统。

综合布线系统为语音、数据、图像等信息提供高速通道，采用光缆及铜芯对绞电缆混合组网，系统水平线缆采用六类布线方案，数据垂直主干采用 24 芯室内单模光缆，话音垂直主干采用五类大对数双绞线。

从站房内各垂直电梯机房至客服综控室分别敷设视频线缆和电梯五方对讲电缆，用于传输电梯内视频图像及语音信息，电梯轿厢随行光、电缆由电梯厂家自带。

八、行包管理信息系统

在惠州北、河源东站设置行包管理信息系统，系统配置应用服务器、行包办理业务终端、票签打印机、行包安检仪等设备。

九、停车场管理信息系统

在和平北(原和平东)、龙川西、河源北(原东源)、河源东、博罗北、惠州北、仲恺、东莞南(原塘厦)站停车场设置停车场管理信息系统,系统具备车牌号自动识别、自动计费、自动抬杆、自动抓拍等功能。系统主要由入口设备和出口设备组成,入口设备和出口设备间通过交换机联网。

十、其他系统

(一)场区视频监控系统

在新建8线检查库库外两端、边跨进出口等处设置监控摄像机,接入视频监控系统处理设备,检查库内监控摄像头由安全联锁监控系统统一考虑,本专业仅考虑网络接入条件。存车场视频监控系统由电力专业火灾自动报警系统考虑。

在临修库、不落轮镟库、洗车库、轮对诊断间、动车所场区(不含存车场)等处设置监控摄像机。摄像机接入网络交换机,再接入视频监控系统处理设备。

(二)安全检查系统

在动车所边跨入口内设置安全检查设施,包括1套安检仪、1套安全门、2套门闸及配套的视频监控摄像机、网络硬盘存储设备等。

十一、备品备件

车站客票及旅服系统质保期满后用于应急抢修的备品备件按《中国铁路总公司关于发布铁路车站旅客服务信息系统及客票系统工程备品备件配置指导意见的通知》(铁总建设〔2014〕95号)的要求配置,备品备件已计列入设备总价,不另行计列投资费用。

考虑到铁总建设〔2014〕95号文发布较早,本线客票系统采用电子客票,相关备品备件不能适应电子客票运用需求,实施时应根据广州局集团公司客运部门需求,在不突破原投资的条件下进行适当调整。

十二、电源、防雷及接地

除办公终端外,车站信息系统设备均采用集中供电方式,外供电源等级为Ⅰ级负荷。车站办公终端利用电力专业设置在各房间的办公电源插座就近取电。

集中供电的信息设备采用UPS供电和交流直供两种方式,UPS蓄电池备用时间为1 h。车站信息机房、信息配线间所有信息设备,窗口售票设备、自动售取票设备、补票设备采用UPS供电,其他信息设备采用交流稳压电源供电。

信息系统防雷与接地遵循《建筑物防雷设计规范》(GB 50057)、《建筑物电子信息系统防雷技术规范》(GB 50343)、《铁路防雷及接地工程技术规范》(TB 10180)以及国家、行业和国铁集团其他现行有关标准的规定。

第十三章 电力设计

铁路电力设计应从全局出发，统筹兼顾，按照负荷性质、用电容量、工程特点和地区供电条件，因地制宜，实行差异化设计，合理确定设计方案。供电方式宜采用集中供电方式，亦可采用分散供电方式、集中供电和分散供电相结合的方式。

一、配 电 所

在和平北站、龙川西站、东源站、河源东站、博罗北站、惠州北站、东莞南站、深圳北动车运用所各新建1座10 kV配电所，采用两路独立地方电源供电。利用既有赣州西站10 kV配电所和光明城站10 kV配电所。

配电所规模及电源情况见表3-13-1。

表3-13-1 10 kV配电所规模及电源情况

序号	名 称	规 模	电 源 情 况
1	和平东	2进8出	和平220 kV/10 kV变电站两段母线各引1回10 kV专屏专线
2	龙川西	2进10出	龙川220 kV/10 kV变电站、枫深110 kV/10 kV变电站各引1回10 kV专屏专线
3	东 源	2进8出	义合110/10 kV变电站、在建黄田110/10 kV变电站各引1回10 kV专屏专线
4	河源东	2进8出	临江110/10 kV变电站、桂林110/10 kV变电站各引1回10 kV专屏专线
5	博罗北	2进8出	柑场110/10 kV变电站、红围110/10 kV变电站各引1回10 kV专屏专线
6	惠州北	2进10出	金鸡110/10 kV变电站、诚信220/10 kV变电站各引1回10 kV专屏专线
7	塘 厦	2进8出	林村110/10 kV变电站、湖柏110/10 kV变电站各引1回10 kV专屏专线
8	深圳北动车运用所	2进10出	恒生110/10 kV变电站、龙塘220/10 kV变电站各引1回10 kV专屏专线

新建配电所10 kV主接线为双电源单母线母联断路器分段；正常运行时两路电源同时供电，当一路电源失电，母联断路器自动合闸，由另一路电源带全所负荷。

10 kV高压开关柜采用免维护、少维修SF6气体绝缘开关柜(GIS)，断路器为真空断路器；10/0.4 kV变压器采用新型节能干式变压器，10/10 kV调压器采用干式。直流电源设备采用智能高频开关铅酸免维护电池直流电源柜。

10 kV配电所电力设备纳入SCADA系统，由综合调度中心统一调度。

配电所采用无人值班远方监控的工作方式。

二、10/0.4 kV变电所

各车站、综合维修车间、工区、动车所等负荷集中的地方设10/0.4 kV变电所。车站综合变电所与站房合建；通信信号变电所与信号楼合建；综合维修车间、工区变电所独立设置。

双台变10/0.4 kV变电所正常工作时，两台变压器同时运行，母联断路器分段。当其中一台变压器因故退出运行时，母联断路器自动合闸，由另一台变压器带全所重要负荷。

高压环网开关柜采用SF6气体绝缘开关柜、变压器采用带外罩的干式变压器、低压开关柜采用组合式柜型并配置数字化仪表。车站10/0.4 kV综合变电所及通信、信号专用变电所低压开关柜内设RTU，高压环网开关柜开关及低压回路均纳入SCADA。

三、区间箱式变电站

10/0.4 kV 箱式变电站 10 kV 侧进出线及变压器设高压负荷开关,环网接线。

区间箱式变电站内负荷开关均采用电动操作机构纳入 SCADA 系统,实现自动隔离故障电力线路、故障定位、非故障段自动恢复供电等功能。

在 10 kV 电力贯通线路区间分散设置箱式电抗器,补偿贯通线电缆电容电流。

区间箱变接地电阻不小于 1 Ω,并纳入综合接地系统。

四、电力远动系统

(1)全线设电力远动系统,按综合 SCADA 系统纳入调度所设计。

(2)全线 10 kV 配电所配置的综合自动化系统、10/0.4 kV 变电所配置的监控装置、区间接于贯通线上的箱式变电站以及重要负荷供电的低压回路均纳入 SCADA 系统。

(3)在全线两条 10 kV 贯通线的分段处设置 RTU,对两条 10 kV 贯通线及其供电的通信信号等一级负荷低压供电回路的电流、电压等信号进行采集并上传至 SCADA 监控;当贯通线出现相间短路、单相接地、断相的情况下,迅速完成对其故障区段的定位、隔离及非故障区段的恢复供电工作。

(4)SCADA 对电力被控设备处采集的模拟量数据(电流、电压)可在调度端以图形方式显示,图形中相邻点间时间间隔最小为 20 ms。

(5)由通信专业设计的综合视频监控系统负责全线各站的 10 kV 及以上配电所统一配置视频监视系统,负责对配电所运行相关的场所进行监视。

(6)电力远动与变电专业分界点在电力 RTU 处(设置 FE 光口),RTU 由电力专业设置,RTU(不含)以上组网由变电专业负责。

五、电力线路

(1)新建 10 kV 配电所及车站电源线路由地方电源接取后采用架空与电缆相结合方式。高压架空线路采用环形预应力钢筋混凝土电杆、铁横担、架空绝缘导线;10 kV 电力电缆选用 YJV22-8.7/10 kV 型交联铠装电缆,采用直埋、穿管或沿电缆沟敷设。按当地供电部门要求设置产权分界开关。

(2)10 kV 贯通电力线路采用非磁钢带铠装的单芯铜芯电力电缆(金属屏蔽层应为铜带材质)、分别沿铁路两侧预制电缆槽敷设,其中 10 kV 一级负荷贯通线电缆截面均为 70 mm^2、10 kV 综合负荷贯通线电缆截面均为 95 mm^2;10 kV 单芯电缆线路采用在线路一端金属层单点直接接地方式,另一端接护层保护器;区间根据计算设置补偿电抗器,电抗器采用干式,星形接线,中性点不接地。本工程抗震设防烈度为 5 度,当电抗器采用干式空心电抗器时,不宜采用三相垂直布置。

(3)站内高低压线路均采用铜芯电力电缆。电缆一般沿电缆沟(槽)敷设,局部可采用穿管或直埋敷设。

(4)电力电缆敷设方式:所有穿墙、楼板、电缆管、电缆井等处的电缆均应采用防火封堵措施。原则上两路贯通线电缆、两路电源线路电缆(特别是进入变、配电所附近)不宜敷设于同一径路,无法避免时须采用电缆管槽等保护措施。当受条件限制同槽敷设时,中间应进行物理分隔。

(5)10 kV 电力电缆中间头、终端头均采用冷缩式。低压电力电缆中间头、低压电力电缆 16 mm^2 及以上终端头采用热缩型,其余均采用干包式。

六、隧道照明及防灾救援

(一)隧道照明设置原则

长度大于 500 m 小于 5 000 m 的隧道照明设正常固定照明。采用单电源供电,单电源接引于 10 kV 综合负荷贯通线。

长度大于 5 000 m 或有紧急出口的隧道，设正常固定照明及疏散应急照明。采用双电源供电，双电源接引于 10 kV 综合负荷贯通线及 10 kV 一级负荷贯通线，并增设 EPS 供电。

隧道内每个综合洞室按 5 kW 插座及照明负荷配置，每台箱变的供电范围内仅计一个洞室容量。

（二）隧道照明供电及远动控制

隧道照明低压供电线路的供电半径为 1 500 m 左右。小于 1 500 m 的隧道在隧道口一端设照明箱变供电；大于 1 500 m 小于 3 000 m 左右的隧道在隧道口两端各设一处照明箱变供电；大于 3 000 m 的隧道除在隧道进、出口两端各设一处照明箱变供电外，另在隧道内根据隧道具体长度设照明箱变。

隧道照明纳入远动控制，通过通信光缆专用通道分区段上传至隧道照明监控主站。

（三）隧道照明设备安装

1. 长度大于 500 m 小于 5 000 m 的隧道（双线单洞）

(1)隧道设正常固定照明，光源采用 25 W LED 灯，照明灯沿隧道两侧交错布置，水平间距一般为 25 m、距柜面不低于 3.5 m。

(2)设置在隧道变压器洞室上的标志灯距地 3.7 m，设置在其他综合洞室洞口上的标志灯距地 3.2 m。设置在综合洞室洞内的照明灯具为壁装、距地 2.2 m，其开关距地 1.3 m。标志灯灯面颜色为白底黑字，灯面上同时标明洞室的序号。

(3)隧道口及综合洞室内电源箱、照明控制箱均为明挂，箱体底边距地 1.3 m。

(4)所有灯具、开关箱、按钮箱等应具有防潮、防风压、防腐蚀、防震动功能，防护等级为 IP65。所有按钮、信号灯等发光体均为白色，以示与铁路信号色标区别。

(5)隧道内的灯具安装、设备安装及配线安装应满足列车最高速度值运行时的要求。

2. 长度大于 5 000 m 的隧道（双线单洞）

(1)隧道设正常固定照明并兼作疏散应急照明使用，光源采用 25 W LED 灯，照明灯沿隧道两侧交错布置，水平间距一般为 25 m、距柜面不低于 3.5 m。

(2)隧道设疏散指示灯及标志灯，光源采用 3 W LED 灯，疏散指示灯沿隧道两侧对称布置，水平间距一般为 25 m、距地 0.5 m。

(3)设置在隧道变压器洞室上的标志灯距地 3.7 m，设置在其他综合洞室洞口上的标志灯距地 3.2 m。设置在综合洞室洞内的照明灯具为壁装、距地 2.2 m，其开关距地 1.3 m。标志灯灯面颜色为白底黑字，灯面上同时标明洞室的序号。

(4)隧道口及综合洞室内电源箱、RTU、照明控制箱均为明挂，箱体底边距地 1.3 m；EPS 为落地靠墙安装。

(5)所有灯具、开关箱、按钮箱等应具有防潮、防风压、防腐蚀、防震动功能，防护等级为 IP65。所有按钮、信号灯等发光体均为白色，以示与铁路信号色标区别。

(6)隧道内的灯具安装、设备安装及配线安装应满足列车最高速度值运行时的要求。

（四）隧道照明配线方式

(1)长及特长隧道（全长 5 000 m 以上）内的电缆应采用铜芯阻燃型或采用阻燃防护措施；对于隧道内用于应急照明、疏散、救援等负荷供电的电缆应采用铜芯耐火型或矿物绝缘电缆。

(2)隧道供电电源主电缆、标志灯电源电缆干线、控制电缆及监控光缆沿隧道电力电缆槽敷设，长及特长隧道内的电缆槽还应采用填沙等阻燃措施。

(3)隧道照明干线电缆采用矿物绝缘电缆沿隧道壁水平安装时可采用电缆挂钩明敷方式，但是用于应急照明、疏散、救援等负荷供电的非矿物绝缘电缆沿隧道侧壁敷设时应穿钢管保护，并应在钢管上采取涂刷防火涂料等保护措施，严禁采用挂钩明敷方式。

(4)采用挂钩敷设时，电缆支撑件应有足够的机械强度，具有抗震、抗活塞风、耐腐蚀性能。电缆安装高度为距灯具上缘 0.2 m。

(5)所有过轨电缆均沿土建预埋过轨 HDPE 管敷设。

(6)除沿隧道壁采用电缆挂钩水平敷设的电缆和沿电缆槽敷设的电缆外,其他电缆均采用穿钢管沿隧道壁明敷。

(7)隧道外电力电缆采用钢管埋地敷设或沿墙壁明敷、监控光缆沿通信电缆槽敷设至通信基站。

(五)隧道防灾疏散系统供电方案

石门岗隧道、松岗山隧道、林寨隧道、博罗隧道、银瓶山隧道设有斜井(横洞)疏散通道。斜井内设有射流风机;斜井与正线隧道连接处设有防护门,需要与风机联动控制;隧道内设有应急通信系统。

斜井(横洞)内的轴流风机、射流风机、防护门、应急通信设备等负荷采用双台变压器箱式变电站供电,箱式变电站设于隧道内变压器洞室。

七、室外照明

车站两端咽喉、站区采用固定式高杆投光灯塔照明,其他场所采用可倾式柱灯照明。灯塔在室内集中控制,并在现场设控制箱。其余室外照明均在室内集中控制。照明光源主要选用 LED 灯。

八、室内照明

室内照明一般采用 LED 灯。

九、动力设备的供电

动力配线采用放射式和树干式结合的混合式配线网络,出线回路较多的场所采用电缆桥架敷设方式供电。室内干线电缆除站房内采用 WDZB-YJY-0.6/1 kV 型低烟无卤阻燃型电力电缆外,一般采用铜芯电缆 VV22-0.6/1 kV,导线除站房内采用 WDZB-BJY-450/750 V 型低烟无卤阻燃型电力电缆外,其余一般采用 BV-450/750 型铜芯导线。

十、火灾自动报警系统

在沿线站房、10 kV 配电所、信号楼内的通信机械室、信号机械室等处按照《火灾自动报警系统设计规范》(GB/T 50116—2013)及其他现行规范,设置火灾自动报警系统。

十一、防雷及接地

各建筑物根据《建筑物防雷设计规范》(GB 50057—2010)相关要求设置避雷设施,对于信号房屋还应按照有关要求进行相关防雷接地和等电位设计。

各建筑物原则上均按共用接地设计,并充分利用结构钢筋进行防雷接地设计,当自然接地电阻不满足要求时,增设人工接地,接地电阻为各类设备要求的最小值。

低压供电接地形式:采用 TN-S 或 TN-C-S 系统。

综合接地:全线设有综合接地系统,综合接地干线沿线路两侧设置。沿线所需接地的建(构)筑物、电气设施均纳入该系统,但距线路较远的建(构)筑物、电气设施采取隔离措施后可独立设置接地装置。

第十四章 电气化设计

电气化设计主要是关于供变电方面的设计，精细化的主接线对接方式会给供变电带来性能提升，因此需要对主接线(牵引变电所主接线、分区所主接线、AT所主接线)及运行方式进行设计。

一、牵引变电所、分区所、AT所分布方案及规模

本工程新建AT牵引变电所6座、AT分区所6座、AT所12座、开闭所2座。

施工图阶段根据征地结果，上述新建所亭分布里程见表3-14-1。

表3-14-1 新建所亭设计分布里程

序 号	新建所亭名称	分布里程
1	花树下AT所	DK145+756,大里程方向左侧,近围墙距最近铁路约356 m
2	和平东变电所	DK156+300,大里程方向右侧,近围墙距最近铁路约130 m
3	谢屋AT所	DK170+795,大里程方向左侧,近围墙距最近铁路约115 m
4	明星分区所	DK184+905,大里程方向左侧,近围墙距最近铁路约40 m
5	石龙地AT所	DK196+950,大里程方向右侧,近围墙距最近铁路约50 m
6	龙川西变电所	DK209+970,大里程方向左侧,近围墙距最近铁路约65 m
7	凹头AT所	DK223+550,大里程方向右侧,近围墙距最近铁路约20 m
8	塘心分区所	DK235+150,大里程方向右侧,近围墙距最近铁路约20 m
9	礼园AT所	DK245+700,大里程方向右侧,近围墙距最近铁路约20 m
10	东源变电所	DK262+200,大里程方向左侧,近围墙距最近铁路约20 m
11	苦子园AT所	DK270+930,大里程方向左侧,近围墙距最近铁路约145 m
12	河源东分区所	DK285+830,大里程方向右侧,近围墙距最近铁路约15 m
13	大山AT所	DK297+100,大里程方向右侧,近围墙距最近铁路约40 m
14	博罗北变电所	DK308+630,大里程方向右侧,近围墙距最近铁路约30 m
15	联箭AT所	DK319+900,大里程方向左侧,近围墙距最近铁路约45 m
16	牛尾垅分区所	DK330+980,大里程方向左侧,近围墙距最近铁路约20 m
17	大径AT所	DK344+220,大里程方向左侧,近围墙距最近铁路约20 m
18	惠州北变电所	DK357+650,大里程方向右侧,近围墙距最近铁路约135 m
19	横岭AT所	DK370+960,大里程方向右侧,近围墙距最近铁路约25 m
20	仲恺AT所	DK384+200,大里程方向左侧,近围墙距最近铁路约20 m
21	清溪AT所	DK398+125,大里程方向左侧,近围墙距最近铁路约125 m
22	黄江变电所	DK409+550,大里程方向右侧,近围墙距最近铁路约210 m
23	光明城AT所	DK419+800,大里程方向左侧,近围墙距最近铁路约15 m
24	深圳北分区所	DK432+940,大里程方向右侧,近围墙距最近铁路约33 m
25	惠州北开闭所	惠州北存车场
26	深圳北开闭所	深圳北动车运用所

(1)牵引变电所：4回AT馈线：赣州方向上下行各1回，深圳方向上下行各1回。

(2)AT分区所：均为4回AT馈线。

(3)AT 所:均为 2 回 AT 馈线。

二、牵引变压器类型和容量

(一)牵引变压器类型

新建牵引变电所采用单相接线形式变压器,预留三相 V/X 接线条件。

(二)牵引变压器安装容量

牵引变压器过负荷系数取 2,近期各新建牵引变电所主变安装容量见表 3-14-2。

表 3-14-2 新建变电所主变安装容量

序　号	牵引变电所名称	近期安装容量
1	和平东变电所	2×75 MVA
2	龙川西变电所	2×63 MVA
3	东源变电所	2×75 MVA
4	博罗北变电所	2×63 MVA
5	惠州北变电所	2×63 MVA
6	黄江变电所	2×75 MVA

自耦变压器按远期需求选取。自耦变压器容量分为两种,即分区所内和 AT 所内自耦变容量。

AT 分区所:均为 4×12.5/25 MVA。

AT 所:均为 2×16/32 MVA。

三、主接线及运行方式

(一)牵引变电所主接线

新建牵引变电所进线采用两回独立的 220 kV 电源,正常时,由一路电源供电,另一路电源热备用。

牵引变压器侧采用线路变压器组接线方式。广东境内的牵引变电所设两台主变,采用单相牵引变压器。正常运行时,一台运行、一台固定备用,设置备用电源自投装置。

(二)分区所主接线

同一方向供电臂的上、下行馈线分别通过断路器、电动隔离开关接入 2×27.5 kV 并联母线。并联母线采用电动隔离开关分段,正常运行时分段隔离开关闭合,上、下行并联供电运行;故障情况下可打开分段隔离开关实现上、下行分别供电。

全所设置四台自耦变压器(图 3-14-1),同一供电臂设置两台自耦变压器,各通过断路器、电动隔离开关接入并联母线。自耦变压器采用固定备用方式,正常时一台运行,一台备用,设有备用自动投入装置,当运行的自耦变压器故障时,另一台自耦变压器自动投入。

27.5 kV 电压互感器设置于每条进线的首端。

分区所设置两台自用变压器,分别由接于 10 kV 电力综合负荷贯通线和一级负荷贯通线的 10 kV 三相电力变压器供给。

(三)AT 所主接线

上、下行馈线分别通过断路器、电动隔离开关接入 2×27.5 kV 并联母线。并联母线采用电动隔离开关分段,正常运行时分段隔离开关闭合,上、下行并联供电运行;故障情况下可打开分段隔离开关实现上、下行分别供电。

设置两台自耦变压器,各通过断路器、电动隔离开关接入并联母线。自耦变压器采用固定备用方式,正常时一台运行,一台备用,设有备用自动投入装置,当运行的自耦变压器故障时,另一台自耦变压器自动投入。

27.5 kV 电压互感器设置于每条进线的首端。

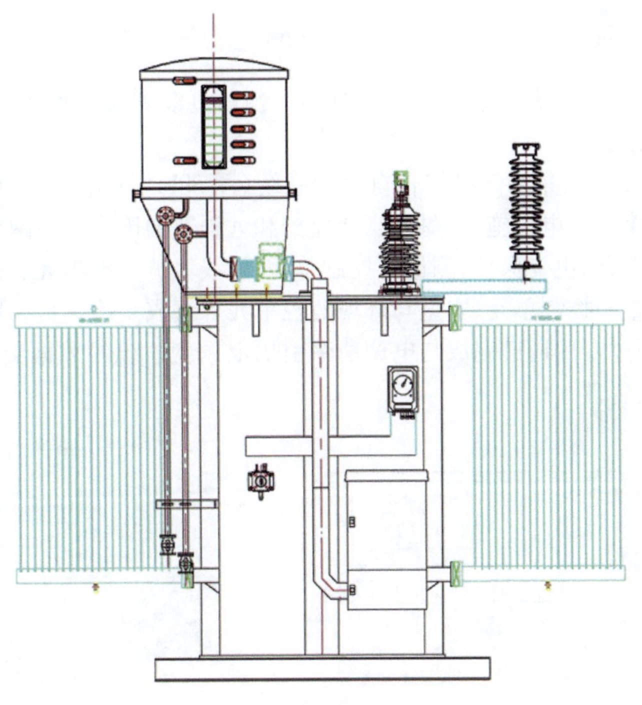

图 3-14-1　自耦变压器示意

AT 所设置两台自用变压器，分别由接于 10 kV 电力综合负荷贯通线和一级负荷贯通线的 10 kV 三相电力变压器供给。

四、主要设备选择

(1)牵引变压器采用单相油浸自冷变压器，预留风冷条件。

(2)220 kV 断路器采用户外柱式 SF6 断路器配弹簧操作机构。

(3)220 kV 电压互感器采用电容式，220 kV 电流互感器采用油浸倒置式。

(4)牵引变电所 2×27.5 kV 断路器、隔离开关、电流互感器、电压互感器、避雷器采用户内 GIS 开关柜形式。10 kV 负荷开关采用户内 GIS 开关柜形式，10/0.4 kV 自用变采用户内 AIS 柜形式。

(5)避雷器采用氧化锌避雷器。

(6)变电所、分区所、AT 所、开闭所二次设备采用集控制、保护、监测和远动于一体的微机综合自动化装置。

(7)所用直流电源采用微机型铅酸免维护电池直流系统。

五、总平面及生产房屋布置

新建牵引变电所主变压器采用户外低式布置；220 kV 配电装置采用户外单体中式布置；2×27.5 kV/27.5 kV 配电装置为户内 GIS 开关柜布置方式。预留电能质量治理装置场地。

分区所、AT 所自耦变压器采用户外低式布置，2×27.5 kV/27.5 kV 配电装置为户内 GIS 开关柜布置方式。

各所内设有与外部公路衔接的运输通道和巡视小道。

牵引变电所生产及辅助生产房屋按一层房屋设计，设有 27.5 kV 高压室、二次设备室、储藏、检修、值守、通信室等房屋并设电缆夹层。

分区所、AT 所、开闭所的生产及辅助生产房屋按一层房屋设计，配有 27.5 kV 高压室、二次设备室、检修、通信室等房屋并设电缆夹层。

六、继电保护及自动装置

各新建牵引变电所按无人值班、有人值守方式设计,预留过渡到无人值班无人值守的条件,分区所、AT所、按无人值班无人值守设计。

牵引变电所、分区所、AT所采用微机综合自动化系统(图3-14-2),该系统为网络型、模块化、分层分布式系统,以实现对各所牵引供电设施的保护、当地监控和远程数据传输。该网络系统具有良好的开放性和可操作性,由当地监控单元、主变保护、测量与控制单元、馈线保护测控单元、AT保护测控单元、交直流测量与控制单元、通用测量与控制单元、安全与环境监控单元等组成。该系统采用集中式与分散式相结合结构。综合自动化系统通过专用通道完成与电调所牵引供电调度系统的数据交换,以实现牵引供电调度系统对被控站的远程调度管理。

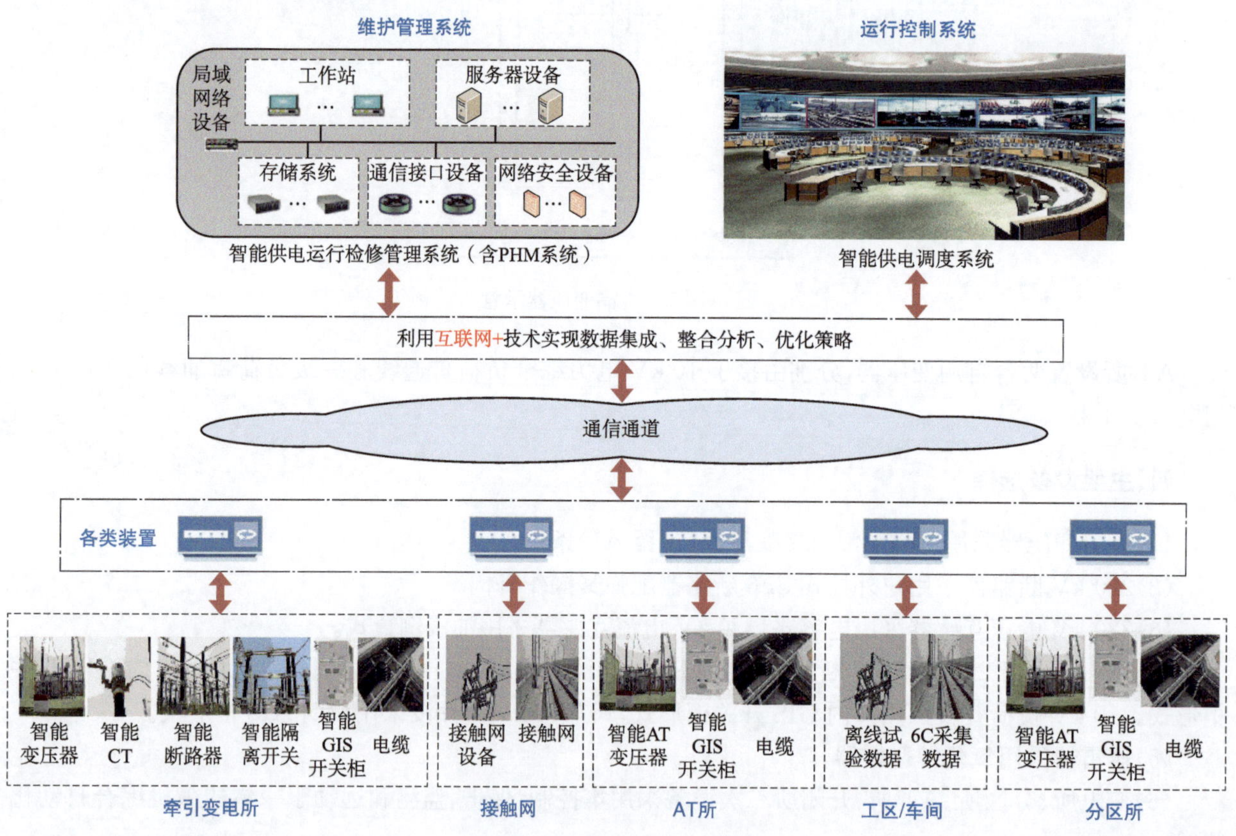

图3-14-2 微机综合自动化系统

牵引变电所、分区所、AT所主要保护功能配置如下:

(1)牵引变电所变压器保护:具有差动、220 kV侧过电流、重瓦斯、电源失压、2×27.5 kV侧过电流、2×27.5 kV侧低电压等使断路器跳闸并作用于事故信号的保护,以及轻瓦斯、过负荷、过热等作用于预告信号的保护,同时具有备用电源自动投入功能。

(2)变电所2×27.5 kV/27.5 kV馈线保护:具有带谐波闭锁的阻抗保护、带低压闭锁过电流保护、电流速断保护、电流增量保护、自动重合闸、故障测距等功能。

(3)分区所、AT所自耦变压器保护:具有重瓦斯、差动、过流、碰壳等使断路器跳闸并作用于事故信号的保护功能和轻瓦斯、压力、过热等作用于预告信号的保护功能。此外同一供电臂两台自耦变压器还设有备用自动投入功能。

(4)AT分区所2×27.5 kV馈线保护:具有阻抗保护、过流保护、失压保护、电流增量保护、自动重合闸、故障测距功能。

(5)AT 所 2×27.5 kV 馈线保护:具有失压保护、故障测距功能。

七、自用电系统

牵引变电所、分区所、AT 所、开闭所分别设有一套交流自用电系统和一套免维护直流系统,交、直流监测单元均纳入综合自动化系统监控。牵引变电所、分区所、AT 所、开闭所分别设置两组铅酸免维护直流电源装置,蓄电池容量满足全所事故停电 2 h 的放电容量和事故放电末期最大冲击负荷容量的要求。装置带通信接口,能与所内综合自动化装置进行信息交换。牵引变电所蓄电池容量按照 2×100AH,分区所、AT 所、开闭所蓄电池容量按照 2×50AH 考虑设置。

牵引所亭交、直流系统监控通过综合自动化系统纳入远动系统。其中交、直流系统所有进线、馈线开关信息上传远动,并且交、直流系统进线开关及全部馈出回路开关设置电操机构,以实现远方分合操作。

牵引所亭交流系统给通信专业提供来自两段交流母线的两回单相 220 V 交流电源至所亭内通信室。

第十五章　综合接地系统设计

接地系统设计分为供变电、电力、通信、信号、灾害检测、信息等设计方面的接地。根据初步设计批复意见,本线为专业接地,信号在车站上下行进站信号机之间设信号贯通地线,供信号专业接地专用。接地工程涉及桥梁、隧道、路基、站场、结构等专业,除参照通号(2016)9301施工外,执行了交底会议纪要中的接地端子布置原则和要求。

一、供变电接地

本次设计采用220 kV电源进线,系统短路容量大,牵引变电所处短路电流较大。加之部分地点土壤电阻率较高,相应的跨步电势和接触电势值较高。接地设计除应满足工作接地的需要外,还应满足人身安全要求。

牵引变电所、分区所、AT所各所均设置以水平接地体为主的网格式接地装置。接地网由埋深为0.8 m的水平接地体为主,相隔适当距离加垂直接地体(长2.5 m)为辅的复合接地网组成,均压带平均间距为5～10 m。在变电所的进、出口处,埋设帽檐形辅助均压带,所内道路采用高电阻率的混凝土路面,并在场坪空地铺设碎石作为安全措施。

牵引变电所、AT分区所、AT所按集中接地方式设计,所内设置集中接地箱,接地网回流、钢轨回流、PW线、综合地线回流通过箱内铜母排连接,并通过铜母排与各主变回流连接。所内27.5 kV所用变和27.5 kV电压互感器工作接地也与集中接地箱铜母排相连。

所有设备外壳均应可靠接地。

二次系统的所有屏柜内应设置专用的接地铜排,所有屏柜内设备的金属外壳应可靠接地,屏(柜)的门等活动部分应与屏(柜)体良好连接。变电站的二次线缆应采用屏蔽电缆。需远动的接触网开关当地的电光转换设备接地由接触网专业统一考虑。

供电线27.5 kV专用电缆金属保护层接地采用一端直接接地方式,另一端设置保护层电压限制器,由接触网专业统一考虑。

二、电力接地

各建筑物原则上均按共用接地设计,并充分利用结构钢筋进行防雷接地设计,当自然接地电阻不满足要求时,增设人工接地,接地电阻为各类设备要求的最小值。

低压供电接地形式:采用TN-S或TN-C-S系统。

综合接地:全线设有综合接地系统,综合接地干线沿线路两侧设置。沿线所需接地的建(构)筑物、电气设施均纳入该系统,但距线路较远的建(构)筑物、电气设施采取隔离措施后可独立设置接地装置。

三、通信接地

(一)通信机房接地

本线车站、区间各通信机械室采用综合接地方式。各车站通信机械室、区间通信机械室的通信设备,以及区间的通信线路、铁塔等设施及区间通信线路均应设地线。

沿线车站及区间节点通信机房不单独设通信接地体,采用综合接地方式,由房建专业在房屋建筑地网中统一考虑,接地电阻不大于1 Ω。站内综合工区等没有贯通地线引入的地点,由房建专业在房屋建筑地网中预留通信接地条件。

(二)通信铁塔、视频杆及场坪接地

无线通信系统铁塔单独设置接地地网,并与铁塔塔脚基础内的金属构件焊接联通。沿线区间铁塔接地装置应与基站、直放站场坪接地系统连接。对于设置在车站站房附近的铁塔接地装置,当铁塔接地地网与机房地网距离在 15 m 以内时,应与机房外环形接地体连接,连接点不少于两处,两处连接点至少相距 5 m 以上。当铁塔接地地网与机房地网距离大于 15 m 时,不与机房外环形接地体连接。与机房地网相连的铁塔接地电阻应不大于 1 Ω;不与机房地网相连的铁塔、电杆单独设置防雷接地体是的接地电阻应不大于 10 Ω。当铁塔、电杆接地装置距离综合接地系统的贯通地线 20 m 以内时,接入综合接地系统(两处,相距 5 m 以上)。当距离大于 20 m 时,可不与贯通地线相连。

四、信号、灾害检测接地

根据初步设计批复意见,本线为专业接地,信号在车站上下行进站信号机之间设信号贯通地线,供信号专业接地专用。

接地工程涉及桥梁、隧道、路基、站场、结构等专业,除参照通号(2016)9301 施工外,执行了交底会议纪要中的接地端子布置原则和要求。

五、信息接地

信息系统接地遵循《铁路防雷及接地工程技术规范》(TB 10180)以及国家、行业和国铁集团现行有关标准的规定。

第十六章　防灾安全监控设计

根据《铁路自然灾害及异物侵限监测系统工程技术规范》(Q/CR 9152—2018),本线设计速度为160 km/h。赣深铁路防灾安全监控设计系统具有监测自然灾害(风速、风向、雨量、地震)轨温、火灾、异物侵限等功能,并为列车运行管制提供辅助决策。

一、风速风向监测

为了防止强风引起脱轨或飞来物造成行车事故,防灾安全监控系统具有实时监测风速、风向,完成管辖范围内风速风向信息的汇总、分析及处理的功能。当风速达到警戒标准时,段及工区系统将产生报警信息并上报中心系统;同时通过综合调度系统,将报警信息提供给列调子系统,由列调子系统发布列车限速、停运等运行管制命令。

二、雨量监测

防灾安全监控系统具有实时监测雨量信息,完成管辖范围内雨量信息的汇总、分析及处理的功能。当雨量达到警戒及巡检标准时,段及工区防灾安全监控系统将产生报警信息,并上报中心系统;同时通过综合调度系统,将报警信息提供给综合维修调度子系统、列调子系统;由综合维修调度子系统向综合维修段系统发布加强地面巡查或采用添乘巡查的命令,并在发生异常情况时及时报告综合调度中心;当雨量警戒值达到限值时,由列调子系统发布列车限速、停运等运行管制命令。

三、地震监测

防灾安全监控系统具有实时监测雨量信息,完成管辖范围内雨量信息的汇总、分析及处理的功能。当雨量达到警戒及巡检标准时,段及工区防灾安全监控系统将产生报警信息,并上报中心系统;同时通过综合调度系统,将报警信息提供给综合维修调度子系统、列调子系统;由综合维修调度子系统向综合维修段系统发布加强地面巡查或采用添乘巡查的命令,并在发生异常情况时及时报告综合调度中心;当雨量警戒值达到限值时,由列调子系统发布列车限速、停运等运行管制命令。

四、轨温监测

防灾安全监控系统能实时监测无缝线路的轨温气象等信息,完成管辖范围内轨温信息、大气温度、湿度信息的汇总、分析及处理,为工务维修部门、综合调度中心提供决策依据。当轨温达到警戒及巡检标准时,段及工区系统将产生报警信息,并上报中心系统同时通过综合调度系统,将报警信息提供给综合维修调度子系统、列调子系统;由综合维修调度子系统向综合维修段发布加强地面巡查或维修准备命令,发生异常情况时及时报告综合调度中心;当轨温达到报警限值时,由列调子系统发布列车限速、停运等运行管制命令。

五、火灾监测

防灾安全监控系统能实时监测大型站房、无人值守专业机械室的火灾报警信号。当发生火灾时,段及工区系统将产生报警信息,并上报中心系统,同时通过综合调度系统,将报警信息提供给综合维修调度子系统。

六、防落物系统监测

公路上跨铁路桥的落物对铁路行车安全将造成极大的威胁。当落物检知设施被落物毁坏时,段及工区系统立即产生报警信号,并上报中心系统,同时通过综合调度系统,将报警信息提供给综合维修调度子系统、列调子系统;由综合维修调度子系统发布巡查命令,由列调子系统指挥列车立即停车。

第十七章　客运服务系统设计

赣深铁路是国家高速铁路网京港(台)通道中京九客运专线的重要组成部分，主要承担区域内南北方向长途旅客运输、同时兼顾城际旅客运输，也是支撑赣南等原中央苏区振兴发展的基础设施。

一、客票系统

根据《关于做好在建高铁项目电子客票变更设计工作的通知》(鉴信电〔2019〕265 号)的要求，客票系统按照电子客票方案进行设计。

为满足本线客票系统接入，在广州局调度所客票中心新设路局级客票中心服务器 2 台，新设路局级自动售检票服务器 2 台，新设路局级人脸及二维码识别前置服务器 2 台考虑，并新设局端路由器及交换机各 2 套(图 3-17-1)。考虑路局调度所客票中心安全系统，路局端实名制验票联网网闸扩容、调试、接入等工程。

车站票务系统由应急售检票服务器、窗口售票设备、自动售票机、进出站检票机、补票机、临时身份证制证设备、人工及自助实名制核验设备、柱式检票机、手持移动检票终端、业务管理微机、网络设备等组成。

车站客票终端设备、票务安全系统设备按国铁集团电子客票相关规定配置。

票务系统网络独立设置，车站局域网采用核心层、接入层二级结构。在各新建车站设票务系统专用局域网，在信息机房设置 2 台路由器、2 台核心交换机，各站采用通信专业提供的 FE 专线通道接入广州局客票中心系统网络。

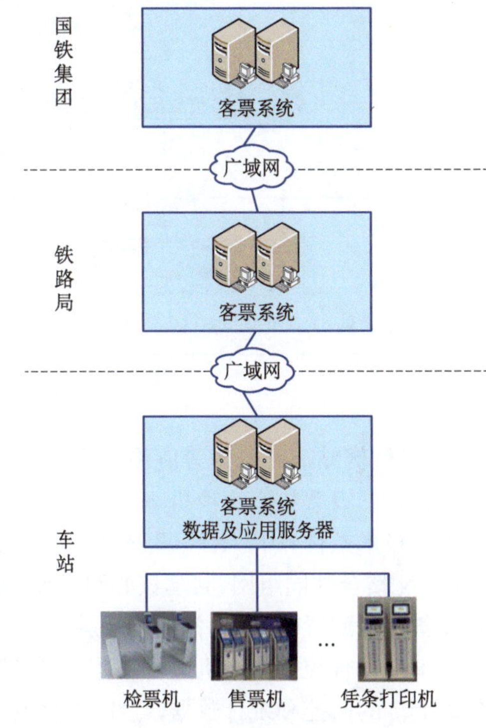

图 3-17-1　信息客票系统示意

二、旅客服务与生产管控平台

车站旅客服务与生产管控平台(图 3-17-2)采用集中部署、三级应用的总体架构，统一部署于安全生产网。

车站旅客服务与生产管控平台自国铁集团调度系统获取列车运行基础数据，为车站各应用系统终端设备提供统一信息源。同时，系统通过国铁集团平台与客票系统进行互联，通过综合视频节点与综合视频系统互联，完成系统间信息共享与功能联动。根据广州局集团公司客运部《关于新建铁路客运车站售票厅按开放式窗口建设等事项的函》(客函〔2021〕7 号)中相关要求，本线管控平台按大站代管小站模式设计，按由既有深圳北站代管考虑，同时各站应具备独立站控功能。正常工作模式下，车站管控平台实现与武清数据中心旅客服务与生产管控平台的数据同步；应急工作模式下，车站管控平台实现本站旅客服务信息系统的应急功能。

广州局集团公司在既有广深港、厦深、南广改造项目中在建路局级旅客服务与生产管控平台，本线各站旅客服务与生产管控平台均接入路局在建的旅客服务与生产管控平台，本工程在路局级设置 2 台前置服务器作为数据服务器，服务器按照相关技术条件配置，配套相应应用、数据库、安全、虚拟化等软件。

赣深铁路广东段新建/扩建 9 站均设置车站旅客服务与生产管控平台，提供旅客服务、客运管理、客站

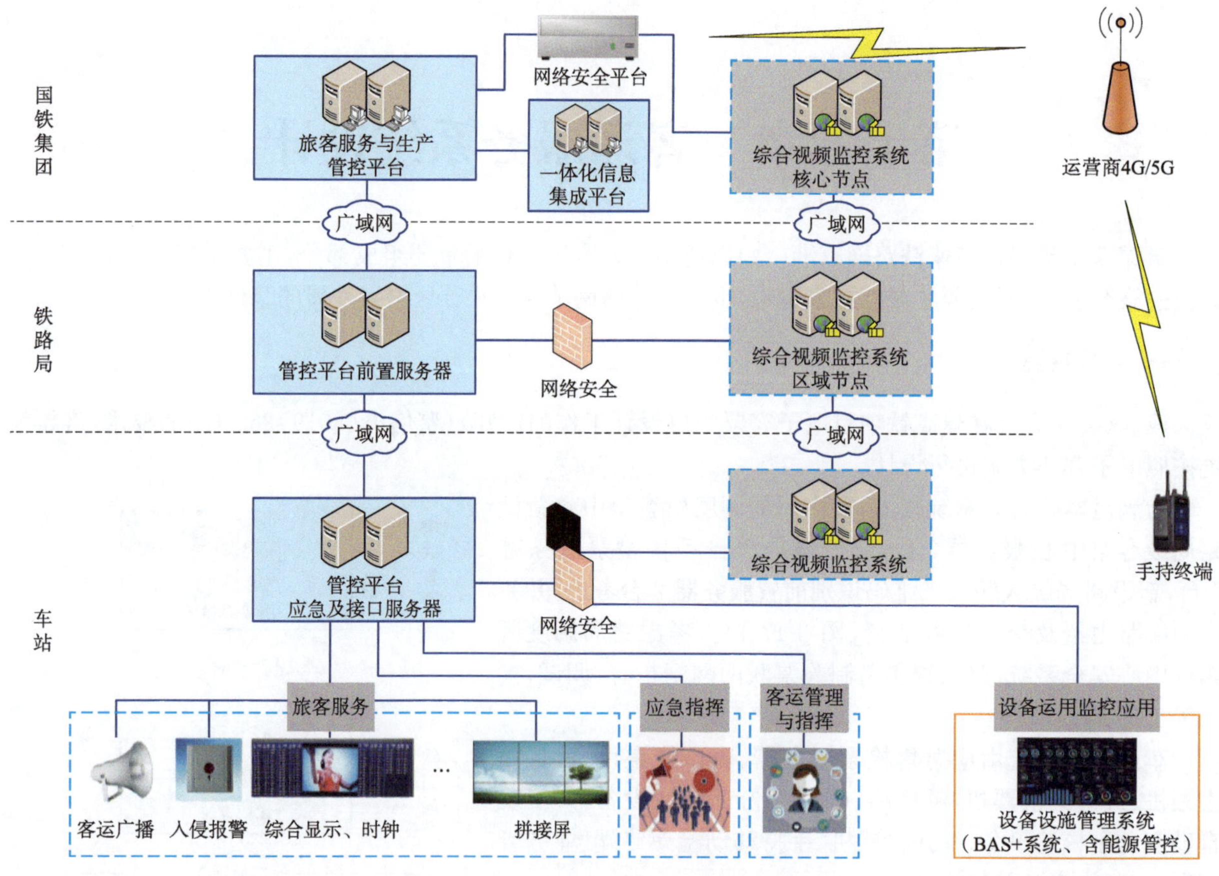

图 3-17-2 旅客服务与生产管控平台

设备管理、客站应急指挥等应用功能。

在各站设置核心交换机 2 台、路由器 2 台、防火墙 2 台，设备配置按《铁路旅客服务与生产管控平台配置暂行技术条件》(TJ/KH 035—2020)相关要求配置。车站级管控平台网络与车站办公管理信息系统进行 VPN 整合共同组网，共享核心网络设备，路由器、防火墙及核心交换机合设，接入交换机分设，核心网络设备冗余配置，核心设备至接入层设备间采用双链路。

车站级管控平台与机电设备监控系统互联，机电设备监控系统独立运行，管控平台接收机电设备监控系统上传的监控和统计数据，经相关系统授权，具备监视和部分控制功能，对站房内暖通、空调、给排水、电梯、照明等主要用能设备进行集中监控。

三、旅客服务信息系统

车站级旅客服务信息系统包括：综合显示、客运广播、视频监控、入侵报警、时钟、旅客携带物品安全检查设施等子系统。

(一)综合显示系统

各新建车站新设综合显示系统，由全彩屏、LCD 显示屏、到发通告微机组成，接入本站旅服集成平台。根据车站功能区域设置进站大屏、售票屏、售票窗口屏、候车检票屏、编组屏、站台到发信息屏，出站信息屏等显示屏。

每块同步屏(含进出站大屏、售票大屏、候车大屏、出站大屏等)各采用 1 台同步控制器，以光纤接入；异步屏集中采用 1 台异步控制器，以光纤/UTP 21－6 接入；各类控制器均接入车站旅服管控平台。

在售票室、客运值班员、公安值班员、补票室等处设置到发通告终端，母婴室、售票室(面对售票人员)、服务台设到发通告屏，采用 55 吋 LCD 屏，其余房屋设置微机作为到发终端。

所有 LED、LCD 显示屏成套设备应配置光缆成端、防雷模块。

(二)时钟系统

车站时钟接入车站旅服网络，由路局母钟通过旅服网络统一授时，并由路局中心的 NTP 母钟进行集中网管。

各站候车厅、售票厅、出站厅采用 ϕ600 mm 单面子钟，站台子钟采用 ϕ800 mm 双面指针式子钟，通过光纤/UTP 21-6 接入车站旅服交换机。

(三)客运广播系统

各新建车站新设客运广播系统，接入车站旅服系统联网运行。

和平北(原和平东)、河源北(原东源)、博罗北、仲恺、光明城站采用 8 信源、8 通道、32 路负载分区、5 kW 总输出功率；龙川西、河源东、东莞南站(原塘厦)采用 8 信源、8 通道、48 路负载分区、8 kW 总输出功率；惠州北站采用 8 信源、8 通道、48 路负载分区、16 kW 总输出功率。

各站广播负载分区按照进站集散厅、候车室、出站厅、售票厅、站台、站前广场等进行划分，原则上每个分区设置至少 2 个广播回路，VIP 候车室、母婴室设置单独的回路，并带音量调节按钮。广播分区不能与站房防火分区的分布有冲突，即同一回路广播不能跨两个防火分区。广播备用功放配置按照至少 4 备 1 的原则，系统具备线路开路、接地、短路保护告警功能，前端扬声器线路出现短路，系统将自动关闭该分区信号输出，保障系统安全。

客运广播系统在信息机房预留与消防广播的接口；火灾时，消防广播系统能够根据需要将客运广播声场部分(广播线路与扬声器)按照消防分区强切至消防广播控制状态下，完成消防广播功能。

(四)视频监控系统

视频监控子系统包括售票区域、安检区及公共区域视频监控系统，均采用 1 080P 全高清网络摄像机。

在车站信息机房及信息设备间设置视频接入交换机，采用千兆光口接入本站通信机械室综合视频接入节点核心交换机。

公共区域 IP 摄像机采用光纤或六类网线就近接入信息机房或信息设备间的视频接入交换机，安检区摄像机采用光纤接入信息机房视频接入交换机，视频图像由综合视频监控系统(通信专业设计范围)统一存储及管理，重点区域视频存储时间为 90 d，其余区域视频存储时间为 15 d。

车站售票区域(售票室、补票室、进款室、票据室)设置的摄像机，均采用网络硬盘录像机本地独立存储，存储时间为 30 d，设置 1 台视频监控终端，并预留与通信综合视频监控平台的互通条件。

车站综合视频的视频监控终端由通信专业考虑设置，实际安装位置可根据运营需要调整。

(五)入侵报警系统

在各新建/扩建车站公安值班室设置报警控制主机，在票据、进款室设置双鉴探头及撤布防键盘，在售补票室设置紧急按钮，在客运值班室设报警警灯，在公安值班室设声光报警器。

(六)旅客携带物品安全检查设施

系统完成对进站旅客随身行包的安全检查，确保站、车安全。

安检系统主要设备包括：双源双视角安检仪(含管理微机、桌椅、电动传送履带及延伸带 2 个、上下坡道等)、安检门、防爆罐、防爆毯、手持金属探测仪及安检视频监控系统。

安检视频监控系统包括高清网络摄像机(每套安检仪 4 台)、安检视频接入交换机，视频图像接入车站综合视频监控系统。

第十八章 工程接口设计

第一节 概 述

一、信号专业与四电等其他专业的接口

信号专业与四电等其他专业的接口见表 3-18-1。

表 3-18-1 信号专业与四电其他专业接口统计

序号	接 口	需求及内容	界 面
一	与通信专业接口		
1	传输及接入	CTC(FE)	信号机房 DDF 模块 (信号专业设)外线侧
2	传输及接入	集中监测(10 M/FE)	信号机房 ODF 模块 (信号专业设)外线侧
3	闭塞通道	2×2 M	同轴
4	计轴通道	2 M	同轴
5	传输及接入系统	信号安全数据网 网管(2M/FE)	电务段传输设备
6	传输及接入系统	监测系统时钟同步(2 M/FE)	电务段传输设备
二	与电力专业接口		
1	信号电源设备	信号设备供电回路电源线,一级负荷	信号电源设备配电箱进线端
三	与牵引供电专业		
1	吸上线		信号专业提供建议安装位置
2	电气化干扰防护	交流电力牵引区段信号设备外绝缘要求	交流电力牵引区段,信号设备外缘距接触网带电部分的距离不得少于 2 m
四	与房建、暖通专业		
1	设备用房	用房需求、装修要求、环境要求、室内沟槽管道预留、室内接地预留	房建专业根据专业要求提供使用面积、负责预留设置、暖通专业配置相应的空调及消防设备
2	站台电缆敷设	站台电缆槽、维修手孔	房建专业设置
3	机房电磁屏蔽网		房建专业根据信号专业要求设置
4	室内空调	配置 24 h 不间断工作机房专用空调,独立控制	暖通专业设置
五	行车专业		
1	牵引计算	接近信号机布点及进展信号机接近区段长度计算	行车专业根据线路平、纵断面、线路最高允许速度等基本参数进行牵引计算、结合电分相位置、接触网杆位置提供接近信号布点及进站信号机接近区段长度资料

二、信号专业与土建专业的接口

信号专业与土建专业的接口见表 3-18-2。

表 3-18-2 信号专业与土建专业接口统计

序号	接口	需求及内容	界面	
一	与桥梁专业			
1	电缆敷设	桥上左侧预留通信信号电缆槽(合槽净尺寸不小于 350 mm 宽×300 mm 深)、通信信号电缆余长腔预留	桥梁专业设置	
2	电缆上下桥	桥墩钢槽引下滑道、两梁端电缆槽锯齿口预留、上下桥梁维修通道	桥梁专业预留锯齿孔和上下桥槽道,桥梁专业设置电缆爬架	
3	转辙机安装	桥上防护墙开口预留	桥梁专业设置	
4	综合接地	综合接地贯通电缆敷设及接地、测试端子预留、桥墩接地体要求	桥梁专业设置	
5	贯通地线防护	敷设在保护层内,防水层涂刷后敷设贯通地线,贯通地线与接地端子连接后在进行保护层施工	桥梁专业设置	
二	与隧道专业			
1	电缆敷设	隧道左侧预留通信信号电缆槽(合槽净尺寸不小于 350 mm 宽×300 mm 深)、综合洞室电缆余长腔预留	隧道专业设置	
2	综合接地	接地端子预留、隧道接地体要求	隧道专业设置	
3	转辙机安装	隧道水沟及电缆槽开口预留	隧道专业设置	
三	与路基专业			
1	光、电缆敷设	路基左侧预留通信信号电缆槽	地路专业设置	
2	光、电缆过轨	过轨钢管、过轨处电缆井设置	地路专业设置	
3	路基地段引上、引下电缆防护	分支电缆槽道至防护栅栏内侧、防护栅栏维修通道开门	地路专业设置	
四	与站场专业			
1	电缆敷设	电缆过轨管、手孔及电缆井、电缆槽、电缆管涵(不包括站台区电缆槽)	站场专业设置	
2	胶接绝缘	无缝线路、道岔	站场专业设置	
3	电气绝缘专用枕、补偿电容专用枕	有砟轨道	站场专业设置	
五	与轨道专业			
1	胶接绝缘	无缝线路、道岔	轨道专业设置	胶接式绝缘接头的绝缘电阻值应大于 1 MΩ,胶结绝缘接头宜采用现场胶接,胶结绝缘接头与焊接接头间距不应小于 20 m,道岔间困难条件下不应小于 12 m
2	补偿电容、电气绝缘专用枕	有砟轨道	轨道专业设置	
六	其　他			
1	站场信号用房场坪		信号专业提供站场范围综合楼(室)的初步位置给站场专业,相关专业确认后,站场出征地图	

三、信号专业与房建专业的接口

信号专业与房建的施工接口主要是信号专业在土建施工过程中,要在房屋的墙体、楼地面中预埋各种管线,在土建主体完成后安装各种设备、安装各种线缆、做综合接地等,在房建专业施工场坪时信号专业也要预埋管线等。

要及时与房建专业对接接口处理工作,快速、准确的传递信息。组织双方技术人员开配合协调会,共同审阅施工图纸，使各专业互相了解施工进度计划，制定接口进度计划，使房建施工方了解四电专业需要在什么部位预埋管线、什么位置安装设备，设备基础和室内外电缆沟有何要求、有什么注意事项，并在房建施工方施工设备基础及电缆沟时派四电施工单位技术人员进行现场指导。房建工程施工到其他专业要预埋管线的位置时，提前一天通知相关专业的人员，以便其做好相关准备工作。相关专业的施工人员要及时进行本专业的施工，不得影响房建的施工进度。

四、灾害监测专业与其他专业间接口

(一)通信

购买用于GPRS上网的手机卡，利用公众移动网络实现GPRS上网。

(二)电力

车站现场采集设备采用电力远动室内预留的电源供电；通信基站现场采集设备采用电力箱变内预留的电源供电。

第二节　接口设计原则与要点

(1)总体专业负责整个项目设计原则总说明及协调，各业提出本专业设计原则。

(2)线路专业提交各专业线路平、纵设计及说明。

(3)站场专业负责车站位置的选择及平面布置并提交各专业。

(4)桥梁专业提交桥、涵设计资料及水位并对站后综合接地及防雷接地等预埋设计。

(5)隧道专业提交隧道设计资料并作为站后综合洞室、综合接地等预埋设计。

(6)地路专业负责各项目地质资料，并作为路桥，路隧道连接设计，并作为综合接地，过轨等预埋设计。

(7)房建专业接收暖通、给水专业及其他有房屋要求专业提交的要求并完成房屋设计。

(8)电力、电气化等四电专业相互配合互相提交要求，共同完成站后四电设计。

(9)环评专业提交环保及水保要求，线路、桥梁、隧道路基等专业在设计要做好环水保要求。站后四电等专业要作为电磁环保要求。

第十九章　高性能混凝土及耐久性设计

一、桥涵工程

1. 结构设计使用年限

本线桥涵主体混凝土结构设计使用年限为 100 年。

2. 建筑材料

建筑材料的选择满足《铁路混凝土结构耐久性设计规范》(TB 10005—2010)的要求。本线桥涵建筑材料混凝土强度等级原则如下：

(1)梁部混凝土强度等级按采用的梁部标准图(参考图、工点图)执行。

(2)墩台顶、垫石、顶帽及台顶道砟槽为钢筋混凝土结构，其混凝土强度等级按所采用的通用图(参考图、工点图)执行。

(3)桥梁墩台、框架桥、涵洞及基础混凝土等级选用根据地质专业提供的地质勘察报告中环境作用类别及等级分类来选择。

二、路基工程

对于存在化学侵蚀环境和冻融破坏环境地段，具体根据各段环境作用侵蚀等级(H1～H4)，结合使用年限，根据《铁路混凝土结构耐久性设计规范》(TB 10005—2010)，确定钢筋混凝土、素混凝土标号和种类、保护层厚度等。当同时存在不同环境类别及等级时，按最不利原则选用高强度等级混凝土。

第二十章　经验体会与问题探讨

(1)赣深铁路在开展地质勘察工作时采用地质调绘、物探、钻探、挖探、原位测试、室内试验等多种方式综合进行,保证工作正常进行。

(2)赣深铁路在选线设计上和普通铁路有所不同,不仅对列车运行速度高、旅客舒适度要求高,对于线路平面和纵面的设计参数以及标准也均有较高的要求。正是在这样的前提条件下,在选线设计过程中,考虑路网定位及区域综合交通发展的需求,合理选取主要技术标准,从线路的平纵断面出发,多次进行线路的重大方案比选,又在局部优化了设计,从而得到最优的设计方案。

(3)在设计铁路大型临时工程时,选择应按照永临结合的原则,优先选择在建设项目的用地界内。有条件时,宜选择在需要转变功能或闲置的既有铁路用地范围内。需临时用地时,宜与地方待开发建设的项目结合,在经济和效率之间达到平衡。

(4)赣深铁路在路基设计中充分考虑所可能遭遇到的各种复杂情况,对症下药,因势利导,在保证工程安全的前提下,做到稳定舒适、绿色环保、经济合理。整个桥涵设计贯彻落实国际桥梁"安全、适用、经济、美观、耐久、环保"六项原则,建设世界先进水平桥梁。同时响应国家可持续发展战略,依托先进的设计理念,在隧道的衬砌结构、洞门设计、防排水设计上推陈出新,形成了绿色环保、以人为本、先进完备的设计典范。

(5)在轨道设计方面,通过深入了解赣深铁路的工程特点,达到合理选型的目的,同时考虑未来发展,以构建一流的城市综合交通体系为目标,赣深铁路站房的整体规划遵循地方政府要求,运用新时代崭新设计理念,增强当地居民情感的认同感和归属感,力争建设成为国际领先的新时代铁路枢纽,打造出无愧于时代的精品智能站房。

(6)赣深铁路注重创新性设计,对于通信、信号、电力和电力牵引供电工程设计,通过既有资源的重复利用,或引进采用新设备,或设计新系统运用,环环相扣使得赣深四电设计项目脱颖而出。